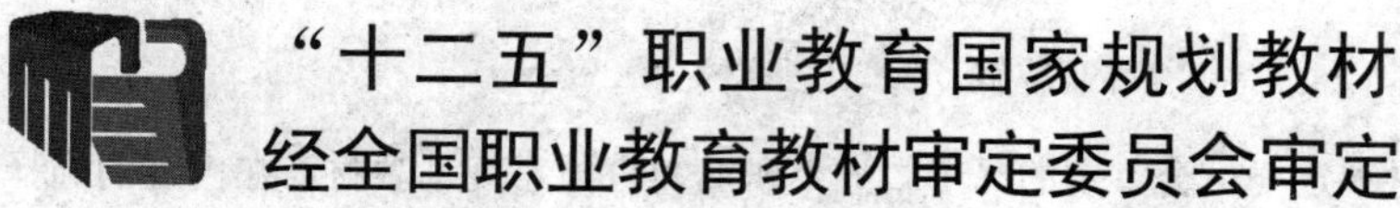

财产保险实务

郑祎华　主编

清华大学出版社

北　京

内容简介

本书是经全国职业教育教材审定委员会审定的“十二五”职业教育国家规划教材，在内容的选择上，体现和反映了保险领域的新要求、新知识、新技术，本着理论以够用为度的原则，突出对学生应用能力的培养。本书将从财产保险概述、合同运用、财产保险产品的定价开始，系统地介绍财产保险的主要业务种类和目前我国主要的财产保险、责任保险与信用保证保险产品，对财产保险营销、核保与承保、理赔、再保险、保险资金运用等保险实务技能作为重要内容介绍。

本书可作为高等职业教育院校金融、保险、投资与理财等相关专业的教材，也可以作为保险公司员工的培训教材、保险中介资格考试的辅助教材及保险从业人员的自学教材。本书配套课件下载地址：http://www.tupwk.com.cn。

本书封面贴有清华大学出版社防伪标签，无标签者不得销售。
版权所有，侵权必究。侵权举报电话：010-62782989　13701121933

图书在版编目(CIP)数据

财产保险实务 / 郑祎华 主编. —北京：清华大学出版社，2016（2020.1重印）
ISBN 978-7-302-41715-6

Ⅰ. ①财… Ⅱ. ①郑… Ⅲ. ①财产保险－高等学校－教材 Ⅳ. ①F840.65

中国版本图书馆CIP数据核字(2015)第239626号

责任编辑：崔　伟　马遥遥
封面设计：牛艳敏
版式设计：牛静敏
责任校对：成凤进
责任印制：刘祎淼

出版发行：清华大学出版社
网　　址：http://www.tup.com.cn，http://www.wqbook.com
地　　址：北京清华大学学研大厦A座　　邮　　编：100084
社 总 机：010-62770175　　邮　　购：010-62786544
投稿与读者服务：010-62776969，c-service@tup.tsinghua.edu.cn
质 量 反 馈：010-62772015，zhiliang@tup.tsinghua.edu.cn
课 件 下 载：http://www.tup.com.cn，010-62796865
印 装 者：三河市铭诚印务有限公司
经　　销：全国新华书店
开　　本：185mm×260mm　　印　　张：22.5　　字　　数：531千字
版　　次：2016年1月第1版　　印　　次：2020年1月第6次印刷
定　　价：49.00元

产品编号：056995-02

前　言

本书是经全国职业教育教材审定委员会审定的“十二五”职业教育国家规划教材，主要供金融、保险、投资与理财专业的学生使用，也可用作保险公司员工的培训教材、保险中介资格考试的辅助教材及保险从业人员的自学教材。

近年来，随着我国保险市场的进一步改革和开放，保险业发展突飞猛进。保险作为风险管理最科学、最有效、最普遍、最经济的一种手段，已经引起社会各界的高度重视。

市场经济的发展对经济类和管理类专业人才的培养提出了更高、更新的要求，财产保险的教学内容及精品教材建设也必须顺应市场经济发展的趋势，教材的内容要符合保险业发展的实际需求。为此，本书在汲取国内外相关教材以及有关科研成果的精华、紧密联系财产保险市场发展最新动态、认真调研财产保险业务岗位所需要的职业技能的基础上进行了编写。

本书充分考虑了财经类高职高专学生的基础和特点，从“必需”“够用”的知识角度进行编写，力求做到使学生学以致用。在内容体系上，注重理论与实际的紧密结合，全书适当安排了一些案例分析和综合实训，帮助学生加深理解保险知识，熟练进行案例分析，提高保险业务的实际操作技能。

本书的编写特色体现在以下四个方面。

(1) 项目体例。本书采用最新的“教学项目”“学习任务”和“教学活动”的编排体例，目的明确，任务突出。

(2) 注重实务。用案例教学法讲解各个学习任务和活动。以实务推演理论，既夯实了基础，又符合高职高专的教学要求。

(3) 更新知识。本书通篇反映了保险行业最具代表性的新规则、新成果、新理念、新知识。

(4) 体系规范。鉴于保险行为的规范性和务实性，本书选择的都是典型案例，依据最新的保险法律法规和国际惯例进行分析，并利用图表介绍业务流程和业务规则。

本书的编写工作由郑祎华教授完成。

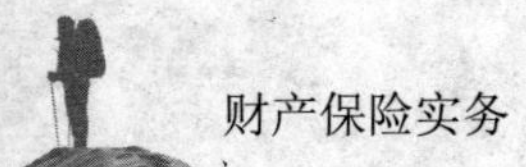

在本书的编写过程中，学习和借鉴了许多同行的理论观点，查阅并摘用了保险界最新学术研究文献及数据资料，参考了中国保险网、和讯保险网等数据和案例，在此对相关作者表示感谢！同时，由于水平有限，不足和错误之处在所难免，敬请广大读者批评指正。

郑祎华

2015年12月

目　录

教学项目一

全面认识财产保险

【知识目标】

- 财产保险的基本概念
- 财产保险与相近概念的联系与区别
- 财产保险的分类
- 财产保险的历史及发展趋势

【技能目标】

- 能够准确描述财产保险与人身保险的联系与区别
- 能够区分财产保险的不同险种
- 能够描述财产保险的职能和作用
- 能够了解财产保险发展的历史及未来趋势

引导案例

台风来袭，尽显保险本色

2013年8月，受台风尤特影响，广东潮南地区300万人民群众受灾。据统计，截至10月14日，仅平安产险广东分公司就累计接到台风“尤特”大灾财产险报案约459笔，总估损金额超过1亿元，已赔付总额达5132.63万元。“尤特”灾害期间，平安产险开通大灾理赔绿色通道，简化理赔流程，保证第一时间将赔款支付到客户手中，帮助受灾企业渡过难关。这些保险理赔款的及时支付，为灾区恢复生产经营提供了及时的资金支持，得到了客户的肯定与赞扬。

2013年10月6日，台风“菲特”登陆我国，受其带来的强降雨影响，我国上海、宁波等多座城市出现了暴雨及大暴雨，部分地区积水淹城。宁波，余姚、奉化等市受灾严重，其中余姚70%的城区被淹，损失逾70亿元。截至10月13日，仅阳光产险余姚分公司车险报案量就达1031件，是平时报案量的21倍，宁波市区和奉化日均报案也超过了正常报案量的七八倍。在浙江，从10月6日晚至9日，在“菲特”登陆不到三天的时间里，阳光产险浙江分公司接报案量即超过5000件。

面对“菲特”带来的强降雨灾害，中国人寿财险宁波市分公司按照“快速、合理、有利于客户”原则开通绿色理赔通道，加快赔款支付速度。10月8日，首批车险小额赔案已经完成赔款支付，共支付赔款金额8600万元。其中理赔最快的一个案件于10月8日11时接到报案，于当天下午3时完成支付，仅用4个小时。据了解，中国人寿财险宁波市分公司在灾情发生后第一时间及时启动紧急预案，所有理赔条线人员已于10月7日取消休假，全线投入查勘理赔中。10月9日，宁波市分公司党委再次召开专题会议，通报当前接报案具体情况，进一步部署大灾应对措施，宁波市分公司总经理室成员分头带队开展抗灾工作，为灾区送去矿泉水、食品、药物等必需品。

这一案例表明：保险作为社会的“稳定器”，体现了保险的经济补偿职能，促进了经济的发展，保障了社会的稳定。同时也说明我国保险的广度和深度还远远不够，提高保险意识，普及保险知识迫在眉睫。

学习任务一　认识财产保险

【学生任务】

- 要求每个学生课前预习相关内容，结合已经学过的保险学基础知识来理解财产保险的相关内容，能够用自己的语言来描述财产保险与人身保险及其他相关专业概念的联系与区别。
- 要求每个学生提高课外阅读量，掌握财产保险业务发展的前沿趋势，结合本部分内容，说明财产保险业未来发展的趋势，根据自身理解，结合具体案例写出不少于600字的书面作业。
- 将学生随机分组，按小组选出若干份作业在课堂上进行点评，学生间相互评出每一份书面作业的优劣；学生对作业进一步修改后提交教师，以便教师进行评价。

【教师任务】

- 指导学生在相关专业网站上查找所需资料，如保险公司财产保险业务经营管理方面的法律法规；启发学生理解财产保险业务存在的意义和作用。
- 提示学生完成书面作业所需要关注的主要知识点，如财产保险的含义、作用，与相近的保险专业名词的区别与联系。
- 指导学生分组，在小组内对学生进行不同的分工，对学生书面作业完成情况及时进行跟进，督促其按时完成。
- 对各小组进行的课堂点评适时指导，对于选出的作业予以及时、客观、公正的评价，准备回答学生可能提出的各种异议等。

教学活动1　掌握财产保险的含义

活动目标

通过本部分的教学活动，熟练掌握财产保险及其相关的专业名词，理解其真正含义，并可以在保险实务中正确应用。

知识准备

一、财产保险的含义

（一）财产保险的定义

财产保险，是指保险人对于投保人或者被保险人的财产以及与财产相关的利益，因发生保险责任范围内的灾害事故而遭受经济损失时给予补偿的一种保险。财产保险中所指的财产除了包括一切动产、不动产、固定的或流动的财产以及在制或制成品的有形财产外，还包括运费、预期利润、信用及责任等无形财产。

财产保险是以财产及其相关利益和损害赔偿责任为保险标的，以自然灾害、意外事故为保险责任，以补偿被保险人的经济损失为基本目的的保险。对于财产保险的含义，可以从以下三个方面来理解：第一，财产保险的保险标的是以物质形态、非物质形态存在的财产及其相关利益；第二，财产保险承保的风险一般是各类灾害事故；第三，财产保险是当被保险人因保险事故遭受经济上的损失时，保险人负责赔偿的保险。

财产保险是人们在长期处理有关物质财产和相关经济利益所面临的风险过程中总结和发展起来的一门经济学科，是以各种财产物资和有关利益为保险标的，以补偿投保人或被保险人的经济损失为基本目的的一种社会化经济补偿制度。作为现代保险业的两大部类之一，财产保险通过各保险公司的社会化经营，客观上满足着人类社会除自然人的身体与生命之外的各种风险保障需求，是当代社会不可缺少的一种风险管理机制和经济补偿制度。

（二）相关概念的界定

1．广义的财产保险和狭义的财产保险

对财产保险概念的界定，人们大多根据财产保险经营业务的范围，将其分为广义的财产保险和狭义的财产保险。广义的财产保险是指包括各种财产损失保险、责任保险、信用保证保险等业务在内的一切非人身保险业务。其保险的保险标的既包括各种有形的物质财产，也包括在物质财产基础上派生出的财产相关利益、责任和信用。狭义的财产保险则仅指各种财产损失保险，它强调保险标的是各种具体的财产物资，如房屋保险、运输工具保险、货物保险、工程保险等。

2．有形财产保险和无形财产保险

由于财产可以分为有形财产（如生产车间、机械设备、运输工具、库存商品等）与无形财产（如预期利益、权益、责任、信用等），因此财产保险也可以根据承保标的的形态分为有形财产保险和无形财产保险。有形财产保险是指以各种具备实体形态的财产物资为保险标的的财产保险，它在内容上与狭义的财产保险业务基本趋于一致；无形财产保险则是指以各种没有实体形态，但是属于投保人或被保险人的合法利益为保险标的的保险，如责任保险、信用保险、利润损失保险业务等。

3．寿险与非寿险

国际上，通常根据各种保险业务的性质和经营规则，将整个保险业务划分为寿险和非寿险。非寿险是指寿险之外的一切保险业务的总称，包括广义财产保险与短期人身保险业务。其中短期人身保险主要是短期人身意外伤害保险和短期健康保险。国际上之所以将短期人身保险业务与财产保险一同并入非寿险的范围，主要原因在于它们都具有一定的补偿性质，保险期限较短，财务处理方式与责任准备金计提等方面的业务处理基本一致。将保险分为寿险和非寿险，这是一种国际惯例。

新修订的《中华人民共和国保险法》（以下简称《保险法》）第九十二条规定："财产保险业务，包括财产损失保险、责任保险、信用保险等保险业务；经营财产保险业务的保险公司经保险监督管理机构核定，可以经营短期健康保险业务和意外伤害保险业务。"这充分体现了我国保险行业在财产保险业务运营方面与国际惯例的接轨。

二、财产保险的特征

为了更好地理解与掌握财产保险的含义，需要从财产保险的自身特征和比较特征两个方面来对财产保险进行描述。

（一）财产保险的自身特征

1．财产保险承保范围的广泛性

现代财产保险业务的承保范围，涵盖了除自然人的身体与生命之外的近乎一切的风险保险业务，它不仅包容着各种差异极大的财产物资，而且包容着各种民事法律风险和商业信用风险等。大到航天工业、核电工程、海洋石油勘探开发，小到家庭或个人财产等，几乎全部可以从财产保险中获得相应的风险保障。

2．财产保险经营内容的复杂性

无论是从财产保险经营内容的整体出发，还是从某一具体的财产保险业务经营内容出发，其复杂性的特征均十分明显。它主要表现在：①投保主体复杂。既有法人团体投保，又有居民家庭和个人投保；既可能只涉及单个保险客户，也可能涉及多个保险客户和任何第三者。②保险标的复杂。财产保险的投保标的包括从普通的财产物资到高科技产品或大型土木工程，从有实体的各种物资到无实体的法律、信用责任乃至政治、军事风险等。③保障过程复杂。在财产保险业务经营中，既要强调保前风险检查、保时严格核保，又须重视保险期间的防灾防损和保险事故发生后的理赔查勘等，承保过程程序多、环节多。④风险管理复杂。对每一笔财产保险业务，保险人客观上均需要进行风险评估、风险选择或风险限制，并需要运用再保险的手段来分散风险。⑤经营技术复杂。即要求保险人熟悉与各种类型投保标的相关的技术知识。例如，要想获得经营责任保险业务的成功，就必须以熟悉各种民事法律、法规及相应的诉讼知识和技能为前提。

3．财产保险保险标的的可衡量性

财产保险业务的承保标的不仅包含着各种差异极大的财产物资，而且包含着各种民事法律风险和商业信用风险等。与此同时，财产保险的保险标的无论归自然人所有还是归法人所有，均有客观而具体的价值标准，都需要用货币来衡量其价值，保险客户可以通过财产保险来获得充分补偿。

4．财产保险业务性质的补偿性

保险客户投保各种类别的财产保险，目的在于转嫁自己在有关财产物资和利益上的风险，当风险发生并导致保险利益损失时能够获得保险人的补偿；保险人经营各种类别的财产保险业务，则意味着承担起对保险客户保险利益损失的补偿责任。当保险事故发生以后，财产保险讲求损失补偿原则，它强调保险人必须按照保险合同的规定履行赔偿义务，同时也不允许被保险人通过保险获得额外利益。

5．财产保险单独保险关系的不平等性

就单个保险关系而言，保险双方的实际收入与支付在经济价值上可能表现出不平等现象。一方面，保险人承保每一笔业务都收取保险费，其收取的保险费通常是投保人投保标的实际价值的千分之几或百分之几，而一旦被保险人发生保险损失，保险人往往要付出高于保险费若干倍的保险赔款，表现为保险人的收入与支出的不等性。另一方面，在所有承保业务中，发生保险事故或保险损失的保户毕竟只有少数，对多数保户而言，保险人即使收取了保险费也不存在经济赔偿的问题，表现为投保人的收入与支出的不等性。正是这种单个保险关系在经济价值支付上的不等性，构成了财产保险总量关系等价性的现实基础和前提条件。所以，就某一单独的保险关系而言，强调的是对价，而不是等价。

6．财产保险业务运行的商业性

我们知道，客观风险、剩余产品、商品经济是商业保险产生、存在与发展的自然基础、经济基础和社会基础，三者缺一不可。商业保险产生、存在、发展的一般理论同样适用于财产保险。一般而言，财产保险业务运行必须服从商品经营的共性理论，严格遵循商品经营所必须遵循的游戏规则。财产保险商品设计、开发、管理和销售的全过程都必须注意其运行过程的商业价值，不符合商品经营原则的业务是对保险商品观的扭曲，没有市场价值的业务是对保险商业运行的破坏。因此，认识和理解财产保险业务的运行是保险商品运行的一个重要组成部分，区别财产保险和社会救助及相关行为的关系，立足于商品经营和市场价值的观念来讨论财产保险业务的运行，使财产保险的运行既要符合保险商品经营的法律规定，又要围绕物质财产或经济利益保障的特殊性。

（二）财产保险与人身保险的区别

财产保险和人身保险是按保险业务性质划分的两个部分。作为现代保险业的两大部类，两者由于标的性质的不同，存在着许多差异，具体如下。

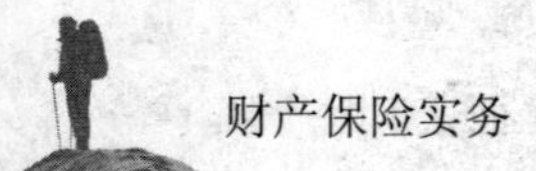

1．承保保险标的不同

人身保险的保险标的是人的生命、身体或者健康，而这些都无法用货币来度量其价值，因此具有不可估价性。

财产保险的保险标的价值是可以确定的，即具有可估价性。对于有形财产而言，其本身就有客观的市场价值；对于无形财产而言，投保人对其具有的经济利益也必须是确定的，或是由法律来规定的，否则不能作为保险标的。

2．保险金额确定不同

由于人身保险的保险标的没有确定的保险价值，因此其保险金额不是在对保险标的估价的基础上确定的，而是由投保人根据被保险人对人身保险的需要和投保人缴纳保险费的能力，在基本排除道德风险的前提下，与保险人协商确定的。

由于财产保险的保险标的本身具有保险价值，因此保险金额是在对保险标的估价的基础上确定的。保险金额可以根据标的的市场价值确定，也可以按照账面价值或重置价值确定。

3．保险合同性质不同

人身保险是给付性保险。人的生命是无价的，被保险人因意外事故或疾病造成伤残或死亡时，其伤残程度难以用货币衡量。因此，在人身保险事故发生后，保险人按照保险合同的事先约定给付保险金。

财产保险是补偿性保险。财产保险的标的损失是可以用货币来衡量的，在保险事故发生后，保险人对被保险人的赔偿遵循损失补偿原则，即在保险金额限度内，按照保险单约定的赔偿方式，损失多则多赔，损失少则少赔，不损失则不赔，被保险人最终不能获得超过实际损失的额外利益。

4．保险合同期限不同

人身保险特别是人寿保险，其保险期限一般长达几年到几十年。也正因为其保险期限长，使人身保险既具有保障性又具有储蓄性。而保险费一般又是分期缴纳，缴费期较长，考虑到随着年龄增长，收入逐步减少，但死亡率却不断上升，投保人的缴费负担会越来越重，因此人身保险通常采用年度均衡保费制。保险人因此每年都有稳定的保险费收入，其形成的保险基金可进行中长期投资。

财产保险的保险期限一般为一年或一年以内。由于期限短，在保险实务中要求投保时一次性缴清保险费，保险费不计利息；其形成的保险基金不能作为保险人中长期投资的资金来源。财产保险通常只有保障性，一般不具有储蓄功能，保险单也没有现金价值。

5．保险合同关系不同

人身保险合同具有储蓄和投资功能。除了在保险期内被保险人死亡，保险人向受益人支付死亡保险金外，通常在保险单到期后保险人还要支付满期保险金。因此除定期寿险外，一般而言，人身保险的单个合同具有对等性。

财产保险通常只具有保障功能。虽然从总体上看，保险人收取的纯保险费形成的保险基金全部用于补偿被保险人的经济损失，保险人与被保险人的关系是完全平等的，但从某个单一的财产保险合同看，投保人所缴纳的保险费与将来得到的赔偿款是不对等的。因为有可能缴纳几百元保险费而获得几万甚至几十万的保险金赔偿，也可能连续多年缴纳保险费却没有任何保险金赔付。

6．业务经营技术不同

人身保险业务经营和保费厘定的基础是对死亡率的估算，而经过多年的经验积累，人身保险对死亡率的计算较为精确，出现的风险事故也较规则和稳定。因此，人身保险业务经营的稳定性相对较好。

财产保险危险事故的发生不太规则，并缺乏稳定性，损失概率相对缺乏规律性，因而计算的费率没有寿险的精确。财产保险为弥补这一缺陷，实现收支平衡，除了必须保持较大的现金储备外，在保险技术上对大数法则也要进行有效利用。

【知识链接】　财产保险与政府救济

政府及有关当局的救济作为古老的灾害补偿措施，迄今仍然被各国广泛采用，并且是一种行之有效的补偿制度。财产保险与政府救济作为两种性质不同的灾害补偿机制，是现代社会灾害保障的两个层次，都具有必要性。其根本区别表现如下。

一、性质与目的不同

财产保险具有商业性，即保险双方按照市场经济规律，在自愿成交的条件下开展业务，保险公司开办财产保险业务的直接目的是赚取利润，是一种纯粹的企业行为；而政府救济是依据有关社会保障方面的法律、法规开展的灾害补偿工作，其目的在于帮助受灾的社会成员度过生存危机期，以安定灾区社会秩序，是一项社会保障制度和一种政府行为。

二、权利义务关系不同

在财产保险中，保险公司与保险客户之间是有偿的、双向的权利与义务关系，即保险客户若想获得有关财产物资或利益的风险保障，就必须缴纳保险费；而在政府救济中，提供救济与接受救济双方的权利义务关系却具有单向性、无偿性，即政府承担着向遭灾的社会成员提供救济的法定义务，而遭灾的社会成员则享受着接受救济的法定权利而无须承担缴费义务。因此，财产保险体现的是有偿的经济保障关系，政府救灾体现的则是无偿的社会救济关系。

三、保障内容不同

在保障内容方面，除自然人的身体与生命属于人身保险而不保外，财产保险可以保障投保人的各种物质损失和利益损失风险，其对投保人的财产及有关利益的保障可以是全面而充分的；而政府救济虽然也对受灾的社会成员因灾受伤的医疗问题给予有限的救助，但不保受灾社会成员的有关利益，所保障的物品亦有明显限制，仅限于受灾社会成员的食物、衣被、住房等生存必需资料。可见，财产保险更能为社会成员提供全方位的风险保障服务。

四、保障水平不同

财产保险按照大数法则和损失概率确定保险价格，通过向众多的保险客户筹集保险基金，为保险客户提供高水平的风险保障；而政府救济单纯依靠财政拨款，只能以帮助遭灾的家庭或个人解除灾后生存危机即提供最基本的保障为标准。

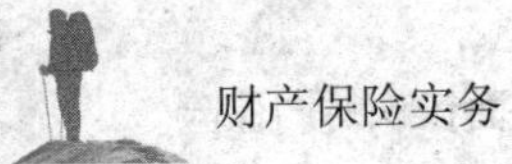

三、财产保险的职能

财产保险作为一种商业活动，必须在社会经济活动中通过自身的职能体现其存在的社会价值和意义。财产保险的职能分为基本职能与派生职能两方面。

（一）财产保险的基本职能

1．损失补偿职能

损失补偿职能是指财产保险承保人通过各种保险业务的开办来筹集保险基金，在发生保险事故造成被保险人保险利益损失时，依据保险合同，按承保标的的实际损失数额给予补偿。财产保险的产生是因为社会需要有专门的行业来承担组织损失补偿的责任，财产保险承保人筹集资金是为了组织损失补偿。建立和发展财产保险制度，就可以通过保险人的工作对遭受损失的被保险人进行及时的经济补偿，受灾单位或个人就能够及时恢复受损的财产或利益，从而保障生产和经营持续不间断地进行。

2．风险分散职能

对于难以预测的风险事件的发生，可以运用财产保险功能，通过保险费把集中的风险分散给大家，同时又可以用固定的小额保费支出来弥补不固定的损失。而财产保险公司是根据长期积累下来的对各种灾害事故造成损失的统计资料，研究导致损失的风险的原因及规律，按不同风险类别制定出不同的费率，据以收取保费的。这对于每一个负担保费的被保险人来说是科学合理的，体现了分散危险、共同互助的特点。

（二）财产保险的派生职能

1．防灾防损职能

财产保险防灾防损工作的最大特点就在于积极主动地参与、配合其他防灾防损部门扩展防灾防损的工作。这主要体现在：从承保到理赔注重防灾防损工作，从而增加财产保险的经营效益；促进投保人的风险管理意识，从而促进其加强防灾防损工作。

2．融通资金职能

财产保险的融资职能是财产保险公司参与融通社会资金的职能，即财产保险公司可以通过积聚保险基金和融通资金来稳定企业财务并应付巨灾事故的发生。其融资职能主要体现在两个方面：一方面具有筹资职能，另一方面通过有价证券等投资方式体现投资职能。

3．稳定社会职能

无论是固定的还是流动的或是建造中的财产，都可能会由于自然灾害、意外事故而受损，而财产保险是以提供补偿的方法达到社会生产持续不断发展及安定人民生活的目的，从而保障社会经济稳步发展和人民生活安定。因此，在保险行业内，财产保险被誉为社会经济生活的“减震器”。

四、财产保险的作用

（一）财产保险的宏观作用

财产保险的宏观作用是保险对全社会和整个国民经济总体所产生的经济效应，具体表现在以下几个方面。

1. 有利于国民经济持续稳定发展

自然灾害和意外事故的发生，会使社会再生产过程中合理的比例关系失衡，从而使再生产这一本应连续不断的运动过程中断，并造成连带损失。也就是说，对生产单位而言，这些风险不仅会造成生产单位本身的损失，而且会造成相关生产单位的连带损失。而通过财产保险业务的开展，可以帮助受灾单位迅速恢复正常的生产经营，从而保障各生产部门合理的比例关系。财产保险虽然不能避免灾害事故的发生，却可以减轻或消除这种破坏对社会生产的影响，为再生产的顺利进行提供保障。从某种程度上说，财产保险所带来的社会效益远远大于其补偿总额。

2. 有利于科学技术不断推广应用

任何一项科学技术的产生和应用，既可能产生巨大的物质财富，又可能遭遇到各种风险事故所造成的经济损失，尤其是现代高科技的产生和应用既克服了传统生产技术上的许多缺陷，又会产生新的风险。风险一旦发生，其损失可能是巨大的，远非技术发明者所能预料和承受的，而有了财产保险提供保障，尤其是高科技保险的发展，为新科学技术推广应用提供了经济保证，变不确定为确定，加快了新技术的开发利用。如宇宙飞船的研发、现代卫星技术的应用等，如果没有航天保险，那么相关的制造商和开发商都将受到很大的限制。

3. 有利于保障社会物质财富安全

保险公司在经营财产保险业务中，为了减少保险标的的损失，降低赔付率，必然要开展防灾防损工作。例如，参与社会的防灾防损活动；随时检查保险标的的安全状况，督促被保险人做好防灾工作；当保险事故发生时，督促和配合被保险人采取施救措施，以减少保险财富的损失。保险公司通过以上一系列手段，客观上起到了减少社会财富损失，保障社会物质财富安全的作用。

4. 有利于财政收支和信贷收支平衡

财政收支计划和信贷收支计划是国民经济宏观调控的两个方面。自然灾害和意外事故的发生，都会造成财政收入的减少和财政支出的增加，导致银行贷款到期难以收回，还会增加贷款发放，从而给国家宏观经济调控带来困难。如果单位参加了保险，财产损失得到保险赔偿，恢复生产经营就有了资金保障。生产经营一旦恢复正常，就能保证财政收入的基本稳定，银行贷款也能得到及时偿还。由此可见，财产保险确实对财政收支平衡和信贷收支平衡发挥着保障作用。

5. 有利于促进对外贸易和国际经济交往

在国际贸易中，无论是进口商品还是出口商品，都必须办理保险，货物成本、保险费和运费已经成为国际贸易中商品价格不可缺少的组成部分。我国实行对外开放政策以后，同世界各

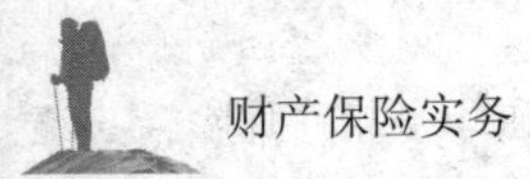

国的经济技术合作日益增多，对外贸易、技术引进、中外合资和外资企业相互提供劳务、科学技术交流等迅速发展，而各种涉外保险业务的开展，对促进对外贸易和国际经济交往起到了积极的促进作用。目前，许多国家的外汇保费收入已成为一项重要的非贸易外汇收入，成为国家积累外汇资金的重要来源。即财产保险对于平衡一国国际收支具有积极的作用。

（二）财产保险的微观作用

财产保险在微观经济中的作用是指财产保险作为经济单位和个人风险管理的财务处理手段所产生的经济效应，其具体表现在以下几个方面。

1. 有利于企业及时恢复经营和稳定收入

任何性质的企业在生产经营中都可能遭受自然灾害和意外事故的损害，造成经济损失，重大的经济损失甚至会导致企业经营中断。保险作为分散风险的中介，每个企业可通过向保险人缴纳保险费的方式转嫁风险，一旦遭受保险责任范围内的损失时，便可及时得到保险人的经济补偿，从而及时购买受损的生产资料，保证企业连续不断地进行生产，同时也减少了利润损失等间接损失。

2. 有利于企业加强自身的经济核算

每个企业都面临风险事故造成损失的可能，一旦发生灾害事故，轻则减产，重则停产，这必然影响企业的经济核算。通过参加保险的方式将企业难以预测的巨灾和巨额损失，化为日常固定的、少量的保险费支出，并列入营业费用，这样便可平均分摊损失成本，保证企业经营稳定，加强经济核算，从而准确地反映企业经营成果。

3. 有利于促进企业加强日常的风险管理

保险公司作为经营风险的特殊企业，在其经营过程中积累了丰富的风险管理经验，为其提供风险管理的咨询和技术服务创造了有利条件。保险公司促进企业加强风险管理主要体现在保险经营活动中，包括通过合同方式明确规定双方当事人对防灾防损负有的责任，促使被保险人加强风险管理；指导企业防灾防损；通过费率优惠以促进企业减少风险事故；从保险费收入中提取一定的防灾防损基金，促进社会风险管理工作的开展。

4. 有利于安定家庭和个人的正常生活

通过家庭财产保险可以保障家庭财产的安全；通过车辆保险可以保障拥有私家车的车主安全；通过责任保险来保障肇事者因民事损害依法对受害者承担赔偿责任的能力。所有这一切，都有利于安定家庭和个人的日常生活。

5. 有利于提高企业和个人的信用水平

在日常生活和工作中，每个企业或个人均有遭受责任风险和信用风险的可能，企业和个人可以通过购买责任保险将自己可能承担的民事损害赔偿责任转嫁给保险公司，大大降低了自己的法律风险，提高了自己的市场信誉；通过购买保证保险，如消费贷款保证保险，则为义务人的信用风险提供了经济保障，提高了个人的信用水平。

【案例分析】　怎样利用保险防灾减灾

2013年10月13日是第24个“国际减灾日”，在其到来的前几天，台风“菲特”造成上海、浙江、福建等地人员伤亡，财产损失严重，再次警醒人们要提高防灾减灾意识，面对灾难应该怎样合理选择保险。

分析：防灾首先要确保人身安全和财产的保全，天灾无情，保险有益。

人身意外险、车辆险、家财险、企财险、农业险、货运险等保险能为人身、家庭和企业的财产抵挡灾害带来的经济损失。

大部分以生命为赔付条件的人身保险，如人身意外伤害保险、人寿保险、健康保险等，都可以保障因自然灾害意外事故、疾病等引发的人身伤亡。及早安排合适的保险，就可以通过对客观存在的未知风险予以转移，把不确定的损失转化为确定的保险成本支出，从而进行有效的风险防范和管理。各种财产保险能为家庭财产和企业财产抵挡暴雨、洪灾、台风等天灾带来的经济损失。

教学活动2　了解财产保险的发展

活动目标

通过本部分的教学活动，了解财产保险的产生与发展，熟悉财产保险的历史，掌握一些重要的标志性事件。

知识准备

财产保险的产生与发展，首先是由于各种灾害事故的客观存在与发展，其次则是社会经济不断进步、科学技术广泛应用的结果。现代财产保险制度，事实上起源于欧洲古老的共同海损分摊制度。

图1-1客观地表现了财产保险的历史发展进程。其中，共同分摊海损制度可以视为财产保险的原始状态；海上保险的产生意味着近代保险制度的产生，而火灾保险的产生则象征着近代保险的发展；工程保险与汽车保险业务的产生与发展，标志着财产保险进入了现代保险阶段；而责任、信用、科技保险时代则是20世纪以后财产保险走向全面发展的新阶段。

在人类与自然灾害和不幸事故的长期斗争实践中，人们逐步意识到仅仅依靠自身或小范围的协作力量是无法抗拒和克服各种自然灾害和不幸事故风险的，还需要有社会化的机制来分散各种灾害事故风险。于是，根据损失分摊原则和大数法则等建立、发展起来的财产保险制度，便成了人类社会抵御各种灾害事故和消化其损失的基本经济制度。人类社会越是向前发展，财产保险越是成为人们控制或减轻各种灾害事故风险的重要手段。

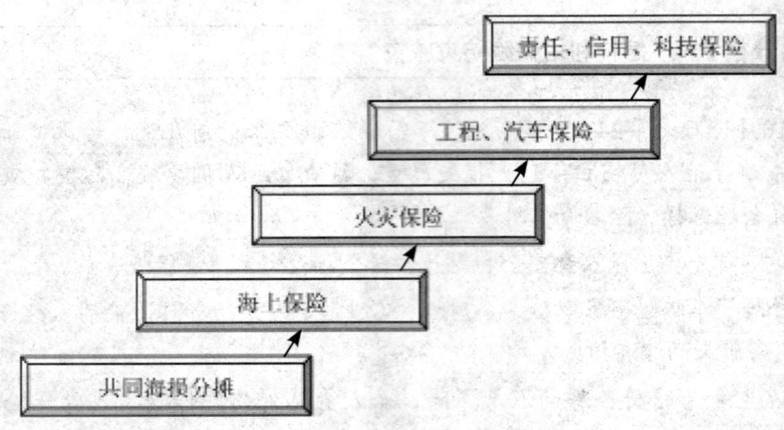

图1-1 财产保险的发展进程

一、财产保险的产生与发展

（一）财产保险的萌芽阶段

财产保险的历史可以追溯到几千年以前。共同分摊海损时期可以称为财产保险的原始阶段，可视为海上保险的萌芽，而以船舶为抵押的借贷制度则构成了海上保险的雏形。早在公元前2000年前后，地中海沿岸城市的商人就采用了“我为人人，人人为我”的共同分摊海损的方法，这种相互承担风险损失的方法即可以视为财产保险的原始状态。公元前1700多年的汉谟拉比时代，还将这种共同分摊损失的方法载入当时的法典而成为一种法律规范。到公元前916年，在著名的《罗地安海商法》中正式对共同分摊海损作出明确规定：凡因减轻船只载重投弃入海的货物，如为全体利益而损失的，须由全体分摊归还。这种做法实际上确定了财产保险的两大原理：一是具有同质风险的人构成一个共同的风险集合体，这是财产保险经营的风险结构基础；二是风险损失可以在具有同质风险的人群中进行分摊，“我为人人，人人为我”的思想奠定了财产保险的基本理念。

（二）财产保险的产生阶段

经过漫长的共同海损分摊实践，欧洲国家开始出现一些专门从事海事损失保证业务的机构，在此基础上成就了最早的保险人。迄今发现的最古老的保险单，是在意大利佛罗伦萨发现的1347年10月23日由乔治•勒克维伦出立的一张海上保险单，它承保从热那亚到马乔卡的航程保险。15、16世纪，海上保险在欧洲国家得到了较为普遍的发展。17世纪时，伦敦不仅成为英国保险业的中心，而且成为世界海上保险的中心。在世界保险发展史上占有特殊地位的劳合社保险人组织，即产生于这一时期，发展至今已有300多年的历史，其对世界保险业的商业化、专业化、制度化起到了示范的作用。

【拓展阅读】　基尔特制度和黑瑞甫制度

基尔特（Guild）制度是一种职业相同者基于互助精神组成团体、相互救济的制度。该制度起源于欧洲中世纪，为人寿保险的雏形。该制度创始之初，有商人基尔特与工人基尔特两种，具有高度的自律性，凡资格认可、徒弟招募与训练、再到彼此之间的竞业规则皆为其所管辖。当团体中的会员死亡、疾病或遭受火灾、盗窃等灾害时，会员共同出资予以救济。以后，英国在基尔特制度基础上发展成立"友爱社"，对相互救济事项的范围和社员缴纳社费等都有明确规定。基尔特制度对以后人寿保险的确立和发展有重大影响。

黑瑞甫（Hrepps）制度和基尔特制度都是一种相互保险的制度。现代火灾保险的起源可追溯至1118年冰岛设立的"黑瑞甫社"。黑瑞甫制度是对火灾损失互相负责赔偿的制度。德国北部17世纪曾盛行基尔特制度，成立了很多互助性质的火灾救灾协会，会员之间实行火灾相互救济。1676年由46个协会合并宣告成立了"汉堡火灾保险局"，开创了公营火灾保险的先河。

（三）财产保险的发展阶段

与海上保险相比，火灾保险的产生要晚得多。火灾保险的真正出现是在17世纪以后。其中，1666年发生在英国伦敦的大火灾事件是激发火灾保险业务在英国乃至欧洲国家产生与发展的重要事件。第一家火灾保险机构是18世纪初期在德国汉堡成立的。到18世纪末，火灾保险在欧洲特别是在英国、德国等国家，已经得到了很大的发展，如保险标的由不动产扩展到动产及有关利益，承保风险由火灾扩大到各种自然灾害等，保险单的格式也随之走向规范化。同时，火灾保险在经营实践中还形成了一套成熟的经验，如保险费率的厘定趋向科学并形成了差别费率制、防灾防损得到了保险人的重视、保险代办机构与联合保险形式被应用到火灾保险领域等，从而为后来财产保险的健康发展奠定了深厚的基础。

火灾保险的产生与发展，标志着近代保险业进入了比较成熟的阶段，这一时代以海上保险与火灾保险的并存发展为主。与财产保险的原始萌芽阶段相比，以海上保险与火灾保险为代表的近代保险阶段，不仅确立了财产保险的筹资和补偿原则，而且有专门的机构来经营财产保险业务，保险业务经营走向专业化与规范化。

（四）财产保险的壮大阶段

进入18世纪以后，随着工业革命的胜利，机器大生产开始取代手工劳动，物质财富日益增多，以承保工程风险和汽车风险为代表的财产保险业务开始出现并不断发展、壮大，使财产保险由近代保险阶段进入了现代保险阶段。这一阶段与近代保险阶段相比，主要发生了下列显著变化：一是保险公司大量出现，以股份公司形式组织的财产保险公司日益增加，表明了财产保险业务的经营主体走向现代化；二是承保范围急剧扩大，从只承保海上运输和建筑物的火灾扩展到承保一切财产物资和利益；三是保险责任迅速扩大，从只承保海上风险和火灾风险扩大到承保一切自然灾害、意外事故及社会风险、工程风险等；四是保险经营技术和经营手段走向科学化，如大数法则和计算机技术得到广泛应用。因此，这一时期财产保险的传统业务如海上保险、火灾保险等获得了稳步发展，各种工程保险、汽车保险等的出现与迅速发展，加上保险经

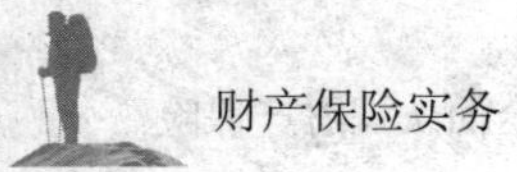

营技术的成熟，使财产保险从近代保险阶段迈进了现代保险的新纪元。

（五）财产保险的成熟阶段

从工程保险与汽车保险的出现到现阶段，现代财产保险经历了两个非常重要的时期：一是19世纪末责任保险的出现，二是20世纪中叶各种科技保险的出现，这两者均使财产保险获得了重大的、跳跃式的发展。其中，从19世纪末到20世纪初期，各种责任保险的兴起标志着财产保险进入了成熟的发展阶段，也有人称责任保险的发展是整个保险业发展的第三阶段或最高阶段（即财产保险阶段、人寿保险阶段、责任保险阶段），它不仅使财产保险的业务结构由传统的单纯以实体财产为标的转向实体保险和非实体保险（如责任保险、信用保险等）并重，而且还使财产保险具有了与社会文明进步同步并为社会文明进步发展服务的功能。如19世纪末产生、20世纪以后迅速普及的雇主责任保险，就有效地保障了各国劳工的生命与生活权益；公众责任保险与产品责任保险的产生与发展有力地维护了消费者及公众的权益；尤其是汽车第三者责任保险等在许多国家由自愿保险变成强制保险，更使法律对公众利益的保护落到了实处。因此，责任保险的产生与发展不仅标志着法律制度的完善，而且推动着社会文明的发展进步。在20世纪中叶出现的科技风险保险业务，使现代财产保险成为现代科技发展的助推器，并获得了与现代科技同步发展的机会。

时代发展到今天，无论是物质财产还是法律风险与信用风险，人们都能够从财产保险中获得风险保障；无论是航天飞机的发射、深海石油的开发，还是长江三峡工程的建设、电子计算机技术的应用等，都能够找到保险的影子。财产与责任保险已经成为整个社会经济发展和人们生活中不可缺少的组成部分。财产保险的影响也并不局限于保险业自身，而是与整个社会、经济、科技的发展进步形成了密不可分的关系。

二、财产保险在中国的发展

（一）旧中国的财产保险发展历程

1．外商保险机构垄断阶段

中国的财产保险是随着英国和其他帝国主义的入侵而产生并逐步发展起来的，迄今已有近200年的历史。1805年，英国东印度公司在广州设立了谏当保险行，这是中国境内第一家具有现代保险意义的商业保险机构，它是由英国人达卫森开办的，专门承保与英国商人的贸易有关的货物运输保险即财产保险业务。此后，外国人在华开设的保险机构逐渐增加。如上海自1843年开埠至19世纪60年代中期，作为当时的全国进出口贸易中心，也成了外国保险人在华的重要据点。著名的外商保险机构有保家行、保安行、保裕行、谏当行、于仁行、扬子行、泰安行、保宁行等，由此可见，外商保险业在华进入了扩张阶段。

2．民族保险业兴起阶段

在外商保险机构对华扩张的同时，随着洋务运动的兴起，民族保险业得以产生并得到发展。中国第一家华商保险公司为1865年设立于上海的义和公司保险行，以后相继设立了保险招商局、仁和保险公司等。其中，由洋务派官僚李鸿章创办的仁和和济和两家财产保险公司，后来合并成一家保险公司，成为我国第一家规模较大的船舶和货物保险公司，专门承保有关船舶、货物运输的保险业务。

在旧中国，保险业的命脉始终控制在外资保险公司手中，其中20世纪以前基本上是英国垄断着中国的财产保险市场；进入20世纪直到新中国成立前，则是英、美、法、德、日、瑞士等国的保险公司共同控制着中国的财产保险市场，中国的民族保险业始终未能得到正常的发展，到新中国成立前更因受经济落后、战争不断、政府腐败等因素的影响，几近崩溃。

（二）新中国的财产保险发展历程

1. 财产保险的开展与停办

新中国成立后，于1949年10月20日成立了当时唯一一家全国性、综合性的保险公司——中国人民保险公司，统一经营着全国的各种财产保险业务和少量的人身保险业务。

到1958年，由于受“共产风”的影响，决策者错误地认为“人民公社化”以后，人们的生老病残和灾害事故都可以由国家和集体包下来，保险在中国已经完成了历史使命，没有继续办理保险的必要了，同年10月在西安召开的全国财贸会议上决定停办国内业务。

2. 国内财产保险的恢复

1979年，国家决定恢复国内保险业务，中国人民保险公司开始在全国设置部分分支机构，同时发展、壮大保险从业人员队伍。1980—1995年，中国的保险业务得到了持续的高速发展，其中最为显著的标志便是保险业的经营网点和从业人员迅速增加，新疆生产建设兵团保险公司、中国太平洋保险公司、中国平安保险公司等新的保险公司开始出现，保险业务收入每年均大幅度增长，国民的保险意识不断增强，保险日益成为人们在生产、生活中不可缺少的风险保障工具，并为中国保险业的进一步发展奠定了基础。

3. 财产保险的高速发展

1995年以后，随着《保险法》及相关配套法规的颁布与实施，财产保险与人身保险的分业经营成为法定规则，一批新的全国性或区域性财产保险公司进入财产保险市场参与竞争。1996年中国人民保险公司等通过集团化而对旧的体制进行了重大改组，1998年对中国人民保险（集团）公司进行了进一步改组，成立了专营财产保险业务的中国人民保险公司、专营寿险业务的中国人寿保险公司和专营再保险业务的中国再保险公司。这些均表明中国的财产保险业进入了产业化、专业化、市场化发展的新阶段。

三、我国财产保险市场的现状

（1）财产保险市场主体不断增加，市场体系进一步优化。截至2014年年底，全国共有财产保险公司65家。其中，中资公司43家，非寿险市场集中度出现小幅回升，保费前5家公司市场份额供给达74.6%，较2013年同期上升了0.5个百分点。保险市场主体的多元化，有力地促进了保险公司经营观念的转变，使之逐步确立了服务意识、竞争意识、效益意识和发展意识，我国的财产保险市场开始由量的扩张走向质的提高。

（2）财产保险业务持续发展，保险市场发展空间日益拓宽。2014年保险业报告称，保险业总资产达到101 591.47亿元，较年初增长22.57%。这是保险业总资产首次突破10万亿大关。2014年全年，保险行业保持了较快增速。全年原保险保费收入20 234.81亿元，同比增长17.49%。其中，产险业务原保险保费收入7 203.38亿元，同比增长15.95%；寿险业务原保险保费收入10 901.69亿元，同比增长15.67%；健康险业务原保险保费收入1 587.18亿元，同比增长

41.27%；意外险业务原保险保费收入542.57亿元，同比增长17.61%。在主业快速增长的同时，投资也保持快速增长态势。报告显示，险资运用余额达到93 314.43亿元，较年初增长21.39%。其中，银行存款25 310.73亿元，占比27.12%；债券35 599.71亿元，占比38.15%；股票和证券投资基金10 325.58亿元，占比11.06%；其他投资22 078.41亿元，占比23.67%。2015年上半年，保险业在过去两年快速发展的基础上继续加速，保费规模达到1.37万亿元，同比增长19.3%。保险对经济社会发展的渗透度不断提高，保险业在经济金融发展中的地位日益凸显。

2015年1—4月保险统计数据报告显示如下：一是原保险保费收入10 025.15亿元，同比增长19.90%。产险业务原保险保费收入2 653.78亿元，同比增长12.02%；寿险业务原保险保费收入6 344.58亿元，同比增长22.02%；健康险业务原保险保费收入809.98亿元，同比增长34.89%；意外险业务原保险保费收入216.80亿元，同比增长12.78%。产险业务中，交强险原保险保费收入521.27亿元，同比增长11.00%；农业保险原保险保费收入为92.85亿元，同比增长25.78%。另外，寿险公司未计入保险合同核算的保户投资款和独立账户本年新增缴费2 461.6亿元，同比增长45.44%。二是赔款和给付支出2 966.40亿元，同比增长22.39%。产险业务赔款1 236.22亿元，同比增长9.72%；寿险业务给付1 460.37亿元，同比增长35.28%；健康险业务赔款和给付225.49亿元，同比增长27.50%；意外险业务赔款44.31亿元，同比增长8.59%。三是资金运用余额100 400.51亿元，较年初增长7.59%。银行存款25 435.04亿元，占比25.33%；债券35 518.1亿元，占比35.38%；股票和证券投资基金14 591.03亿元，占比14.54%；其他投资24 856.34亿元，占比24.75%。四是总资产110 267.65亿元，较年初增长8.54%。产险公司总资产16 093.61亿元，较年初增长14.45%；寿险公司总资产88 591.61亿元，较年初增长7.40%；再保险公司总资产4 331.08亿元，较年初增长23.27%；资产管理公司总资产261.09亿元，较年初增长8.50%。五是净资产15 150.77亿元，较年初增长14.30%。再保险业务承保质量明显改善。从保费收入的规模和增长速度来看，近20多年来，年平均增长速度都远远高于同期GDP的年均增长速度。

【数据链接】 财产保险公司2014年原保险保费收入数据（见表1-1）

表1-1 财产保险公司2014年原保险保费收入数据（单位：万元）

公司名称（中资）	原保费收入	公司名称（中资）	原保费收入	公司名称（外资）	原保费收入
人保股份	25 241 923.87	鑫安汽车	31 173.383	美亚	117 294.72
大地财产	2 235 805.25	阳光财产	2 117 340.77	东京海上	49 598.94
出口信用	1 811 835.98	阳光农业	271 165.70	安盛太平	661 675.97
中华联合	3 486 516.65	都邦	357 601.67	太阳联合	17 573.41
太保财险	9 283 733.24	渤海	217 623.60	丘博保险	12 855.92
平安财险	14 285 733.97	华农	52 343.07	三井住友	50 203.34
华泰	637 238.90	国寿财产	4 039 742.42	三星	80 718.29
天安	1 115 255.81	安诚	249 557.77	安联	89 614.35
众安财产	79 409.65	长安责任	244 884.38	日本财产	34 231.73

（续表）

公司名称（中资）	原保费收入	公司名称（中资）	原保费收入	公司名称（外资）	原保费收入
华安	761 613.62	国元农业	300 140.33	利宝互助	81 814.38
永安	699 368.07	鼎和财产	244 497.25	中航安盟	146 330.60
太平保险	1 326 978.81	中煤财产	81 365.52	苏黎世	45 166.96
民安	277 227.74	英大财产	651 181.13	现代财产	12 928.14
中银保险	532 513.99	浙商财产	326 252.26	劳合社	81.87
安信农业	110 909.44	紫金财产	336 698.30	中意财产	25 563.52
永诚	584 366.60	泰山财险	110 729.35	爱和谊	5 385.10
安邦	513 540.85	众诚保险	111 527.37	国泰财产	54 747.77
信达财险	351 181.59	锦泰财产	109 368.56	日本兴亚	5 418.59
安华农业	326 290.86	诚泰财产	48 624.83	乐爱金	11 209.78
华海财产	107.79	长江财产	49 312.33	富邦财险	66 050.36
北部湾财产	91 127.28	中石油专属保险	12 325.19	信利保险	3 479.03
富得财产	49 486.32			史带财产	106 447.34
中资小计		73 765 621.46		外资小计	1 678 390.13
总　计			75 444 011.59		

（3）有效防范和化解风险，加强和改进保险监管。保险公司采取积极措施防范和化解风险，加强和改进保险监管，维护保险市场安全稳健运行。2010年发布《保险公司内部控制基本准则》，推动保险公司加快建立健全内控管理组织体系，制定内控管理标准和流程，明确董事会、管理层、内部控制管理部门的职责和分工。完善动态偿付能力压力测试和现金流检测制度，改进风险识别和预警制度。发挥保险保障基金制度，对发生重大风险的公司实施风险处置和救济制度。

保险机关机构完善监管制度，制定和修订11个部门规章和一系列规范性文件，对现行保险监管规章制度进行全面清理。完善监管组织体系，加强信息化监管改进法人机构分类监管，建立分支机构分类监管制度，研究探索宏观审慎监管，与外资保险公司的母国监管机构加强交流沟通和监管合作。明确保险公司信息披露要求，建立健全保险服务标准和赔付程序公开制度，制定电话营销行为标准，指导行业建立车险信息共享机制和保单承保理赔信息自主查询制度，积极保护被保险人利益。

（4）参与社会风险管理，积极服务社会经济发展。保险业紧紧围绕国家经济建设和社会发展事业，立足保障和服务民生，扩大保险覆盖面，提升保险业务能力。农业保险覆盖面不断扩大，提供风险保障能力逐年增强，承包品种和保障范围不断拓宽，服务地域扩展至所有省市区。出口信用保险提供风险保障金额超过1万亿元，主动参与社会风险管理，在青海玉树地震、黑龙江伊春空难、上海高层住宅倒塌等重大灾害事故中，各大财产保险公司主动履行赔付责任，为稳定社会服务经济做出了积极的贡献。

四、我国财产保险的发展前景

（一）财产保险的国际化倾向日益明显

一方面，中国加入世界贸易组织以后，不仅需要进一步扩大保险业的对外开放，让更多的国外财产保险公司进入国内市场开展业务，而且财产保险的经营制度、经营方式、险种条款等也会日益向国际惯例看齐，与国际接轨会成为国内各财产保险公司努力的方向；另一方面，国内财产保险市场与国际财产保险市场的交流与合作会日益得到加强，如我国财产保险业务的发展既需要越来越多地利用国际再保险市场，也可以成为国际再保险市场的新生力量，保险经营技术的交流随着发达国家大保险公司的进入和我国部分保险公司的对外扩张无疑会越来越密切。

（二）财产保险经营技术含量日益提高

现代化的风险监控技术与风险防范手段，现代化的通信技术与网络技术等，都在财产保险的经营中得到日益普遍的利用。例如，利用遥感技术进行自然灾害调查和大面积损失的评估，利用人工技术降雨、化雹、灭火，利用网络技术开展网上保险行销并出售保险单等，已经不是财产保险界的新事物，而被越来越多的保险业者根据自己的需要在努力加以运用。

（三）财产保险业务经营主体趋向多元化

（1）股份制保险公司成为财产保险公司的主要组织形式，中外合资或外资财产保险公司或分公司等所有制形式的财产保险公司将会持续增加。

（2）区域性财产保险公司在区域内的财产保险市场份额中的分割比例将稳定上升。

（3）专营型财产保险公司将会形成或出现，并因具有专业经营的优势，其在财产保险市场的某一领域所占的份额将持续上升。

（四）财产保险业务经营不断向纵深发展

整个财产损失保险等传统业务经营将由广度经营向深度经营迈进；责任保险与信用、保证保险等新型业务将得到大力发展；财产保险的险种将进一步走向多样化、齐全化，其中险种综合化（即同一险种承保多种标的与多种风险）与险种专一化（即同一险种只承保个别或少量标的与个别或少量风险）是值得保险人重视的两个发展方向；各保险公司在业务经营中将实现从注重规模发展到规模与效益并重乃至效益优先的转变。

（五）财产保险市场体制逐步趋向成熟

整个财产保险市场将走向法制化、规范化，财产保险市场的竞争在趋向激烈化的同时走向公平化；财产保险代理制度与经纪制度得到确立，财产保险的代理人、经纪人与公估人等将成为财产保险市场中一个独立的阶层，并对财产保险市场的发展产生日益重要的影响；在政府加强对财产保险市场监管的同时，财产保险行业将逐渐走向自律。

【拓展阅读】　劳合社的产生和发展

在财产保险发展的历史上，最值得一提的是英国劳合社的形成和发展。17世纪中期，伦敦塔街有一家咖啡馆，经营咖啡馆的人叫爱德华·劳埃德（Edward Lloyd）。劳埃德把顾客最关心的有关船舶货物的航运行情和国际贸易、法律、气候等方面的情报收集整理以后，及时传播给前来喝咖啡的顾客。从此，咖啡馆就逐渐成为经营海运的船东、贸易商人、经纪人、高利贷者聚集的地方，他们在此洽谈业务、传播航运和贸易信息。后来，保险商人也利用这一场所与被保险人洽谈保险业务，并逐步发展到在咖啡馆内设立专门的写字台，成为固定的投保场所。被保险人在这里可以将他们要求保险的文件放在桌子上，任何愿意承保的保险人均可在文件上签上自己的姓名及其份额。当整个投保金额分派，或认购完毕时，一份海上保险合同即完成。

1696年，劳埃德编辑印刷了《劳埃德新闻》（*Lloyd's News*），为海上承保业务提供准确的运输信息。他于1734年出版了《船舶日志》（*List of Ships*），刊载往返英国的船舶信息，也就是现在的《劳埃德船舶日报》（*Lloyd's List*）的前身。劳埃德于1713年去世，他的继承人继续经营咖啡馆，并提供可靠的船舶运输信息，随后不久，劳埃德咖啡馆成为当时的海上信息中心。

起初在劳埃德咖啡馆内承接保险业务的商人还是各干各的，各自对其承保业务负责。1769年承保人内部发生矛盾，一部分不正直的承保人搞起了赌博保险（即没有可保利益也可接受投保），另一部分正直的保险人与他们分道扬镳。这部分人共 79 人，重新组织起来，每人出资100英镑，另觅新址，成立了专营海上保险的 Lloyd's组织。由于新址地方太小，1774年，他们不得不在皇家保险交易所租用房间经营海上保险业务，原来的咖啡馆形象也逐渐消失了。

1871年，英国议会通过《劳埃德法案》，以法律的形式确定它是一个私人承保人社团。该社团被命名为劳埃德公司，又名伦敦劳合社，从此获得法人资格。需要指出的是，劳合社是目前世界上唯一一个允许个人经营保险业务的保险市场，它与英国另一个由众多保险公司组成的公司保险市场并存，构成世界上颇具特色的双轨制保险市场。在这个市场里面，风险可以买卖。把风险卖给承保人的是保险经纪人，接受风险的人称之为承保人。劳合社的保险业务分五个部分进行，即会员、承保代理人、经纪人、客户和劳合社社团。会员把各自的股本交给劳合社委员会，然后组成大小不一的承保辛迪加（一种垄断组织形式），每人在辛迪加中只为自己承担的份额负责，彼此之间不负连带的责任。辛迪加的事务由承保代理人管理，代表会员办理保险业务，不与保险客户直接打交道，只接受经纪人提供的业务，经纪人代表客户与承保人接触，为客户安排投保和提供咨询服务。

学习任务二 区分财产保险险种

【学生任务】

- 要求每个学生课前预习相关内容，结合已经学习过的保险基础和财产保险相关知识来理解财产保险的险种区分，能够用自己的语言来简单描述财产保险各个险种险别的层次及相互关系。
- 要求每个学生提高课外阅读量，结合本部分内容，说明财产保险实务中各个险种的发展趋势，并能够根据自身的理解，结合案例在课堂提问中口头表达。
- 将学生随机分组，按小组选出典型回答在课堂上进行点评，学生间相互评出每一口头表达情况的优劣，教师进行综合评价。

【教师任务】

- 提示学生完成口头表达所需要关注的主要知识点，与相近的保险专业名词的区别与联系，保险相关业务的国际惯例等。
- 指导学生分组，在小组内对学生进行不同的分工，对学生口头表达作业完成情况及时进行跟进。
- 对各小组进行的课堂点评适时指导，对于选出的作业予以及时、客观、公正的评价，准备回答学生有可能提出的异议等。

教学活动 区分财产保险险种

活动目标

通过本部分的教学活动，了解与熟悉保险公司实际业务经营中的不同财产保险的险种，掌握其关键要点，并能够使用自己的语言简单描述。

知识准备

财产保险的分类是按一定的标准对财产保险商品分组归类，其目的是使人们能够从总体上了解各类财产保险的共性，从个体上掌握各种财产保险的特殊性。

一、财产保险的分类方法

（一）财产保险的法定分类

我国《保险法》和《保险公司管理规定》对财产保险的分类做了具体规定。经修订后的《保险法》第九十二条规定，财产保险业务包括财产损失保险、责任保险、信用保险等业务。

《保险公司管理规定》第四十五条规定，经中国保监会批准，财产保险公司可以经营下列全部或部分业务：企业财产损失保险、家庭财产损失保险、建筑工程保险、安装工程保险、货物运输保险、机动车辆保险、船舶保险、飞机保险、航天保险、核电站保险、能源保险、法定责任保险、一般责任保险、保证保险、信用保险、种植业保险、养殖业保险、经中国保监会批准的其他财产保险业务以及上述保险业务的再保险业务。

（二）财产保险的理论分类

1．按实施方式分为自愿保险和强制保险

自愿保险是保险人和投保人在自愿原则基础上通过签订保险合同而建立保险关系的一种保险，如家庭财产保险、企业财产保险、车辆损失保险等。强制保险又称法定保险，是以国家的有关法律为依据而建立保险关系的一种保险，它是通过法律规定强制实行的，如机动车交通事故责任强制保险。

2．按保险价值的确定方式分为定值保险和不定值保险

定值保险是指保险合同当事人将保险标的的保险价值事先约定并在合同中予以载明作为保险金额，在保险事故发生时根据载明的保险价值进行赔偿的保险。该险种通常适用于价值变化较大或不易确定价值的特定物，如字画、古玩或海上运输中的货物。不定值保险是指在保险合同中只载明保险标的的保险金额而未载明保险价值，在保险事故发生时，根据发生时的保险价值对比保险金额予以赔偿的保险。在不定值保险合同中，投保时仅载明保险金额，并以此作为赔偿的最高限额，至于保险标的的保险价值则处于不确定的状态。财产保险大多采用不定值保险。

3．按保险标的的形态分为有形财产保险和无形财产保险

有形财产保险是以已经存在的现实物质财产及其有关利益为保险标的的保险，如车辆损失险、船舶保险等。无形财产保险是以被保险人因过错行为造成第三者人身伤亡、财产损失，依法应负的民事损害赔偿责任为保险标的的保险，如第三者责任保险、产品责任保险、信用保险等。

除上述之外还有一些常见的分类方法，如按风险的内容分为火灾保险、地震保险、洪水保险；按保险业务内容分为企业财产保险、家庭财产保险、营业中断保险、货物运输保险、运输工具保险、工程保险、农业保险、责任保险、保证保险、信用保险等；按承保风险的多少，将财产保险分为单一风险保险和综合风险保险等；按保险保障的范围不同分为财产损失保险、责任保险、信用保证保险和农业保险。

（三）财产保险的实用分类

《中华人民共和国财产保险合同条例》规定：“本条例所指的财产保险，包括财产保险、农业保险、责任保险、保证保险、信用保险等以财产或利益为保险标的的各种保险。”这就明确了“财产保险”是广义的财产保险，即凡以财产或其有关利益作为保险标的的各种保险都属于财产保险。它既包括狭义的财产保险，即通常是指火灾保险、海上及内陆货物运输保险、运

输工具保险以及各种以物质财产为保险对象的保险，又包括农业保险（种植业、养殖业、捕捞业等各种保险）、责任保险（民事损害赔偿的各种保险）、保证保险（违约担保的各种保险）、信用保险（担保对方履行责任的各种保险）等七大类。

财产保险的体系框架如图1-2所示。

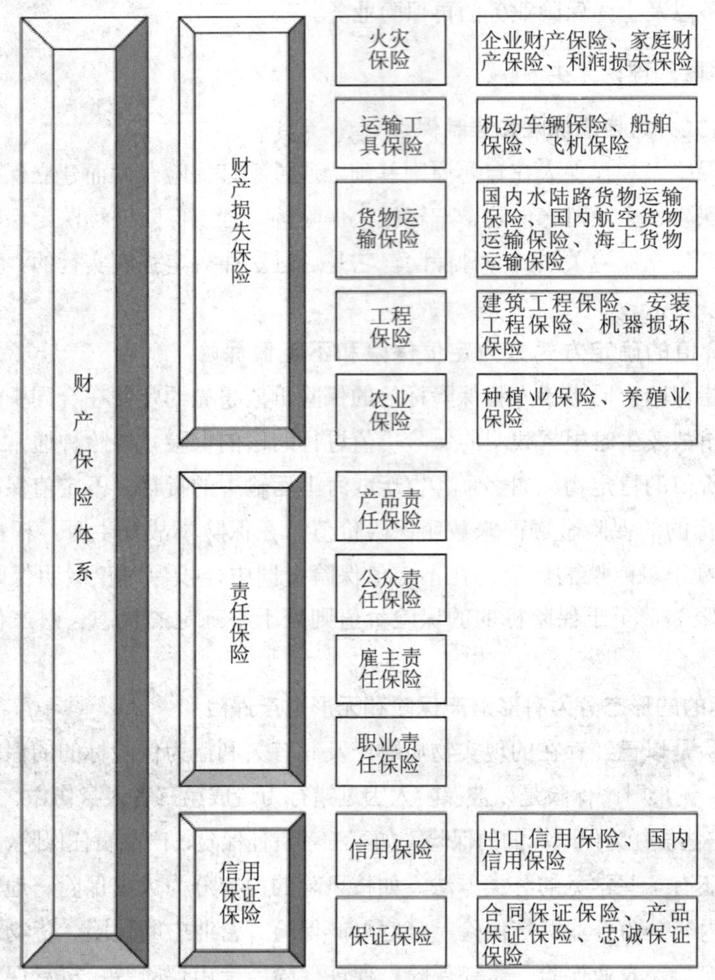

图1-2　财产保险体系框架

二、财产保险的险种险别

（一）火灾保险

火灾保险是指以存放在固定场所并处于相对静止状态的财产物资为保险标的，由保险人承担财产遭受火灾及其他自然灾害、意外事故损失的经济赔偿责任的一种财产保险。

火灾保险是一个发展历史悠久的险种，之所以命名为火灾保险，是强调这类财产保险承保的是火灾这种风险所造成的财产损失。事实上最初的火灾保险承保的风险的确只有火灾一种，以后才将承保风险逐步扩展到火灾以外的其他自然灾害和意外事故，但人们习惯上还是称之为火灾保险。

如今的火灾保险，从保险责任范围看，已经从传统的火灾扩展到爆炸、雷击和空中运行物体坠落等意外事故，而后又扩展到暴风、暴雨、洪水、雪灾、崖崩、泥石流等各种自然灾害；从保险标的范围看，从最初的不动产（建筑物）逐步扩大到动产（室内各种财产），再扩大到与物质财产有关的利益，如预期收入和租金收入等；从承保的损失看，从承保直接损失，扩大到部分间接损失，如利润损失等；从赔偿范围看，从最初仅赔偿物质财产损失，扩大到因灾害事故发生时对保险标的采取施救措施而引起的必要合理的施救费用。

火灾保险的主要险种有企业财产保险、家庭财产保险和利润损失保险。

（1）家庭财产保险，是承保国内城乡居民、个体工商户、家庭手工业者及其家庭成员合法拥有、占有、使用以及代他人保管或与他人共有的财产。

【实训操作】　家庭财产保险三大险种各有千秋，应如何选择

场景：

最近盗抢事件猖狂的同时，市民也纷纷为自家财产投保一份合适的家庭财产保险，面对市场上名目繁多的各类家庭财产保险，到底该如何选择呢？

操作：

（1）保障型家庭财产保险保费低

保障型家庭财产保险产品是单纯的具有经济损失补偿性质的险种，期限为1年，保险期满后，需要重新续保。主要保障因火灾、爆炸、自然灾害、意外事故等造成的家庭财产损失，又分普通家庭财产保险与组合型家庭财产保险。组合型家庭财产保险在普通家庭财产保险基础上，将附加条款、家庭成员意外伤害和居家责任、家庭雇佣责任等进行任意组合，保障范围更广，也更灵活，便于居民根据需要进行选择。

保障型家庭财产保险的保费一般较低，几十元、上百元便可投保，不会占用太多的家庭资金；但只有发生保险损失时才能得到保险公司的赔偿，没有本金及收益返还。

（2）储金型家庭财产保险较实惠

储金型家庭财产保险产品也被称为两全险，是居民通过向保险公司缴纳保险储金的形式获得保险保障，保险公司将被保险人所缴保险储金的利息作为保险费，在保险期满时仍将原来所缴的保险储金全部退还被保险人。

与普通家庭财产保险不同的是，投保家庭财产两全险在被保险人的财产遭受自然灾害或意外事故造成损失时，既能得到及时的经济补偿，而且在保险期满时，不论损失赔偿与否，都能足额领回原来缴纳的保险储金。

但应当注意的是，相对于银行储蓄来讲，两全险到期给付金额不及银行到期后连本带利的金额多，所以，千万不可把它当作银行储蓄，为了利息而购买该产品。

（3）投资型家庭财产保险有收益

投资型家庭财产保险则具有经济补偿和到期还本性质，保险期限一般在3～5年之间，不仅有保障型家庭财产保险的保障功能，还兼顾投资功效。投保此类险种除拥有相应的保障责任外，如遇银行利率调整，随一年期银行存款利率同步、同幅调整，分段计息，无论是否发生保险赔偿，期满均可获得本金和收益。

一般来说，投资型家庭财产保险的投保人可拥有转移风险和投资理财双重保障；但一次性缴纳费用较高，资金流动性不强，投保时家庭应当确保有一定数量的闲置资金且在保险期限内不急用，否则一旦退保将造成一定的经济损失。

（2）企业财产保险，是承保国内各种经济组织形式的企事业单位、团体法人和其他民事主体所合法拥有、占用、使用、经营、管理、租赁、保管或其他与之有经济利害关系的财产。从保险责任范围看，它分为基本险和综合险两种。

（3）利润损失保险，也称营业中断保险，是承保企业单位因自然灾害、意外事故导致厂房、机器设备等财产发生物质上直接毁损，使企业单位在一个时期内停产、减产造成减少或丧失的利润收入。该险种是从属于企业财产保险的，只能以企业财产保险的附加险形式予以承保。

（二）运输工具保险

运输工具保险承保的是用于载人或载运货物或从事某种交通作业的各类运输工具。运输工具的一个显著特征是经常处于移动状态中，在移动过程中面临的地区、环境和自然风险又各不相同，加上驾驶人员的素质有别，所以它们发生的风险事故复杂多样，一旦发生事故，不但运输工具本身遭受损失，而且还会因本身发生意外而产生对所载人、货物以及对运输工具以外的人员和财产造成损害，依法应承担民事赔偿责任。因此，运输工具保险通常把第三者责任保险列入基本险范围，或干脆作为一项基本的保险责任，如船舶保险。

运输工具保险的主要险种有机动车辆保险、船舶保险和飞机保险。

（1）机动车辆保险，包括机动车辆损失保险和机动车辆第三者责任保险两个基本险和若干附加险。它主要承保汽车、摩托车、拖拉机等各种机动车辆，因机动车辆遭受自然灾害、意外事故造成车辆本身损失以及在使用车辆过程中依法应承担的民事损害赔偿责任，由保险人给予赔偿。

【案例分析】　未取得相应的驾驶资格，保险公司是否该理赔

案情简介：某大中型拖拉机车主王某，在A保险公司投保了交强险及商业险。某日，王某驾驶的拖拉机与他人相撞致使他人受伤。A保险公司受理这起赔案时，向受害人支付理赔款后，又向车主王某追偿，要求其返还保险公司垫付的理赔款。理由是：王某持小型拖拉机驾驶证，却驾驶大中型拖拉机，应承担事故的责任。王某认为自己没有无证驾驶，理赔自然是保险公司的事情，于是拒绝返还理赔款，双方因此发生了纠纷。

分析：王某持有的是小型方向盘式拖拉机驾驶证。根据中华人民共和国农业部《拖拉机驾驶证申领和使用规定》第八条规定，持有准驾小型方向盘式拖拉机驾驶证的，只准许驾驶小型方向盘式拖拉机，并不具备驾驶大中型拖拉机的资格，其驾驶行为属于未取得驾驶资格。故保险公司在交强险限额范围内垫付费用的，有权向事故致害人追偿。

本案启示：本案涉及了保险公司在何种情况下不承担保险理赔责任的情形。《最高人民法院关于审理道路交通事故损害赔偿案件适用法律若干问题的解释》中明确规定：(一)驾驶人未取得驾驶资格或者未取得相应驾驶资格的；(二)醉酒、服用国家管制的精神药品或者麻醉药品后驾驶机动车发生交通事故的；(三)驾驶人故意制造交通事故的。保险公司在赔偿范围内向受害方履行理赔义务后，有权向侵权人追偿。事实上，不同类型的驾驶证对应的准驾车型有着严格的区分。如本案中的王某，虽持有小型拖拉机驾驶证，但其持有的证件并不允许其驾驶大中型拖拉机驾驶证，仍属于未取得相应的驾驶资格，一旦发生交通事故，即便自己的机动车有保险，损失最终还是要由驾驶员及车主本人承担。

（2）船舶保险，承保在国际航线上航行的远洋船舶和在国内沿海内河航行的各类船舶。保障的范围涉及船舶本身损失以及与船舶有关的各种利益、船舶在航行中引起的碰撞责任、共同海损等。船舶保险主要有远洋船舶保险和沿海内河船舶保险两种。

（3）飞机保险，承保各种类型的客机、货机、客货两用机及从事各种专业用途的民用飞机。保障的范围包括飞机本身及其设备、仪器和其他附件的损失以及在营运过程中应对公众、机上旅客和托运货物承担的法定责任。飞机保险主要有机身保险、第三者法定责任保险和旅客法定责任保险三个基本险，另设承运货物责任险和战争劫持险等若干附加险。

【险种比较】　航空保险与航空运输货物保险

在国际保险市场上，航空保险是一个统称，保障的范围包括一切与航空有关的风险。以财产为保险标的的航空保险主要有飞机保险、航空运输货物保险两种。以责任为保险标的的航空保险则有旅客责任保险、飞机第三者责任保险、机场责任保险等。

飞机保险最初是以飞机作为保险标的的保险。由于飞机失事会涉及所载乘客、货物、第三者的损害赔偿问题，所以飞机保险早已发展成为一揽子保险。飞机保险有基本险和附加险之分。飞机保险的基本险包括机身险、飞机旅客法定责任保险、第三者法定责任保险。

飞机保险的附加险有飞机战争险、劫持险。承保由于战争、敌对行为或武装冲突、扣押、没收、劫持和被第三者破坏等原因造成保险飞机的损失、费用以及被保险人应对第三者或旅客承担的经济赔偿责任。在我国，飞机保险与汽车保险一并称为运输工具保险。

航空运输货物保险承保使用飞机载运的货物在空运途中因自然灾害、意外事故或外来原因所造成货物的损失。在我国，航空运输货物保险包括航空运输险和航空运输一切险两个险别，属于货物运输保险。

（三）货物运输保险

货物运输保险是承保装载在运输工具上、处于运输过程中的各种货物。运输过程中货物的显著特点是具有流动性，使它们有可能遭受到的自然灾害和意外事故更多更广，发生事故损失的地点也不确定，而不同地点的货物价格存在差异，使保险人难以按出险时的实际价值来核定

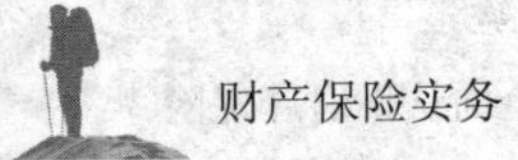

损失，因此一般都实行定值保险。

货物运输保险主要险种有国内水陆路货物运输保险、国内航空货物运输保险和海上货物运输保险。

（1）国内水陆路货物运输保险，承保通过国内沿海、江河、公路、铁路等运输的各种货物，在运输过程中因保险责任事故发生造成的损失由保险人承担赔偿。

（2）国内航空货物运输保险，承保通过飞机运输的各种货物，承保的风险是以空运途中发生的自然灾害和意外事故为主。

（3）海上货物运输保险，承保以海上运输方式运输的各种货物，承保的风险以海上自然灾害、意外事故和其他特殊风险为主。

（四）工程保险

工程保险的承保标的是在建工程和安装工程项目。现代建筑工程和安装工程的特点是规模宏大，设计与施工技术日趋复杂，建筑材料、施工机械、大型机器设备的价值及工程造价昂贵。工程项目在施工、安装、试运行过程中，既有遭受火灾、雷击、洪水、暴风、暴雨等自然灾害和意外事故的可能，又可能因设计错误、工艺不善，甚至施工人员违规操作或破坏行为所引起的事故损失。一旦事故发生往往损失巨大，传统的财产保险根本适应不了现代工程项目对风险保障的需要，因此工程保险应运而生。

工程保险主要险种有建筑工程保险、安装工程保险和机器损坏保险。

（1）建筑工程保险，承保各类建筑工程项目以及在建筑施工过程中的物料、机器、设备和装置等，并设第三者责任险作为附加险，对工程项目在建筑期间造成第三者财产损失或人身伤亡而依法应由被保险人承担的经济赔偿责任予以承保。

（2）安装工程保险，承保各类安装工程项目以及在安装施工过程中的机器、机械设备、装置和物料等，并附设第三者责任险加保第三者责任。

（3）机器损坏保险，承保各类已经安装完毕并投入运行的机器设备因人为的、意外的或物理的原因造成的物质损失。

（五）农业保险

农业保险是农业生产者以支付保险费为代价，把农业生产经营过程中由于灾害事故所造成的财产损失转嫁给保险人的一种制度安排。农业保险源于18世纪德国农户互助的合作组织。后来，私人保险公司曾涉足农业保险领域，但由于农业生产的高风险，商业化经营大都失败。后来只有少数农业险种实行商业化经营。从20世纪30年代开始，一些国家政府开始从政策方面扶持农业保险，建立政策性农业保险制度模式，使之成为支持农业的一种政策工具。改革开放以来，我国政府也非常重视农业风险转移和政策性农业保险制度建立。从21世纪初开始，全国各地都纷纷实行政策性农业保险的试点工作，并形成了各种有效的模式。

农业保险主要险种有种植业保险和养殖业保险。

（1）种植业保险，承保植物性生产为保险标的的保险，如农作物保险、林木保险等。

（2）养殖业保险，承保动物性生产为保险标的的保险，如牲畜保险、家禽保险、水产养殖保险等。

（六）责任保险

责任保险是以被保险人对第三者依法应承担的民事损害赔偿责任作为保险标的的保险。责任保险承保的是被保险人依法对受害人应承担的民事损害赔偿责任，即侵权责任和违约责任。侵权责任是指行为人因侵害他人合法财产权利或人身权利而依法应承担的民事损害赔偿责任，又分为过失责任和绝对责任两种。违约责任是指根据合同规定订立合同一方对另一方或其他人的损害应负的赔偿责任。

责任保险的主要险种有产品责任保险、公众责任保险、雇主责任保险和职业责任保险。

（1）产品责任保险，承保产品制造商、销售商和维修商因制造、销售和维修的产品有缺陷而引起的依法应对受害的消费者、用户或其他人承担的经济赔偿责任。

（2）公众责任保险，承保企业、团体、家庭、个人和各种组织在固定场所或地点进行生产经营活动或日常生活中，因意外事故引起的依法对受害的不确定公众承担的经济赔偿责任。

（3）雇主责任保险，承保雇主对所雇员工在受雇期间遭受的职业病或人身意外伤害，依法或按照雇佣合同规定应承担的经济赔偿责任。

（4）职业责任保险，承保各种专业技术落后人员因职业或工作上的疏忽或过失引起的依法应对受害的他人承担的经济赔偿责任。

（七）信用保证保险

信用保证保险是以无形的信用风险为保险标的，由保险人以保证人身份为义务人提供信用担保，或担保义务人的信用，当由于义务人的行为或不行为导致权利人遭受经济损失且义务人无力补偿时，替义务人赔偿权利人损失的财产保险。

1．信用保险

信用保险是由权利人提出投保要求，要求保险人担保义务人信用的保险。信用保险的主要险种有出口信用保险和国内信用保险。

（1）出口信用保险，承保作为权利人的出口商因作为义务人的买方不履行贸易合同的义务而遭受的经济损失。

（2）国内信用保险，承保买卖、租赁、借贷等合同中作为权利人的一方因义务人的另一方违约行为遭受的经济损失。

2．保证保险

保证保险是由义务人根据权利人的要求，向保险人提出投保要求，要求保险人作为保证人担保自己信用的保险。保证保险的主要险种有合同保证保险、产品保证保险和忠诚保证保险。

（1）合同保证保险，承保因义务人不履行各种合同的义务而导致权利人的经济和利益损失。

（2）产品保证保险，承保义务人因其制造或销售的产品质量上存在缺陷而造成产品本身损坏导致权利人的利益损失。

（3）忠诚保证保险，承保由于义务人的不诚实或不忠诚行为而导致权利人的经济和利益损失。

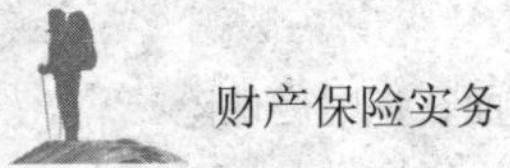

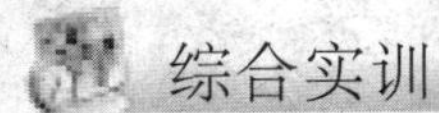

综合实训

【实训目标】

通过本部分实训，使得学生能够在理论上和实务中掌握财产保险的重点专业名词和基本理论，区分不同的财产保险的险种险别，并在实务中加以应用。

【实训任务】

一、重要名词

财产保险	有形财产保险	无形财产保险	非寿险
损失补偿职能	风险分散职能	防灾防损职能	融通资金职能
火灾保险	运输工具保险	货物运输保险	工程保险
农业保险	责任保险	信用保险	保证保险

二、思考讨论

1. 简述财产保险的含义和特征。
2. 简述财产保险的职能和作用。
3. 简述财产保险的发展历程。
4. 简述我国财产保险发展发展的现状和前景。
5. 财产保险包括哪些险种？
6. 财产保险有哪些分类方式？

三、情景模拟

准确界定保险责任

某供电局在太平洋财产保险公司投保了供电责任保险。2015年9月一天的早晨，天降暴雨并伴有大风，该供电局辖区内的一根电线杆被刮倒。当天晚上途经此处的王某触电身亡。王某家属要求供电局赔偿丧葬费、赡养费等共计6万元。供电局认为事故是由自然灾害引起的，自己没有过错，不应当承担责任。王某家属遂将供电局告上法院。法院审理后认为，供电局没有对线路及时抢修，也未采取其他有效防范措施，导致王某触电身亡，应当承担侵权责任，判令供电局赔偿王某丧葬费、赡养费等4万元。

供电局依据法院判决向保险公司提出索赔。保险公司认为，发生此次事故的原因是暴风雨，而根据《供电责任保险条款》，暴风雨等自然灾害属于责任免除内容，保险公司不应当承担保险责任。而供电局坚持法院判决的认定，认为其所管理的供电线路因自身工作过失导致了王某的死亡，而工作过失正是保险责任的范围，供电局因此产生的民事赔偿责任，保险公司应当承担。后经双方协商达成一致，保险公司承担赔偿责任。

情景分析

该案例中王某的死亡原因是关键，文中告诉我们原因有两个：前因是暴风雨造成的电线杆被刮倒以致电线漏电；后因是供电局没有及时抢修，也未采取防范措施的工作过失。如果供电局及时抢修或采取紧急措施，王某不会触电死亡。这种工作过失行为（后因）并不是前因的必然结果。按照《供电责任保险条款》，该原因属于保险责任，因此保险公司应当承担赔偿责任。

参考文献

[1] 李丞. 保险理论与实务[M]. 北京：中国财政经济出版社，2005.
[2] 郑祎华. 财产保险[M]. 上海：上海财经大学出版社，2008.
[3] 张洪涛. 保险核保与理赔[M]. 北京：中国人民大学出版社，2006.
[4] 刘金章. 财产与人身保险实务[M]. 北京：中国财政经济出版社，2005.
[5] 许瑾良. 财产保险原理和实务[M]. 上海：上海财经大学出版社，2010.
[6] 孙祁祥. 中国保险市场热点问题评析[M]. 北京：北京大学出版社，2006.

教学项目二

掌握财产保险合同

【知识目标】

- 财产保险合同的概念、特征及分类
- 财产保险合同的表现形式
- 财产保险合同的构成要素
- 财产保险合同的订立
- 财产保险合同的履行
- 财产保险合同争议的解决

【技能目标】

- 能够准确描述财产保险合同与一般商业合同的联系与区别
- 能够识别财产保险合同的不同分类
- 能够掌握财产保险合同签订的操作流程
- 能够掌握财产保险合同不同的履行方式
- 能够运用各种方法处理财产保险合同的相关争议

引导案例

保险合同成立并不意味着保险责任的开始

2013年1月29日，陈某向某保险公司投保了机动车辆损失保险，保险公司收取了保险费并当即签发了保险单。但在保险单上列明的保险期间为自2013年2月1日0时起至2014年1月31日24时止。2013年1月30日，陈某驾车外出，因道路冰滑发生交通事故，车辆损失严重，王某向保险公司提出了索赔申请。保险公司经核定后向王某发出不予理赔的通知，双方就理赔事宜无法达成一致。王某遂向法院提起诉讼，要求保险公司按照保险合同约定承担赔付义务。

法院审理认为，陈某与保险公司在合同中约定保险期间自2013年2月1日0时起至2014年1月31日24时止并不违反法律、法规的规定，且符合当事人意思自治的原则，应当认定陈某与保险公司关于保险期间的约定是合法有效的。陈某发生事故时间是2013年1月30日，不在双方约定的保险责任时间范围内，即保险公司对发生在保险责任期间之外的保险事故不承担保险责任。故对王某请求保险公司赔付的诉讼请求予以驳回。

本案启示：实践中，很多人认为保险合同成立之后，投保人依照约定缴纳保险费是履行了合同约定的缴费义务，根据权利义务对等原则，发生约定的事故后，保险公司理应进行赔付。实际上，保险合同是一种特殊的合同，与日常所见的合同不同，《保险法》对保险合同的成立、生效以及当事人权利义务的行使作出了特殊的规定，保险合同的成立、保险合同的生效、保险责任开始的时间并不是绝对重叠的。本案的关键是弄清楚这三者之间的关系。

学习任务一　全面认识财产保险合同

【学生任务】

- 要求学生在课前预习相关内容，结合已经学过的知识来理解财产保险合同的相关内容，能够用自己的语言来描述财产保险合同与一般的民商事合同及相关概念的联系与区别。
- 要求每个学生提高课外阅读量，结合本部分内容，说明在保险业务中财产保险合同的重要作用，并根据自身理解，结合具体案例写出不少于800字的书面课后作业。
- 将学生随机分组，按小组选出若干份作业在课堂上进行点评，学生间相互评出每一份书面文章的优劣；学生对作业进一步修改后提交教师，以便教师进行评价。

【教师任务】

- 指导学生在相关专业网站上查找所需资料，启发与引导学生理解财产保险合同的意义和作用。
- 提示学生完成书面作业所需要关注的主要知识点，如财产保险合同的含义、作用、分类等，与相近的保险专业名词的区别与联系，保险法规的相关监管规定等。
- 指导学生分组，在小组内对学生进行不同的分工，对学生书面作业完成情况及时进行跟进，督促其按时完成。
- 对各小组进行的课堂点评适时指导，对于选出的作业予以及时、客观、公正的评价，准备回答学生可能提出的各种异议等。

教学活动1　认识财产保险合同

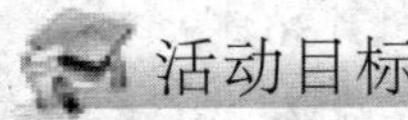

活动目标

通过本部分的教学活动，熟练掌握财产保险合同及其相关的专业名词，理解其真正含义，并可以在保险实务中加以正确应用。

知识准备

财产保险合同是以财产及其有关利益作为保险标的的保险合同。根据财产保险合同约定，投保人有向保险人支付财产保险费的义务，而保险人在合同约定的保险事故发生后，对因其发生所造成的保险标的损失承担经济赔偿责任。

一、财产保险合同的含义

财产保险合同是保险人与投保人之间订立的，关于财产保险关系的建立、变更、终止及双方权利义务关系的一种经济合同，它是保险双方意思一致的表示。依照财产保险合同，投保人承担向保险人支付保险费等义务，保险人对于合同约定的可能发生的事故所造成的财产损失承担赔偿责任。

财产保险合同作为保险双方法律关系的凭证，是规范保险双方行为的直接依据。财产保险活动的全过程，实际上就是保险双方订立、履行保险合同的过程。

财产保险合同订立、履行的法律依据，主要是我国《保险法》《合同法》中有关合同的一般规范及对财产保险合同的专门规范。海上保险合同由《海商法》进行规范，该法中未规范的才适用《保险法》等法律。

二、财产保险合同的特征

财产保险合同作为合同的一种，不仅具有一般民商事合同的共性，即合同的当事人必须具有相应的民事行为能力，合同的订立是双方当事人意思表示一致的法律行为，合同形式和内容必须合法三个特征外，由于财产保险活动的特殊性，体现保险关系的财产保险合同还有其自身的特征。

（一）财产保险合同是有偿合同

有偿合同是指因为享有一定权利而必须偿付一定对价的合同。财产保险合同以投保人支付保险费作为对价换取保险人对风险的保障。投保人与保险人的对价是相互的，投保人的对价是向保险人支付保险费，保险人的对价是承担投保人转移的风险。

（二）财产保险合同是双务合同

双务合同是指合同双方当事人相互享有权利、承担义务的合同。财产保险合同的被保险人在保险事故发生时，依据保险合同享有请求保险人支付保险金或补偿损失的权利，投保人则承担支付保险费的义务；保险人享有收取保险费的权利，承担约定事故发生时给付保险金或补偿被保险人损失的义务。

（三）财产保险合同是最大诚信合同

任何合同的订立和履行都应当遵守诚实信用的原则。财产保险合同比一般合同对当事人的诚实信用的要求更为严格，故称为最大诚信合同。一方面，投保人在订立保险合同时，对保险人询问及有关标的情况要作如实告知；在保险标的危险增加时应及时通知保险人；另一方面，保险人在订立保险合同时，应向投保人说明保险合同的内容；同时，在约定保险事故发生时，履行赔偿或给付保险金的义务等。

（四）财产保险合同是损失补偿合同

财产保险合同中保险人承保的是财产及其有关利益，保险人对保险事故造成的被保险人财产损失承担补偿责任，这是财产保险合同在合同性质方面与人身保险合同及其他民商事合同的重要区别。

（五）财产保险合同是射幸合同

与等价交换的交换合同相对，财产保险合同双方支付的是对价，即财产保险合同具有射幸性。射幸合同的当事人一方付出代价所获得的只是一个机会，既可能“一本万利”，也可能“一无所获”。从总体上讲，保险人收取的纯保险费与被保险人索赔总额是大致相等的，但危险事故的不确定性决定了单个财产保险合同的射幸性，决定了单个被保险人与保险人之间的保险费与保险金的不对等性，这也是财产保险合同与人寿保险合同及一般经济合同的重要区别。

（六）财产保险合同是附合合同

一般民商事合同是经当事人双方自愿协商在意思表示一致的基础上产生的，附合合同则是由一方当事人提出合同的主要内容，另一方只是作出取或舍的决定，一般没有商议变更的余地。在财产保险合同中，作为主要内容的保险条款是由保险人事先拟订好的，并逐渐出现了定型化和标准化的趋势，少数业务即使允许投保人在投保时与保险人磋商有关保险内容，但保险关系的最终建立一般仍取决于保险人的意思表示，这就是财产保险合同的附合性。

三、财产保险合同的种类

对财产保险合同进行分类有利于对财产保险合同的充分认识，也方便保险人对财产保险业务的管理。财产保险合同依不同的标准可以划分出很多类型，但是通常有下列几种主要的分类。

（一）按照财产保险合同保障的风险责任来划分

1．单一风险合同

单一风险合同是指只承保一种风险责任的保险合同。如农作物雹灾保险合同，只负责赔偿冰雹所造成的农作物损失；企业或家庭财产保险中的地震保险合同，只负责赔偿地震这一种危险损失。

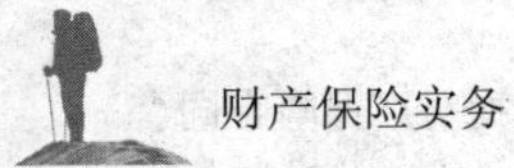

2．综合风险合同

综合风险合同是指承保两种或者两种以上特定风险责任的保险合同。这种保险合同必须把承保的风险责任一一列举，只要损失是由于所保风险造成的，保险人就要负责赔偿。如企业财产基本险和综合险合同。

3．一切险合同

一切险合同是指除了列明的除外不保风险外，保险人承担其他一切风险责任所造成的保险标的损失的保险合同。但须注意的是一切险合同并不是对一切风险事故所造成的损失都负责赔偿，如海洋运输货物保险的一切险合同。

（二）按照保险合同所保障的保险标的是否分类来划分

1．特定保险合同

特定保险合同又叫分项式保险合同，是指保险人对所保的同一地点、同一所有人的各项财产，均逐项列明保险金额，发生损失时对各项财产在各自的保险金额限度内承担赔偿责任的保险合同。

2．总括保险合同

总括保险合同是指保险人对所保的同一地点、同一所有人的各项财产不分类别，只确定一个总的保险金额，发生损失时不分损失财产类别，只要在总保险金额的限度以内，都可以获得赔偿的保险合同。

3．流动保险合同

流动保险合同又叫报告式保险合同，通常不规定保险金额而只预先确定一个保险人所承担的最高责任限额。保险人按约定的办法预收并结算保险费，投保人定期向保险人报告其财产的实际价值，只要其报告属实，发生保险责任事故损失，保险人就在约定的最高责任限额内予以赔偿。这种合同适合财产流动性较大的单位如大型的周转性仓储业投保。

4．预约保险合同

预约保险合同又叫开口式保险合同，是指保险人与投保人之间就一定的业务范围签订的无限期的保险合同，在合同中约定保险责任范围、保险财产范围、保险费结算办法及每一风险单位或每一地点的最高保额。在预约保险合同有效期间内，投保人须就每笔业务向保险人及时进行书面申报，凡属合同约定范围内的标的均自动承保。这种保险合同较多地运用于货物运输保险，可有效地减少财产经常变动办理批改手续的麻烦。

（三）按照保险标的价值在订立合同时是否确定来划分

1．定值保险合同

定值保险合同在订立保险合同时，投保人和保险人事先约定保险标的的价值（即保险价值）作为保险金额，并将其载明于保险合同中，在保险事故发生时不考虑标的价值发生变化与否，保险人均以保险金额作为赔偿的依据。发生全部损失时按保险金额赔偿；发生部分损失时按照损失程度进行赔偿。定值保险合同适用于价值变化较大或价值不易确定的特定标的，如字画、古玩、货运险标的。

【拓展阅读】　有趣的定值保险

财产保险有不定值保险和定值保险之分，定值保险较少，财产的保险价值是双方按照投保时的情况约定的，一般常见于实际价值难以确定的财产。

比如有一幅唐伯虎的画，它到底值多少钱呢？这个可就难说了，所谓仁者见仁，智者见智，大家的看法不同，对它的价值自然有不同的认识。像承保古画这类的财产，要是仍然按照不定值保险的方式，按出险以后的市场价格来赔偿，那就不合适了：古画本是无价之宝，可一旦烧掉了那可是一文不值了啊，保险公司就一文不赔吗？显然不合理，因此应采取定值保险，由投保人和保险公司协商，决定古画的保险价值，如果出了险，就按照这个金额来赔偿。定值保险因其特殊性，财产保险的补偿原则在这里也不适用了，因为无法再比较被保险人的损失和保险金额的大小了，保险公司一定要按照当初约定的金额来赔偿的。

定值保险也称约定价值保险，是指保险财产的价值事先经投保人和保险人双方约定并载明于保险合同，作为保险金额进行的保险。这种保险当保险标的发生损失时，不再另行估价。保险人只按保险单上载明的保险价值计算赔偿。一般货物运输保险均采用定值保险，因为运输的货物流动性大，起运、中转和目的地的价格可能不一样，货物发生损失时价值很难确定，故采用定值保险。

2. 不定值保险合同

不定值保险合同在订立保险合同时并不约定保险标的的价值（即保险价值），只列明保险金额作为赔偿的最高限额，保险价值留待损失发生时再行确定。不定值保险合同按保险事故发生时保险标的的实际价值确定保险价值，保险人在保险金额范围内进行赔偿。典型的不定值保险合同是机动车辆保险合同。不定值保险合同的优点在于，能消除保险标的价格波动的影响，使被保险人得到充分的补偿，同时避免超额赔偿，减少道德风险。

【案例分析】　为什么车主获赔超过了购车款

案情简介：齐女士花了4万元从北京购买了一辆新车购置价为15万元的二手桑塔纳汽车，不料刚刚使用了一年就在自家楼下被盗，遂向保险公司提出索赔。双方在赔案处理金额上发生了争议，保险公司欲按其购车款4万赔偿，被保险人认为按照相关保险条款计算下来，保险公司赔付金额应超过4万元。于是，齐女士将保险公司告上了法庭。

法庭处理：当地第二中级人民法院对此案作出终审判决，判令保险公司赔偿齐女士保险车辆被盗损失共计人民币42 960元，超过了其当初的购车款。

分析：法院经审理认为，齐女士给这辆汽车投保的是不定值保险，按照相关保险条款计算下来，保险公司应付给齐女士的金额超出了4万元。相关计算标准如下：投保车辆的实际价值为投保时新车购置价人民币15万元减去折旧金额15万元×64.2%的价格，应为人民币53 700元。再依据《盗抢险条款》第四条第三款“全车损失，在保险金额内计算赔偿，并实行20%的免赔率”的规定，被告保险公司应赔付给原告的金额为53 700元×80%，即人民币42 960元。

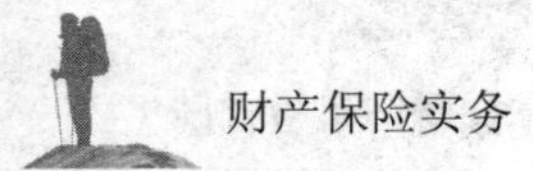

（四）按照保险金额与出险时保险价值的关系来划分

1. 足额保险合同

足额保险合同即保险金额与保险价值相等的保险合同，在保险事故发生后按实际损失确定保险金数额。

2. 不足额保险合同

不足额保险合同即保险金额低于保险价值的保险合同，根据我国《保险法》的规定，在保险事故发生后，除合同另有约定外，保险人按照保险金额与保险价值的比例承担赔偿责任。

3. 超额保险合同

超额保险合同即保险金额高于保险价值的保险合同，根据我国《保险法》的规定，超过部分无效。保险期间内保险标的的保险价值明显减少的，除合同另有约定外，保险人应当降低保费，并按日计算退还相应的保费。

（五）按照保险人是否转移保险责任来划分

1. 原保险合同

原保险合同是指保险人与投保人直接订立的保险合同。原保险合同保障的对象是被保险人的经济利益。被保险人将风险转嫁给保险人，由保险人承担其可能的危险损失，该合同是风险的一次转嫁形式。

2. 再保险合同

再保险合同是指以原保险合同为基础，由原保险人与再保险人签订的将原保险人承担的危险责任部分或全部转嫁给再保险人的保险合同。再保险合同保障的对象是原保险人的经济利益，它是风险的二次转嫁形式。

（六）按照保险合同中保险人的数量来划分

1. 单保险合同

单保险合同是投保人就同一保险标的、同一保险利益、同一保险事故，与一个保险人订立保险合同。大多数的财产保险合同都属于单保险合同。

2. 复保险合同

复保险合同则是投保人就同一保险标的、同一保险利益、同一保险事故，同时与多个保险人订立保险合同。若与多个保险人订立一份保险合同，为共同保险；若分别与多个保险人订立保险合同，则为重复保险。

（七）按照多份保险合同之间的从属关系来划分

1. 主保险合同

主保险合同是指就可单独投保的险别而形成的合同，如机动车辆损失保险合同、普通家庭财产保险合同。

2. 附加保险合同

附加保险合同是指依附在主保险合同或基本保险合同之上，其成立须以主保险合同或基本保险合同的成立为条件。如玻璃单独破碎险合同只有附加在机动车辆损失保险合同之上才能成立；家庭财产附加盗窃险合同只有附加在普通家庭财产保险合同上才能成立。

四、财产保险合同的形式

《中华人民共和国合同法》（以下简称《合同法》）第十条规定，当事人订立合同，有书面形式、口头形式和其他形式；法律、行政法规规定采用书面形式的，应当采用书面形式。根据我国《保险法》第十三条的规定，投保人提出保险要求，经保险人同意承保，保险合同成立。保险人应当及时向投保人签发保险单或者其他保险凭证，保险单或者其他保险凭证应当载明当事人双方约定的合同内容。当事人也可以约定采用其他书面形式载明合同内容。财产保险合同属于应当采用书面形式的合同。

在长期的财产保险实践活动中，财产保险合同主要采取书面形式，体现为保险单证。这是因为保险合同条款比较复杂，无法用口头简洁表达。一些保险合同期限较长，日后恐有“空口无凭”的麻烦，采用书面形式有利于规范保险合同，敦促双方当事人信守合同义务，也便于合同管理机关对保险合同的监督管理，因此书面形式的保险合同为常用形式。

财产保险合同的书面表现形式主要有以下六种。

（一）投保单

投保单又叫投保申请书，是投保人或被保险人申请投保财产保险的书面文件。投保单所列的各个项目，投保人或被保人必须如实填写。投保单是保险人签发保险单的书面依据，因此，从法律效力上讲，投保单是财产保险合同不可分割的一部分。投保单上所列明的主要项目内容如下：

（1）投保人或被保险人名称和地址。

（2）保险起讫日期。

（3）保险财产的范围、坐落地点（若为运输中货物，还应注明起运地及终点）。

（4）保险金额。

（5）投保的险别。

（6）投保人签章。

（7）投保日期等。

（二）保险单

保险单是保险人和被保险人签订保险合同后的正式书面文件。保险单将保险合同中的所有内容都详细地予以列明，并将被保险人和保险人之间的权利和义务以条款的形式印制在背面，作为被保险人缴纳保险费，保险人提供损失补偿的法律依据。所以保险单被认为是财产保险合同最为主要的形式。

【知识链接】 财产保险单的一般形式

保险单号码：

××保险公司××××财产保险保险单

鉴于本保险单明细表中列明的被保险人向_______保险公司（以下简称“本公司”）提交书面投保申请和有关资料（该投保申请及资料被视作本保险单的有效组成部分），并向本公司缴付了本保险单明细表中列明的保险费，本公司同意按本保险单的规定负责赔偿在本保险单明细表中列明的保险期限内被保险人的保险财产遭受的损坏或灭失，特立本保险单为凭。

____________________保险公司　　　　　　　　　　授权签字：

签发日期：____年____月____日　　　　　　　　　　签发地点：

明细表

保险单号码：

一、被保险人名称和地址：

二、保险财产地址：

三、营业性质：

四、保险项目及保险金额

项　目　　　　　　　　　　保险金额

（一）保险财产

1．建筑物（包括装修）：

2．机器设备：

3．装置、家具及办公设施或用品：

4．仓储物品：

5．其他：

（二）附加费用

1．清除残骸费用：

2．灭火费用：

3．专业费用：

4．其他费用：

总保险金额：

五、每次事故免赔额：

六、保险期限：共______个月。

自______年____月____日零时起，至______年____月____日二十四时止。

七、保险费率：

总保险费：

八、付费日期：

九、司法管辖：

本保险单受中华人民共和国的司法管辖

十、特别条款：

财产保险单明细表

________保险公司

（三）保险凭证

保险凭证是保险单的简化形式，是保险人签发给被保险人用以证明保险合同已经生效的书面文件，它和保险单具有同等的法律效力。但是，保险凭证上通常不印制保险合同基本条款，这是与保险单的主要区别。凡保险凭证上未列明的保险内容及有关的条文，均应以正式保险单上的规定为准，如果保险单上的内容与保险凭证上的内容相抵触或保险凭证上有扩展责任条款规定，则应以保险凭证上的规定为准。

从广义上讲，保险凭证应是保险合同形式的统称，但在财产保险实务中，往往将保险合同的一种简要证明称为保险凭证，它实则是简化了的保险单，又称小保单。保险凭证与保险单具有同等的法律效力，凡保险凭证中没有载明的事项，均以同种类的正式保险单所载内容为准。在保险单以外单独签发保险凭证的做法，主要适用于这样几种情形：①货物运输保险业务采取预约保险方式时，可以签发保险凭证，或由有关部门以发货单的一联盖章后代替；②多辆汽车由一张保险单承保，但每辆汽车需要有单独的保险凭证随车同行；③在团体财产保险中，有时需要给每个被保险人签发单独的保险凭证。

财产保险采用保险凭证的主要原因是：①简化承保手续。在货物运输保险中预约保险较多，为简化经常性货物输出入单位办理承保签单手续，保险人一般事先就将有关预约保险合同的内容印在已有保险人签署的空白保险凭证上。当被保险人发运一批预约保险合同中的货物时，只需将货物的品名、规格、数量、运输工具的名称、起运时间、保险金额等主要项目填上，该批货物便自动进入事先约定的保险责任范围。保险凭证通常为一式数份，其中的一份副本要交给保险人，兼作起运通知书。发生保险危险损失时，凭保险凭证正本向保险人请求补偿。②作为已参加法定保险的证明文件。如机动车交通事故强制责任保险类的保险，其保险凭证用以证明已参加根据法律规定必须参加的法定保险的书面文件，并随身携带，以备有关部门查询。

（四）暂保单

暂保单是保险人，或者保险代理人、经纪人，在正式保险单尚未签发前出具给被保险人的一种临时性的保险凭证，表明保险代理人或经纪人已接受被保险人的投保要求，并办理了有关的保险手续。虽然暂保单只载明保险合同的主要内容，但在正式的保险单签发前，暂保单具有与之同等的效力。暂保单未载明的事项以当事人事先商定的内容为准。

暂保单的有效期一般为30天，实务中保险人针对同一保险业务一般情况下最多可以出具两次暂保单。因此，在取得暂保单后，被保险人还应及时取得正式保险单，正式保险单一经签发，暂保单即告失效。保险人在签发保险单前，可以终止暂保单，但应提前通知被保险人。

（五）预约保险合同

预约保险合同，是指由保险人与被保险人事先就与保险标的有关的主要保险事项所签订的协议，对保险责任范围内的标的，保险公司负自动承保责任。预约保险主要适用于货物运输保险，当保险人收到投保人或被保险人的发货通知规定时，向投保人或被保险人签发保险凭证。对已发运或待发运的货物，投保人或被保险人未能及时或因疏忽而遗忘通知保险人签发保险凭证的，投保人或被保险人应补办投保手续，对补办当时所发生的保险标的损失，保险人仍需负责。反之，在保险人得知投保人或被保险人遗忘通知时，即使在发现的时候，保险标的已安全运抵目的地，投保人或被保险人仍需补交保险费。

（六）保险批单

当需要对原保险单的内容作变更或补充时，保险人通常以批单的形式完成。批单可以在原保险单上直接进行批注，也可以以单独的书面文件形式开立，实务中多以单独的批单形式为主。

批单上需要记载原保险单的号码和批单自身的号码，以及需要变更或补充的事项，与原保险单一起共同组成完整的财产保险合同，批单是保险合同的一个不可分割的部分。当批单的内容与原保险单的内容有冲突时，以批单记载为准。

教学活动2　财产保险合同法律关系

活动目标

通过本部分的教学活动，熟练掌握财产保险合同法律关系的组成，即财产保险合同的主体、客体和内容，理解其真正含义，并可以在保险实务中正确应用。

知识准备

财产保险合同作为财产保险法律关系的表现形式，与一般的经济法律关系一样，是由主体、客体和内容三个要素构成的。

一、财产保险合同的主体

财产保险合同的主体是指参与到财产保险合同法律关系当中的自然人或者法人，包括财产保险合同的当事人、关系人和辅助人。

直接参与财产保险合同订立与履行的是财产保险合同的当事人；没有直接参与财产保险合同的订立与履行，但是与财产保险合同发生重要关系的是财产保险合同的关系人；只为财产保险合同的订立与履行提供机会、创造条件，或者提供各种附加服务的是财产保险合同的辅助人。三者之间的关系结构图如图2-1所示。

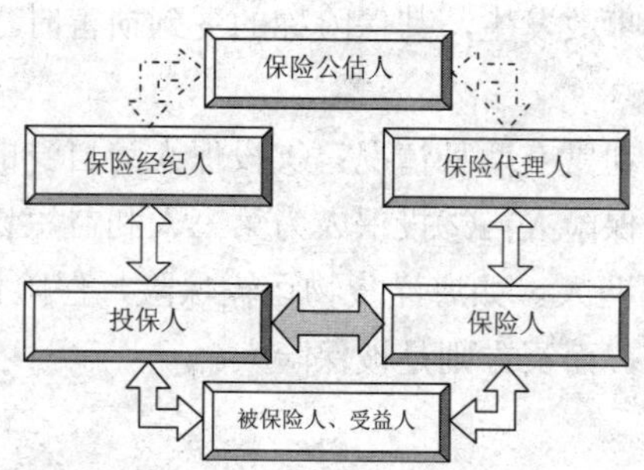

图2-1　财产保险合同主体间关系结构图

（一）财产保险合同的当事人

1．投保人

投保人也称要保人，是提出投保要求，同保险人订立财产保险合同，并负有缴纳保险费义务的人。投保人可以是自然人，也可以是法人，但应当具有权利能力和行为能力，同时对保险标的具有保险利益。投保人可以为自己的利益，也可以为第三人的利益或包括自身利益在内的众人的利益（如工程保险）与保险人订立财产保险合同。投保人负有缴纳保险费的义务，但就其法律地位来讲，并不享有发生保险事故时请求赔偿的权利。保险事故发生后，被保险人享有赔偿请求权。但是，在财产保险合同中，投保人与被保险人一般是同一人。

2．保险人

保险人是收取保险费并按照保险合同的规定负责赔偿损失的保险公司。为了保障被保险人以及社会的利益，几乎所有的国家都有专门管理保险人的法律，保险人必须是经过国家有关部门审查认可而准许专门经营保险业务的法人。在英国，自然人也可以获准经营保险业务，如劳合社的保险人。在我国，保险人必须是经过中国保险监督管理委员会审查认可并准许经营保险业务的法人。

【知识链接】　车辆保险中的第三者

按照现行的法律，第三者是合同当事人以外的他人。在保险合同中，一方是保险人，另一方是被保险人或投保人，两者以外的第三方就是这里所说的第三者。

关于第三者的界定，以车辆保险为例：

一、驾驶员永远不是第三者，保险车辆的实际驾驶人员等同于被保险人。

二、车上人员不属于第三者，包括车上的驾驶员、售票员、装卸工、乘客等。同时我们可以看到，一旦这些人下车后，除驾驶员外，均可视为第三者。

三、“家庭成员”不在第三者之列，如果家庭成员造成车辆的损失时，不能追偿。划分家庭成员的标准是看“经济是否独立”，而不看血缘关系。经济不独立的则视为家庭成员，分立门户、经济独立的则视为第三者。如兄弟姐妹，没有分家立业前不算第三者。

（二）财产保险合同的关系人

1．被保险人

被保险人是受保险合同保障的人。在财产保险合同中，被保险人应当是保险标的的所有人或其他具有利益的人。在保险事故发生，其保险标的受到损害时，被保险人享有请求保险人赔偿的权利。

被保险人与投保人的关系通常有两种情况：①投保人为自身的利益签订的财产保险合同，合同一经订立，投保人即为被保险人；②投保人为第三人利益签订的财产保险合同，合同一经成立，投保人与被保险人分属两人。如海洋货物运输保险，保险标的是“出口商品”，以CIF价格成交，这时卖方为投保人，而买方则是被保险人。

2．受益人

受益人是指根据财产保险合同的规定，有权向保险人主张保险赔偿，获得保险赔款，但是却区别于被保险人的人。受益人的概念在人身保险合同中较为普遍，仅在比较特殊的财产保险合同（如抵押贷款房屋保险、抵押贷款车辆保险）中才会出现。

（三）财产保险合同的辅助人

财产保险合同的辅助人是保险代理人、保险经纪人和保险公估人，他们是专门招揽保险业务，赚取佣金或对保险标的进行评估的中间人。

1．保险代理人

财产保险代理人一般代理保险人展业、接受业务、出立暂保单、代收保险费，有的还代理检验损失或代理保险人理算赔案等。

2．保险经纪人

财产保险经纪人一般情况下向投保人提供保险专业方面的咨询服务，为投保人选择保险人和设计最佳保险保障方案，并可以代其与保险人接洽订立保险合同。这时保险经纪人向保险人收取佣金。如果保险经纪人还为被保险人代办索赔、取证等事宜，则由被保险人支付手续费。

3．保险公估人

财产保险公估人一般是接受保险当事人委托，专门从事保险标的的评估、勘验、鉴定、估损、理算等业务的单位。

二、财产保险合同的客体

合同的客体是指合同的双方当事人权利义务共同指向的对象。保险合同是一种保障合同，投保人交付保险费及保险人提供保险保障是保险合同主体的权利义务的核心，是权利义务本身，而非保险合同主体的权利义务所指向的对象，不是保险合同的客体。保险合同所保障的也不是保险标的本身，而是基于保险标的所产生的保险利益。换句话说，保险人并不保证保险标的不发生损失，而是在损失发生之后提供经济补偿。而且，在保险标的照常存在的情况下，保险合同会因保险利益的丧失而失去效力。

所以，财产保险合同的客体是财产保险合同的双方当事人权利义务共同指向的对象，是财产保险利益，而不是保险标的。保险标的是财产保险合同保险保障的对象，是保险利益（即财产保险合同的客体）的物质载体。

一般来说，财产保险利益为特定的投保人或被保险人所享有，如果保险标的发生转移，则原保险合同关系随之消灭。但有时保险标的所有权发生转移，新的所有人可不经保险人认可而享有保险合同利益，也就是说，保险利益有时会发生转移。主要有以下几种情形：

1．继承

财产保险的保险利益可在被保险人死亡后自动转移给其继承人。

2．让与

让与主要存在于货物运输保险。

3．标的物转售

被保险标的物由投保人或被保险人转售给第三人，保险利益可以自动转移给购买标的物的第三人。

4．破产

财产保险中被保险人破产后，其保险利益转移给破产债权人。

对于保险标的的转移，我国《保险法》第四十九条明确规定："保险标的转让的，保险标的的受让人承继被保险人的权利和义务。保险标的转让的，被保险人或者受让人应当及时通知保险人，但货物运输保险合同和另有约定的合同除外。因保险标的转让导致危险程度显著增加的，保险人自收到前款规定的通知之日起三十日内，可以按照合同约定增加保险费或者解除合同。保险人解除合同的，应当将已收取的保险费，按照合同约定扣除自保险责任开始之日起至合同解除之日止应收的部分后，退还投保人。被保险人、受让人未履行本条第二款规定的通知义务的，因转让导致保险标的危险程度显著增加而发生的保险事故，保险人不承担赔偿保险金的责任。"

三、财产保险合同的内容

财产保险合同的内容，即以保险双方的权利义务为核心的全部事项，主要是通过各种记载事项和具体保险条款来具体反映的，它们也可以统称为保险条款。保险条款有法定条款和任选条款之分，法定条款是根据法律规定必须具备的条款，任选条款则是当事人根据需要协商订立的条款。

（一）重要记载事项

一般而言，作为财产保险合同内容的重要记载事项都记录在保险单的正面，绝大多数都是打印输出，加盖保险人承保印章生效，应当包括以下事项：

1．保险人名称和住所

该名称为保险人的规范全称，不能以简称代替。名称和住所须与营业执照上记载的相同。

2．投保人或被保险人的名称和住所

与一般财产保险合同不同的是，在货物运输保险中，保险单可采用指示或无记名式。指示保单除记载投保人姓名外还有"或其指定人"的字样，可由投保人背书转让。无记名式保单则不必记载投保人的姓名，可随被保险货物的转移同时转让给第三人。

3．保险标的

保险标的即作为保险对象的财产及其有关利益。在财产保险合同中，还应该载明保险标的

物的坐落地点。保险标的范围十分广泛，但就某一具体保险合同来说，有下列情况之一的，不可成为保险标的：①不具有保险利益的；②不存在危险的；③危险的发生在时间和空间上都已确定的，如施工爆破等；④违反法律法规和社会公共利益的，如盗窃来的物品等。

4．保险责任和责任免除

保险责任是保险人承担赔付责任的危险事项。责任免除是保险人不承担赔付责任的危险事项。保险责任和责任免除通常表现为保险单中的基本责任、特约责任和除外责任，往往通过列举或概括的方式予以明确。该部分内容常常以“适用××××保险公司××××条款”的字样体现在保险单的正面，而该项的具体内容则会在保险单的背面详细记载。

5．保险期间和保险责任开始时间

保险期间（保险合同期限）是保险合同双方约定的合同生效期间。保险责任开始的时间就是保险人对保险责任范围内的损失承担赔付责任的时间范围。保险责任期限内发生的保险事故，保险人予以赔付；保险责任期限以外发生的保险事故，保险人不承担赔付责任。保险期限的确定通常有两种方式：①约定一定的时间期限，如半年、1年，一般从约定起保日的0时至约定到期日的24时；②约定以某一事件的持续过程为保险期限，如航程、建筑安装工程的工期等。保险责任期限一般根据合同双方当事人的约定来确定。例如，汽车保险合同双方当事人约定，投保人什么时候交保险费，保险人什么时候开始承担被保险汽车损失的赔偿责任，即为保险责任期限的约定。

6．保险价值

保险价值即保险标的价值，可以由投保人和保险人在签订合同时约定，也可以按照保险事故发生时保险标的的实际价值确定。

7．保险金额

保险金额即保险人承担赔付保险金责任的最高限额，也是计算保险费的依据。保险金额不得超过保险价值，否则，超过部分无效。保险金额低于保险价值的，除合同另有约定外，保险人按照保险金额与保险价值的比例承担赔偿责任。在责任保险合同中，因承保的是没有实体的法律风险，故而采用赔偿限额制。

8．保险费及其支付办法

保险费是投保人支付给保险人使其承担保险责任的经济代价，是形成保险基金的来源。在财产保险合同中，应当明确规定保险费的数额、交付方式和交付时间。

9．违约责任和争议处理

违约责任主要体现为对保险人、投保人或被保险人违反约定后须承担的义务的规定。此外，合同中还须明确争议处理方式。

10．订立合同的时间

注明订立合同的年、月、日，对于保险合同的履行和合同争议的处理，具有十分重要的意义。

在上述事项以外，投保人和保险人可就有关的其他事项作出约定。例如，对贷款抵押财产的第一受益人的约定。

（二）保险基本条款

财产保险的基本条款一般印制在保险单的背面，主要内容包括保险财产范围、保险责任范围、除外责任、保险金额与补偿金额的计算、被保险人义务及其他事项等。

1．保险财产范围

保险财产范围，主要规定哪些人或单位可以参加保险以及哪些财产属于该财产保险的保障范围，哪些不属于（特别约定者除外）。如企业财产保险单规定，具有法律上认可的与被保险人有经济利害关系的财产均可参加企业财产保险。同时还列明诸如金银一类的贵重物品、有价证券、违章建筑等不属于企业财产保险范围。

2．保险责任范围

保险责任范围，主要是以列举的方式，规定哪些自然灾害和意外事故是可保的，哪些损失和费用在该保险单项下是可以得到补偿的。

3．除外责任

除外责任，主要是以列举的方式，规定凡被列举的危险事故（如战争、核辐射、被保险人的故意行为等）及其相应的损失和费用，均得不到该保险单项下的补偿，同时还以总括的方式规定，凡不属于保险责任范围，即只要保险责任范围没有列举的自然灾害、意外事故及有关的损失和费用，也得不到该保险单项下的补偿。如因诈骗行为造成保险财产的损失，不仅除外责任条款中没有列明，而且在保险责任范围内也没有列明，所以，应属除外责任中总括式所规定的不保范围。

4．保险金额的计算

保险金额既是保险公司计算保险费的基础，也是计算保险财产损失补偿额的依据，各种财产保险因其性质、承保方式的不同，其保险金额的确定方式也不同，故每一种财产保险，均在其保险基本条款中规定确定保险金额的方式。例如，我国企业财产保险单条款规定，企业财产的保险金额，固定资产部分可以按照账面原值投保，也可以按原值加成或重置重建价值投保；流动资产部分既可以按最近12个月的平均账面余额投保，也可以按最近（如半年或1个季度，根据企业生产经营的性质而定）的账面余额投保。

5．投保人的义务

投保人的义务规定为享受保险合同对保险标的财产所提供的充分保障的权利须尽的义务。如合同签订后，应在若干天（一般为15天）内按规定的保险费率一次缴清保险费，在保险期限内，应配合保险公司搞好防灾防损工作；当与保险财产有关的诸如占用性质、地址或运输路线等实质性事项发生变更时，应及时通知保险公司，必要时还须办理保险财产合同变更手续等。

6．赔偿金额的计算

赔偿金额的计算主要是规定超额保险与否，共同保险、共保条款，重复保险、复保险以及标的发生全部损失或部分损失等情况下的赔偿额计算方式。如财产保险，在复保险的情况下，一般采用比例责任补偿方式计算保险财产损失的赔偿额。

7．保险赔付办法

计算保险赔付是保险人的主要义务，是财产保险职能的直接体现。保险合同中应规定保

险赔付的程序、赔款的计算、保险赔付的期限等。我国《保险法》规定，保险人收到被保险人的赔付请求后，应当及时作出核定，情形复杂的，应当在30日内作出核定（合同另有约定的除外），并将核定结果通知被保险人；对属于保险责任的，在与被保险人达成有关赔付保险金额的协议后10日内，履行赔付义务。保险合同对保险金额及赔付期限有约定的，则依合同履行。保险人如未及时履行赔付义务，则除支付保险金外，应当赔偿被保险人因此受到的损失。对不属于保险责任的索赔请求，保险人应当自作出核定之日起3日内向被保险人发出拒赔通知书并说明理由。如果保险人自收到赔付请求和有关证明、资料之日起60日内，对其赔付保险金的数额不能确定，应当根据已有证明和资料可以确定的数额先予支付，等最终确定赔付数额后，再支付相应的差额。

8. 其他事项

其他事项主要规定当保险财产发生损失事故时，被保险人应当履行的义务。如采取必要的施救措施，及时通知保险人等；被保险人提出索赔应履行的程序以及应办理的手续，如提供有关必要的索赔单证等；如属第三者责任的，获得补偿后，应将向第三者追偿的权益转让给保险公司，在保险单有效期内，发生部分损失的财产获得补偿后，应从原保险金额中扣除，余者继续有效；造成人身伤亡赔偿责任的，获得经济补偿后，有关人身伤亡赔偿责任部分的保险金额仍全部有效，直至期满；有关解决保险补偿争议的规定，如仲裁、诉讼等。

（三）扩展责任条款

扩展责任条款，又叫特别约定责任条款，是指在基本责任条款的基础上，应被保险人的要求，除承保基本条款的各项保险责任外，还将进一步增加新的保险责任，扩大对被保险人的保障范围。一般采用附贴的办法，即以批单的形式附贴在保险单上。如承保企业财产保险时，还可以在企业财产保险单上附加露天堆放财产特约条款，货物运输保险附加淡水雨淋险，家庭财产附加盗窃险，营业中断险附加顾客扩展责任等。

（四）限制责任条款

限制责任条款，是保险人通过保险单条款的形式或附加的方式，对某些特殊情况下的特殊危险责任加以限制。如财产保险对金银、首饰等贵重物品通常有“除非经被保险人与保险人作特别约定，并在保险单上列明，否则不予承保”等字样的规定，又如货物运输保险单关于保险货物运抵目的地后，有关保险责任的规定为“如果保险货物未到达收货人的仓库或储存处所，则其最长责任有效期以保险货物在卸离最后运输工具的若干天（一般为15天）为限”。

（五）保证条款

保证条款，是指保险人和被保险人在合同中约定，被保险人应遵守合同中的有关规定。如在火灾保险单中，通常规定“一经被保险人保证，在本保险单有效期内，在所保的建筑物内，不得从事下列各项危险品的生产、经营，也不堆放这些危险品”。保证条款分“明示保证条款”与“默示保证条款”两种。明示条款是指在保险合同中明文订立的，如上述火灾保险单的保证规定。默示条款是指在保险合同中没有作出明文规定，但根据保险业务经营惯例或有关法律规定，被保险人必须遵守的有关事项。默示条款主要运用于海上运输保险，如船舶出航必须是适航的等。明示条款与默示条款具有同样的法律效果。如有违背，保险人有权拒绝补偿保险财产因此而造成的损失。

学习任务二　签订履行财产保险合同

【学生任务】

- 要求每个学生课前预习相关内容，结合已经学习过的相关知识来理解财产保险合同的签订与履行等相关内容，能够用自己的语言来描述财产保险合同签订履行的特殊性所在。
- 要求每个学生提高课外阅读量，结合本部分内容，说明财产保险实务如何运用市场营销的手段促使财产保险合同的签订与履行，根据自身的理解，结合案例在课堂提问中口头表达。
- 将学生随机分组，按小组选出典型回答在课堂上进行点评，学生间相互评出每一口头表达情况的优劣，教师进行综合评价。

【教师任务】

- 提示学生完成口头表达所需要关注的主要知识点，与相近的保险、经济专业名词的区别与联系，财产保险相关业务的国际惯例等。
- 指导学生分组，在小组内对学生进行不同的分工，对学生口头表达作业完成情况及时进行跟进。
- 对各小组进行的课堂点评适时指导，对于选出的作业予以及时、客观、公正的评价，准备回答学生有可能提出的异议等。

教学活动1　财产保险合同的签订

活动目标

通过本部分的教学活动，从法律基础理论的角度理解与熟悉保险公司业务人员签订财产保险合同的实务流程，掌握其关键因素，并能够使用自己的语言简单描述。

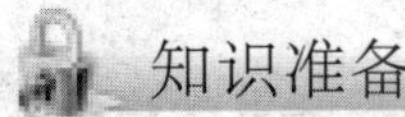

知识准备

一、财产保险合同的订立原则

我国《保险法》第十一条规定：“投保人与保险人订立保险合同应当遵循公平互利、协商一致、自愿订立的原则，不得损害社会公众利益。”“除法律、行政法规规定必须保险的以外，保险公司和其他单位不得强制他人订立保险合同。”从上述规定中我们可以看出，保险合同订立必须遵循以下原则。

（一）最大诚信原则

最大诚信原则是保险的四大基本原则之一，同样也是财产保险合同签订过程中必须要遵循的原则。由于在保险活动中参与双方的信息不对称性，保险双方必须做到最大程度的诚实守信，这是财产保险合同成立的基础。

（二）公平互利原则

公平互利原则是指在平等的民事主体之间订立的合同，应当使合同双方当事人享有的权利与义务是对等的，对合同双方都应是有利的。公平原则是衡量合同是否有效的标准之一。公平互利原则要求保险合同的订立要对双方当事人有利；要求当事人双方权利义务对等，互相享有权利，承担义务。

（三）协商一致原则

协商一致原则是指在保险合同订立过程中，合同主体双方在法律、行政法规允许范围内，在对合同内容充分协商、充分表达各自意思的前提下达成一致，订立协议。由于保险合同的专业性及复杂性，订立的保险合同在一般情况下，往往以保险人制作的保险单为基础。但是，双方当事人对保险单内容完全同意以前，还不是合同，投保人完全可以要求对保险单的内容加以批注。虽然保险合同具有附合性，但这并不妨碍保险双方就有关事项进行平等协商。双方可以对标准保险单中的保险条款进行修改、批注，可以附加特约条款，也可以使用其他合同形式，这样才能使合同体现双方的真实意思。

（四）自愿订立原则

自愿订立原则是指保险合同订立时，合同双方当事人的意志完全自由，不受他人干涉，有权在法律允许的范围内决定保险合同的订立。投保人可以自主选择保险人、自主选择保险险种，自主决定是否订立合同等；保险人亦可决定是否承保，而不受任何单位和个人非法干预。商业保险是一种自愿行为，双方当事人不能将自己的单方意愿强加给对方，强制对方投保或承保，任何第三方也不得强制他人订立保险合同。当然，法律、行政法规规定必须保险的除外。

（五）境内投保原则

根据我国《保险法》的相关规定，在中华人民共和国境内的法人和其他组织需要办理境内保险的，应当向中华人民共和国境内的保险公司投保。从法律的角度来理解，在中国境内注册经营的合资和外资的保险公司都属于中国境内的保险公司。

（六）公共利益原则

公共利益是指社会公众的共同利益和根本利益。按照公共利益原则的要求，保险合同的订立、履行、变更和解除，应当遵守法律、行政法规，不得违反社会公共道德和损害社会公共利益，否则，该合同不具有法律效力，并应视具体情形加以处理。

二、财产保险合同的签订

与一般的民商事合同的签订程序类似，财产保险合同的订立也经过投保人提出保险要求和保险人同意承保两个阶段，称为要约与承诺两个阶段。

（一）要约

要约是一方当事人向另一方当事人提出订立合同建议的法律行为，是签订保险合同的重要程序。理论上讲，要约应该具备两个要件：其一，是要约人订立合同的愿望；其二，是要约人对订立合同提出的基本条款。

根据我国《保险法》规定："投保方提出投保要求，填写投保单，经与保险方商定缴纳保险费，并经保险方签章承保后，保险合同即告订立。保险方并应根据保险合同向投保方出具保险单或者保险凭证。"在签订财产保险合同的过程中，通常财产保险合同的要约是由投保人提出的。

虽然在保险实务中，保险公司及其代理人进行展业时是主动开展业务，希望与潜在客户订立保险合同，但是这些不是法律意义上的要约，对于保险营销员的展业与推销，只能称为要约的邀请。只有在投保人提出投保申请，即填写好投保单，并交给保险公司或其代理人时，才构成要约。此后，该投保单经保险人审核同意承保，并在所出立的正式保险单签字、盖章，保险合同才告成立。

由于保险业务专业性较强，保险合同的要约内容明确、具体，而且在我国要约要求必须为书面形式。因此，在保险实务中多由保险公司以投保单的形式事先制定、印制好，并提供给投保人供投保人投保时填写。投保人如有特殊要求的，也可与保险公司协商，约定特约条款，所以财产保险合同的要约一般表现为投保单或其他书面形式。虽然在保险人印制的投保单中并不附有保险条款，但是根据保险习惯，投保单仍然构成一个完整的要约。

（二）承诺

承诺又称"接受订约提议"，是要约受领人对要约人提出的要约表示完全接受，是要约受领人向要约人表示同意与其缔结合同的意思表示。做出承诺的人称为承诺人。承诺人对于要约人提出的主要条款内容表示同意后，合同即告成立，并开始承担履行合同的义务。

要约受领人对要约不能完全赞同，只能部分同意或附有条件接受的，则不能认为是承诺。此时，承诺人可提出新要约，由原要约人选择承诺。因此，承诺需要满足下列条件才可以生效：第一，承诺不能附带任何条件，是无条件的；第二，承诺须由承诺人本人或其合法代理人做出；第三，承诺须在要约的有效期内作出。

财产保险合同的承诺也叫承保，通常由保险人做出。当投保人递交填好的投保单后，经保险人审查认为符合要求的，一般都予以接受，即承保。一般而言，财产保险合同经过保险人的承保之后即告成立，而保险人承保的表现形式即向投保人出具保险单或者保险凭证。

三、财产保险合同的效力

（一）财产保险合同的生效

根据我国《保险法》第十三条规定："投保人提出保险要求，经保险人同意承保，保险合同成立。保险人应当及时向投保人签发保险单或者其他保险凭证。……依法成立的保险合同，自成立时生效。投保人和保险人可以对合同的效力约定附条件或者附期限。”《保险法》第十四条规定：“保险合同成立后，投保人按照约定交付保险费，保险人按照约定的时间开始承担保险责任。”

由此可见，财产保险合同的成立与财产保险合同的生效并不是同一概念。如前所述，财产保险合同经过保险人的承诺（即承保）即告成立，而财产保险合同的生效是指合同内容开始对保险双方实际产生约束力，一般是在合同成立时或合同成立后的某一时间。投保人按照约定交付保险费，保险人则按照约定的时间开始承担保险责任。

（二）财产保险合同的无效

违反法律、法规所签订的无法律效力的财产保险合同，称之为无效财产保险合同。如保险公司超出核准的业务范围签订的合同，以及其他欺诈性投保、欺诈性承保（包括因保险人的失察而助长被保险人的欺诈）、胁迫保险、非法代理签订的保险合同等。要注意的是，保险合同的无效与人身保险中的合同失效不同。

我国《合同法》规定的无效合同有：一方以欺诈、胁迫的手段订立合同，损害国家利益的；恶意串通，损害国家、集体或者第三人利益的；以合法形式掩盖非法目的的；损害社会公共利益的；违反法律、行政法规的强制性规定的。

无效的财产保险合同从订立的时候起即不产生法律效力，但如果是部分无效，则并不影响其余部分的效力。如超额保险合同，仅超过保险价值的部分保险金额无效；订立合同时保险人向投保人未作提示或未明确说明免责条款的，仅该免责条款无效等。

财产保险合同经人民法院或仲裁机构确认为无效后，正在履行中的应终止履行，尚未履行的将不得履行。如其订立和履行中有违法行为或已产生损失后果，应进行相应处理。

教学活动2　财产保险合同的履行

活动目标

通过本部分的教学活动，熟练掌握财产保险合同履行过程中保险双方的权利义务，出现争议时应当如何进行处理，掌握其关键因素，并能够使用自己的语言进行描述。

知识准备

一、财产保险合同的履行

财产保险合同的履行是指财产保险合同双方当事人依照合同规定全面履行自己的义务。主要包括投保人义务的履行和保险人义务的履行。

（一）投保人义务的履行

投保人在合同履行过程中的义务主要有如实告知的义务、支付保险费的义务、出险通知的义务、积极施救的义务、提供单证的义务、危险程度增加通知的义务等。

1．如实告知的义务

我国《保险法》第十七条规定，保险人可以就保险标的或被保险人的有关情况提出询问，投保人应当如实告知。投保人故意隐瞒事实，不履行如实告知义务的，或者因过失未履行如实告知义务，足以影响保险人决定是否同意承保或者提高保险费率的，保险人有权解除保险合同。投保人故意不履行如实告知义务的，保险人对于保险合同解除前发生的保险事故不承担给付保险金的责任，并不退还保险费。

一般来说，投保人不负有无限告知的义务。告知事项以保险人在投保书中列明或者在订立保险合同时询问的内容为限。且所告知事项限于投保人或被保险人所知晓为限。

2．支付保险费的义务

支付保险费是投保人的基本义务，也是财产保险合同生效的条件，按时缴纳应引起客户重视，否则会引起财产保险合同的失效。

3．出险通知的义务

出险通知的义务是指投保人、被保险人在发生保险事故时及时通知保险人。出险通知义务目的在于使保险人得以迅速调查事实真相、确定责任、采取措施处理保险事故，防止损失进一步扩大，使保险人有处理赔案、准备赔偿的时间。履行该义务是被保险人或受益人获得保险给付的必要程序。

4．积极施救的义务

《保险法》第五十七条规定：“保险事故发生时，被保险人应当尽力采取必要的措施，防止或者减少损失。保险事故发生后，被保险人为防止或者减少保险标的的损失所支付的必要的，合理的费用，由保险人承担；保险人所承担的数额在保险标的的损失赔偿金额以外另行计算，最高不超过保险金额的数额。”出险施救的规定是为了鼓励被保险人积极履行施救义务，防止或减少保险标的的损失，避免损失的扩大。

5．提供单证的义务

提供单证是指向保险人索赔时被保险人或受益人应当提供与确认保险事故的性质、原因等有关的证明和资料。这些证明和资料既是索赔的依据，也是保险人判断责任范围和赔付保险金的依据。

6．危险程度增加通知的义务

危险程度增加通知义务是指被保险人在保险合同有效期内，或续保时对于其风险发生变化的情况，尤其是危险程度增加要及时通知保险人。否则的话，则会导致保险人对于危险程度增加致使的事故损失拒绝赔付。

（二）保险人义务的履行

保险人在合同履行过程中的义务主要有承担保险责任、向投保人说明条款、及时签发保险单证、为投保人等其他财产保险合同的主体保密等。

1．支付保险赔款的义务

这是保险人履行的基本义务，也是最重要的义务。保险人在保险事故发生后，支付保险赔款，履行保险金给付义务也是投保人的基本要求。该义务的履行以保险事故的发生为前提，从投保人角度来讲，是一个索赔的过程。保险人主要通过理赔来承担相应的保险责任。

2．说明保险条款的义务

保险人的说明义务是法定义务，保险人不能够通过合同条款的方式予以限制或者免除说明义务。不论在何种情况下，保险人均有义务在订立保险合同的时候主动、详细地说明保险合同的各项条款，并且对投保人提出的有关问题作出直接、真实的回答。对于免责条款，保险人不仅要履行说明义务，而且还要明确说明或者作出特别提示，否则该条款无效。

3．签发保险单证的义务

在财产保险合同成立后，保险人应当及时向投保人或者被保险人签发保险单证，作为合同成立的有效证明。而签发的保险单证也是被保险人在发生保险事故时，向保险人索赔的必要有效证明文件。

4．保守商业保密的义务

保险人或者再保险接受人在办理保险业务中，对投保人、被保险人或者再保险分出人的业务和财产情况，负有保密的义务。因此，为投保人、被保险人或者再保险分出人保密是保险人或者再保险接受人的一项法定义务。

二、财产保险合同的变更

财产保险合同的变更是指在保险合同有效期间，当事人依法对合同条款所作的修改或补充。我国《保险法》第二十条规定：“投保人和保险人可以协商变更合同内容。变更保险合同的，应当由保险人在保险单或者其他保险凭证上批注或者附贴批单，或者由投保人和保险人订立变更的书面协议。”保险合同的变更或修改，一般情况下须经保险人审批同意，并出立批单或进行批注。

保险合同变更的基本程序如下：首先，由投保人向保险人提出变更申请，告知有关保险合同变更的情况。其次，保险人对变更申请进行审核，并重新核算保险费。最后，若保险人同意变更，则签发批单或附加条款；若拒绝变更，保险人也需通知投保人。

（一）财产保险合同主体的变更

1．保险人的变更

在一般的财产保险合同中，作为保险人的一方是不允许变更的，投保人只能选择退保来变更保险人。保险人变更的情况是极为少见的，可能的原因包括：保险人破产，合同责任由其他保险人或政府或有关基金组织承担；保险人违法经营保险业务，根据政府方面的行政命令，将保险转让给其他保险人等特殊情况。

2. 被保险人的变更

财产保险合同的主体变更主要是被保险人的变更，通常是因保险标的的转让而发生。一般认为，财产保险合同以诚信原则为基础，原则上其主体不得随意更换。当发生保险标的转让时，根据《保险法》的规定，被保险人或者受让人应当及时通知保险人，但货物运输保险合同和另有约定的合同除外。

财产保险合同一经转让，原投保人（或被保险人）与保险人的保险关系即告消灭，保险标的受让人与保险人随即建立财产保险关系，受让人应依合同规定享有原投保人（或被保险人）的权利并承担其义务。

【技能拓展】　货运险标的转让合同自动变更

因保险标的转让而变更保险合同有一种特定情况，就是货物运输保险合同的保险标的转让，保险合同自动变更。

货物运输保险是对货物在运输过程中因自然灾害或意外事故发生而遭受的损失提供经济补偿的保险。在货物运输保险合同中，保险标的是在运输过程中的货物。由于运输中的货物流动性大，特别是海上运输，路程遥远，一般情况下，货物在远地易主，很难事先通知保险人，并取得保险人的同意。

为了方便合同当事人的交易，避免他们错过交易良机，国际上的保险惯例是只要保险合同没有另作规定，凡运输保险，其保单可随货物的转移而背书转让。也就是说，除合同另有约定外，货物运输保险合同保险标的的转让，投保人不必征得保险人的同意，保险合同随保险货物的转让而自动变更，原被保险人与保险人之间的保险关系即行消灭，受让人与保险人之间新的保险关系随即建立。

（二）财产保险合同客体的变更

保险合同客体变更是指投保人或被保险人的保险利益关系发生了变化。如财产保险的投保人与保险标的之间的经济上的依存关系发生变化，保险合同的客体也随之变化。

（三）财产保险合同内容的变更

保险合同内容的变更主要是指主体权利和义务的变更，即合同条款变更。如保险标的的改变（包括数量、金额、所在位置等）、保险标的风险程度的改变、保险责任和责任免除、保险金额及其变化、保险费缴付方式、保险期间和保险责任开始时间、保险金给付、违约责任和争议处理等内容的变更。

三、财产保险合同的终止

财产保险合同的终止是指在保险期限内，由于某种法定原因或者约定事由的出现，致使财产保险合同当事人双方的权利义务归于消灭。保险合同终止的原因可分为两类：自然终止与提前终止。

（一）自然终止

自然终止是指发生下列情形时，无需当事人行使终止权的意思表示，财产保险合同的效力自然归于终止。

1. 保险期限届满

财产保险合同订立后，虽然未发生保险事故，但是如果财产保险合同的有效期已届满，则保险人的保险责任自然终止。这种自然终止是财产保险合同终止的最常见、最普遍、最基本的原因。

2. 合同履行完毕

保险事故发生后，保险人完成全部保险金额的赔偿义务之后，保险责任即告终止。最常见的如被保险财产被火灾焚毁，被保险人领取了全部保险赔偿后，财产保险合同终止。

3. 保险标的灭失

在财产保险合同的有效期间内，如果保险标的因保险责任以外的原因而灭失，则财产保险合同自然终止。

【案例分析】　运输保险合同生效后被保险人能否请求合同终止

案情简介：我国一进出口公司向巴西出口一批商品，在国内一家保险公司为其承保了货物运输保险。保险合同生效后三天投保人向保险公司发出退保申请，遭到保险公司拒绝。

分析：货物运输和运输工具的航程保险合同，被保险人不能提出终止合同的请求。

因为，无论是运输中的货物还是运输工具，均为流动财产。如果允许中途退保，势必会导致频繁的道德危险事故和各种保险危险事故过于集中的现象。另一方面，如果货物运输保险投保人提出退保请求，就会损害被保险人的利益，在海洋货运险中，还会涉及承运人、银行等多方的利益。所以，《保险法》关于货物运输险与运输工具航程保险的投保方不能中途提出退保的请求的规定，既是对保险公司保险危险责任的限制，又是对广大保险单或保险凭证持有人利益的保护。

（二）提前终止

提前终止是由于当事人的意思表示而使合同效力终止，即合同的解除。合同的解除分为法定解除和协议解除。协议解除是指双方当事人通过协商达成一致，在不损害国家、公共利益时终止合同的行为。法定解除是指按法律规定可以进行的合同解除。

在我国，除货物运输保险和运输工具航程保险外，投保人依法享有解除合同的权利。对保险人来讲，财产保险合同成立生效后，不得任意解除合同。但是，在发生下列情形时保险人可以解除合同。

（1）危险程度增加时，投保人或被保险人未履行危险程度增加通知的义务，保险人在得知此情况后，可以主张解除财产保险合同。

（2）投保人未能履行如实告知义务，足以影响保险人决定是否承保或以何种价格承保的。若导致保险人承担了本不应承担的危险责任，则保险人可解除合同。

（3）投保人或被保险人谎称发生保险事故或故意制造保险事故。该行为属于投保人或被保险人的欺诈行为，保险人可以解除合同。

（4）投保人或被保险人未履行维护保险标的安全的义务，此时保险标的发生保险事故的可能性增加，保险人可要求投保人或被保险人加强防范措施，也可以投保人与被保险人未履行义务为由解除合同。

四、财产保险合同的争议处理

（一）财产保险合同争议

财产保险合同争议，是指在财产保险合同的履行过程中，由于当事人双方意见不一致而导致的纠纷，主要表现为催、欠保险费和索赔、拒赔纠纷等方面。

财产保险合同争议的产生，主要有以下几方面的原因：

（1）财产保险合同是一种非即时清结的合同，保险合同的履行需要一个较长的过程，在保险期限里有关因素会发生较大变化。

（2）投保人或被保险人往往不能准确理解保险条款。

（3）危险事故的鉴定具有很强的技术性，保险人和被保险人对危险事故的性质及损失的程度往往存在分歧。

（4）保险合同是一种不等价的有偿合同，合同双方总是力图为自己谋求较大利益。

（5）保险人及其员工在开展业务中有误导、不理性的行为。

（6）保险中介人活动的不规范性，亦对保险合同的效力有很大影响。

能否及时、合理地处理财产保险合同争议，对规范保险活动，保护保险双方当事人的合法权益，促进保险事业的健康发展，具有十分重要的意义。处理财产保险合同争议应遵循特别法优于普通法的原则。如我国《海商法》对海上保险有特别规定的，即优先适用《海商法》的规定；《保险法》中没有作出规定的，方适用其他法律。

（二）财产保险合同争议的解释原则

当发生财产保险合同争议时，需要根据财产保险合同的内容进行解释，以判定责任、解决纠纷。这一过程当中如何对合同内容进行解释，就显得十分关键和重要了。

财产保险合同的解释，也就是对保险条款的解释，是受理保险合同争议的人民法院或仲裁机构（而不是保险公司）为合理地确定保险合同的内容，依法对保险条款的含义所作的具有法律约束力的说明。

财产保险合同的解释首先应遵循合同解释的一般原则，即在坚持合法、公平、诚信、互利的基础上根据合同的整体内容和当事人订立合同的目的，对财产保险合同条款进行解释。另外，财产保险合同的解释还应当遵循以下原则。

1. 文义解释原则

按文义解释财产保险合同是最一般的解释原则。这是指按照合同文字本身的普通含义进行

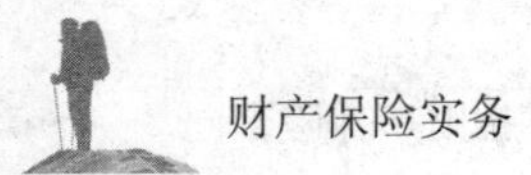

解释。我国《保险法》规定，采用保险人提供的格式条款订立的保险合同，保险人与投保人、被保险人或者受益人对合同条款有争议的，应当按照通常理解予以解释。如保险责任中“空中运行物体的坠落”，显然不包括楼板塌落所造成的损失。同时，对特定的字或词还须按特定的文义进行解释（专业解释），如“暴雨”是指1小时内降雨量16毫米以上或24小时内降雨量50毫米以上的降水等。

2．意思解释原则

意思解释原则，即按照财产保险合同当事人在签订合同时的真实意思进行解释，也有人称之为意图解释原则。其具体规则如下：①当书面约定的内容与口头约定不一致时，应当以书面内容为准；②当保险单中的内容与投保单或其他合同形式中的内容不一致时，应以保险单中的内容为准（在签发保险单之后经投保人和保险人协商同意，采取保险单以外的其他保险凭证或其他书面协议形式订立补充合同的除外）；③特约条款的内容与基本条款不一致时，应以特约条款为准；④当保险合同的内容以不同方式记载且内容相抵触时，批注优于原文，打字的优于印刷的，手写的优于打字的。

3．疑义利益解释原则

在应用前面两条原则不能获得对财产保险合同的正确解释时，可以适用疑义利益解释原则，即对保险条款作有利于非起草方的解释，也就是作有利于被保险人和受益人的解释。我国《保险法》第三十条规定，对合同条款有两种以上解释的，人民法院或者仲裁机构应当作出有利于被保险人和受益人的解释。

这主要是由于保险合同是附和性合同，投保人在订立合同时只能作出接受或拒绝的表示。另外，保险合同当中存在大量的专业术语，不利于投保人的理解。为了保护投保人、被保险人和受益人的利益，根据各国的保险立法惯例，各国在解释保险合同、处理保险合同争议时，一般都采用有利于被保险人和投保人的原则，作出有利于被保险人和受益人的解释和判定，使保险合同能够更好地起到保障被保险人的目的，维护被保险人或受益人的合法权益。

【拓展阅读】　疑义利益解释原则的由来

疑义利益解释原则最初形成于英国的一个人身保险判例：海上保险承保人查德·马丁在1536年6月18日将其业务扩大到人身保险，为一位朋友威廉·吉朋承保人寿险2 000镑，保险期限为12个月，保险费80镑。吉朋于1537年5月29日死亡，马丁声称其保险期限12个月是按阴历每月28天计算，所以保单已于公历5月20日到期。投保方则认为应该按公历计算，保险期限尚未届满。法院对此案做了有利于被保险人的解释，判决马丁承担支付保险金的责任。该判例的结果对处理相关的保险诉讼案件产生了深远的影响，从此以后便形成了现在的疑义利益解释原则。

（三）财产保险合同争议的处理

财产保险合同在履行过程中，有关主体之间常常会因为对合同的条款理解有分歧，对索赔、拒赔等处理不一致而发生纠纷，保险合同的争议处理通常采用如下四种方式：协商；调解、仲裁、诉讼。

1．协商

协商是指在争议发生后，双方当事人在平等、互相谅解的基础上对争议事项进行协商、取得共识、解决纠纷的方法。该方法是解决争议最常用、最基本的方法。该方法具有较大的灵活性，且有利于双方关系、节省费用及合同的继续履行。

2．调解

调解是指在协商无效的情况下，由双方接受的第三者出面进行的，促使双方意见达成一致的方法。根据第三者的身份不同，调解可分为行业调解、行政调解、仲裁调解和法院调解，后两种调解具有法律强制执行效力。

3．仲裁

仲裁是指当事人双方发生的合同纠纷诉诸有关仲裁机关，由仲裁机关作出判断或裁决。该方式与法院裁决效力等同。仲裁必须遵循双方自愿的原则。仲裁应当独立进行，不受行政机关、社会团体和个人的干涉。仲裁结果一裁终局制，一经作出便产生法律效力，必须执行。

4．诉讼

诉讼是指保险合同的一方当事人按有关法律程序，通过法院对另一方提出权益主张，并要求法院予以解决的方法。财产保险双方没有在合同中订立仲裁条款，事后又没有达成书面仲裁协议的，可以在诉讼时效内向法院起诉。在我国，有关财产保险的诉讼实行二审终审制度，须遵守《中华人民共和国民事诉讼法》的相关规定。

综合实训

【实训目标】

通过本部分实训，使得学生能够在理论上和实务中掌握财产保险合同的相关重点专业名词和基本理论，区分不同的财产保险种类和表现方式，能够按照不同方式解决财产保险合同项下的保险争议。

【实训任务】

一、重要名词

财产保险合同	有偿合同	双务合同	最大诚信合同
附合合同	总括保险合同	流动保险合同	预约保险合同
定值保险合同	不定值保险合同	超额保险合同	投保单保险单
保险凭证	财产保险合同主体	财产保险合同客体	射幸合同

二、思考讨论

1．简述财产保险合同的含义和特征。

2．简述财产保险合同的分类。

3．简述财产保险合同的表现形式。

4．财产保险合同的要素有哪些？

5．财产保险合同的具体内容有哪些？

6．简述财产保险合同双方如何履行合同义务。

7．财产保险合同的无效情形有哪些？

8．财产保险合同的终止情形有哪些？

9．简述财产保险合同的争议应如何处理。

三、情景模拟

不足额投保引发赔偿纠纷

2014年12月29日，××公司以2万美元免税购置美国产别克系列林荫大道91款二手轿车一辆，办理牌照后，即日向某保险公司投保车辆损失险。保险公司承保后，出具了“机动车辆保险单”。保险单载明：投保汽车重置价值30万元；保险金额30万元；保险期限自2014年12月29日至2015年1月4日。经有关汽车经销部门估价国内购置该种车新车最低市价至少应在60万元以上。

2014年12月30日，该车发生了交通事故。××公司立即向保险公司报告了出险情况。在出险地，该公司与保险公司商定先将汽车拖回天津修理，由××公司先垫付施救费、差旅费共计5 152.20 元。后承修单位、保险公司、××公司三方确定：汽车为部分损坏，部分修理，修理费初步定为22.5万元（含配件18万元），配件由平安保险公司从国外进口。因提供配件迟延，致修复延期约3个月。实际修理费共计294 099.89元（含配件23万元）。

为了赔偿问题，××公司与保险公司发生纠纷，双方意见难以达成一致，于是××公司将保险公司告上法院。

原告××公司诉称：所购汽车投保时按重置价值确定保险金额，请求被告履行保险合同，赔偿投保汽车出险后其已支付的全部修理费，并赔偿其已支付的差旅费、施救费和租车费等30万元。

被告平安保险公司答辩称：保险车辆重置价值约60万元，××公司申报为30万元，属于不足额投保。依照《机动车辆保险条款》规定，投保时保险金额低于重置价值的车辆，应按保险金额与重置价值比例赔偿。如果投保人要求全部赔偿，赔偿金(即修理费)已经等同于保险金额和重置价值，我公司则有权要求收回出险的汽车。

法院认为，本案出险车辆修理费共计应为294 099.89元。承修单位确定修理费为22.5万元，被告进口配件迟延，扩大经济损失约7万元，应由被告负责。投保汽车重置价值在60万元以上，被告要求确认为60万元，予以确认。保险金额登记为30万元，属于保险范围，应为有效。投保时保险的汽车投保金额低于重置价值，被告请求按保险金额与重置价值的比例赔偿损失，承担修理费用，符合《机动车辆保险条款》规定，应予支持。保险汽车重置价值的60万元，登记为 30万元，属于双方当事人的重大误解，不足额部分的民事行为无效。致使保险合同部分无效，主要是被告未将投保有关事项告知原告以及对原告申请保险的内容审查不严，应负主要责任；原告投保不足，也有一定的责任。

情景分析

（1）不足额投保的保险合同的效力认定问题。不足额投保是指投保时保险金额低于保险标的的实际价值。本案投保汽车的重置价格为60万元，而保险合同却载明：投保汽车重置价30万元，保险金额30万元，显然属于不足额投保，对于保险金额30万元内的合同部分，因投保人与保险人双方意思表示一致，符合法律规定，可认定为有效。至于不足额投保部分的30万元，属于双方当事人的重大误解，即对投保汽车重置价格的认识发生错误，并因此而作出的意思表示无效。根据《民法通则》第五十九条规定，行为人对行为内容有重大误解的，属可撤销的民事行为，被撤销的民事行为从行为开始起就无效。可见保险合同投保不足部分无效，即本案保险合同部分有效部分无效。对合同的无效部分，保险人和投保人均有过错。

（2）本案法律责任的分担问题。《保险法》第三十九条规定："保险金额低于保险价值的，除合同另有约定外，保险人按照保险金额与保险价值的比例承担赔偿责任。"本案投保车辆保险金额为30万元，重置价值为60万元，其比例为 1：2，即保险公司应赔偿修理费的一半。本案汽车实际修理费虽然为29万多元，但其中的7万元是保险公司直接进口配件造成修理迟延导致的扩大损失。根据《民法通则》第一百一十四条的规定："当事人一方因另一方违反合同受到损失的，应当及时采取措施防止损失的扩大，没有及时采取措施致使损失扩大的，无权就扩大的损失要求赔偿。"保险公司对扩大损失的7万元应自己承担。至于另外22万多元的出险车辆修理费，保险公司按比例应赔偿其中的一半；修理费另一半的处理，应根据造成保险合同部分无效的责任大小，由保险公司和××公司合理负担。

参考文献

[1] 郑功成，许飞琼. 财产保险[M]. 第四版. 北京：中国金融出版社，2011.

[2] 许瑾良. 财产保险原理和实务[M]. 上海：上海财经大学出版社，2010.

[3] 张洪涛. 保险核保与理赔[M]. 北京：中国人民大学出版社，2006.

[4] 郑祎华. 保险学[M]. 北京：中国科学文化出版社，2007.

[5] 卓志. 商业财产保险完全手册[M]. 成都：西南财经大学出版社，2005.

[6] 刘金章. 财产与人身保险实务[M]. 北京：中国财政经济出版社，2005.

教学项目三

财产保险承保

【知识目标】

- 财产保险投保的概念和要点
- 财产保险核保的重要作用
- 财产保险核保与承保的联系和区别
- 财产保险承保的业务流程

【技能目标】

- 能够从不同角度描述财产保险业务经营的基本流程
- 能够准确描述财产保险核保与承保的联系与区别
- 能够掌握财产保险核保的操作流程
- 能够掌握财产保险承保的业务流程

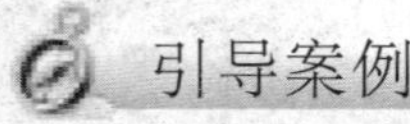

引导案例

能否以自己的名义投保公司的车辆

2014年9月，某地A公司购得奥迪A6轿车一辆。10月，司机李某在经理的指示下向当地保险公司投保了车辆损失保险和第三者责任保险。在投保中，为了方便省事，司机李某在投保人和被保险人两栏中都写了自己的名字。2015年5月，该轿车在行驶中不慎与一辆卡车相撞，车身严重毁损。

保险公司在随后的调查中发现，被保险车辆的碰撞责任及相关损失都在保险责任范围之内。但是，保险公司同时也发现，李某所投保的轿车并非其个人财产，而是A公司的企业财产，也就是说，李某是以个人的名义对企业的财产进行投保，所以主张该保险合同无效，拒绝赔付相应的损失。

根据《保险法》及《民法通则》的相关规定，投保人的投保行为若要产生要约的效力，必须具备以下三个条件，三者缺一不可。

（1）投保人必须具有民事权利能力和民事行为能力。

（2）投保人必须对保险标的具有保险利益。

（3）投保人要按约定缴付保费。

在本案中，司机李某显然符合条件（1）和条件（3），所以要判断该保单是否有效的关键就是看李某对保险标的是否具有保险利益。从案例中我们可以发现，虽然李某不是奥迪轿车的所有权人，但李某的职业是司机，他对这辆轿车具有管理利益、收益利益以及责任利益，而这些根据保险法规的规定都是保险利益的具体表现形式。所以，司机李某也符合条件（2），该保险合同有效，保险公司应当进行相应的赔付。

学习任务一　掌握财产保险投保

【学生任务】

- 要求每个学生课前预习相关内容，结合已经学过的保险基础知识来理解财产保险投保的相关内容，能够用自己的语言来描述财产保险业务经营的基本流程。
- 要求每个学生提高课外阅读量，了解财产保险投保方式的不断变化，结合本部分内容，说明财产保险业务核保的重要作用，根据自身理解，结合具体案例写出不少于500字的书面课后作业。
- 将学生随机分组，按小组选出若干份作业在课堂上进行点评，学生间相互评出每一份书面文章的优劣；学生对作业进一步修改后提交教师，以便教师进行评价。

【教师任务】

- 指导学生在相关专业网站上查找所需资料，如各个财产保险公司的官方网站，查看其对于财产保险业务投保方面的服务、指导与帮助；启发学生理解财产保险业务投保、核保和承保之间的内在联系。
- 提示学生完成书面作业所需要关注的主要知识点，如财产保险的经营、投保，与相近的保险专业名词的区别与联系，保险法规的相关监管规定等。
- 指导学生分组，在小组内对学生进行不同的分工，对学生书面作业完成情况及时进行跟进，督促其按时完成。
- 对各小组进行的课堂点评适时指导，对于选出的作业予以及时、客观、公正的评价，准备回答学生可能提出的各种异议等。

教学活动1　掌握财产保险业务流程

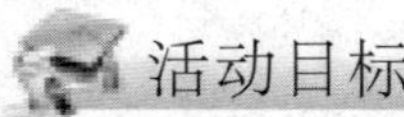

活动目标

通过本部分的教学活动，从总体上掌握财产保险整体的业务流程，从保险合同双方的角度理解其真正含义，并可以在保险实务中加以正确应用。

知识准备

财产保险业务流程是指财产保险承保人从展业到承保、防灾防损、再保险和理赔的全过程，是财产保险合同的主体各方通过一系列紧密相关的活动，使得保险标的的风险从投保人转移到保险人并得到有效处理的风险管理过程。

展业是财产保险经营活动的起点，保险人通过展业可以提高社会公众的保险意识，明确保险需求，使面临同种风险的大量潜在保险客户能借助保险手段来转嫁风险，并通过保险人的承保使被保险人的风险转嫁由可能变成现实；防灾防损是财产保险经营的重要环节之一，有利于减少社会财富的损失，降低保险经营成本，提高财产保险的经济效益和社会效益；通过再保险，可以转嫁保险人自身的经营风险，在相当程度上保证保险人的持续、稳定经营；而通过保险理赔，则使被保险人的财产及有关利益的损失能在保险责任范围内得到补偿，实现维护社会再生产顺利进行和国民生活安定的目标。

一、财产保险业务特点

财产保险业务是以财产物资及其有关利益为保险标的的保险，保险标的与人身保险标的具有本质上的差异，因而有其自身的运行规律和特点。

（一）财产保险展业内容涉及面广

财产保险的险别包括财产损失保险、责任保险、信用保证保险和农业保险，具体的险种则数以千计。财产保险的保险标的既包括有形的财产物资，又包括无形的法律责任和利益。保险人的补偿既有各种财产损失的补偿，又有民事损害赔偿责任的承担，还有权利人（被保险人）因被保证人（义务人）的信用风险而导致损失的补偿以及短期的人身意外伤害保险等。而人身保险尽管分为人寿保险、意外伤害保险和健康保险三大类，但保险对象却都是自然人，保险人仅仅对被保险人的病、老、死、残等承担相应的保险责任。因此，相对于人身保险，财产保险的展业涉及面更广，内容更复杂，保险人只有对财产保险的相关知识有更深入的了解，才可能为被保险人制定出切实可行的投保方案，才可能吸引更多的投保人投保。

（二）财产保险核保内容相对复杂

核保是指承保人对投保人及投保标的等进行审核，以决定是否承保以及怎样承保的过程。核保是承保的关键，保险人只有全面、认真、细致地核保，才能科学地识别、衡量投保人及投保标的等的风险程度或风险等级，才能科学地作出是否承保的决策。

财产保险与人身保险在核保内容方面，存在着如下特点。

1．财产保险与人身保险对投保人的审核基本相同

审核内容都包括：投保人是否对保险标的具有保险利益；投保人具有民事行为能力的状况；投保人的职业性质、信用程度、经济状况如何；有无道德风险出现的可能等。

2．财产保险与人身保险对保险标的审核差异较大

财产保险审核的内容包括：投保财产是否合法、是否正处于危险状态；投保财产的主要风险隐患、重要防护部位及防护措施情况，投保财产所处的环境状况（例如，投保的房屋是处于工业区、商业区还是居民区，附近有无易燃易爆的危险源，是否属于高层建筑，消防设施是否完备等），投保人对投保标的是否制定有各种安全管理措施、各措施以往被落实的情况等。人身保险的保险标的由于是被保险人的寿命和身体，因此，对人身保险的保险标的审核主要体现为对被保险人进行年龄、性别、身体状况、个人及家庭成员病史、职业和习惯嗜好、道德风险因素等的审核，以确定被保险人的风险程度，并作出相应的承保或拒保的决定。

3．对保险金额的审核主要体现于财产保险中

财产保险中有保险价值的概念，保险金额依据保险价值确定，因此也就有了足额保险、超额保险和不足额保险三种情况。对投保金额的审核一般是为了避免超额保险和不足额保险带来的负效应（农业保险中的不足额承保除外），而鼓励足额保险。人身保险中没有保险价值的概念，保险金额通常由保险双方当事人协商确定。无论保险金额确定多少，均不能说是超额保险或不足额保险或足额保险，因此，承保人在一般情况下不需要审核投保金额。这一点是财产保险运行与人身保险运行的显著区别。

4．是否存在重复保险是财产保险审核的重要内容

财产保险以补偿被保险人的财产损失为目的，被保险人在保险事故发生后应取得的保险赔偿也仅限于其利益受损害的范围内，即被保险人不能通过保险获得不属于自己的损失补偿部分。因此，承保人在承保时一般应该审核投保人对保险标的是否有超额保险，还应该审核其是否有重复保险的现象。如果有重复保险，一般不应再予承保；如果要再承保，理赔时就得将保险损失在各承保人之间进行分摊，以保证被保险人不获得额外收益。不过，承保人虽然在理赔时遵循重复保险分摊原则，但从整个承保方来说，其经营成本却大幅度增加。人身保险基于生命、身体的无价性，保险合同双方当事人可自由约定赔付限额，即人身保险是给付性质的“定额保险”，不存在超额保险或重复保险问题，原则上也就不存在不当得利的问题。因此，投保人可以根据自身的经济状况选择购买多份人身保险，多买多保。

（三）财产保险更加重视防灾防损

防灾防损是对灾害事故损失的预防和抑制。财产保险的保险人相对于人身保险的保险人而言，更加重视防灾防损工作。因为财产保险的被保险人将财产投保后，往往可能放松对保险标的的安全管理，甚至可能为图谋保险赔款而故意制造保险事故，这就迫使财产保险的保险人必须采取若干措施防止保险事故发生，减少保险财产的损失。而人身保险由于其标的的特殊性，被保险人自己一般不会为了获得保险赔款而制造自残或自杀等事故，即使制造事故也难获赔款，被保险人一般会自觉自愿地爱惜自己的生命和身体。因此，从世界各国的保险实践来看，财产保险运行中，防灾防损显得更加重要。保险人采取的防灾防损措施在财产保险中体现得更加充分。

（四）财产保险更为重视再保险分保

一方面，财产保险业务属短期性业务，当保险标的的危险在一定的时间内集中时，财产保险的经营风险是相当大的。另一方面，有的财产保险标的的价值相当昂贵（如卫星、宇宙飞船），损失一旦发生，有可能将保险人推向破产的边缘。为此，保险人需要确认是否有再保险人愿意接受分保来决定是否承保，希望通过分保或再保险的方式来进一步分散危险。而人身保险（寿险）业务是长期性业务，带有一定的储蓄性质，风险较小，实施分保的必要性比非寿险要小，保险人一般是在遇到风险较大的保单后，才办理临时分保。

（五）财产保险理赔结果是补偿损失

财产保险合同是补偿性合同，无论是财产损失保险还是责任保险、信用保证保险、农业保险，保险人理赔的结果都是对被保险人遭受的保险责任范围内的损失给予经济补偿。而人身保险合同却是给付性合同，它不是对意外事故和疾病、分娩等原因致被保险人的残废、死亡给予经济损失的补偿，而是按保险合同的规定，在被保险人死亡、伤残、疾病或者达到合同约定的年龄、期限时承担给付保险金的责任。财产保险合同与人身保险合同性质的不同，决定了两者的理赔结果不同，前者是支付赔款、补偿损失，后者是给付保险金。

二、财产保险业务流程

财产保险运行涉及面很广，包括财产保险业务的全过程，即财产保险运行是保险关系不断成立和消灭的连续过程，表现为不断地进行展业、承保、防灾防损、再保险和理赔。其具体运行程序如图3-1所示。

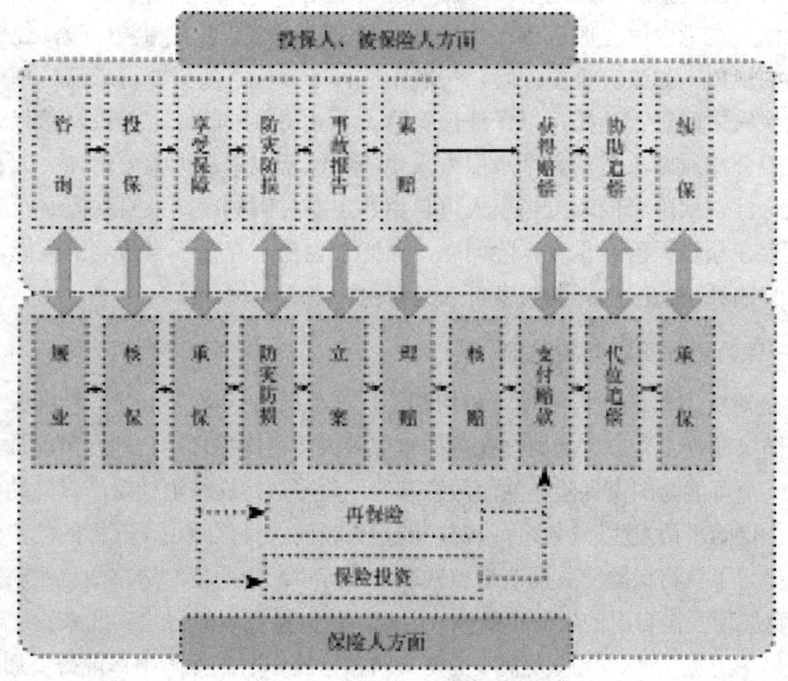

图3-1　财产保险业务流程图

从图3-1中我们可以看出，财产保险业务的进行其实是保险合同主体共同参与的结果。几乎每一个步骤都会涉及双方的不同活动，就像一枚硬币的正反面一样，不同主体的不同活动却有着内在的必然联系。

（1）保险人及其业务代表的展业过程同时也是保险潜在客户了解与明确自身保险需求，不断向保险人及其业务代表咨询协商的过程。

（2）经过充分的沟通协商，保险潜在客户向保险人发出转移风险、订立保险合同的要约，即是投保人的投保过程。

（3）保险人接到投保人的投保申请，立即组织专业人员对投保人及其保险标的，根据业务性质和公司的业务政策进行审核，以决定是否接受投保人的风险转移，即是保险人的核保过程。

（4）经过核保，保险人决定接受投保人的风险转移，财产保险合同达成，既是保险人的承保步骤，同时也是投保人、被保险人享受保险保障的开始。

（5）在财产保险的有效期间内，防灾防损工作可能会以保险人为主，但绝对不是保险人单独完成的，需要保险人和被保险人共同配合进行。

（6）在财产保险的有效期间内一旦发生保险责任事故造成保险标的的经济损失，被保险人须立即向保险人报告事故，这同时也是保险人的立案受理过程。

（7）保险标的发生经济损失后，被保险人根据保险人的要求组织相关的材料向保险人主张相应权利的过程是索赔，而保险人处理该案件的过程就是理赔。

（8）在被保险人提交全部的案件材料后，保险人组织专业人员根据事故性质和财产保险合同的约定，对相关的责任和损失范围进行界定，就是保险人的核赔过程。

（9）经过审核，保险人决定根据财产保险合同向被保险人支付损失补偿赔款，被保险人获得保险赔款，财产保险合同转移风险的目的达成。

（10）遇有保险责任事故是由于财产保险合同之外的第三方侵权造成的，根据法律法规的相关规定，保险人要向责任方进行代位追偿，被保险人则要积极配合，协助保险人追偿，否则将会导致部分甚至全部保险赔款被扣抵。

（11）在财产保险合同到期或者合同目的达到的情况下，被保险人对于该保险标的再次进行风险转移，也就是续保的过程，保险人接受风险转移，同意承保，则保险业务进入一个新的业务流程循环。

（12）整个业务流程过程中有两个部分是保险人独自与其他机构进行往来，而不需要投保人或者被保险人参与的：一个是再保险过程，是保险人与另外一家保险公司进行风险的再次转移；另外一个是保险投资过程，是保险人与其他金融机构或者是实体企业进行的资金使用权让渡的过程。

财产保险业务流程的各个环节相互联系、相互依赖。展业是财产保险运行的前提和基础，承保是财产保险运行的关键，再保险是财产保险公司稳健运行的保证，理赔则直接体现了财产保险经营的宗旨和目的，而防灾防损的结果又直接或间接地作用于各运行环节中。总之，要使财产保险业务流程稳定高效，就必须从财产保险业务流程的各个环节入手，不断地加强经营管理。

教学活动2 掌握财产保险投保

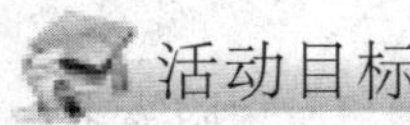

活动目标

通过本部分的教学活动，熟练掌握财产保险投保过程中的要点和关键，理解其真正现实的含义，并可以在保险实务中加以正确应用。

知识准备

具体而言，财产保险的投保应该是潜在保险客户，即投保人的要约行为，但是在财产保险实务中，由于保险客户对于整个财产保险业务流程的不熟悉，加上投保单证一般情况下都是保险人按照规定的格式预先准备好的，整个投保活动绝大多数都是在保险人及其业务代表的指导下完成的。这样可以更加规范地填写投保单，节省投保人和保险人的时间与精力，提高保险业务的达成效率。

【技能拓展】 家庭财产保险的投保验险

家庭财产保险的投保验险包括：

（1）查清房屋结构、占用性质、建造时间及尚可使用年限，判明是否为危房。

（2）查明房屋附近有无危险因素，查明房屋坐落地点，判明是否处于低洼易涝地段。

（3）查明是否为违章建筑。

（4）农村居民只承保有人居住的房屋，其他房屋不保。

财产保险的业务人员应协助客户正确填写投保单，财产保险投保单及各种明细附表是投保人的法定代表人向保险人申请订立保险合同的文字依据，也是保险人承保的重要凭证。展业人员应协助投保人填妥投保单、清单及明细表。

以企业财产保险为例，投保人在填写投保单及明细表以及保险人及其业务代表在指导投保人填写投保单及明细表时应注意以下几点。

1．投保人

投保人指投保单位的称谓。投保人的名称要写与公章和公司或者企业营业执照上记载的名称一致的全称。

2．投保单号

在填写投保单时，投保人对于此栏不用填写。保险人在保险单缮制完毕后，马上将保险单编号填入此栏。

3．投保标的

投保标的应根据投保人的账目具体情况而定。可填写固定资产、存货、账外财产、代保管财产等，也可填写具体投保标的名称。

4．保险价值

固定资产的保险价值由投保人按账面原值、账面原值加成数、重置价值及其他方式自行选择，确定投保，并在投保单上注明。流动资产（存货）由投保人自行选择按最近12个月任意月份的账面余额确定或自行确定。账外财产和代保管财产由投保人自行选择估价或按重置价确定投保，并在投保单及清单上分项列出。

5．保险金额

各投保标的项目的保险金额分项相加的总和应与总保险金额一致，任何小写金额前必须有币别符号，一般情况下不用大写。

6．特约保险标的

凡属在财产保险条款中所刊明的特约保险标的，投保时均须填在此栏，否则视作不在保险标的范围以内。

7．附加险

附加险是企财险责任的扩展，根据投保人的需要，经保险人同意可附加若干责任，如附加盗窃险、附加公众责任险、附加机损险等。

8．保险期限

财产保险的保险期限一般为1年，也可以根据实际情况投保短期保险，由双方确定合同的起止时间，期满另办手续。约定起保日应在投保人填交投保单的次日或若干日之后。

9．特别约定

对保险合同中未尽事宜，投保人与保险人双方可通过协商特别约定予以明确，如注明不保财产、第一受益人等。

10．联系方式

投保人应详细填写投保人姓名、地址、联系电话、联系人、邮政编码、开户银行及银行账号。

11．财产占用性质

此处的占用性质是针对保险标的财产而言，一般指有形财产，投保单中占用性质一项根据财产保险费率规章填写，要反映出类别及号次。

12．所属行业类别

即投保企业所属的行业类别，行业分以下各类：重工、轻工、纺织、煤炭、电力、商贸、建材、石化、饭店、娱乐场所、机关团体及其他。

13．所有制性质

即投保企业所属的所有制类别，可以分别按照国有企业、三资企业、集体企业、私营企业及其他填写。

14．保险费率及保险费

厘定保险费率要严格按中国人民银行制定的费率表和总公司有关费率规章的规定，保险费应计算到分。

以上11～14项（占用性质、行业类别、所有制性质及保险费率、保险费）内容由保险人展业人员填写或指导填写。

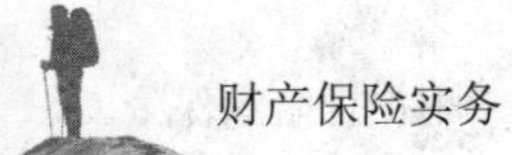

15．投保人签章

投保人对投保单各项填写内容核对无误后，在投保单的投保人签章处签章，并填写上填单日期。经过签章后的投保单具有法律上的效力。

16．相关情况告知

投保人应对投保标的有关情况履行如实告知义务，投保人必须详细填写《财产保险风险情况问询表》，作为投保单的组成部分。

【实训操作】　如何进行财产保险投保

场景：近年来，我国的经济发展水平不断提高，有形财产日益丰富，人们的保险意识逐步增强，应该怎样运用保险手段为合理的财产提供安全保障呢？

操作：

一、确定投保险种

财产险大致分为：企业财产类、家庭财产类、运输工具类、货物运输类、责任险类、信用保证类及其他类，其中有的险种适合企业投保；有的险种适合个人投保；有的险种适合的对象相同，但责任范围不同；有的险种不仅有基本险，还有附加险。根据不同的需求确定投保险种能更好地转嫁风险。

二、选择保险公司

在国内有多家产险保险公司，应选择实力强、信誉高、价格合理、售后服务有保证的保险公司。

三、商议保险金额

合理的保险金额是一旦发生保险事故后获得充分赔偿的重要保证。保险金额一般以保险价值确定，保险金额高于保险价值称为超额投保，并不能得到超额的赔偿；保险金额低于保险价值称为不足额投保，只能获得比例赔偿。

四、认真填写投保单

根据要求认真填写投保单。特别注意要详实填写投保人地址、电话、联系人、开户银行、银行账号，填写地址时应注意邮政编码，以方便业务联系。投保人对投保单填写内容核对无误后，须在投保人签章处签章，并填写填单日期。

五、及时缴纳保险费

保险费必须及时缴纳，否则保险公司可以拒绝承担保险责任。缴纳保险费后应开具保险费收据，并小心保管。

六、保险事宜发生变化及时通知保险公司

具体如被保险人因保险标的转让、变卖、抵押等而变更；保险责任因风险加大、风险减小、风险灭失等变更；新增保险标的，如新增固定资产、流动资产；车辆更换牌照或车架号等，保险地址因搬家或迁址等原因而变更。

学习任务二　掌握财产保险承保

【学生任务】

- 要求每个学生课前预习相关内容，结合已经学习过的财产保险知识来理解财产保险业务经营的核保与承保，能够用自己的语言来简单描述财产保险核保和承保的流程和步骤。
- 要求每个学生提高课外阅读量，结合本部分内容说明财产保险实务中核保与承保存在什么区别和联系，根据自身的理解，结合案例在课堂提问中口头表达。
- 将学生随机分组，按小组选出典型回答在课堂上进行点评，学生间相互评出每一口头表达情况的优劣，教师进行综合评价。

【教师任务】

- 提示学生完成口头表达所需要关注的主要知识点，如财产保险核保、承保，与相近的保险专业名词的区别与联系，保险相关业务的国际惯例等。
- 指导学生分组，在小组内对学生进行不同的分工，对学生口头表达作业完成情况及时进行跟进。
- 对各小组进行的课堂点评适时指导，对于选出的作业予以及时、客观、公正的评价，准备回答学生有可能提出的异议等。

教学活动1　掌握财产保险核保

活动目标

通过本部分的教学活动，了解与熟悉保险公司财产保险核保的经营实务流程，掌握其关键因素，并能够使用自己的语言简单描述。

知识准备

一、财产保险核保的含义

核保是承保工作的组成部分和关键环节。所谓核保，是指保险公司对投保业务根据公司的经营原则和承保方针进行风险评估和业务选择，从而确定是否承保、承保份额、承保条件和保险费率的全过程。

核保是保险公司业务的核心，把好核保关，防止不合格的保件，关系到保险公司业务的质量和经营的稳定，也是衡量保险公司承保技术水平和经营管理水平的重要标志。在保险实务中，承保前大量实质的、关键的和技术性的工作是核保。从这个意义上讲，核保是承保的前提。

二、财产保险核保的作用

（一）保证经营安全

保险经营的成败不仅关系到保险公司自身的利益，同时也关系到广大投保人和被保险人的利益。如果保险公司经营不善甚至破产，则会影响到社会的安定。所以，保险经营必须遵循安全、稳健的原则。核保人员应严格遵守国家有关法律法规、同业协定、市场准则以及公司的规章制度，实施规范化管理，提供优良的专业服务，把好业务质量关。要避免片面追求规模的短期行为，不盲目承保高风险项目，不任意承保不成熟的险种，不无底线地降费承保，坚持承保业务的安全性，化解经营风险。

（二）促进业务发展

保险业务量主要通过营销来实现，业务质量主要通过核保来把关，二者同属保险经营的两个重要方面。因此，核保与营销的矛盾不可避免。但是，核保的实质是保证承保业务的质量，并非限制业务的发展。核保人员对投保标的和风险的选择，并不是只承保较小的风险而拒保较大的风险，或只承保高质量的业务而拒保质量较差的业务。在竞争激烈的保险市场上，核保人应该充分运用核保技术，灵活掌握承保政策，把好业务发展和业务质量的平衡点，坚持在符合承保条件和注重业务质量的前提下尽可能地扩大保险业务量。

（三）维护客户公平

通过核保可以维护投保人之间的公平。相同的保费，要得到相同的保障才合理。对于风险较小的标的，用低于分类费率的标准予以承保，对于那些风险较大的标的，则以高于分类费率的标准予以承保。这样，对投保人来说才能体现公平。

（四）实现长期利润

保险经营是与风险打交道的，其经营本身就具有很大的风险性。随着现代保险制度越来越科学化，建立有效的核保制度，就是坚持科学经营、实现长期利润的支柱之一。核保人应坚持核保制度，注重险种结构、业务结构的合理搭配和优化，保证公司具有长期的承保利润。

三、财产保险核保的要点

1. 投保人与被保险人

投保人具有民事权利能力和民事行为能力；投保人对保险标的必须具有可保利益，具备投保资格。被保险人信誉良好，防灾设置和管理水平正常。

2．保险标的

保险标的属于可保财产或特约承保财产；保险标的的占用性质、坐落地址、周围环境及风险状况；保险标的最近几年的损失记录。

3．保险金额

审核确定保险金额的方式是否符合条款约定，将保险金额与保险价值对比，确定是属于不足额保险、足额保险还是超额保险，从而判断保险金额是否适度。

4．自留额

自留额是指保险公司在承保后，将所承保的保险金额，除去进行再保险的部分以外留给自己承担的保险金额。每单业务在承保后，核保人要根据业务种类、业务质量以及保险标的的实际情况，确定合理的自留额，进而确定该保单是否分保、分保多少的问题。

5．再保险

核保人在对自身的承保能力、自留责任和分保额作出规划后，还须对拟选用的分保方式进行经营收益的匡算，选出较好的分保方式。

6．保险费率

费率的厘定要与保险标的的风险状况以及设定的免赔额相对应。风险状况较好，费率可适度下调；反之，风险状况较差的标的，费率要适度上调。同时，免赔额提高，费率降低；免赔额减少，费率提高。

7．附加条款

谨慎审核附加条款的使用是否适当。附加条款有限制性条款、扩展责任类条款、扩展标的类条款、扩展期限类条款、特别条款等。要针对扩展条款承担的风险和责任范围，视标的的具体情况谨慎使用。有些扩展条款必须明确承保的标的、保险金额以及免赔额。

8．特别约定

特别约定属于保单特别条款，一般情况下，特别条款优于普通条款。因此，拟定特别约定必须注意合法性、规范性、严谨性，避免有歧义或损害公司利益的特别约定。

9．保险期间

在财产保险合同中保险责任的起讫时间的规定必须具体、明确，严禁倒签单业务的发生。

10．有关法律法规的限制

对于承保业务，核保时还应注意国家有关法律法规的限制。如《保险法》规定，保险公司对每一笔危险单位，即对一次保险事故造成的最大损失范围所承担的责任，不得超过其实有资本金加公积金总和的10%，超过部分的应当办理再保险。还有国家对于外币保险业务的管理规定，收付外币种类必须保持一致等。

四、财产保险的核保程序

财产保险的核保程序如图3-2所示。下面分别予以介绍。

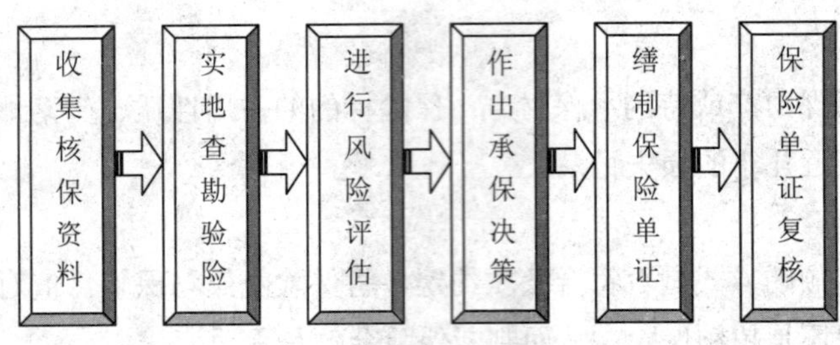

图3-2 核保工作程序图

（一）收集核保资料

在核保程序中，收集信息是一项重要的基础工作，保险公司的专职核保人员通常对保险标的并没有直接的接触和了解，虽然对一些较大的标的有必要实地调查了解，但不可能对每一笔业务都进行实地调查。

为了有效地进行核保工作，必须尽量获得有关保险标的的各种资料，据以从事核保工作。投保单仅仅是核保资料的一部分，在接受投保申请后，核保人员应对投保内容逐项审核，审核投保要素的真实性和正确性，在初审后决定是否需要进一步提交更多的核保资料。

【案例分析】 财产保险承保需要特别注意的事项

案情简介：新员工王峰准备好展业资料要到某企业客户办理保险业务，该企业是个化工厂，临行前师傅针对这样的企业保户应对他进行哪些特别交代？

分析：主要是保险标的方面的控制，具体如下。

（1）特约保险标的。凡属条款中所列明的特约保险标的，投保时须经投保人与保险人事先特别约定。投保人投保金银、珠宝、玉器、首饰等珍贵财物时，必须事先约定数量，有明确的单价，并有账册可查才可以承保。投保人投保堤堰、水库、铁路、道路、涵洞、桥梁、码头时，考虑上述标的易遭受洪水、泥石流等自然灾害造成巨大损失，应在承保前对其安全状态进行实地查勘，还须投保人提供有关工程设计验收技术资料，符合工程质量要求的才可以承保。

（2）化学危险品。对一些易燃易爆的化学危险物品的承保，一定要进行实地查勘，并要求上述物品的存放、管理符合国家有关部门的规定，如不符合国家有关部门的要求，应督促承保单位进行整改，在整改前不应予以承保。

（3）高风险类业务。制鞋厂、家具厂、木材厂、塑料厂、油漆厂、海绵发泡厂等高风险业务，在承保前必须现场查勘，调查管理是否完善，各项防灾设施是否完备，账册是否健全等。对上述行业管理混乱、存在安全隐患而又拒绝整改的单位，不应予以承保。

（4）超权限业务。凡超过本机构承保签单权限的新型业务，一般情况下要按规定逐级上报审批；超过本机构承保签单权且未有赔付记录的续保业务，一般情况下可由各支公司、部门经理批准承保，并在承保后3个工作日内向上级公司财产保险部门报备；如改变承保条件或有赔付记录的续保业务，则应上报批准后才能承保。

（5）协议承保业务。凡用财产保险协议形式承保的业务，如协议内容条款有与现行标准保单存在不同之处，一般情况下要按规定逐级上报审批。

（二）实地查勘验险

实地查勘验险是对拟投保的保险标的进行现场的风险调查和危险查验，评估和确定拟投保的保险标的风险状况和等级，并以此判定是否承保。

财产保险业务人员应根据"财产保险风险情况问询表"的各项内容认真调查投保人的风险情况，做到对保险标的的基本情况心中有数，现场实地查勘的内容包括：保险财产的占用性质、建筑等级，地理范围，包括遭受洪水、台风、地震影响的可能性，防灾安全设施，管理情况，如加保盗窃险应了解其安全保卫情况以及以往损失情况。还要调查被保险人的信誉、道德，危险单位的划分，最大可能损失，附保险标的平面图。

随着财产保险业的不断发展，对保险标的的查勘验险工作也越来越引起保险公司的重视。在标的查勘验险的过程中，保险人可以通过对投保标的的调查和了解，从中发现一些危险因素和事故隐患，从而帮助投保人改进风险管理措施，避免和减少标的的损失。通过标的查勘验险，进行风险选择，使不符合承保条件的标的得到控制。

（三）进行风险评估

财产保险业务人员通过现场查勘验险以及根据所掌握的核保资料进行认真审核后，必须对保险标的进行风险评估。风险评估可以采取实地调查或其他灵活多样的方式，但必须达到了解标的风险状况的目的。风险评估的要点包括：

（1）明确主要风险。主要风险指在保险责任范围内发生可能性较大而且一旦发生造成的损失也较大的风险。主要风险决定于保险标的、标的所在行业性质、地区、保险期间等。

（2）明确风险点位。风险点位指保险标的范围内最容易发生保险事故的环节、地点或位置。如工厂的锅炉、高楼建筑工程的地基、在建高速公路的护坡和软基等。调查风险点位也主要考虑主要风险的风险点位。

（3）了解风险源。风险源即承保风险的来源或产生风险的原因，风险源有可能是难以预料的自然灾害，也有可能是管理上的疏漏之处。

（4）了解被保险人的风险管理水平。被保险人的风险管理水平主要可以从以下三个方面进行分析评价：风险管理设施、风险管理制度和管理人员素质。

（5）保险事故发生的可能性。主要从保险标的所在行业发生类似事故的概率、被保险人以往的损失记录和索赔记录、保险标的当前所处情况等进行分析。

（6）分析一次事故最大可能损失。一次事故最大可能损失取决于：保险标的的性质、事故影响范围的大小、法律对损失金额的认定等。

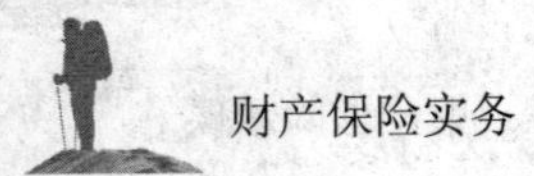

（四）作出承保决策

核保人员在对核保资料进行风险评估后，根据财产保险业务性质和公司核保政策，一般情况下作出的承保决策包含如下内容：

（1）决定是否承保。

（2）正确拟定承保条件。

（3）正确确定保险金额。

（4）正确厘定费率和免赔额。

（5）安排再保险或共同保险。

（五）缮制保险单证

保险公司的内勤人员接到投保单、明细表后，必须认真进行全面审核，经核实无误后，按总公司的规定缮制保险单，并将保险单号码填写在投保单上的投保单号码栏内。

保险单为正、副本一式三份，要做到字迹清楚，书写端正，内容完整、数字准确，不得有任何涂改。缮制完单后，缮单员要在保险单副本上加盖私章，同时开具保险费收据一式三联，与保险单正、副本一起送复核员复核。

（六）保险单证复核

保险单证复核是将保险单证交付投保人前的最后一道程序，也是确保承保质量的关键环节，保险人必须十分重视，做到换人交叉复核。复核的具体内容包括：

（1）缮写项目是否齐全，保险单与投保单各项内容、数字是否符合，无错漏。

（2）分项保额及总保额是否正确无误，小写金额前是否有币别符号。

（3）保险费率厘定是否正确。

（4）保险费计算是否正确，大、小写金额是否一致，小写金额前是否有币别符号。

（5）费率及保险费必须写出具体金额，不得以“按约定”等字句填写。

（6）保险单正本背面必须印有保险条款，对有附加特约条款的业务，应将有关特约条款附在保险单正本背面上方，并加盖骑缝章。

复核后，复核人员要在保险单正、副本上加盖公司业务专用章或核保专用章，复核员及负责人要加盖个人名章。

教学活动2　掌握财产保险承保

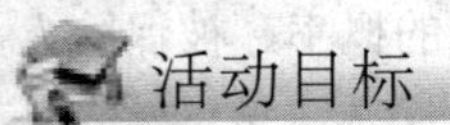

活动目标

通过本部分的教学活动，了解与熟悉保险公司财产保险承保的经营实务流程，掌握其关键因素，并能够使用自己的语言描述。

知识准备

一、财产保险承保的概念

财产保险的承保有广义和狭义之分。广义的承保是指保险人和投保人双方对保险合同内容协商一致，并签订保险合同的过程，包括接受投保单、核保、签单、收费等一系列环节。

狭义的承保仅指保险人经过核保后，作出承保的决策，同意与投保人签订保险合同，接受财产风险的转移，缮制保险单证，交付投保人并收取保险费，使财产保险合同生效的过程。承保工作的好坏，直接影响保险合同能否顺利履行；承保质量的高低，直接关系到保险公司的经营效益。

二、财产保险承保的要求

1. 避免逆向选择

承保工作的基本目标是为保险公司安排一个安全、盈利的业务分布和组合。因此，承保的一个最基本要求是避免逆向选择。如投保正处于危险状态下的财产，选择性投保只投保风险较大的标的等都是逆向选择。

2. 防止保险欺诈

据估计，全球每年发生的保险欺诈使保险公司损失约有300多亿美元。近几年来，保险欺诈所涉及的金额越来越大，欺诈手段也不断变换花样，大有愈演愈烈的趋势。为防止欺诈投保，如先出险后保险、虚构保险标的等，承保前应对保险标的充分查验，审核投保人的投保动机，避免欺诈投保的情况发生。

3. 做到客户满意

从行业大类来区分，保险行业属于金融服务业。与银行和证券公司一样，保险公司属于金融服务的窗口企业，以顾客为上帝，做到让客户满意，同样也是财产保险公司各项经营活动的一个基本要求。

【案例分析】　家里哪些东西不能买保险

案情简介：工人老王乔迁之喜后还觉得缺点什么，经儿子提醒恍然大悟，应该为家买份保险，遂找来保险公司业务员小李，要求为他家的房产、家具还有存折等财产买保险。但是保险公司只为他家的部分财产保了险，为此老王差点反悔，为什么？

分析：普通型家庭财产保险分为可保财产和不可保财产两种。可保财产是指坐落、存放于保险单所载明地址的下列家庭财产，均可以投保。（1）被保险人的自有财产。①房屋及其附属设备(含租赁)和室内装修材料。②存放于室内的其他家用电器、文化娱乐用品及其他生活资料。具体包括：衣服、床上用品、家具、用具、生活资料；农村家庭的非动力农具、工具和已收获的农产品、副业产品；非机动交通工具。（2）经被保险人与保险人特别约定，并且在保险单上载明属于被保险人代他人保管或者与他人共有的上述财产。

不可保财产包括：①金银、首饰、珠宝、货币、有价证券、票证、邮票、古玩、古书、字画、文件、账册、技术资料、图表、花、鸟、树、鱼、虫、盆景以及其他难以鉴定价值的财产。②家禽、家畜及其他家养动物。③营业用的房屋、机器设备、工具、原材料、产品、商品等生产资料。④违章建筑及正处于紧急状态的财产。⑤不属于可保财产范围内的其他家庭财产。

本案启示：业务人员在办理保险业务时一定要向客户说明保险主要事项，对客户的异议进行及时、专业的解答。

三、财产保险承保工作流程

财产保险承保工作流程如图3-3所示。下面分别予以介绍。

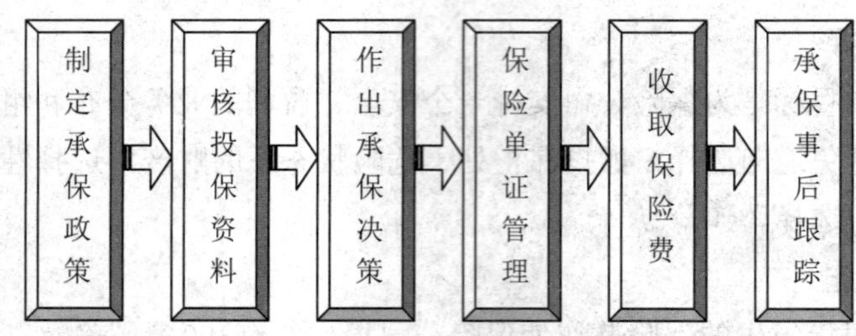

图3-3　承保工作流程图

（一）制定承保政策

承保政策是指导保险公司业务发展的基本策略，因此必须保证承保政策制定的正确性、科学性和可操作性。制定承保政策并非是指某项特定的财产保险业务承保工作流程中的第一个步骤，而是指财产保险公司所有业务开展的首要环节。

保险公司的业务管理部门一般会根据公司的整体发展战略和发展目标，结合公司的经营优势和特点，制定符合公司经营方针和发展方向的承保政策。承保政策的内容主要包括公司的业务发展方向、具体经营险种和开办地区范围、鼓励承保的业务、限制承保业务、严格控制业务和禁止承保业务以及承保注意事项等。

保险公司的分支机构一般也会根据当地的市场和分支机构特点，在总公司的承保政策范围内制定更细化的承保政策或承保手册，作为业务发展的指引。承保政策的制定和执行直接关系到保险公司承保利润是否能够顺利完成。制定承保政策时，要充分考虑以下几方面因素。

1．经营目标

经营目标主要包括业务结构、业务规模、市场占有率、保费增长率、赔付率、费用率等指标。因此，各机构在制定承保政策时，首先要考虑总公司的整体经营目标，同时也结合所属机构的经营目标，保证承保政策符合总公司及所属机构的经营目标。

2．市场潜力

结合当地经济发展水平和人均收入水平，根据不同险种，充分考虑市场潜在的保费规模，制定符合市场实际的政策。

3．市场环境

充分考虑当地财产保险市场的竞争环境，包括市场竞争对手数量、同业经营规模、竞争优势。

4．政策法规

承保政策的制定，除了符合国家政策和法律，同时也必须符合地方政府和行业协会制定的政策及法规。

5．自身资源

承保政策的制定还要结合本机构的现状，考虑自身的资源配置，包括人才资源、网络资源、管理水平和基础设施、交通通信状况等。

（二）审核投保资料

这一环节就是前述教学活动1中的“核保”，关于核保的流程和要点在此不再赘述。除前述内容之外，保险人在核保时还需要注意，应当场对投保单填写内容逐项进行详细审核，为保证投保单作为保险合同组成部分的严肃性和有效性，投保人应明确填写有关重要事项。一般保险公司的投保单都规定不得涂改，发现填写项目有错漏，应及时更正和补充并重新填写。审核投保单时应注意以下几点。

1．检查投保单各项填写是否正确、完整

根据投保人填写的投保单内容，财产保险要审核保险标的是否保全保足，特约财产要列明，不保财产要剔除。财产坐落地址是否填写清楚、完整，应附的必要证明和资料是否齐全。

2．填写的各项数字是否清楚、准确

主要审核保险金额的确定是否合适，费率厘定是否恰当，保险费计算是否准确，金额大小写应当一致。保险期间应重点检查起讫日期是否符合规定。

3．投保人的签章是否一致

投保人与被保险人不一致时，应核实投保人是否具有可保利益。当投保人称谓和投保人签章不符，必须由投保人提供其对投保标的具有可保利益的书面证明。

4．对应的投保单附表是否填写

投保单一般附有投保明细表或财产、人员清单，清单是投保单的重要组成部分，内容填写应当准确、完整。清单应一式两份，保险公司和投保人各持一份。

（三）作出承保决策

财产保险公司的承保人员审核投保资料，在对投保资料进行分析和评估后，根据公司的核保政策，可以区分不同情况作出如下承保决策。

1．正常承保

投保条件符合公司制定的承保政策，保险公司按照标准条件和费率承保，出具保险单。

2．条件承保

投保条件虽然也符合公司制定的承保政策，但是业务风险较高的情况下，通过增加限制性条件的方式予以承保。具体有以下几种方式。

（1）制定限制性条款。工程险有很多除外条款，如地震除外条款、洪水除外条款、隧道工程特别除外条款等。通过加贴这些除外条款，可以将一些特定的标的或责任排除在可保风险内。

（2）提高费率或降低保额。财产保险的成数承保法属于提高费率或降低保额的方法。成数承保法一般在船舶保险或农业保险中使用较多。保险公司按保险标的价值的一定比例承保，成数承保成数理赔，通过降低保险金额和被保险人共担风险。

（3）附加条件承保。如除外责任约定法、缩短缴费期间法、保险种类变更法、不可投保附加险法、特定部位除外法等。

（4）订立保证条款。保证条款是保险公司和投保人在保险合同中约定，投保人或被保险人在保险期间内承诺特定事项的作为或不作为，只有投保人或被保险人尽到保证条款中的义务，保险公司才负赔偿责任。如大型建筑物火灾保险，通常要求被保险人必须安装自动喷淋装置；如被保险人没有安装安全防盗装置，保险公司会要求有专人值班的前提下承保盗抢险；现金运输保险必须有专车专人接送等附加条件。保险公司只在被保险人承诺这些保证措施的前提下承保。

（5）其他措施。使用较高的免赔或搭配承保。被保险人自担免赔额下的所有损失或者在保险公司要求下，和其他险种一并投保。

3．拒绝承保

不符合公司承保政策，投保条件明显低于保险公司制定的承保标准或发现有欺诈行为的投保，保险人就会拒绝承保。

4．暂缓承保

对于一些投保资料尚不完整或风险状况尚未确定的标的，可暂缓承保，待资料齐全或标的风险状况符合承保条件时再予以承保。

【知识链接】 财产保险承保注意事项

（1）特约保险标的。凡属条款中所列明的特约保险标的，投保时须经投保人与保险人事先特别约定。投保人投保金银、珠宝、玉器、首饰等珍贵财物，必须事先约定数量，有明确的单价，并有账册可查才可以承保。投保人投保堤堰、水库、铁路、道路、涵洞、桥梁、码头时，考虑上述标的易遭受洪水、泥石流等自然灾害造成巨大损失，应在承保前对其安全状态进行实地查勘，还须投保人提供有关工程设计验收技术资料，符合工程质量要求的才可以承保。

（2）化学危险品。对一些易燃易爆的化学危险物品的承保，一定要进行实地查勘，并要求上述物品的存放、管理符合国家有关部门的规定，如不符合国家有关部门的要求，应督促承保单位进行整改，在整改前不应予以承保。

（3）高风险类业务。制鞋厂、家具厂、木材厂、塑料厂、油漆厂、海绵发泡厂等高风险业务，在承保前必须现场查勘，调查管理是否完善，各项防灾设施是否完备，账册是否健全等。对上述行业管理混乱、存在安全隐患而又拒绝整改的单位，不应予以承保。

（4）超权限业务。凡超过本机构承保签单权限的新型业务，一般情况下要按规定逐级上报审批；超过本机构承保签单权且未有赔付记录的续保业务，一般情况下可由各支公司、部门经理批准承保，并在承保后3个工作日内向上级公司财产保险部门报备；如改变承保条件或有赔付记录的续保业务，则应上报批准后才能承保。

（5）协议承保业务。凡用财产保险协议形式承保的业务，如协议内容条款有与现行标准保单存在不同之处，一般情况下要按规定逐级上报审批。

（四）保险单证管理

财产保险公司的承保人员作出正常承保或者条件承保的决定后，由出单员缮制保险单或签发保险凭证。

1. 缮制保险单

出单员接到投保单和投保单附表，经认真审核无误后，根据投保单及附表上的内容录入计算机出单系统。录入的单证分不同权限经核保人通过，再经复核人仔细复核无误后方可打印。保险单缮制要做到内容完整、字迹清楚、数字准确，并和投保单内容保持一致，保险单内容不得涂改。如有附表或加贴条款，必须将其粘贴在保险单正本背面，并加盖骑缝章。

2. 单证清分

保险单一般一式四联，其中，保险单正本为客户联，交被保险人签收，其余三联分别为业务留存联、财务留存联和核销联。签发后的保险单由内勤人员清分发送，交给相关部门。

3. 单证签收

保险公司的复核员在复核签单后，应填制发送保险单证签收单一式两份，其中一份自留备查。复核员将保险单正本、保险费收据一联、保险单附表（或财产清单）一份、发送保险单证签收单一份及其他有关单证，交给保险公司的外勤人员送达投保人签收。投保人签收完毕后，外勤人员应将发送保险单证签收单交回保险公司业务内勤部门。

4. 单证管理

单证签收后，有关部门应按要求将各有关单证分发给会计、统计部门及业务部门留存，并在登录“承保登记簿”后将承保单证装订归档。业务单证按照保险费发票、保险单副本、投保单、投保单附表的次序，按签单时间顺序装订成册，实行专人专柜保管。业务部门应建立承保业务登记表，将业务承保情况逐笔登记，并按规定编制统计报表、登记业务日报表。目前，财产保险公司一般采用现代电子技术，建立财产保险电子档案库，并设立电子查询系统，这对于财产保险单证的管理非常有利，效率明显提高。

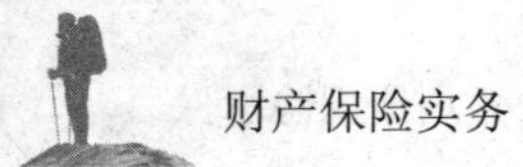

（五）收取保险费

缮单员出具保险单后应立即开出“应收保费通知书”，特别注意列明保险费须在什么日期前缴付（含分期付款日期），以便分清责任。保险人应按照保险单上列明的保险费金额缮写收据，必须确认已经收到保险费以后才能将保费收据交给投保人。收据上应有制单员、复核员的签章及承保单位业务专用章，保险公司收到保险费后须由财务人员在保险费收据上加盖注明收到保险费日期的收（转）讫财务专用章。交保险储金的，无论是否发生过赔付，保险储金始终归被保险人所有。

（六）承保事后跟踪

对于已承保的业务如有疑点，业务人员和核保人员还应进行事后跟踪，主要关注以下两个方面：一是对投保人隐瞒、欺诈等严重违约行为，一旦发现可以解除未满期合同；二是发现某种不良风险或者风险程度增加的可以拒绝续保。一般来说，财产保险的保险期限通常为一年期保险，合同到期后是不保证必然续保的。如果核保人发现某种不良风险或者风险程度增加，可以提高保险费率为条件续保这一风险，当然也可以拒绝续保，但应向被保险人说明其理由。

四、财产保险的承保技术

（一）避免保险标的高额承保

通过控制保险标的保险金额，限制超额保险，使被保险人不能因保险额外获利，从而防止和减少道德风险的发生。

（二）与被保险人共担风险

对某些价值较大或风险比较特殊的标的，可以采取和投保人共担风险的办法，运用不足额保险的办法承保保险价值的一定比例，对保险金额加以控制，由被保险人承担一定比例的保险损失，以增强被保险人的责任心。

（三）实行免赔额的规定

对于一些发生频率较高或不可避免的小额损失，可以通过设置一定额度的免赔，将这些损失排除在承保责任内而由被保险人自担。通过确定免赔额的大小，既保证被保险人在经济上可以承受，也可省去保险人因理赔而投入的大量劳动；同时可促使被保险人加强安全管理，强调对小额风险的控制。由于免赔额能消除许多索赔，损失理赔费用就大为减少，从而可以降低保费，所以免赔额在财产保险中得到了广泛使用。

（四）要求订立保证条款

对于某些特定风险的保险标的，核保人可以进行有条件的承保，采用限制性条件控制保险责任。通过订立保证条款，要求投保人或被保险人采取适当的减少危险的措施，投保人只有同意遵循这一保证条款，保险人才予以承保。

（五）运用分保或共保的手段

对于大额业务及高风险业务，核保人必须确定合理的自留额，充分运用各种分保技术或安排和其他保险公司共保，以控制风险，稳定经营。

（六）尽量做到不同业务搭配

在承保投保人质量较差的业务时，必须同时承保同一投保人其他高质量的业务，以便能保证财务成果的稳定，又能扩张业务。这种技术运用得当，可以起到一箭双雕的作用。

综合实训

【实训目标】

通过本部分实训，使得学生能够在理论上和实务中掌握财产保险投保、核保和承保的重点专业名词和基本理论，掌握财产保险投保、核保和承保的业务流程，把握其关键步骤，并能在实践中加以应用。

【实训任务】

一、重要名词

财产保险业务流程　　财产保险投保　　财产保险核保　　财产保险承保

二、思考讨论

1. 简述财产保险业务的特点。
2. 简述财产保险的业务流程。
3. 投保人应如何填写财产保险的投保单？
4. 简述财产保险核保的含义和作用。
5. 财产保险核保的业务流程是什么？
6. 简述财产保险承保的含义和要求。
7. 财产保险承保的工作流程有哪些？
8. 财产保险的承保技术有哪些？

三、情景模拟

如何缮制保险单证

假设有一单财产保险业务，经过营销业务人员为期一年的辛勤展业，客户终于决定在保险公司投保，并按照要求填写了投保单。经过核保部门审核以后，该项业务也符合公司的承保要求，可以承保。根据公司的规定，试分析通过核保后，该如何缮制保险单证。

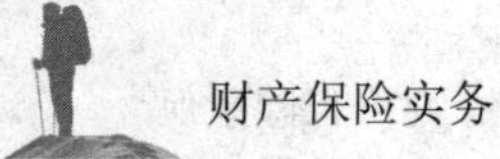

情景分析

（1）内勤接到投保单、明细表后，必须认真进行全面审核，经核实无误后，要用总公司规定使用的保险单缮制保险单，并将保险单号码填写在投保单上的投保单号码栏内。

（2）保险单为正、副本一式三份，要做到字迹清楚，内容完整、数字准确，不得有任何涂改。缮制完单后，缮单员要在保险单副本上加盖名章，同时开具保险费收据一式三联，与保险单正、副本一起送复核员复核。

（3）单证复核是承保工作的最后一道程序，也是确保承保质量的关键环节。在复核过程中要对下列事项特殊关注，复核后，复核员要在保单正、副本加盖公司业务专用章和名章。

① 缮写项目齐全，保险单与投保单各项内容、数字符合无错漏。

② 分享项保额及总保额正确无误，小写金额前必须有币别符号。

③ 保险费率厘定无误。

④ 保险费计算大、小写正确无误，小写金额前必须有币别符号。

⑤ 费率及保险费必须写出具体金额，不得以“按约定”等字句填写。

⑥ 保险单正本背面必须印有保险条款，对有附加特约条款的业务，应将有关条款附在保险单正本背面上方，并加盖骑缝章。

参考文献

[1] 许瑾良. 财产保险原理和实务[M]. 上海：上海财经大学出版社，2010.

[2] 郑祎华. 财产保险[M]. 上海：上海财经大学出版社，2008.

[3] 张洪涛. 保险核保与理赔[M]. 北京：中国人民大学出版社，2006.

[4] 郑功成，许飞琼. 财产保险[M]. 第四版. 北京：中国金融出版社，2011.

[5] 卓志. 商业财产保险完全手册[M]. 成都：西南财经大学出版社，2005.

[6] 刘金章. 财产与人身保险实务[M]. 北京：中国财政经济出版社，2005.

教学项目四

财产保险理赠

【知识目标】

- 财产保险索赔与理赔的基本概念
- 财产保险理赔的意义和原则
- 财产保险理赔工作的流程及内容
- 财产保险欺诈的类型及成因
- 财产保险欺诈防范措施

【技能目标】

- 能够准确分清财产保险索赔和理赔的区别
- 能够深刻理解财产保险理赔的意义和原则
- 能够掌握财产保险理赔工作的流程和工作重点
- 能够认识财产保险欺诈的类型及成因
- 能够掌握财产保险欺诈的防范措施

引导案例

财产保险理赔服务将被公开评价监督

2012年2月，中国保险监督管理委员会（以下简称“保监会”）下发了《关于加强和改进财产保险理赔服务质量的意见》（以下简称《意见》），提出要以制度化、标准化、信息化、透明化为主要手段，以突出解决车险、农险理赔服务质量不高问题为重点，力争用2至3年时间，使财产保险行业理赔服务水平明显提高，社会形象显著改善，公众满意度明显提升。

近年来，随着保险监管部门不断加大监管力度，我国财险市场的秩序明显好转，财产保险在服务经济社会发展的多个方面都发挥了积极作用。然而，财险行业长期以来形成的“抢市场、比速度、争规模；淡服务、轻理赔、弱管理”的经营理念却严重制约了理赔服务质量和水平的提高，特别是车险领域的理赔服务质量问题十分突出。

保监会有关部门负责人介绍，《意见》将以解决当前财产保险理赔服务环节存在的瓶颈问题为重点，突出解决同社会公众关系最紧密、感受最直接、利益最明显的理赔服务质量不高问题。当前和今后一个时期，监管机构将以保护保险消费者利益为出发点和落脚点，以制度化、标准化、信息化和透明化为主要手段，充分发挥政府监督、公司管控、行业自律和社会监督等多方力量，突出解决车险、农险理赔服务质量不高的问题。

《意见》提出，力争在2012年年底前，财产保险公司理赔服务基础建设和资源配置明显加强，理赔服务意识明显增强，服务规范化和便捷程度明显提升，服务创新取得新成效，保险消费者对财产保险公司理赔服务投诉明显减少。2013年，财产保险公司理赔管理和服务体系进一步健全完善，以信息化、透明化为基础的行业理赔服务评价机制、公开机制和监督机制健全完善，行业规范、统一的理赔服务制度、服务流程和服务标准逐步形成，理赔服务人员素质明显提升，对理赔服务质量的监管力度不断加强。2014年，创建以被保险人服务满意度作为核心价值取向的行业诚信文化和责任文化，社会公众对保险的认可度和满意度显著提高。

这一案例表明：财产保险理赔是财产保险职能的重要体现，也是发展我国财产保险的关键点。做好财产保险理赔工作是保险人在现代保险竞争中立于不败之地的法宝，也是保险从业人员必须掌握的技能。

学习任务一 财产保险索赔与理赔

【学生任务】

- 要求学生课前预习相关内容，结合已经学过的保险学基础知识来理解财产保险索赔和理赔的相关内容，能够用自己的语言来描述财产保险索赔和理赔的基本概念和工作内容。
- 每个学生要提高课外专业知识的阅读量，说明财产保险理赔业务的要点和难点，根据自身理解，结合具体案例或具体险种完成不少于5分钟的口头表达作业。
- 将学生随机分组，按小组选出若干份作业在课堂上进行点评，学生间相互评出每一份口头表达作业的优劣；学生对作业修改后再次演示，以便教师进行评价。

【教师任务】

- 指导学生在相关媒体上查找所需资料，根据我国保险监管部门对于财产保险保险公司理赔业务经营管理的具体要求与规定，启发学生理解财产保险理赔业务的意义和遵守的原则，掌握财产保险理赔的工作流程和具体内容。
- 提示学生完成口头表达作业所需要关注的主要知识点。
- 指导学生分组，在小组内对学生进行不同的分工，对学生口头表达作业完成情况及时进行跟进，督促其按时完成。

- 对各小组进行的课堂点评适时指导，对于演示的口头表达作业予以及时、客观、公正的评价，准备回答学生可能提出的各种异议等。

教学活动1　掌握财产保险索赔

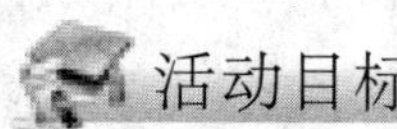

活动目标

通过本部分的教学活动，熟练掌握财产保险索赔的含义和程序，针对具体险种理解财产保险索赔工作的要点，并可以在保险实务中加以正确应用。

知识准备

索赔与理赔是两个相对应的概念，是被保险人行使权利和保险人履行义务的具体表现，是一个问题的两个方面，它们都体现了保险的职能和保险合同当事人的具体权利及义务。财产保险索赔与理赔体现了财产保险合同双方当事人的权利和义务，都体现了财产保险经济补偿的核心职能。

一、财产保险索赔的含义

所谓索赔，是指投保人或被保险人在保险标的因保险事故而遭受损失后，根据保险合同的约定，请求保险人给予经济补偿或者给付保险金的行为。财产保险的索赔是指被保险人在保险事故发生并造成保险财产及其有关利益损失时，请求保险人赔偿保险金的意思表示。按我国《保险法》的规定，财产保险索赔的权利人只能是被保险人。被保险人在财产保险合同中既是保险事故发生时遭受损失的人，又是享受保险合同保障的人。若财产保险合同的被保险人在保险期限内死亡，保险索赔权由其法定继承人行使。

二、财产保险索赔的程序

1. 提出索赔请求

被保险人在得知保险标的在保险期限内遭受保险风险导致损失后，应在保险索赔时效内，向保险人提出损失赔偿请求。按照我国《保险法》第二十六条的规定，财产保险的被保险人对保险人请求赔偿保险金的权利，自其知道或应该知道保险事故发生之日起2年不行使而消灭，即财产保险的索赔时效为2年。

2. 采取必要措施减轻损失

保险事故发生后，被保险人及其关系人采取必要的合理措施减少保险事故的损失，是被保险人的应尽义务。被保险人为减轻保险事故的损害而造成的其他保险财产的损失，以及因此支出的必要的、合理的施救、保护、整理费用由保险人在保险金额内合理承担。

例如，某油漆厂熬油漆的锅正处于工作状态时，突然仪表失灵，炉温因此快速上升，此时如果任其发展或只用一些辅助的、不能立即奏效的方法进行处理，就难免出现恶性爆炸事件。在极端危急状态下，工作人员及时发现后，为防止油漆锅爆炸造成更大的损失，当机立断地迅速向锅内投入了冷却剂。炉温降下来了，爆炸避免了，但锅内的半成品却报废了。按保险合同条款规定，在发生保险责任范围内的灾害事故时，为抢救或防止灾害蔓延，采取必要措施而造成的保险财产损失，保险公司予以负责。该案中投入油漆锅内的冷却剂和报废了的半成品，应属于因必要施救而损失的保险财产，保险公司应该承担赔偿责任。

3．接受查勘检验

保险事故发生后，被保险人有义务保护现场，并有义务协助保险人、保险公估人等勘查现场。保险人和被保险人可以聘请依法设立的独立评估机构或具有法定资格的专家，对保险事故进行评估和鉴定，上述机构、专家出具的查勘报告书是被保险人索赔和保险人理赔的重要依据。被保险人应接受并尽力协助查勘检验，以便准确地确认保险事故发生的时间、地点、原因、损失程度等。

4．提供索赔单证

财产保险的被保险人索赔时，应该向保险人提供其所能提供的与确认事故的性质、原因、损失程度等有关的证明和资料。如保险单或保险凭证；已支付保费的凭证；账册、收据、发票、装箱单、运输提单、邮单等有关保险财产的原始单据；保险公估人等有关机构、专家出具的保险事故证明及损失结果证明、索赔清单等。

需要注意的是，投保人、被保险人的保险索赔必须真实，否则将承担相应的法律责任。我国的《保险法》明确规定，投保人或被保险人有以下行为之一，将受到相应的处理：骗取保险金进行保险欺诈活动、构成犯罪的，依法追究刑事责任；情节轻微、不构成犯罪的，依照国家有关规定给予行政处罚。如投保人故意虚构保险标的；未发生保险事故而谎称发生保险事故；故意造成财产损失的保险事故；伪造、编造与保险事故有关的证明、资料和其他证据，或者指使、唆使、收买他人提供虚假证明、资料或者其他证据；编造虚假的事故原因或者夸大损失程度等。显然，以上法律规定对减少保险索赔中的道德风险，惩处保险欺诈行为，稳定财产保险经营具有重要意义。

【模拟训练】　如何办理车辆险索赔手续

情景：保险车辆出险后报案索赔程序

操作：

（1）出险后及时确定由谁索赔。一般来说，出险后申请索赔可以通过两条渠道。一是直接向保险公司报案要求索赔。有的保户在出险后可能会想到找代理人，其实，代理人只是接受保险公司委托为保险公司推销保单，而查勘、定损、定性、理赔等一系列事务则一律由保险公司有关部门的专业人员进行操作，代理人没有资格从事理赔工作。二是可委托保险经纪公司向保险公司进行索赔。《保险经纪人管理规定》明确保险经纪公司可以经营的业务中包括为被保险人或受益人向保险人索赔。因此，投保人只需给保险经纪人打一个电话，不必支付佣金，就可以顺理成章地像委托自己的律师处理法律事务一样进行索赔。

（2）当事人应保护好第一现场，并及时通知交通管理部门和保险公司，而且要及时携带保险单、行驶执照到保险公司书面报案。填好报案登记并交由理赔人员审阅，确系无误后，领取《出险证明》和《出险通知书》，认真填写。另外，当事人还要协助理赔人员查验受损车辆，领取《事故车辆修理托（承）修单》，凭该单到保险公司指定修理厂修理受损车辆。如果要求到其他地方修理，则必须在托修单估价范围内修理，超出部分、修车质量及其他后果自负。结案或修车后应在一周内将单据交回保险公司。

（3）如果是一般车损事故，没有人身伤亡应提供以下证明单据：一是出险通知书（单位盖章）；二是出险证明（交通管理部门盖章）；三是事故车辆修理托（承）修单（单位盖章、修理厂盖章）；四是修车发票（公车提供复印件、私车提供原始件）；五是结算清单、维修车辆施工单原件；六是修理材料清单（材料明细表）原件。

（4）如果涉及人身伤残、死亡事故，除以上证明外，还应提供下列材料：一是伤者诊断证明（县级以上医院）；二是残者法定鉴定书；三是死者的死亡证明；四是抢救、治疗以及其他各种费用收据，补偿费收据（公安交通管理部门盖章有效）；五是交通事故责任认定书；六是交通事故赔偿调解书；七是伤亡者工资证明、家庭情况证明或者有关情况公证书；八是其他必要证明。

（5）如果是经保险公司同意从国外自行进口的配件应提供如下证明：一是发票；二是装箱单；三是货运单；四是报关单；五是税票。

（6）如果是在外省市出险应提供如下证明：一是代查勘报告书；二是修车协议书；三是事故照片。如果是单纯人身伤亡事故，应妥善保管好《受损车辆鉴定单》，并随同其他证明单据一起交回保险公司。

当按以上程序办好手续后，下一步就是领取赔款。证明单据齐全无误后交由理赔人员结案，10日至15日可领取赔款。领取赔款时，需携带好有关证件。如果是公车，应带公章及领款人的有效证件；如果是私车，应带车主身份证及领款人的身份证。特别要提醒的是：车辆修复或结案后3个月内不提供证明单据的，保险公司将不负责赔偿。

教学活动2　掌握财产保险理赔

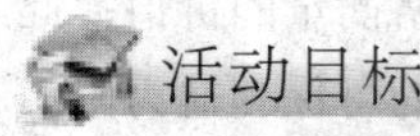

活动目标

通过本部分的教学活动，认识财产保险理赔的概念，理解财产保险理赔的意义和原则，了解财产保险理赔的人员和机构，熟练掌握财产保险理赔业务的流程和内容，并可以在保险实务中加以正确应用。

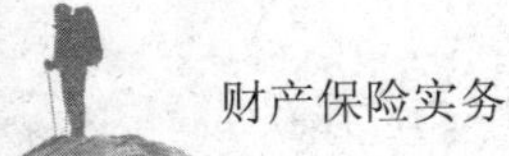

知识准备

一、财产保险理赔的概念

财产保险理赔是指财产保险公司对被保险人提出的索赔要求，根据保险合同进行处理的行为。具体指保险财产发生保险事故造成损失，以及第三者的人身伤亡和财产损失后，在被保险人向保险人提出赔偿要求时，保险人履行赔偿经济损失的义务和责任。这种义务和责任的履行过程，通常称之为财产保险的赔偿处理，简称理赔。财产保险理赔是履行财产保险合同的过程，涉及财产保险合同双方的权利与义务的实现，是保险经营中的一项重要内容。

二、财产保险理赔的意义

投保人投保的主要目的就是为了在发生保险事故的时候得到保险保障，所以财产保险的理赔工作是保险运行的重要环节。做好理赔工作对加强保险经营管理，提高保险企业的信誉，实现保险经济效益具有重要意义。一方面，保险理赔能使保险的基本职能得到实现。保险的基本职能是经济补偿，理赔工作中做得好，被保险人的损失才能得到应有的补偿，社会再生产的顺畅运行和人民生活的正常、安定才可能得到保障，保险公司的信誉才可能提高；另一方面，保险理赔能促进保险企业的经营管理。通过保险理赔，保险人可以检验承保业务的质量，可以暴露防灾防损工作的薄弱环节，可以发现保险费率、保险金额、保险价值的确定是否合理，从而进一步改善保险企业的经营管理水平并提高其经济效益。

三、财产保险理赔的原则

财产保险的保险人在理赔实践中，除了严格以合同为依据，遵守保险理赔的“重合同、守信用、实事求是、主动、迅速、准确、合理”基本原则外，对合同所不能明确规定部分的争议处理，尚需遵守一系列原则，这也是财产保险理赔的惯例。这些原则主要有以下几项。

1. 补偿实际损失原则

即保险人的赔偿以使被保险人在经济上恰好能恢复到保险事故发生前的状态为限，被保险人不能通过保险获得额外的收益。

2. 责任限制原则

除了定值险和重置价值保险外，保险赔偿的金额都以保险财产受损时的实际价值——市场价值为准，即保险人给予赔付的金额最高不能超过受损财产当时以市场价格衡量的价值；此外，保险人的赔偿责任还应以不超过合同约定的保险金额和被保险人对标的的可保利益为限。因此，在理赔时对第三者责任所引起的损失要进行追偿，对重复保险要予以分摊，对受损后的残余物资亦应扣抵赔款，以此最大限度地减少道德危险的发生，实现保险人的稳定经营。

3. 支付方式选择的原则

保险人可以对损失选择货币支付或修复的方式来赔偿，对于可以修复的受损财产被保险人不能因为受损而放弃，要求全赔，保险人对修复技术要求不高的标的可以以实物补偿方式履行赔偿义务。

4．近因原则

近因原则是指对保险标的进行补偿的实际损失必须是以保险危险为直接原因造成的原则。近因并不一定是与发生的损失在时间上最接近的原因，而是指造成事故后果的直接因素，或者说具有支配力的因素，它往往与事故后果有着本质的、必然的联系。近因原则是决定是否承担保险责任的重要因素。在理赔中，对各种错综复杂的情况，保险人应能抓住关键环节与线索，找出引致事故的近因，只有是由于保险危险原因造成的损失才由保险人负责。

四、财产保险理赔人员及机构

理赔人员及机构通常有以下五类。

（一）代理人

保险人通常授权代理人对小额损失自行处理。代理人一般都代理当地业务，离损失地点较近，调查较为方便、及时，理赔工作能迅速落实。可减轻保险人的负担，提高保险人的信誉，但要防止囿于人情关系而给保险人增加不应承担的赔偿责任。

（二）公司理赔人员

规模较大的保险公司都设有专职的理赔部门，而且在各分公司或代理处所在地还设有专门理赔人员，就近处理各种理赔事务。由于若干理赔工作可能涉及的金额巨大或情况复杂，公司理赔人员在某些方面的技术和经验不足，有可能难以圆满、迅速地解决问题，这就需要更专业化的理赔员的参与。

（三）独立理赔人员

这是一种以理赔为职业的专业技术人员，或专门从事某一种保险业务理赔的人员，如海上保险或汽车保险等；或是从事普通业务，但也负责处理公司理赔员不能或不便处理某些案情工作的人员。一般是若干独立理赔人员仅在某一地区内，单个人从事各项理赔工作，但也有规模巨大、业务广泛的独立理赔公司，如美国的克劳福特公司，职员总共超过3 000人，分支机构有500多个，可从事各险种的理赔工作。

（四）联合理赔事务所

财产保险业务的理赔往往由同一地区多数保险人，就某种或数种相同业务共同组织一个联合理赔事务所，聘用有专门技术和丰富经验的理赔人员专门从事理赔，避免保险人或代理人因竞争而发生不利于继续经营的行为。美国通用联合理赔事务所就是此类典型。

（五）公共理赔员

以上各类理赔人员代表保险人理赔，但公共理赔员代表的是被保险人的利益，负责与保险人洽商解决各项理赔问题。美国各州对此类人员有严格的资格管理，须经过考试并领取许可证。

我国《保险法》规定：“保险人和被保险人可以聘请依法设立的独立的评估机构或具有

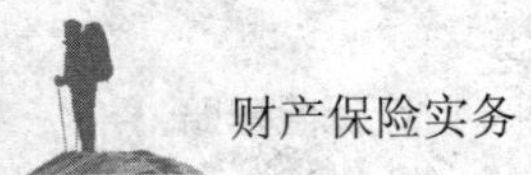

法定资格的专家，对保险事故进行评估和鉴定。”对于理赔的费用规定为“为查明和确定保险事故的性质、原因和保险标的的损失程度所支付的必要的、合理的费用，由保险人承担”。随着保险市场的繁荣，保险理赔中介机构在我国也开始兴起。1993年，我国首家公估行——东方公估行在上海成立，它是进行验险、估损、定损、理算、处理残余物资的独立理赔人，出具的《公证理算报告书》是保险人与被保险人协商赔款的依据，维护保障双方当事人的合法权益。

【知识链接】　保险理赔为什么要聘请独立的评估机构或者专家进行评估和鉴定

保险事故发生后，仅靠保险公司自己所有的专业人才是难以完成事故评估任务的，而且由保险公司自己的专家进行事故鉴定是否能做到公正，还需要经过被保险人的认可。为了实现公正理赔，独立的保险公估人应运而生。保险公估人由各行业的专家组成，是协助保险理赔的独立第三人，以独立公证人身份服务于保险人和被保险人。我国《保险法》对保险事故的评估和鉴定制度作出了明确的规定：①保险事故发生后，保险人和被保险人都有权聘请独立的评估机构或者专家进行评估、鉴定；②受聘进行评估和鉴定的主体可以是机构，也可以是个人；③受聘进行评估和鉴定的机构必须是依法设立的独立的专业机构，受聘进行评估和鉴定的个人必须是具有法定资格的专家，评估和鉴定必须坚持公正的原则；④评估机构或者专家对保险事故的评估、鉴定要有科学依据，评估、鉴定报告的内容必须真实。

五、财产保险理赔的流程及主要内容

（一）财产保险理赔的工作流程

财产保险理赔工作一般要经过六个流程：赔案受理、出险查勘、责任审定、赔款理算、赔付结案、理赔档案管理。在每个环节都有不同的处理要求和规定，以保证理赔有序和高效地进行。具体的理赔流程如图4-1所示。

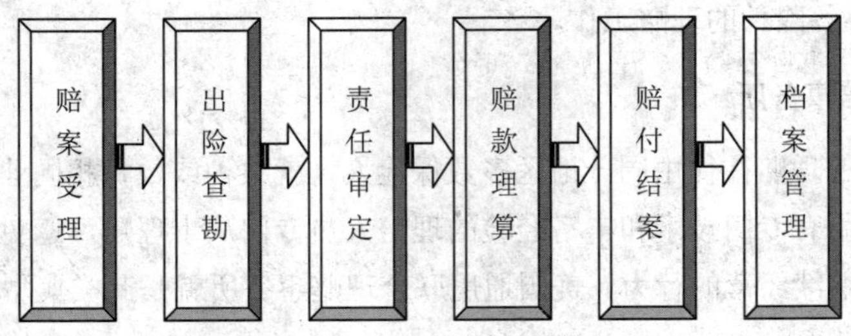

图4-1　财产保险理赔的工作流程

（二）财产保险理赔的主要内容

1．赔案受理

赔案受理就是对被保险人申报的出险案情进行记录、了解和核实，以待理赔处理。

（1）接受报案。理赔人员接到报案时，应详细询问被保险人名称（姓名）、投保险别、出险标的、保险单号码、出险时间、出险地点、出险原因以及事故损失等情况，作为报案记录。并应分别在“出险案件登记簿”上进行登记（应根据不同险种，分别建立出险登记簿），同时要求被保险人尽快填写“保险出险通知书”，以便及时编号立案。

（2）查抄单底。做好报案记录后，应立即通知业务内勤出具保险单抄件，以便查勘前先了解财产承保情况。根据被保险人报案记录和出险通知书进行详细核对，看其是否与保险单抄件内容一致。核实内容有：被保险人姓名是否相符；出险日期是否在保险有效期内；投保险别是否相符；受损的财产是否属于保险财产范围；出险地点是否在保险单等；保险单抄件应由内勤人员填写，注明抄件日期，加盖抄件人印章，并应由复核人复核，无误后由复核人签章。保险单抄件不得由外勤人员出具。经过查抄单底，核实情况后，理赔人员应及时向业务科（股）负责人报告。对于情况复杂、损失较大的案件，负责人要向单位分管领导报告。对于重大的和超出核赔权限的案件，应电话向上级公司报告出险情况，并应迅速先行电告总公司，报告内容包括险别、保险标的、出险时间、出险地点、出险原因、估计损失、保险金额等。结案后，应填写“重大赔案报表”报给总公司。

（3）登记立案。经查抄单底并复核后，凡可受理的案件内勤人员要及时在“出险案件登记簿”上编号立案。编号应反映出险别，根据报案先后冠以各地简称及年份，一次出险同时有几个被保险人发生损失时，应分别编号立案。由单位或集体统保的家庭财产保险，一次灾害事故造成多户出险的可按单位或集体立一案。对以电话或口头通知出险的，应根据通知先行编号立案。出险案件无论是否赔付均应编号立案。赔案编号后，内勤应将已编案号填在出险通知书上，送业务科（股）负责人提出处理意见，然后将抄件一并交分管理赔人员签收处理，并建立专卷或案袋。有关该案的各项记录、单证、报告等文件均应归案卷内。有关往来文件要注明案号，以便查调案卷。

2．出险查勘

（1）现场查勘。现场查勘是掌握出险情况的重要步骤，是掌握出险现场第一手资料的重要工作，也是做好理赔工作的重要前提。

① 查勘前的准备：理赔人员在赶赴现场之前，首先应了解保险标的的承保情况、保险期限、保险责任、出险地点等。其次应根据灾害事故类别，携带必要的查勘工具和救护用具以及现场查勘手册与查勘记录需用的有关资料等。

② 现场查勘要求：第一，理赔人员接到去现场查勘的通知后，应立即奔赴灾害事故现场，及时与被保险人取得联系。如果出险地点在外地，需要前往查勘时，要与被保险人联系并一同前往。第二，到出险现场后，保险理赔人员应及时与当地政府和有关救灾部门（公安、消防、水文、气象等单位以及邻近群众等）取得联系，协助和配合开展查勘工作。如事故尚未控制住或保险财产、人员尚处在危险之中，应立即采取积极的施救保护措施，避免扩大损失。第三，现场查勘坚持双人查勘。应深入实际调查研究，认真负责，详细记录、收集情况，查看实物，向当事人和有关人员详细询问了解灾害事故的经过、原因和责任，收集旁证材料并初步查验保险标的的损失程度、损失部位、估计损失金额；做到现场情况明、原因清、责任准、损失

实。对有第一者伤亡的保险事故，应初步掌握人员伤亡情况，了解伤员伤势和抢救、治疗经过。第四，查勘时，必须尽快掌握被保险人的会计账册和有关资料，掌握出险时和出险当日的各项账面数据。如时间来不及核对，必要时可视情况暂时封存，以防止企业更改账册，弄虚作假。运输工具出险时，应及时核实牌照号，查验各种证件。第五，对于案情复杂或定损困难的案件，应聘请技术专家或技术人员协助作出技术鉴定，防止盲目处理。第六，在查勘处理大面积自然灾害损失或复杂、疑难案件时，应坚持依靠党政领导，依靠有关部门，依靠广大群众和有关技术人员等各方面的支持和协助。第七，在查勘的同时，应进行现场拍照。照片要从技术角度记录灾害事故现场的关键场面和部位。不但要反映现场全景全貌，而且还应有保险标的受损和反映局部损失的照片，同时应绘制事故现场图。第八，无论是否代理查勘，在情况尚未了解清楚之前，理赔人员切忌主观武断，轻易表态，以免给理赔工作造成被动。第九，理赔人员如遇有自己的亲属、朋友的保险财产出险时，应主动回避，由其他人进行查勘处理。

（2）施救和保护。保险财产发生保险责任范围内的损失后，及时、正确地采取施救和保护措施对于减少国家和人民生命财产损失，提高保险企业自身经济效益是十分重要的。因此，理赔人员到达现场后，应立即会同被保险人及有关部门共同研究救灾方案，采取紧急抢救措施。如灾害尚在蔓延，首先要想办法予以控制，当物资已受到直接威胁时，就应该及时将物资疏散，并做到有组织、有领导地进行，避免发生混乱。在搬运过程中对易燃易爆物品要谨慎处理，对疏散出来的物资要派专人负责看管，以免散失。如灾害基本消除，则应协助被保险人立即进行现场清理，防止损失加重。对受损财产，应根据不同情况分别采取摊晒、烘烤、清洗等整理措施。对易变质、易腐烂的受损财产，经双方协商确定贬值程度和损余价值并报经有关部门批准后尽快处理，以减少损失。

（3）损余物资处理。在灾害清除后，保险人除了协助被保险人对受损财物进行整理外，还要对损失物资进行处理，防止加重损失。一般来说，在财产保险中受损的财产会有一定的残值。遭受损失以后的残余部分应当由保险人与被保险人议定价值后折归被保险人，并在赔款中扣除。对于损余物资处理的管理由以下规定。

① 严格遵守国家有关规定和制度，坚持“物尽其用”的原则。损余物资达不到报废标准的不应按报废处理，能加工或修复使用的应尽量利用，以减少国家财产损失。

② 本着实事求是的原则。按照条款规定，对于受损财产的残余部分应根据可利用程度，合情合理地作价折归被保险人。经技术鉴定无法修复或不能利用的，在核实品名、数量、重量后，按废品折价由被保险人处理。折价额均从赔款中扣除。被保险人未经保险人同意，不得以任何借口擅自削价处理。如双方达不成协议，可报经领导批准后收回处理。

③ 收回的损余物资要严格按规定办理手续，开列清单，列明损余物资的品名、数量、损失程度、残值数额等，由被保险人盖章，填制“损余物资回收单”一式三份，一份附在理赔案卷内，一份交财会部门作表外科目入账，一份交保管人员核实，登记留存。收回的损余物资要妥善保管，及时处理，防止损失。

④ 对收回的损余物资进行处理时，应填制“损余物资处理单”一式三份，分理同上。损余物资处理后的收入，必须按规定冲减赔款，不得挪作他用或转移。

⑤ 损余物资如因工作需要留作保险机构内部公用的，须事先报经上级公司批准，并合理作价，按照财务会计制度登记账册，不得擅自无偿占用。不准将损余物资作为福利措施在保险机构内部出售给个人。

（4）财产的损失估算和核实。受损财产经过施救整理后，应对财产的实际损失进行计算和核实。保险理赔人员要根据被保险人提出的索赔清单、财产损失清单所列的各项财产损失金额、费用及原始单证，逐项认真地调查、核实损失数额和损失程度，为计算赔款提供依据。对不同的险种，核算实际损失的方法不同。如按个体工商户财产保险条款承保的个体工商户财产，在核算损失数额时难度较大，因为此类财产一般缺少明细账册，只有流水账，且多与实物存放一处，可能与财产一起受灾损毁掉。因此，在核损时要充分做好调查工作，广泛收集周围群众的意见，了解损失情况，并可通过盘存未受损财产数额，再以保险金额倒扣的办法确定损失额。又如，对大面积出险的种植业保险，应充分依靠党政部门和群众，有组织、有领导地进行，可以组成由乡镇领导、村委会代表、农业技术员和保险公司代表组成的理赔核损小组，实地勘查保险标的的损失情况，尽量避免同一家一户的群众单独处理确定损失。

现场查勘及损失估算完毕后，保险人要编制初步查勘报告，将与处理赔案有关的情况叙述清楚，并附上收集的有关单证，以备进一步审核。

（5）缮制查勘报告。财产保险的赔案，无论其赔款金额大小，均应有调查报告。调查报告作为理赔工作的重要依据，应真实、全面地反映案件的情况。查勘报告缮制的好坏直接影响着理赔工作质量，关系到保险人经济补偿义务能否顺利履行。缮制查勘报告应注意以下几点。

① 报告的内容应全面准确。应包括保险财产的出险时间、地点、原因、施救过程、损余物资处理，报失情况、定损和修理意见、善后措施等。调查的情况应准确，所列被保险人、保险标的、保险金额、保险期限等应与调查和核对有关单证的情况相一致，最后应提出查勘处理意见。对于出险时间、地点、原因、施救、责任划分等情况，应来源于现场查勘记录和其他调查记录，不能随心所欲，也不能按有关方面出具的材料照抄照录。报告必须由现场查勘人员缮制，要做到项目齐全、内容完整、字迹清楚、一人缮制、一人复核、两人签章。重大赔案应填制“重大赔案报表”，超越核赔权限的赔案应报上级核批和备案。

② 报告的书写应符合要求。查勘报告属于应用文，在缮制过程中，应如实地反映事件的经过，简洁明了说明情况，不能模棱两可或含糊其辞，要如实地反映出险案件发生和处理的全部过程。

③ 对处理赔案有关当事人的姓名、职务及其处理赔案中的主要情况，都要在查勘报告上阐述清楚。

④ 查勘中发现因被保险人安全防灾措施不力造成的损失事实也要如实说明。

3．责任审定

保险责任审定是处理赔案的一项非常重要的工作，是理赔工作的核心。责任审定包括审核查勘报告、有关证明文件和各项单证，是确定赔案是否属于保险责任和赔偿范围的一项工作。业务部门负责人对理赔人员送交的查勘报告及有关附件进行初审，按照规定的核赔权限，召集有关人员或会议进行集体研究，必要时要请领导参加研究。理赔人员经研究统一意见后，将意见记录在案。

（1）责任审定时应注意的几个问题

① 认真分析出险原因。财产保险标的出险原因有的比较明显，而更多情况下的出险原因则十分复杂，有直接的也有间接的，甚至还有人为的原因。要区分是否属于保险责任范围内损失，就必须对出险原因进行深入了解，认真加以分析研究。要结合出险时间、地点、气象、环境等情况进行综合分析，一时难以下结论的不急于定论，应继续寻找证据。

② 依法履行保险合同条款。保险合同对保险当事人具有约束力。合同一经签订后，保险双方就必须严格履行。当双方发生争议时，如果条款含义含混不清，则应从有利于被保险人利益的角度进行解释。对于被保险人，应履行保险法规和条款上规定的义务，如实告知保险财产的情况，维护财产的安全等。

③ 熟悉法规条款，实事求是审核定性。保险责任审定工作的一个首要条件是理赔干部必须熟悉法规、条款、办法和有关规定，这样才能准确定性。审定保险责任要根据法规、条款、办法和有关规定，认真审定灾害事故的性质、发生原因、责任范围和各种证明文件的可靠性、有效性和权威性；作出事故损失是否属于保险责任范围，属于或不属于哪一项责任。

（2）损失核定

受损财产经过施救、整理，明确保险责任之后，核定其损失则是理赔工作关键的一环。损失核定是否准确直接关系到保险人能否准确、合理地履行经济赔偿义务。这就要求在理赔定损工作中，严格按条款规定办事，工作要深入细致。在定损工作中应做好两个方面的准备工作。

① 进行财产分类整理。在施救、清理的过程中，应对不同品种、不同损失程度的财产进行分类存放，并立即进行清理，防止损失进一步扩大，便于定损和核实。

② 根据灾害事故大小、损失程度、受损财产的类别，在自身技术力量达不到的情况下，可聘请技术人员或专家协助定损。

（3）代位追偿

由于第三责任方的过失造成的事故，经被保险人要求，保险人赔偿后取得权益转让，可向第三责任方索取赔偿，这在法律上称为代位追偿。代位追偿一般应按以下程序进行。

① 签订权益转让书。根据现场查勘和有关事故证明材料证实事故确属保险责任，但事故损失应由第三者负责赔偿时，被保险人通常应当先向第三者索赔。而如果被保险人为了迅速得到经济补偿，要求保险人先予赔偿时，保险人可以根据条款规定先行赔偿。由被保险人签具“权益转让书”，连同各种有关文件合同等有效证据，一并交给保险人。保险业务部门应立案，登录“第三方责任追偿登记簿”。

② 保险财产被第三者致损后，如果被保险人未经事故处理部门处理，擅自放弃了向第三者追偿的权利或私下了结，而直接向保险人提出索赔，保险人有权不予受理。

③ 向第三者追偿索赔。对于代位追偿的案件，在追偿前应结合具体案情重点审核事故原因，确定第三者应负的责任范围，收集有关材料，然后办理追偿。追偿时，可先向责任方发出索赔函，附寄索赔清单及有关单证复印件。对责任方迟迟不作答复的，应及时催办，以免延误诉讼时效。如果责任方明确表示不同意赔偿的，保险人可向法院提起诉讼。

④ 追回赔款、结案。保险人追回第三者责任赔款后，应当签具收据一式三份。一份送第三者收，一份送会计记账，一份送业务部门粘贴于保险单列本，并缮制赔款计算书一式两份，一份送会计凭此冲减已付赔款，一份归入原赔案内。在追偿中，被保险人为协助保险人进行追偿工作所支出的各项合理费用，由保险人负责。

（4）拒赔、通融及其他

① 拒赔。在处理拒赔案件时，要充分掌握第一手资料，凡与案件有实质性关系的情况要了解清楚，关键性言证要掌握，疑点要求证。要以事实为依据，以条款为尺子，以法律为准绳，该赔的决不能惜赔，不该赔的要讲明道理。总之拒赔案件要做到铁证如山，无可辩驳。

拒赔或注销案件时应填报“拒赔或注销案件报告表”。

② 通融赔款。对于通融赔款，应从严掌握。在实际工作中，要根据具体情况，具体分析，实事求是，认真处理。既要以条款为依据，又不应死抠条款。凡与保险条款责任范围内的灾害事故有关系的赔付应合理掌握予以赔付。在特殊情况下极个别的与保险条款责任范围内的灾害事故无关联的赔款，如确属人力不可抗拒的自然灾害或意外事故所致损失，赔付后不致产生消极因素的，经认真调查研究并报请省、市、自治区保险公司审批后，方可通融赔付。

③ 预付赔款。保险财产出险之后，保户确需资金亟待恢复正常生产或经营时，在出险原因、责任明确的前提下可适当预付。一般掌握在预计全部赔款的50%以内。预付赔款应由保户提出书面申请，县级保险机构提出明确意见后报上级审批。

④ 诉讼案件。保险诉讼案件处理的好坏，直接关系到保险的信誉和业务的发展。当被保险人与保险人发生争议达不成协议时，双方都可以向法院提出书面诉状。当保险机构接到起诉书后，应及时报告上级机构，并积极做好应诉准备。对于确系保险机构自身工作造成的，当法院约请当事人进行调解时要妥善处理；对于在法律上有充足理由的，要积极做好应诉或反诉的一切准备工作；对于保险机构非得通过法院审判以保护合法权益的起诉案件，一定要有充分诉讼理由，慎重行事。

4．赔款理算

保险赔案经过现场查勘、责任审定之后，就要进行赔款理算工作了。赔款理算是理赔工作的一个重要步骤。这项工作政策性很强，一定要严格按照各险种的条款和有关规定执行。

（1）赔款计算

因各险种的计算方法各不相同，故详见有关章节。

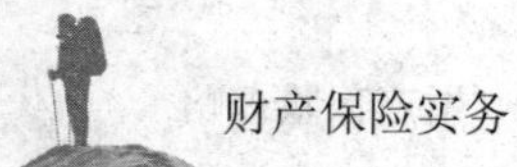

（2）缮制赔款计算书和结案报告书

责任确定、理赔计算完成后，应立即缮制赔款计算书。赔款计算书是保险人支付赔款的重要凭证。因此在缮制赔款计算书时，应根据保险单抄件、调查报告和有关材料进行详细核对填写，项目要填写齐全，数字要准确，字迹要清晰，写明各项赔款的计算公式，不得任意涂改。

赔款计算书编制一式三份（如赔款超过核赔权限，份数应相应增加），一份附案卷内，一份作为财会部门支付赔款的凭证，一份附贴在保险单副本上。赔款计算书缮制完毕，送负责人复核签章后，由理赔内勤登记送财会部门签收并凭此支付赔款。在缮制赔款计算书的同时，还应缮制结案报告书。结案报告书要摘要记录赔案的理赔过程和有关事项，随赔款计算书经复核人员和业务负责人签章后，报送主管领导审批签章。如超过核赔权限的应按规定上报审批。

5．赔付结案

赔案材料的缮制和收集整理工作完成以后，理赔人员应对全案进行检查，经检查无误并签注经办人意见后，送负责人进行审批或报批。赔案的核批应根据上级公司规定的核批权限，按规定核批，不可越权批案。赔案一经审批，理赔人员应在“赔案登记簿”上进行登记，并迅速将赔案送财会部门支付赔款。

财会部门收到案卷单证后，应对赔款计算书进行复核，无误后及时发出“赔款通知书”。支付赔款后，内勤应缮制“赔款批单”一式三份，一份附在保险单副本上，一份交保户贴保险单正本上，一份附赔案卷内。有的险种需在批单上批明赔款后保险单的有效保险金额，计算有效保险金额时应只扣除标的赔款，而不包括赔付的施救费用。

6．档案管理

理赔档案是全面地、真实地记载和反映保险财产出险情况的重要理赔资料，应按要求进行装订、归档，做好理赔档案的管理工作。

（1）理赔档案的整理与装订

理赔档案的单证材料要齐全。一般情况下，赔案内应包括以下单证材料：赔案批复文件、出险通知书、赔款计算书、查勘报告、保险单、批单抄件、出险证明、事故裁决书、损失鉴定书、损失清单及原始单据、赔款批单、赔款收据、现场照片及草图、其他有关单证。

理赔案卷的单证材料应整理齐全，照片和原始单据一并贴在粘贴单上。各种材料每页应在其右上角空白处依序编号。每个案卷应有封页和扉页，目录上应能反映出案卷内各种材料的数量及其编号，做到编排有序，目录清楚。

理赔案卷的装订应整齐牢固、美观大方。目前不少地区实行规范化管理后，对理赔案卷采取“三孔一线”的装订办法，既整齐牢固，又能防止用订书钉装订出现的锈蚀现象，同时由于用线装订后，在案卷封底的装订处贴上封条并加盖封条章，可以防止随意拆卷，避免案卷材料散失，保持了经济档案的严肃性。

理赔案卷装订之后，应在案卷封面上填明赔案编号、险别和案卷序号以及承保公司名称、装订日期等。

（2）理赔档案的保管

理赔案卷应做到一案一档。理赔案卷在入档之前，内勤人员应填写“理赔档案保管登记簿”。登记簿的主要内容有归档日期、案卷序号、赔案编号、被保险人名称等。此登记簿由内勤人员保管，便于查找或调阅案卷。理赔案卷的保管要求如下：

① 要求专人（一般由内勤人员）专柜保管，并符合防盗、防火、防潮湿、防虫蛀的安全规定；

② 要按号装盒，依序归档，排列整齐，查找方便；

③ 要做好案卷登记工作，保管人员变动时，应严格做好交接手续，明确责任；

④ 案卷保管应分清险别和年度，定期进行检查和核对，发现受损或差错，应查找原因，防止丢失；

⑤ 案卷保管年限应按上级部门的规定执行。

（3）理赔档案的调借

理赔档案应严格规定借阅制度，一般不允许随意外借。确因工作需要借阅时，须经领导批准，履行登记签章手续，并按期收回。任何人不得私自保存案卷或随意抽出案卷材料或进行复制。查问或借用案卷时，严禁涂改、圈划、撤封。

【案例分析】　企业财产保险理赔案例

2012年7月4日，武汉市某生态科学院与某保险公司签订企业财产保险合同，保险项目为企业固定资产，保险金额按固定资产原值加成 80% 计算，为1 463万元，保险费3.052万元。还特别约定：按固定资产估价承保。保险责任期限一年。此前，即2012年4月26日，某生态科学院向某保险公司缴纳养鱼和树苗保险费各1万元，但未填具投保单，双方也未签订保险合同。2012年6月30日至7月12日，武汉地区降特大暴雨。7月5日，某生态科学院投保的鱼池及部分地面附属设施因内涝渍水被淹，鱼池埂被水侵蚀和风浪淘刷受损。某生态科学院及时报险后于同年8月28日，要求赔偿其固定资产损失675.396万元，鱼苗、树苗损失72万元，施救费用43.308万元。

保险公司在理赔中要求该生态科学院提交受损财产账册、单据和施救费用的单据、凭证，以核实损失，但某生态科学院认为合同约定是“估价承保”，无需提供上述证明资料，后引起诉讼，法院委托相关机构对该生态科学院报损的固定资产实际损失进行鉴定，鉴定结果是恢复工程所需资金为 18.24 万元。

本案处理结果为：①保险公司对该生态科学院因暴雨造成的保险财产损失，赔偿18.24 万元；②对于施救费用不予赔偿；③对于鱼苗、树苗损失不予赔偿，但退还预收的保险费。

本案处理意见为：①对某生态科学院因暴雨造成的保险财产损失，属于保险责任，保险公司根据《中国人民保险公司企业财产保险条款》第十一条关于估价保，应按实际损失赔偿金额的规定，赔偿18.24万元；②该院申请赔偿施救费，因其未能提供必要的账册和有效的清单，亦不予赔偿；③长江生态科学院虽缴纳了养鱼保险费、树苗保险费，但既未填具投保单，也未与保险公司签订保险合同，所以双方之间养鱼和树苗保险合同不成立，但保险公司预收的保险费也无合法根据，应予退还。

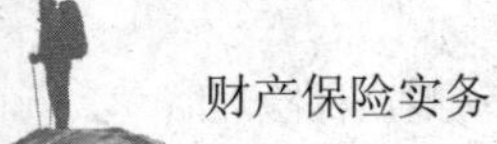

学习任务二　财产保险欺诈与防范

【拓展阅读】　机动车辆保险诈骗案件出现高发势头

近年，机动车辆保险诈骗案件呈现出数量增多、案值增大、手法多样化等趋势，如我国南京市每年车险诈骗损失就高达4 000多万元。2005年12月初，有关记者就目前车险诈骗的态势及防范对策作专题采访时，发现不少业内人士对如何保持车险经营稳健快速增长均表示出严重担忧。据悉，目前江苏省车险业务占整个财产保险业务的76.63%。根据全省人保财险的经营状况，车险赔付率只有控制在保费收入的60%以内，才能保本或盈利。然而，早在2004年，江苏省的车险业务已出现大面积亏损，全年车险赔款高达34.81亿元，综合赔付率高达73%。造成赔付率居高不下的重要原因就是车险诈骗案的高发。南京金典保险公估公司总经理方青认为："在南京，约有20%的报案为骗赔。"南京一产险公司车险负责人也证实："车险赔案的水分极高，大约占到了20%到30%，其中相当大的部分属于人为骗保。"来自《江苏保险》杂志的一个数字更能佐证这个问题：在我国的诈骗犯罪中，涉及保险欺诈的在二十世纪八十年代末是2%，而在2004年年底则劲升到12%。

【学生任务】

- 要求学生课前预习相关内容，结合已经学过的财产保险理赔知识来理解财产保险欺诈的相关内容，能够用自己的语言来描述财产保险欺诈的形式、成因及防范措施。
- 每个学生要提高课外专业知识的阅读量，掌握财产保险欺诈现象的现状及发展趋势，结合本部分具体内容，说明财产保险欺诈的防范措施，根据自身理解，结合具体案例或具体险种，利用多媒体技术完成有关保险欺诈问题的课后作业。
- 将学生随机分组，按小组选出若干份作业在课堂上进行点评，学生间相互评出每一份作业的优劣；学生对作业修改后再次演示，以便教师进行评价。

【教师任务】

- 指导学生在相关媒体上查找所需资料，如在相关保险报纸、杂志及保险信息网站上查找有关财产保险欺诈的案例及发展现状。根据我国保险监管部门、保险公司及社会对于防范财产保险欺诈的具体要求与规定，启发学生找出财产保险欺诈产生的根源，从而掌握防范财产保险欺诈的具体措施。
- 提示学生在完成有关保险欺诈问题的课后作业时，采用口头表达或利用多媒体演示的方法展示财产保险欺诈问题的严重性，并包含所需要关注的主要知识点，如财产保险欺诈的形式、原因及具体防范措施。
- 指导学生分组，在小组内对学生进行不同的分工，对学生口头演示作业完成情况及时进行跟进，督促其按时完成。
- 对各小组进行的课堂点评适时指导，对于演示的口头作业予以及时、客观、公正的评价，准备回答学生可能提出的各种异议等。

教学活动1　认识财产保险欺诈

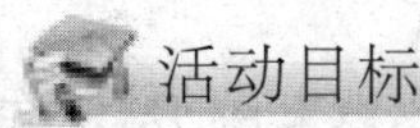

活动目标

通过本部分的教学活动，熟悉财产保险欺诈的类型及表现形式，针对具体险种掌握财产保险欺诈的原因，并可以在保险实务中从源头上杜绝或减少财产保险欺诈问题的发生。

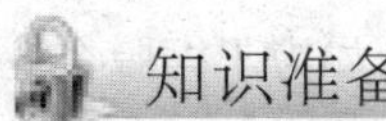

知识准备

一、财产保险欺诈的主要表现形式

（一）财产保险欺诈的类型

在财产保险实务中，保险欺诈的类型有以下几种：第一，虚构标的。投保人故意虚构保险标的，骗取保险金；第二，谎称事故。未发生保险事故而谎称发生保险事故，骗取保险金；第三，故意损财。故意造成财产损失的保险事故，骗取保险金；第四，故意损人。故意造成保险人死亡伤残或者疾病等人身保险事故，骗取保险金；第五，提供伪证。伪造变造与保险事故有关证明、资料和其他证据，或者指使、唆使、收买他人提供虚假证明、资料或者其他证据，编造虚假的事故原因或者夸大损失程度，骗取保险金。

（二）财产保险欺诈的表现形式

1．投保时诈骗

投保时诈骗主要有先出险再保险、高额投保骗赔、重复投保等几种类型。

（1）先出险再保险

产生这类保险欺诈的动机多是在受损后后悔没有及时投保，致使损失无法得到赔偿，于是想转嫁给保险人。其具体操作方法主要有两种：一是将投保日期往前推，即倒签单。这种行为常表现为投保人利用特殊关系，与保险公司业务人员内外勾结，补办虚假时期的保险合同。二是将出险日期往后推，常常表现为鉴定部门合谋，更改出险日期。这种欺诈方法的特点是投保时间与保险公司的报案时间很接近，由此提醒保险公司工作人员在核赔时若发现这种现象，应仔细调查，不可轻易赔款。

（2）高额投保骗赔

投保人并无保费缴费能力，而强求投保高风险保障，并且受益人为自己，这存在严重的道德危险。

（3）重复投保

按我国法律规定，财产保险的重复保险累计保险总额不得超过保险价值，即使超过，对于超过部分不得也不应给予赔偿。然而有的不法分子为了多得保险金，往往故意向多个保险人投保，并隐瞒重复保险的情况，在出险后向多个保险人索赔，以期获得多份赔偿。

2. 报案时欺诈

主要有张冠李戴式骗赔、制造事故、假险骗赔、虚报原因、扩大责任骗赔等。

（1）张冠李戴式骗赔

主要采取移花接木，冒名顶替方式。保险标的应该是唯一的、特定的，实践中有的欺诈者为了骗取保险赔偿金，常用另一相似物予以顶替，如将一投保汽车的车牌摘下挂在未投保的出险汽车上，冒名顶替；甲房屋着火未保险，报案时说是已保险的乙房。

（2）故意制造事故骗赔

人为制造事故造成财产损失，以此骗赔。造成这一欺诈行为的原因很多，如为了摆脱企业困境或因保险标的遭受了保险责任以外原因而减值，为了得到补偿而人为制造事故。

（3）虚假扩大责任骗赔

财产保险根据不同险种的需要，保险合同都会规定一定的除外责任。在实务中，一些不法分子常在事故发生后故意对造成事故的原因作虚假陈述或隐瞒事实真相，使保险公司误以为发生的事故是保险责任范围以内的，这实际上就将保险除外责任转化为保险责任。

3. 索赔时欺诈

主要表现在单证材料的伪造涂改上，包括夸大损失、低险高赔、伪造事故、谎报出险等。

（1）低险高赔

出险损失本来很小，被保险人却故意夸大其程度，如虚列损失项目，夸大损失数额或伪造、涂改原始费用凭证等方式虚报损失。夸大损失的另一种做法是消极地放任事故的发生，故意不采取积极的防范措施或补救措施，这也是一种欺诈行为，违反《保险法》的规定。

（2）谎报险情

采取证人伪证，制造虚假事故现场证明材料，将本未有出险事故无中生有，谎称发生险情。例如，明明是将车辆转让，却谎称被盗，要求赔偿。

二、财产保险欺诈产生的原因分析

（一）财产保险欺诈产生的内在原因

保险本身所固有的特点是保险欺诈产生的内在原因，主要有以下几种。

1. 保险人与投保人、被保险人之间的利益冲突

保险合同涉及多方当事人。在财产保险合同中主要涉及两方当事人，即以保险人为一方，以投保人、被保险人为相对方。作为一种商业活动，保险人总是希望以较少的保险金支付，获得较高的保险费收入；而投保人、被保险人总是希望以缴纳较少的保险费获得较高的保险金额。保险事故发生后，保险人总是希望给付较少的保险金，而被保险人总是希望获得较多的保险赔偿。也就是说，保险人与保险合同的相对人之间的利益是相互冲突的，被保险人为获得更多的保险利益，难免发生保险欺诈行为。

2. 保险价值的不确定性

在财产保险中，保险金额不得超过保险价值，而且保险标的应当对投保人具有保险利益。然而，如何确定保险标的的保险价值并不是一件容易的事。在保险活动的实际操作过程中，保险人一般是以投保人取得该财产时的价值（多以发票上标明的价值为准）作为保险金额的，并以此作为计算保险费的依据。当该财产经过多年的使用后，财产的实际价值会发生改变，当投保人以这样的财产参加保险时，该财产的保险价值是不易确定的，如果保险人仍然愿意以该财产取得时的价值（即原发票上的价值）作为保险金额，这就为投保人、被保险人进行保险欺诈提供了可乘之机。

3．保险标的损失程度衡量的人为性

保险事故发生后，需要对保险标的的损失进行估计和测定。但是，要客观、公正、准确地确定财产的实际损失也不是一件容易的事情，尤其是在造成财产部分损失的情况下。例如，发生交通事故后，造成被保险车辆的部分毁损，对毁损的零件是修理还是更换？如何避免被保险人利用保险事故之机对没有发生损坏的旧零件换成新的？发生火灾后，究竟有多少被保险的财产被烧毁？在这些情节上，都为投保人、被保险人的保险欺诈提供了可乘之机。

4．保险标的的可移动性

在财产保险中，许多保险标的都是可移动的或可转移的，保险标的的这一特点使得保险人很难对保险标的进行有效监控，很难确定投保人、被保险人是否对保险标的尽了安全防范义务。在许多情况下，投保人、被保险人可能故意毁损旧的、无价值的财产，然后再以新的、有价值的财产受到损失为由，向保险公司提出索赔；在盗窃险中，投保人或被保险人也可能故意将保险标的隐藏起来，然后向保险人谎称保险标的被盗，从而达到骗取保险金的目的。相反，在不动产的保险中，保险欺诈现象较少发生。因此，在财产保险中，保险标的的可移动性是导致保险欺诈发生的原因之一。

（二）保险公司内部的原因

从实际情况来看，保险公司存在的下列缺陷容易诱发保险欺诈行为的发生。

1．保险合同条款的局限性

保险合同条款一般是由保险公司事先拟定的，并以格式条款的形式固定下来。虽然保险公司在制定保险条款时会尽力避免保险欺诈现象的出现，但是由于现实生活纷繁复杂，在保险合同的履行过程中，使得保险合同条款很难约束所有可能发生的保险事故，难以估计被保险人可能提出的种种索赔要求。由于保险合同条款的疏忽，容易为保险欺诈提供可乘之机。

2．保险公司管理制度上的缺陷

加强反保险欺诈工作是保险公司的一项重要任务。为了有效预防和杜绝保险欺诈现象的发生，保险公司不仅要谨慎、周密地制定保险条款，而且要在管理机构的设置和管理制度的完善上下工夫。但是，由于各种原因，许多保险公司更重视保险业务的招揽，而忽视保险理赔工作。保险事故发生后，有时仅凭投保人或被保险人的一面之词就为被保险人办理了索赔手续；有时因为人员不足不进行现场勘验，使保险欺诈顺利得逞。总之，保险公司管理制度上存在的这些缺陷，使保险欺诈的可能性大大提高。

3．保险公司工作人员参与骗赔

俗话说，家贼难防。由于保险公司工作人员的直接参与，使得保险欺诈的频率和成功率大大提高。保险公司工作人员直接参与保险欺骗，不仅使得反欺诈工作变得十分困难，也使得保险欺诈的行为很难被发现，因此其危害性也十分严重。保险公司工作人员直接参与保险骗赔是保险欺诈大量发生的重要原因，许多巨额的保险欺诈都与保险公司工作人员的直接参与有关。

4．保险公司过于重视自己的形象

由于保险市场竞争的日益激烈，保险公司出于树立公司形象的需要，有时会对一些本不应赔付的赔案作出协议处理，从而舍弃了一些必要的风险防范措施。毕竟，过分严格的索赔条件和索赔手续会影响投保人投保的积极性。因此，为赢得保户的信赖和支持，许多保险公司向保户推出优良服务的承诺，其中有些措施就忽视了道德风险识别，降低了保险索赔的条件，为保险欺诈的产生创造了更有利的空间。

5．保险公司的相互竞争

保险公司之间的相互竞争是促进保险业健康发展的重要外部动力。保险公司之间的竞争有利于保险公司加强自身管理，提高公司的管理水平以及提高服务质量，也有利于为广大保户提供更便捷、更优良的保险服务。但是，由于保险公司之间存在利益上的冲突，在开展保险业务时难免出现一些不正常竞争的行为，甚至出现高手续费、高退费、高回扣等不正当的竞争行为。保险公司之间互相不通气、不合作，使得犯罪分子往往骗过这家保险公司，又去骗另一家保险公司。当保险公司发现了被保险人或受益人有欺诈行为后，为了避免反保险欺诈对公司业务发展的负面影响，通常是拒赔或追回赔偿了事，不愿意进一步加大对保险欺诈的打击力度，以致对欺诈者姑息养奸。

（三）保险欺诈产生的社会原因

保险欺诈得以发生有以下几方面的社会原因。

1．公民的道德素质不高

由于保险活动本身所具有的一些特点极易诱发保险欺诈的道德风险，因此最大诚信原则是保险活动中遵循的基本原则。但是，由于诚信在多数情况下是无法度量的，因此对于那些道德素质不高的投保人、被保险人或受益人来说，在恶性膨胀的物欲和对金钱的疯狂追逐下，他们常常利用保险合同讲究诚信的这一先天缺陷进行保险欺诈。

2．社会对保险欺诈者的宽恕或怂恿心态

与其他诈骗相比，保险欺诈的受害者是保险公司，而不是一个特定的社会成员。在财产保险中，如果保险事故的发生导致被保险人的财产遭受损失，人们当然要求保险公司予以赔偿。有时，即使发生了非保险事故，如果造成了被保险人财产的重大损失，人们也希望保险公司予以一定的补偿。例如，在交通事故中，车辆的发动机明明没有受损，但是被保险人趁机将破旧的发动机换成新的，对此修理厂一般也不会反对。这种对保险欺诈行为的宽恕或怂恿心态导致了保险欺诈行为的频繁发生。

3．司法机关对保险欺诈打击不力

作为民事活动，当投保人、被保险人与保险人之间发生民事纠纷，人民法院在审理保险合同纠纷时，如果当事人对保险合同条款的理解产生异议，人民法院将作出有利于投保人、被保险人的解释。这一规定在一定程度上为投保人、被保险人的欺诈行为创造了有利的条件。例如，发生交通事故后，如果造成某一零件轻微损坏，对此是应该进行修理还是进行更换？如果保险合同中没有明确规定，被保险人就可以利用格式合同的特点，将已经旧了的零件换成新的，并通过正常的途径向保险公司进行索赔。

在刑事审判中，人民法院对那些有严重社会危害性的犯罪行为予以严惩，而对那些社会危害性较小的犯罪只能予以较轻的处罚。在通常情况下，被保险人欺骗的保险金额对保险人来说是微不足道的，对于被保险人的欺诈行为多数人是可以容忍的。因此，发生保险人被欺诈后，保险人多通过调解或民事诉讼的方式，索要不应支付或多支付的保险金，而不是通过刑事诉讼的复杂方式索要保险金。况且，在司法实践中，对保险欺诈案件的定性也存在一定的争议。除巨额保险金欺诈或有人命案存在的保险欺诈外，司法部门对保险欺诈的案件介入不多，绝大部分涉嫌保险欺诈的人都没有被追究刑事责任。

【案例分析】　个体汽车维修厂利用客户送修车诈骗保险金

案情简介：北京市海淀区检察院通报的一起案件非常典型。犯罪嫌疑人任某开有一家汽修厂，2013年3月，张某将他的金杯车送到任某处修理。张某是老客户，并且之前以任某侄子的名义对车上过保险。这时，另一客户李某在同一时间送来了一辆宝马车进行修理，并将她的驾驶证交给了任某，让任某帮忙验本。任某认为机会来了，随即向保险公司报案，谎称张某驾驶金杯车与李某驾驶的宝马车在车辆并线时发生了碰撞交通事故，以此向保险公司报出险并索赔。之后，模仿两个客户的签名，伪造了一份两辆车发生交通事故的机动车交通事故快速处理协议书，利用二人的驾驶证及车辆行驶证，向保险公司申请理赔。后经保险公司定损，任某从保险公司骗得了1万多元的保险理赔金。6月，保险公司在复查保险事故理赔卷宗时，发现了任某的可疑行为后报案，任某被公安机关抓获。法院以诈骗罪判处任某拘役6个月，缓刑6个月。就在缓刑期间，任某故伎重演，先后两次编造虚假的保险事故骗取保险公司理赔金近3万元。

本案启示：任某因利用客户交给他修理的车辆，故意制造两辆车碰撞的交通事故，并以此骗取保险公司保险理赔金。一些车主总到比较熟悉的汽车修理厂修车，有时还让汽修厂的师傅帮忙验本，孰不知个别不法者利用这个机会伪造事故，以车主的名义骗保，车主被用掉了保险额度还毫不知情。汽车修理行业，特别是个体修理厂的缺少监管，再次为保护车主利益敲响了警钟。骗保案件屡打不绝，也应让保险公司警钟长鸣。

教学活动2　财产保险欺诈的防范

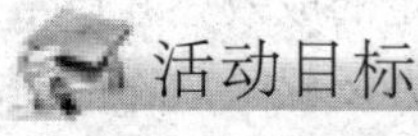

活动目标

通过本部分的教学活动，结合财产保险欺诈的类型、表现形式及成因，掌握财产保险欺诈的防范措施。

知识准备

作为保险业的一块通病，各国保险公司都认识到保险欺诈的严重危害性，都在一致坚持不懈地同保险欺诈行为作斗争。世界各国为应对保险欺诈进行了许多有效的探索，无论是在反保险欺诈的组织机构的设置方面，还是在反保险欺诈的技术方面，都为我们提供了一些有益的经验。

一、国外反保险欺诈的对策与措施

20世纪80年代，德国的保险公司对保险欺诈行为予以进一步的关注。1983年，有的保险公司在向投保人赠送保险公司决算报告书时，会附上一本名为《保险欺诈》的手册，该手册对广大保户提出忠告：为了维护多数投保人的利益，更为了维护和提倡健康的保险思想，对于保险欺诈行为的打击光凭刑事制裁等手段还不够，必须仰赖投保大众的理解与相关机构的协助。保险欺诈案件的发生无疑会增加保险公司的经营成本。保险公司为避免经营风险，在拟定保险费率时也不得不将保险欺诈的风险考虑进去，使得保险费率上涨，最终损害了众多诚实投保人的利益。

南非保险业为避免因保险欺诈频繁发生而造成的保险费率的提高，专门成立了短期业务保险赔款登记处，该处由保险人协会管理。保险人协会将对那些有保险欺诈行为的人进行登记，并通知各保险公司，以免这些人再到保险公司进行欺骗。

早在20世纪80年代初期，美国就成立了一家名为“全国反保险欺诈公署”（National Insurance Crime Bureau，NICB）。NICB是一家由保险公司、投保人和政府有关成员组成的联合体，与各家保险公司、执法机构保持密切联系。该机构的主要任务是：为保险公司的调查员和执法机构的官员提供信息服务；通过各种方式提高公众对保险欺诈的警惕和识别；为保险公司的调查者提供培训机会；与联邦和州政府的立法者加强联系，支持政府对保险欺诈的立法制裁。NICB还对发生在美国的保险欺诈大案、要案进行统计，并予以公布，以警示有潜在欺诈意图的人。自1996年开始，NICB努力提高办案速度和效率，扩大了高新技术工具的使用范围，配备了一支由200名代理人组成的调查队伍，接受公众对保险欺诈的举报，有效地预防和减少保险欺诈案件的发生。美国保险界普遍认为，从保险业经营管理的角度考虑，保险公司应当坚持与欺骗分子作斗争。1993年，美国保险公司挽回保险欺诈损失566亿美元；1994年和1995年分别为584亿美元和688亿美元。

与其他国家相比，英国是较早采取健全和先进的措施用以防范保险欺诈的国家，其具体机关是英国保险人协会。20世纪90年代开始，英国加强了对保险欺诈的打击力度。1995年7月，英国保险人协会在伦敦成立了“防止犯罪和欺诈办公署”（Crime＆ Fraud Prevention Bureau，CFPB），专门为公众、保险公司、警察局和社会安全部提供信息服务。CFPB是世界上最为完善的反保险欺诈组织之一。该组织得到了各保险公司的大力支持，并取得一定的成效。其日常性工作主要有：接受咨询；制作录像带和幻灯片等宣传资料；国际合作；开办反保险欺诈的研讨会或专题讨论。

二、我国反保险欺诈的措施与对策

保险欺诈的预防与治理是一项系统工程，需要社会各方面的共同合作。针对保险欺诈得以滋生和发展的各种原因，在借助国外反保险欺诈的基础上，我们认为根据我国的实际情况，在反保险欺诈的斗争中可采取下列措施与对策。

（一）提高人们对保险欺诈危害性的认识

保险欺诈活动对保险业造成的经济损失是巨大的，并对保险公司的稳健经营带来了很大的威胁。从表面上看，保险公司是保险欺诈的真正受害者，也是唯一的受害者，其实不然。无论是对保险公司还是对普通的投保人、被保险人、受益人，保险欺诈的危害性都是十分巨大的。从最终的危害结果来看，广大的保户是保险欺诈的最终受害者。

除保险公司外，社会各部门都应加强对保险欺诈危害性的宣传，使社会公众都能充分认识到保险欺诈的危害性，认识到保险欺诈对广大保户利益的侵害，使全社会都认识到反保险欺诈的重要意义。只有这样，才能提高反保险欺诈的战斗力，才能使保险欺诈者不能为所欲为。如果我们对保险欺诈行为听之任之，采取纵容、怂恿的态度，就很难有效预防和遏止保险欺诈行为的蔓延。

（二）加大对保险欺诈的打击力度

加大对保险欺诈行为的打击力度，能有效预防和制止保险欺诈行为的发生。一方面，通过对保险欺诈犯罪分子予以刑事制裁，剥夺、限制其自由或其他权利，使其遭受一定的痛苦，受到一定的损失，从而体现对他们的惩罚。对大多数犯罪分子是能够通过刑事惩罚使他们成为守法的公民，从而达到预防和停止犯罪的目的。另一方面，通过对保险欺诈犯罪分子的刑事制裁，对那些试图以身试法的犯罪分子也能起到警戒作用，预防和防止他们走上犯罪的道路。此外，通过对保险欺诈分子的刑事惩罚，也能够增强广大人民的法律意识，提高人们的法制观念，教育人们自觉地同犯罪分子作斗争，从而达到预防和减少犯罪的目的。因此，加大对保险欺诈分子的打击力度，是预防和遏止保险欺诈的重要途径和措施。

（三）加强保险公司内部管理

保险公司是保险欺诈的直接受害者，加强保险公司内部管理是有效预防和制止保险欺诈的重要环节。为此，保险公司应做好以下几方面的工作。

（1）保险公司要建立健全内部控制机制，完善各项规章制度，提高员工反保险欺诈的素质，不给保险欺诈分子以可乘之机。保险公司要提高反保险欺诈工作重要性的认识，加大对反保险欺诈工作的投入，为反保险欺诈工作配备必要的人员和设备。从制度上规范理赔工作的程序，对保险欺诈行为要一抓到底，决不姑息迁就，发现构成犯罪的行为一定要及时向司法机关通报，配合司法机关对保险欺诈犯罪的查处，使一切犯罪分子都受到法律的严惩。

（2）保险公司应杜绝内外勾结骗赔事件的发生。保险公司工作人员内外勾结进行保险欺诈，不仅降低了保险欺诈的犯罪成本，而且也大大降低了犯罪风险。因此，如何杜绝保险公司内部员工利用职务之便或伙同外部人员共同实施保险欺诈，是保险公司预防和减少保险欺诈的重要一环。保险公司工作人员在办理保险理赔时，应当实行回避原则，避免“关系赔”“人情赔”；保险公司工作人员应严格遵守理赔程序，建立理赔制度，实行理赔监督，把好理赔关，有效预防和杜绝保险公司工作人员利用职务之便进行保险欺诈。

（3）保险公司要把好各个险种的设计关、承保关。保险公司在设计保单时，要慎重考虑投保人、被保险人、受益人所可能出现的道德风险，要尽量具体、明确地规定保险责任的承保范围和责任免除条款，防止有人利用法律对格式条款的规定进行保险欺诈活动，尽可能减少保险欺诈产生的机会。保险公司工作人员在办理保险业务时，要根据有关规定对投保人、被保险人、保险标的等进行认真审查，使投保人、被保险人充分认识到他们应尽的义务，明确告知投保人、被保险人保险公司的承保范围和责任免除条款，争取他们对保险公司工作的支持、理解和合作，避免保险欺诈行为的发生。

（4）保险公司应做好出险现场的勘验工作。做好出险现场的勘验工作是确保理赔工作准确无误的基本保证。在财产保险中，保险公司接到出险通知后应当按照有关规定，加强对保险事故现场的勘验工作，遵循主动、迅速、正确、合理的原则，作出科学正确的勘验结论，为保险理赔工作获得第一手的资料，避免保险欺诈行为的发生。经验证明，许多保险欺诈案件都是因为勘验人员没有对出险事故、出险损失进行认真审查造成的。如果勘验人员对每一个保险事故都进行认真审查，就会大大降低保险欺诈的成功率，就能有效地预防和减少保险欺诈案件的发生。

（5）各保险公司要联合起来，共同与保险欺诈行为作斗争。各保险公司应当借鉴国外的经验，加强行业合作，停止并禁止恶性竞争，共同维护行业的整体利益。通过保险业协会或其他形式，加强保险公司之间的信息沟通，共同研究和探讨各保险公司在反保险欺诈中的有效措施，交流各自在反保险欺诈方面的经验和资料，共同维护保险业的健康发展。

此外，保险公司应在必要的时候委托专业机构，从事索赔调查。保险公司遇到保险欺诈案件时，一般应该向公安机关报案以寻求协助，但是，公安机关面对社会的各个领域，案件多如牛毛，有些案件很难能得到及时处理。商务调查机构和信息咨询公司的人员在社会事务及案件调查上有着丰富的阅历和经验，通过这些机构的业务帮助、支持，在一定程度上可以弥补保险公司这方面的不足。一些调查机构如北京斯缔尔商务调查服务有限责任公司已经得到许多国际知名的调查协会认可，在调查有关境外出险案件中，能够提供快捷、准确的服务。

综合实训

【实训目标】

通过本部分实训，使得学生能够在理论上和实务中掌握财产保险理赔业务的工作流程及内容。能够根据不同财产保险险种的特点掌握保险理赔业务的工作重点。

【实训任务】

选择一家财产保险公司，对财产保险的理赔流程及其重点进行实地考察，结合财产保险的具体险种，应用所学的财产保险理赔知识，以书面总结的方式反映具体的理赔程序和内容。字数不低于1 000字。

一、重要名词

财产保险索赔　　财产保险理赔　　赔案受理　　出险查勘　　责任审定
赔款理算　　赔付结案理赔档案管理　　财产保险欺诈　　防范措施

二、思考讨论

1. 财产保险理赔的基本原则有哪些？
2. 简述我国财产保险理赔人员和机构的现状及发展方向。
3. 财产保险索赔的要点有哪些？
4. 财产保险按责任审核的重点是什么？
5. 简述财产保险欺诈产生的原因。

三、情景模拟

宝马车骗赔案

2015年8月底，广州某保险分公司接到出险报案，被保险人洛某称其投保的一辆吉普车与另一辆进口宝马车发生了碰撞事故。被保险人投保了车损险、第三者责任险、车上（人员）责任险，此次事故经有关部门判定，吉普要负全责。由于被撞宝马车损坏严重，经修理厂检查报价，两车的修理费需近7万元，被保险人向保险公司的索赔金额为67 850元。

保险公司理赔人员在接到报案后，非常重视，立即着手进行调查。在调查过程中，经办人员发现有不少疑点。如报案称 8 月中旬发生的事故，却一直拖了半个月才由修理厂而非被保险人报案；又如在调查过程中，一直只有被保险人出面，而双方当事司机却以种种理由为借口拒绝露面，由于调查取证对象的不合作，最终查无结果。时间很快就到了11月中旬，面对被保险人咄咄逼人的索赔要求，保险公司十分为难。保险公司认为骗赔的可能性非常大，但又苦于手头没有掌握有利的证据。因此保险公司委托某保险公估行对此案进行调查。

实务操作：

（1）本案疑点。保险公估行成立了专案调查小组对案件进行分析研究，制定了调查取证方案和实施步骤。发现本案有以下疑点：

① 为什么8月15日出险，属于重大事故的该案拖延到8月29日才由修理厂电话报案？

② 为什么至今只有被保险人洛某出面，其他当事人均以种种理由作为推托不肯露面？

③ 为什么未经保险公司同意，两辆肇事车辆均已被擅自进行了修理？

④ 为什么在向有关部门进行情况调查时，查不到有关此次事故的材料？

（2）调查取证过程。根据以上分析，公估人员将专案调查小组分三组同时开展工作，约见了被保险人洛某以及进口宝马车车主田某，在同一时间分别对以上两人就疑点问题进行了核实并做了笔录，结果两人不仅对疑点问题都提不出有效的事实根据，而且还暴露出

更多的破绽，前后矛盾，不能自圆其说。初战告捷后，专案调查小组立即同某处理部门取得了联系，在他们的配合下，走访了事故发生地所属管理部门查阅相关档案材料，结果证实，该部门没有接到此次事故的报案。同时，另一组人员到被保险人提供的施救单位，某交通救援中心进行调查，救援中心在查阅了原始记录及电脑记录后，证实事发当天没有对报案中提及的两车进行过拖车作业。

情景分析

财产保险理赔业务环节对于保险公司而言非常重要，及时、合理地理赔既是财险经济补偿职能的体现，又是保险公司赢得市场的关键。然而在保险实务中，案件错综复杂，投保方动机各不一样，因此保险公司必须提高保险理赔的有效性和真实性。本案的处理结果：经过专案小组上述调查取证，已经清楚地证明被保险人所称的两车相撞事故是没有事实根据的，完全是虚构的。据此，保险公估行向被保险人理正言明地指正了这一点，被保险人在事实面前提出了放弃向保险公司索赔的书面申请，最终结果是，保险公司对此案不需赔付。

参考文献

[1] 郝演苏. 财产保险[M]. 北京：中国金融出版社，2002.

[2] 许瑾良. 财产保险原理和实务[M]. 上海：上海财经大学出版社，2010.

[3] 曾明. 财产保险及案例分析[M]. 北京：清华大学出版社，2007.

[4] 郑功成，许飞琼. 财产保险[M]. 第四版. 北京：中国金融出版社， 2011.

[5] 施建祥. 财产保险[M]. 杭州：浙江大学出版社，2010.

[6] 张代军. 保险实务教程[M]. 北京：经济科学出版社，2002.

[7] 保险欺诈防范与处理事务全书编委会. 保险欺诈防范与处理事务全书[M]. 北京：中国检察出版社，1999.

教学项目五

财产保险展业与服务

【知识目标】

- 财产保险展业的基本概念
- 财产保险展业渠道
- 财产保险的客户服务
- 财产保险续保
- 财产保险防灾防损

【技能目标】

- 能够准确描述财产保险展业流程与注意事项
- 能够识别财产保险的不同展业渠道
- 能够掌握财产保险招投标业务和续保业务的操作流程
- 能够了解如何与客户共同进行防灾防损

引导案例

原一平的陌生拜访展业

有一天原一平到百货公司买东西，遇到了一个有相同需要的顾客。对方出手很大方，于是让原一平有了认识他的冲动。通过观察原一平发现这个人四十出头、满头黑发、身体健壮、态度从容，加上他花钱的神态就可以断定他是一个有身份的人。原一平一路跟着这个人到了一座办公大楼，从管理员口中得知原来这个人是S公司的董事长兼经理Y。随后原一平展开了全面的调查，利用一切可以利用的资源掌握了Y经理的出生地点，兴趣，嗜好，公司的规模、营业项目、经营状况，甚至是住宅附近的地图。在做好了充分的准备之后，他登门拜访了Y董事长，并成功地签下了一份大额保单。

陌生拜访的技巧在于充分地了解对方的情况，拉近关系最好的方法是投其所好。如果你

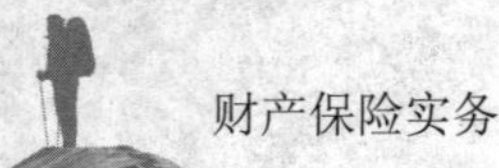

对陌生拜访的对象根本不了解那就真成了“陌生”拜访了。世界上的每一个人，无时无刻都渴望别人的关怀，能够做到像原一平那样详细地掌握拜访对象的个性、收入、生活方式、兴趣、家庭状况、面临风险情况等重要信息，并且以他希望的方式对待他，对方一定会对你产生好感，促成保单。同时在对对方的第一感官印象上一定要注意细节。比如案例中原一平注意到Y经理四十出头、身体健壮、满头黑发、态度从容自在、出手大方。从这些信息里面细心的人就可以判断出对方健康状况良好，事业有成，收入颇丰，是一个可以促成业务的潜在客户。

学习任务一　掌握财产保险展业

【学生任务】

- 要求每个学生课前预习相关内容，结合已经学过的财产保险知识和市场营销知识来理解财产保险展业的相关内容，能够用自己的语言来描述财产保险展业的相关概念及其重要意义。
- 要求每个学生提高课外阅读量，了解并掌握财产保险展业活动的最新趋势，结合本部分内容，说明财产保险展业活动的必要性，特别是招投标业务的重要性，根据自身理解，结合具体案例写出不少于800字的书面课后作业。
- 将学生随机分组，按小组选出若干份作业在课堂上进行点评，学生间相互评出每一份书面文章的优劣；学生对作业进一步修改后提交教师，以便教师进行评价。

【教师任务】

- 指导学生在相关专业网站上查找所需资料，启发学生理解财产保险业展业活动的意义和作用。
- 提示学生完成书面作业所需要关注的主要知识点。
- 指导学生分组，在小组内对学生进行不同的分工，对学生书面文章作业完成情况及时进行跟进，督促其按时完成。
- 对各小组进行的课堂点评适时指导，对于选出的作业予以及时、客观、公正的评价，准备回答学生可能提出的各种异议等。

教学活动1　了解财产保险展业

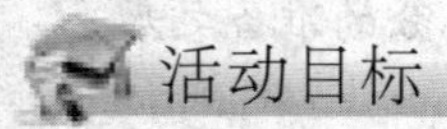

活动目标

通过本部分的教学活动，了解并掌握财产保险展业的流程与技巧，理解其真正的服务营销含义，并能够在保险实务操作中熟练应用。

知识准备

展业是保险业经营中的一个重要环节，实际上就是指保险产品的营销。展业工作的好坏直接关系保险机构的业务质量和服务质量，同时直接影响保险业务经营的稳定性。所以展业在保险经营活动中起主导作用。没有展业，财产保险公司的一切业务活动就无从谈起。

一、财产保险展业的概念

财产保险展业是指财产保险公司以目标客户为中心，以销售保险商品为最终目的的市场营销的活动和过程，即向目标客户提供保险商品和服务的活动和过程。

保险市场营销的内容包括保险销售系统和销售活动及其管理，保险市场调查和保险产品设计，保险代理人的招聘、订约和培训以及保险售后服务等。保险展业是保险市场营销中最为重要的一个阶段，即销售的过程。

二、财产保险展业的意义

虽然保险展业只是财产保险公司业务经营中的一个环节，或者说是保险市场营销中的一个步骤，但是保险展业的意义十分重大。

（一）对于社会经济而言

1. 增强社会大众的风险管理意识

财产保险是财产风险管理的方式之一，财产保险展业可以宣传和普及社会大众对于风险的认知和防范，减少风险发生后带来的不必要的损失，并最大限度地把损失降到最低。

2. 提高整个社会的经济效益

财产保险公司作为风险管理的专业机构，具备比较先进的防灾防损技术。保险展业人员在展业过程中可以及时地纠正企事业单位、机关团体和个人家庭存在的风险隐患。

3. 为社会经济的发展提供资金

财产保险公司可以通过保险展业积累大量的资金。在现代保险经营中，保险资金的运用和保险承保业务同样重要，财产保险公司对保险资金的运用，同时给社会经济的发展注入了新的活力。

（二）对于保险企业而言

1. 树立财产保险公司的良好形象

保险公司的展业活动主要是通过大规模的推广工作，扩大保险公司的影响，树立公司形象，宣传公司险种的优势，这些工作对于促使公众对保险公司及保险产品的认同具有重要意义。

2. 稳定财产保险公司的业务经营

财产保险公司经营的效果直接受到保险展业工作好坏的影响，因为保险展业做得越好，越符合大数法则的要求，风险发生时的损失概率就越稳定，并无限地趋近于保险公司测算出来的损失频率。保险公司经营的稳定性就会得以保障。

（三）对于保险客户而言

1．快捷、高效地转移风险

财产保险展业能够使得保险客户更为方便快捷地享受现代化的保险服务，更为全面迅速地了解风险管理的专业知识，更为经济高效地转移自身面临的各种风险。

2．全面、可靠地获得补偿

加强展业工作可以建立雄厚的保险基金，保险机构通过展业把各种风险保了进来，一旦被保险人发生了灾害事故，就能及时得到保险经济补偿，从而迅速恢复经营、生产和生活。因此准确及时地组织经济补偿，对于保障社会再生产的持续进行是至关重要的。

三、财产保险展业渠道

（一）财产保险直接展业

1．直接展业的概念

直接展业也称保险直销，是指保险公司依靠自己的业务人员争取业务。依靠正式员工直接展业是我国财产保险发展的坚实基础，也是主要的展业形式。

保险投保是由要约和承诺两个环节组成的。一般意义上讲，要约是由投保人向保险人发出投保申请，即有保险需求的客户直接到保险公司的销售网点，与保险人直接联系、咨询购买保险产品。由于主动要约的客户保险观念较好，所以客户质量相对较高。

根据我国保险业发展的现状来看，客户主动要约的比例较小，更多的是保险公司主动登门展业，向客户宣传、销售保险产品，通过向客户进行反要约，促使潜在客户提出要约申请。财产保险公司面对的客户群包括个人、家庭、企事业单位、机关团体以及其他组织，向他们推荐财产及相关责任的风险保障计划。

2．直接展业的评价

直接展业的优点有：其一，保险展业人员代表公司与客户商谈相关保险事宜，拥有保险公司员工身份的展业人员更能代表公司信誉，获得客户的信任，排除客户疑虑，从而促成保单；其二，保险公司正式员工业务素质较高，可以减少欺诈和误导的现象；其三，相对于个人代理人较低的留存率来说，保险公司的正式员工流动性较小，同时有良好的绩效考核制度，可以给客户带来优良的具有连续性的服务。

从另一个方面来说，保险展业也存在一些缺陷：其一，保险公司正式员工数量有限，业务范围无法进一步拓展，没有力量去开发个体客户群；其二，对市场变化很难作出合理预期，工作效率偏低。

从新中国成立后到2001年，财产保险公司主要依靠自身所属业务团队销售保险产品。因为2001年以前，国内财产保险市场主体较少，“人保”“平安”“太平洋”三足鼎立，占据国内财产保险市场的绝大多数份额，且一直是以法人团体业务为主要业务对象，法人业务占各家财产保险业务总收入的90%以上。这种业务格局导致了各家财产保险公司基本形成了以直接展业为主的展业模式。

【拓展阅读】　平安人寿首创移动展业新模式

继成功在全国46家机构推出电子保单服务后，中国平安旗下平安人寿首推的金领移动展业新模式也于2010年10月在全国正式推广使用。该项目经过前期试点，已探索出相对稳定的运作模式。

平安人寿首创的移动展业销售模式是现代科技和保险销售的完美结合，它将无纸化、电子化的低碳环保理念付诸实践，成功搭建了一条高效、快捷的绿色生产线，开创了业内无纸化投保的先河，在国内乃至国际人寿保险销售领域均处于绝对领先地位。

移动展业模式最大的特点是“快速”。传统保险销售模式下，客户不得不花费至少5天的时间获得一份保障，客户最大的感受就是环节多、等待长——核保需要等、缴费需要等、出单还要等。而在新的移动展业模式下，全自动化的销售平台现场支持客户了解产品、完成投保、获得核保结果、现场缴纳保费，现场获得保险保障，整个过程仅需半小时。5天和0.5小时，客户节省的不仅是时间，更重要的是实时获得保险保障，实时为个人为家庭撑起了一把保护伞。

（二）财产保险间接展业

1. 保险代理人展业

保险代理人展业是指保险代理人受保险人委托，向保险人收取手续费，在保险人的授权范围内代表保险人接受保险业务、出立保单、代收保险费的一种保险展业方式。保险代理人可以分为个人代理人、兼业代理人和专业代理人三种形式。

（1）个人代理人。个人代理人是指根据保险人委托向保险人收取代理手续费，并在保险人授权的范围内代为办理保险业务的个人。个人代理人的业务范围包括代理销售保险单和代理收取保险费，他们不能同时为两家以上的保险公司代理业务，在我国的保险市场目前不能销售企业财产保险。

个人代理人与保险公司的正式员工有所差别。个人代理人与公司签订的是代理合同而不是劳务合同，他们的薪酬主要来自业务提成。个人代理人展业方式灵活、人际关系广阔，为保险公司带来了大量的客户却不占用保险公司的人员编制。但是这种间接展业方式由于人员流动性大，直接影响后续服务。而且由于个人代理人管理存在问题，由于受利益驱使，个人代理人会诱导甚至是诱骗客户投保，从而引发客户与保险公司之间的纠纷。

1992年，美国友邦保险公司在上海引进了个人代理人制度，取得了良好的效果，其他保险公司也纷纷扩大自己的个人代理人展业队伍。相对于寿险而言，我国财险公司的个人代理人队伍发展得较为缓慢。适合个人代理人展业的财产保险产品有家庭财产保险、个人抵押贷款、机动车辆保险和个人信用、责任类保险。

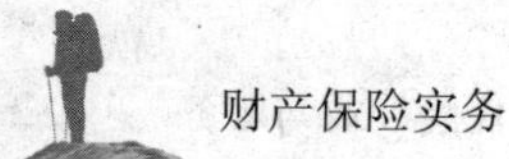

长期以来，我国财产保险公司一直以法人团体业务市场为主要发展对象，法人业务收入占总业务收入的95%以上，且主要由保险公司正式员工负责展业工作。随着我国经济体制改革的进一步深入，国内财产保险的形式发生了根本性变化，小型化、多样化、分散化、个性化的特点日益明显，财产保险较为单一的销售方式已不能适应市场发展的要求，探索并实行多种销售方式势在必行。从发展趋势看，财产保险个人代理人展业将成为促进业务增长的重要突破口。

（2）兼业代理人。兼业代理人是指受保险人委托，在从事自身业务的同时，指定专人为保险人代办保险业务的单位。兼业代理人往往具有各自的专业优势，可以大大降低保险公司的展业成本，但是他们只能代理与本行业相关的保险业务。

财产保险兼业代理业务以车险为主，近年来随着我国汽车行业的快速发展，个人、企业、单位汽车拥有量的迅速增加，从而带动车险需求的增加。同时，《道路交通安全法》规定对机动车辆第三者责任保险实行强制保险，也促使车险成为保险兼业代理市场的主导险种。另外，经营车险的兼业代理机构数量也比较多，业务办理程序相对简洁，方便了客户投保。目前，车险兼业代理的保费收入已占产险兼业代理保费的一大半。

兼业代理人的另一个主要部分就是通过金融部门代理。银行、邮政储蓄、证券公司、信用社等金融机构与各行各业接触广泛，是保险公司重要的兼业代理人，可以代理企业财产保险、家庭财产保险等。

（3）专业代理人。专业代理人是指专门从事保险代理业务的保险代理公司，代理的业务范围包括代理销售保险单、代理收取保险费、代理保险和风险管理咨询服务，以及代理保险公司进行损失的勘查和理赔。专业代理人一般可以同时代理多家保险公司的业务，但是其经营区域有一定的限制，只能在核定的区域内代理保险。

2．保险经纪人展业

保险经纪人展业是指保险经纪人基于投保人的利益，为投保人与保险人订立保险合同提供中介服务，并依法收取佣金的单位。由于保险经纪人与保险代理人的地位不同，保险经纪人代表的是投保人的利益，更能赢得投保人的信赖。因此，利用保险经纪人展业不失为保险展业的一条重要途径。经营财产保险、责任保险、信用保证保险业务的保险经纪人必须掌握更为广阔的专业知识。

在我国，这种展业方式从起步至今时间不长，但事实证明，这也是一种积极有效的保险展业方式。保险经纪人展业的优势在于保险经纪人一般都要通过国家的资格认证，其法律知识和专业知识都比代理人丰富，因此能够为投保人提供更优质的服务。而且不会给投保人在经济上增添额外的负担，因为保险经纪人和保险代理人一样，所得佣金是由保险人支付的。

四、财产保险展业策略

（一）营销展业理念

财产保险公司展业理念是在展业策略中所形成的一种文化现象，它是一个财产保险公司内独特的并得到员工认同和接受的价值准则、信念、期望、追求、态度、行为规范、历史传统乃至思想方法、办事准则等。优秀的展业理念是财产保险公司的“无形的资产”，是企业的精神和灵魂。例如，太平洋财产保险公司的展业理念是“平时注入一滴水，难时拥有太平洋”。在保险展业理念建设中，必须坚持以人为本，以为消费者提供优质服务为宗旨，根据消费者的需求组织产品开发和销售，增强社会对财产保险公司的信赖感、安全感。

（二）产品创新策略

根据各目标市场保险需求的差异性和层次性，搞好险种的分层开发，注意用不同的保险商品满足不同消费者的保险需求。在财产保险展业过程中，对不符合市场需求的旧险种进行大胆修改，在不违背大原则和公司整体利益的前提下，注意灵活变通险种，以便在市场竞争中占据主动。

（三）展业渠道策略

财产保险公司在完善传统销售渠道的同时，应该积极采用一些合适的新兴销售方式，例如：网络展业、保险社区展业及渗透展业等。这些新的销售方式由于具有成本低、交易方便快捷等优势，因而也被认为是未来增长最快的销售方式。以网络为例，调查表明目前美国约有670万消费者通过国际互联网选购财产保险产品，而根据美国独立保险人协会在2005年的预测：未来10年内，商业保险交易的31%和个人险种的37%将通过网络方式进行。在我国，人保财险在2005年4月签出的国内首张电子保单，开启了我国财产保险产品网络销售的时代。

（四）售后服务策略

能够把产品销售出去，仅仅是财产保险展业参与市场竞争的第一个层次的竞争，搞好售后服务不仅是决定企业是否能够从长远角度稳固占领市场的第二个层次的竞争，也是保证健康经营的主要环节。只有服务做好了，才能够进一步培养客户忠诚度，从这个意义上说，产险展业不是纯粹为销售，而是跟进承保、理赔、续保服务综合体。现代商战的胜利不在于你占领了多少商场，而在于你占据了多少消费者的心。因此，在财产保险展业过程中，必须不断创新服务方式，渗情于服务，化情于市场，用诚心与客户成为朋友。特别对一些保费金额较大的重要客户，要甘于提供超值服务，真正成为业务上的伙伴、生活上的朋友，以此保证业务稳固。

（五）人才竞争策略

财产保险市场的竞争归根到底是人才的竞争，包括展业人才。在财产保险市场群雄并起，保险产品差异不大的时候，是否拥有一支高素质的展业队伍决定了一间保险公司是否能在市场份额竞争中胜出。因此，在招聘展业人员时，财产保险公司在展业队伍建设上应量质并举，注重质量。在构建稳定的展业队伍方面，可借鉴国内有些保险公司“宽进严考核”的用人用工办法，防止队伍良莠不齐，充实展业队伍健康“血液”，增强展业队伍活力，走精兵之路，避免人海战术。同时要加强对展业队伍的培训，不仅要培训各种专业技能，还要进行职业道德方面的培训。在财产保险展业起步晚，展业队伍整体素质还不高的情况下，各保险公司必须制定详实的人才培训计划：对于新入司的人员，着重进行基础知识及业务技巧的培训；对在岗人员，着重进行相关知识及工作心态的激励培训；对优秀业务人员，着重进行专家成长计划培训，将其培养成保险领域某一方面的“权威”；在展业队伍中形成梯级结构；对新设立的分支机构，财产保险个人展业应一步到位，走整体营销之路，对原有机构应当加快销售体制改革。

（六）科学激励策略

保险展业是受挫率极高，竞争异常激烈的行业。激励机制总体上讲是向人员提供“动力油”和“润滑油”。激励机制应包括业绩考核系统、报酬管理系统和工作环境系统。在业绩考核方面，制定好级别考核、业绩卡考核管理制度和表彰制度，通过经常性地组织业务竞赛等活动，增强员工的争上意识。在报酬管理系统方面，充分发挥手续费在结构调整中的杠杆作用，用手续费来调节效益险种与非效益险种发展方向，打破身份界限，实行“效率优先，绩效挂钩”的分配机制，在社会养老、医疗保险和住房公积金等方面，逐步缩小公司正式员工与个人代理人的差距。对在险种开发、市场竞争、团队发动、爱司敬业等方面有特殊贡献的个人或集体，公司随时进行表彰奖励。在工作环境系统方面，要千方百计为展业人员创造良好的内部、外部工作环境；让展业人员在公司与社会受到尊重、关怀、肯定和公平；让每位业务员在公司重大事情表决上，拥有管理人员同样的权力；尽可能地为展业创造愉快的工作氛围。

五、财产保险展业方法

财产保险的展业工作极富创造性，是一门综合了市场学、心理学、口才学、表演学等知识的综合学问，必须讲究方式方法，并不是一项任何人都能做、都会做的工作。只有做好展业准备，才能更好地进行展业宣传，只有保险宣传深入人心，才能争取更多的业务，为保险客户提供良好的展业服务。财产保险展业方法见表5-1。

表5-1　财产保险的展业方法

展业方法	主要内容	期望效果
展业准备	1．了解社会经济发展情况 2．了解社会的保险状况 3．熟悉业务和有关政策 4．制定保险展业计划	了解财产保险市场 并制定保险展业计划
展业宣传	1．财产保险知识普及 2．借助媒体宣传 3．针对准客户宣传	开发潜在市场客户群
展业服务	1．动员准客户投保 2．帮助准客户设计保单 3．帮助保险客户防灾防损	争取业务并提供专业服务

（一）财产保险展业准备

1．了解社会经济发展情况

财产保险的基本职能是损失分摊，而这种职能是通过建立保险基金的方式实现的，所以保险是否能够良好运行，关键在于社会经济发展的状况。所以在开展保险业务的最初阶段了解社会经济发展情况对于进一步工作具有重要的作用。

2．了解社会的保险状况

保险展业人员应对市场上的各种需求进行调查收集，全面掌握市场上的各种需求信息。信息是保险企业进行预测、决策的基础，所以保险展业人员对信息的收集一定要快、准、灵。在了解掌握市场信息过程中，应注意做好以下几方面的分析工作：①潜在市场分析。包括潜在客户的规模、保险需求以及潜在的购买原因的定性与定量的科学分析。②市场占有率分析。掌握本公司与竞争对手市场占有率的状况，通过对市场占有率进行总体分析和结构性分析，寻求公司自身的市场取向与定位。③销售趋势分析。通过研究保险客户的购买行为及原因，掌握保险市场的需求变化以及竞争对手推销策略的动态，调整保险公司自身的经营方向，找寻新的发展机会。

3．熟悉业务和有关政策

保险展业人员必须熟悉各险种条款、费率规章、条款解释和实务办法以及有关业务政策。同时还需掌握一般会计、法律、防灾和有关展业技术等知识。

4．制定保险展业计划

在开展保险业务之前，应根据需要制定出符合本地实际的、切实可行的业务计划。包括各险种保费收入计划指标，各险种到期续保和开展新业务计划，扩大服务领域、开发新险种计划，建立代办网点、发展代办业务计划以及防灾防损工作计划等。从而减少工作的盲目性，保证各项业务工作有计划地顺利完成。

【拓展阅读】　微信投保或将成为保险展业模式

近年来互联网金融持续发展，继淘宝网销售保险之后，微信也将成为保险公司的新营销平台。目前，已有中国人寿、中国人保、泰康人寿、中国太保、中国平安等20余家保险公司先后推出了官方认证微信平台。

目前的保险公司微信服务内容主要涵盖了：保单资料查询、服务人员联系电话、缴费账号变更等咨询业务。同时，中国人寿、泰康人寿还分别推出了微信统一投保及服务平台项目、微信理赔服务。

这些指尖上的保险应用使得微信从一个信息品读的平台，全面进化为一个“人机互动”的平台。但在保险业人士看来，“微信在保险业的应用，不应该只局限于投保或者保单查询，它应该和个险、银保等并驾齐驱成为保险业的一个营销新渠道”。

（二）财产保险展业宣传

1．财产保险知识普及

《国务院关于保险业改革发展的若干意见》中第十条提出：将保险教育纳入中小学课程，发挥新闻媒体的正面宣传和引导作用，普及保险知识，提高全民风险和保险意识。保险知识的普及是展业宣传最为基础的环节，虽然这种宣传方式无法在短期内带来业务的扩张，但是从长远来看，对于保险业的良性发展与保险市场的合理开发有着不可估量的作用。

2．借助媒体宣传

社会的不断进步带来生产能力的提高，随之而来的是产品极大丰富的时代。买方主权改变了“酒香不怕巷子深”的传统观念，取而代之的是铺天盖地的广告宣传，通过各种媒体天天渲染我们的视听，媒体宣传的作用之大甚至可以创造需求。传统媒体包括报纸、杂志、广播、电视等；以互联网和通信网络为平台的新媒体包括视频播客、视频分享、视频搜索、宽频门户、网络电视、移动视频、手机电视等；此外还包括户外平面广告和车体广告等多种形式。例如：“中国平安，平安中国”“平时注入一滴水，难时拥有太平洋”“首创安泰，一生关爱”“创新百年，关爱永恒”等这些脍炙人口的广告创意通过不同形式的媒体给人们留下了深刻的印象。

3．针对准客户宣传

保险是一个关系到国计民生的行业，在兼顾社会效益的同时还要考虑经济效益的问题。针对那些有保险需求又符合保险条件的潜在客户就应该作具有针对性的宣传。在对其进行保险观念更新和保险知识普及的基础上，就客户的实际情况提供风险分析、保险方案推荐的宣传服务。

保险展业中有重点、有针对性地进行宣传是至关重要的。保险展业人员深入企事业单位要对不同对象进行口头宣传和书面宣传，除向单位的主要负责人宣传外还要根据不同险别向有关部门负责人进行深入宣传。例如，企业财产保险主要向企业财务部门进行宣传，运输工具保险主要向单位的运输管理部门和财务部门进行宣传，货物运输保险重点向承运部门和运输管理部门负责人宣传，而家庭财产保险应该从工会、劳动部门、街道办事处、居民委员会负责人入手宣传。

（三）财产保险展业服务

1．动员准客户投保

大数法则要求保险公司只有最大限度地吸引面临同质风险的客户加入，才能够实现“人人为我，我为人人”的互助性原则。所以动员准客户投保是整个保险经营中至关重要的一个环节。保险展业人员既要抓住时机，又不能过于急躁，以免造成保险市场需求恶化，人们排斥保险。我国保险经营过程中就曾经出过类似的问题，在一百个行业的民意调查中，保险被排在倒数第三。

2．帮助准客户设计保单

财产保险公司是专门经营风险的机构，在保险方案的选择这个问题上保险展业人员要比客户更专业。因此在展业过程中，应根据保险客户的生产经营情况，设计最佳投保方案帮助其选择适当的险别，以较少的保费保障较多的财产，并保足保全，一旦发生意外灾害事故可以得到足额的经济赔偿。

3．帮助保险客户防灾防损

保险展业不能片面地理解为只是一味地招揽业务，而必须在展业过程中对标的进行实地勘验。在勘验过程中，应针对标的的危险隐患和保户存在的不安全因素即时提出改进措施和意见，帮助保户改善安全生产状况。对于保险客户来说，虽然也希望在经历一场浩劫之后能够通过保险公司的赔偿恢复生产、重建家园，但是比损失后赔偿更为重要的是在损失发生前来自财产保险公司专业的防灾防损技术指导。比如财产保险公司积极与气象部门联系，及时掌握暴雨、冰雹等异常气象信息，并向大型财产保险保户提供“通报、预防、后勤保障”等服务，使保户及早做好防范、抢险和救护准备。

4. 保单促成的技巧

保险展业的最终目的是促成签单，展业人员在促成保单时应注意以下细节和技巧。第一，坐在潜在客户的右边，方便说明保险条款。第二，事先准备好保单、收据，避免错过促成的最佳时机。第三，让客户有参与感，尽可能辅导客户自己填写投保单，准备一些互动话题。第四，注意仪表谈吐举止大方，签单前后始终如一，不喜形于色。第五，避免制造自己无法应对的问题，使自己陷入尴尬的境地。

促成的时机把握很重要，而且这种时机随时都有可能出现。保险展业人员应该在展业过程中仔细观察潜在客户的表情变化。例如，客户开始沉默思考；翻阅保险资料，查看费率表；将电视或广播的声音关小，开始关注和你的谈话；为你倒茶、招待你；客户提出问题，询问相关事宜，讨价还价等。

一旦潜在客户表现出购买欲望，就可以运用一些简单有效的方法促成保单。例如，在客户犹豫不决的时候，运用激将法促使其下定决心；若可以准确判断客户已经认同购买，就不需要再反复寻求客户的意见，主动拿出投保单辅导其填写，如果对方没有异议，就说明其默认投保；通过强调保障利益和优惠措施，促使客户下定决心投保；运用保险故事、生活中的实例或重大的风险事故，让客户体会到不投保的危险和损失，增加客户的紧迫感。

教学活动2　了解财产保险业务招投标

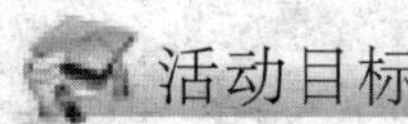

活动目标

通过本部分的教学活动，了解与掌握财产保险实务中重大项目营销与展业的实际操作流程，遵守国家有关的法律法规，可以在保险实务中加以正确应用。

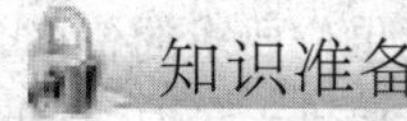

知识准备

一、财产保险业务招投标

（一）财产保险招投标的含义

财产保险招投标是指通过公开招标、邀请招标、竞争性谈判或询价正式邀请函等方式开展

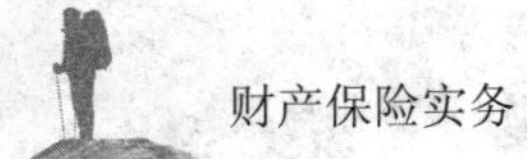

的财产保险展业承保活动。财产保险招投标是一套公开、公平和公正的选择行为与竞争机制，其运用于承保环节是对财产保险承保技术的突破和创新。从财产保险的业务操作流程上来说，财产保险业务的招投标是财产保险展业的一种特殊形式。

我国财产保险业务的招投标行为始于大型工程保险、政府机关机动车辆保险、大型企业财产保险等集团型的保险业务。随着财产保险市场的逐步发展和保险主体的逐渐增多，财产保险业务招投标活动领域呈现出越来越广泛的趋势。

财产保险业务招投标活动的开展对于保险合同双方当事人乃至整个财产保险业的发展具有重要意义。一方面，通过招投标方式可以节省保险合同双方的成本，如对于保险人来说，通过招投标网或由招标方邀请参加投标活动，可以节省公司自身展业营销财产保险产品的成本；对于投保人或被保险人来说，不但可以节约一定的保险费支出、降低风险转移成本，同时还可以通过招标选择能够为其提供优质服务的保险公司，使其投保标的物的风险得到安全、优质的转移。

另一方面，招投标方式能够实现保险资源的优化配置，促进保险业的进一步发展与完善。根据我国的《招标投标法》《反不正当竞争法》《保险法》等有关法律法规规定，保险招投标活动应按照公开、公平、公正的原则进行。因此，财产保险招投标可以促进保险公司在平等条件下进行公平竞争，优胜劣汰，从而实现保险资源的优化配置，促进保险业的进一步发展与完善。此外，通过招投标活动，还可以防止保险业务经营中的腐败行为，促进保险公司提高服务水平，并根据保险消费者的需要开发设计更多的财产保险新产品。

（二）财产保险投标的步骤

保险公司想要承保招标方的投保项目，必须熟悉招标保险项目投标的每一个环节。财产保险投标的步骤一般包括投标前的准备工作、递送保险投标文件、参与开标竞标三个环节。

1．投标前的准备

（1）收集保险招投标信息。在公开招标方式下，通过国家指定的报刊、信息网络或者其他媒介发布的招标公告，及时准确地掌握国内外保险招标信息，并对招标信息进行甄别筛选，确定公司的投标项目。选定投标项目后，保险投标人即着手进行具体投标资料的准备，这些资料包括保险投标项目资料、公司内部资料和竞争对手资料。

一般而言，保险投标项目资料越全面，投标书制作越合理，中标可能性就越大。例如，对于工程保险招标项目，投标公司既要调查招标机构对采购工程保险的要求，如投保工程的风险保障范围、保险费率的上限、保险赔偿方式、保险费的支付条件等；又要了解并掌握投保工程的性质、范围，施工场地的位置，排水、供电、通信条件、工程的设计等相关资料。

保险公司内部资料是指投标公司自身情况的资料，这类资料主要用于招标单位要求的资格审查。保险公司内部资料主要包括公司人员、资产负债表和公司财务状况，公司过去承保或理赔相同或相关保险项目的情况，公司各项规章制度、注册文件，公司的各项证明文件等。竞争对手资料是指也准备参加该保险项目投标的保险公司的资料，掌握竞争对手的情况是公司投标能否成功的重要因素。投标公司需对本行业中所有参加过投标竞争或此次可能参加投标竞争的公司有所了解，建立竞争对手档案，包括历次招标中本行业公司投标人数目，每个公司的投标经历，竞争对手的经营情况、承保能力、承保及理赔技术水平等方面。

（2）确定参加投标人员。投标人员要经过严格程序的特别选拔，一般由保险营销、保险精算、核保理赔、保险律师和经营管理等各方面的精英人员组成。这些人员可以从本公司内部抽调，在需要的情况下，还可以从公司外部聘请。投标人员组成的投标小组受投标报价经理领导，其责任是负责投标的组织、投标书的制作、报价的确定和调整等工作，小组成员按专业分工履行职责。

（3）保险业务投标定价。投标价格的制定是整个保险业务投标过程的关键所在，投标价格的高低直接关系到保险投标的成败，并且对中标后的经营盈亏有着重要的影响。保险投标人报价的目的是在中标的基础上获得最大利润，但报价的高低受中标率、投标公司未来效益、竞争人数和竞争者投标条件的影响。投标人为了追求较高的中标率，须将报价利润限制在一个较低的范围内，但过低又影响未来收益，投标人应该通过寻找未来收益最大值来确定报价的高低。

当中标可能性较大时，可以把报价适当调高；当投标竞争人数增加时，中标可能性就小，报价利润可适当调低；当出现一个或数个强有力的竞争对手时，报价也要相应降低。一般来说，在承保及服务等保险条件相同的情况下，招标方必然将保险合同授予标价最低者。总之，投标公司的报价高低必须根据竞争人数、竞争对手的报价情况而涨落，以保证最佳的中标概率和最佳的未来收益。

（4）制作保险投标文件。投标文件即投标书，是投标人正式参加投标竞争的证明，是承保人向招标方发出的书面报价。投标文件既是招标方考核投标保险公司的承保实力、组织管理水平，确定投保项目价格和确定中标单位的主要依据，又是保险公司中标后组织承保、防灾防损等保险管理的重要文件。投标人承保的质量及竞争能力的大小都体现在保险投标书中。

保险投标书一般包括资质证明文件和商务投标文件两大部分。资质证明文件主要包括投标授权书、公司营业证书、公司章程、管理人员名单、资产负债表、财产保险机构证明、投标保证金及以往相关保险业务的证明材料等；商务投标文件是指保险投标人对招标项目的保险保障范围、保险费率、保险服务承诺等问题的详细说明。在制作保险投标书时，一方面要保证投标文件符合招标机构对格式、内容等的要求；另一方面要反复审核保险费率、保险费等数据以确保准确无误。此外，投标文件要保证外观整洁，并用统一规格的纸张和精致的文件夹装订成册。

2．递送投标文件

全部保险投标文件编制好，经校核并签署后，投标人将文件依据招标须知的规定，按统一的规格进行分装、密封，并按要求写明投标单位，在投标截止日期之前，送到或寄到招标机构指定的地点，并取得收据。使用邮寄方式时，应考虑邮件的在途时间，确保投标文件在截止日期之前到达。

3．参与开标竞标

一般情况下，财产保险的招投标业务会在招标方事先约定的时间地点组织集中开标。参与投标保险公司投标小组成员应陪同主管领导一同到现场参与公开集中开标，并就整个招投标业务的各个方面做好充分的准备，应对招标方可能提出的各项要求和提问，以便在开标后的竞标活动中掌握主动，把握中标的最佳机会。

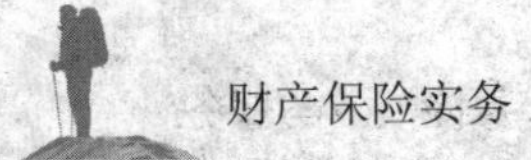

在保险招标中，投标人通过公开开标这一程序可以得知众投标人的报价、保险保障范围、保险服务承诺以及保险费率的高低名次。在保险招投标中，低费率并非中标的主要决定因素。招标机构要经过反复评审，综合多方面因素才最后确定中标人。保险投标人可以利用这一时机，施展竞标手段，转变其标书中的不利因素，提高中标机会。

投标保险公司在经过上述步骤后是否能够中标，还需要由评标专家、招标人、中介机构等组成的评标小组对保险投标人的竞标进行评标。评标一般分初评和复评，在初评阶段往往要确定若干中标候选人，通过中标候选人的再竞标情况进行复评。在复评阶段，评标小组成员以匿名方式投票确定最终中标的保险公司。无论是初评还是复评，评标的过程必须遵循公开、公平、公正的原则。

二、重大项目承保

重大项目指国家重点工程、大型团体客户、大型文化活动和体育赛事等项目。近几年来，重大项目保险业务通过招投标的方式来运作，应用范围越来越广泛。

1. 重大项目承保的意义

（1）意味着规模。重大项目保险金额巨大，保费规模通常较高，对于财产保险公司来说，可以迅速扩大自己的保费收入规模；重大项目数量稳定，将给财产保险公司带来稳定的保费收入规模。

（2）意味着效益。重大项目一般风险管理优势明显，风险控制能力较强，事故发生的频率和风险损失的程度较低，属于能直接给保险公司创造经济效益的优质客户。另外，承保重点工程项目还会有明显的社会效益。

（3）意味着品牌。重大项目通常具有较强的品牌带动效应，其保险业务一旦选择了某家财产保险公司，则会从一个侧面反映该财产保险公司的实力，而且会影响行业内的其他企业，有利于提高市场知名度。

（4）意味着促进。重大项目对风险控制的要求高，在与他们的合作中，财产保险公司势必需要不断提高经营管理水平来适应他们，从而推动保险公司的风险管理、成本控制、工作流程等环节逐步完善。

2. 重大项目承保的方式

限于目前国内保险公司的现有实力，国内大多数重大项目一般采用共同保险的形式。也就是说，一个大型项目确定一家首席保险人、多家保险公司共同承保。在国内保险公司承保人确定后，具体由首席保险人进行项目的海外分保。

例如，目前国内最大的一张单项工程保单——三峡工程左岸14台电站机组设备安装保险就属于这种情况。为了防范风险、确保项目得到合理的保险安排，长江三峡工程开发总公司聘请了国际保险顾问，最终确定以人保为首席保险人、太保和平安参与的共保方案，三家公司承保比例分别为50%、30%和20%。国际知名的财产保险公司安裕财产保险成为这个项目的首席再保人。

3. 重大项目承保的程序

（1）成立项目攻关服务小组。项目筹备期间，保险公司应成立重大项目攻关服务小组，详细分析重大项目的特点和需求，深入剖析重大项目的各个环节，掌握项目股东的详细资料，同时采取各种办法与项目相关负责人士接触，让项目组认识和了解保险公司。

（2）介入项目实施过程。重大项目获得国家批准或开始实施后，服务小组应与重大项目相关负责人开始实质接触。这时的主要工作是对项目进行风险分析和评估，并提出风险管理方案与建议。对每一环节可能存在的风险及风险的规避办法必须有清楚的认识，必须对保险标的所处领域的风险有十分专业的把握。针对不同的客户、不同的项目，以较高的专业水平去适应和满足客户个性化的风险要求。

（3）进入实质性业务谈判。重大项目一般会聘请保险经纪公司或专业顾问公司作为项目联合谈判人。保险公司通过递交保险建议书，提出具体的承保条件、理赔处理和专业服务等项目保险安排内容。谈判时要利用自身承保国内外大项目的经验及专业技术，为客户提出具有建设性的建议。通过风险评估和建议服务、保障全面的保险方案设计服务、通畅的国际财产保险等方面为客户提供专业的保险服务。

（4）正式参加招投标活动。一般而言，重大项目的财产保险业务都会采取招投标的方式来进行，重大项目的主办方（即招标方）一般会公开发布项目财产保险的招标投标文件。财产保险公司若想对重大项目承保，必须按照前述财产保险招投标部分的内容要求，对招标方的招标文件作出实质性的响应，在各个方面做好充分的准备，以便在招投标活动中胜出中标，获得该重大项目的承保。

学习任务二　财产保险服务

【学生任务】

- 要求每个学生课前预习相关内容，结合已经学习的相关知识来理解财产保险服务的有关内容，能够用自己的语言来简单描述财产保险服务、防灾防损的流程和步骤。
- 要求每个学生提高课外阅读量，结合本部分内容，说明财产保险实务中防灾防损工作的内容和重要性，根据自身的理解，结合案例在课堂提问中口头表达。
- 将学生随机分组，按小组选出典型回答在课堂上进行点评，学生间相互评出每一口头表达情况的优劣，教师进行综合评价。

【教师任务】

- 提示学生完成口头表达所需要关注的主要知识点，如保险服务、防灾防损的概念、内容，与相近的保险专业名词的区别与联系，财产保险相关业务的国际惯例等。
- 指导学生分组，在小组内对学生进行不同的分工，对学生口头表达作业完成情况及时进行跟进。
- 对各小组进行的课堂点评适时指导，对于选出的作业予以及时、客观、公正的评价，准备回答学生有可能提出的异议等。

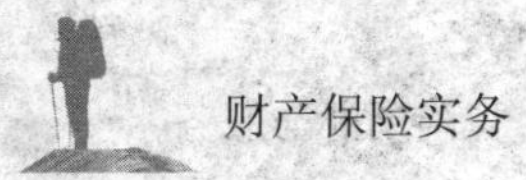

教学活动1　财产保险客户服务

活动目标

通过本部分的教学活动，了解与熟悉保险公司财产保险客户服务的实际操作流程，掌握其中的关键因素，能够使用自己的语言简单描述，并能够在实际业务中应用。

知识准备

对于保险这种无形的商品而言，服务本身就是商品。保险业作为金融服务业，所提供的产品是风险管理和金融理财服务，保险服务品质就是商品品质。随着消费者主权意识的提高，以及消费者自身知识和素质的提高，对保险公司提供服务的要求随之提高。现代保险公司的竞争除了产品和价格的竞争外，最为主要的就是服务的竞争。

一、保险客户服务的意义

客户服务从广义上可理解为以先进的技术支持系统为硬件，以产品开发、机构网点发展为支撑，以融合了管理创新的营销服务推广、提高从业人员素质、扩展服务功能为软件；把增强业务竞争力和扩大并稳定市场占有率，从而提高公司的品牌和市场价值、建立良好的社会形象作为终极目标的系统工程。

保险客户服务是指保险人与现有客户及潜在客户之间建立的一种良好的互动关系，通过畅通有效的服务渠道，为客户提供产品信息、品质保证、合同义务履行、客户保全、纠纷处理等项目的服务以及满足客户的特殊需求和对客户的特别关注而提供的附加服务。

美国寿险管理学会（Life Office Management Association，LOMA）的研究表明，企业的客户每年留存量增加5%，其利润就增加85%；有一个客户对公司不满意，将会告诉身边的8～10个人；建立一个新客户的成本，比留住一个老客户的成本高出约10倍左右。因此，完善的客户服务对财产保险公司的发展具有重要意义。

（一）财产保险客户服务是满足市场激烈竞争的需要

我国保险市场开放以后，保险客户对保险产品服务的要求会在外资公司先进服务技术和理念的刺激下迅速提高，国内保险公司如果准备不足，有可能在对比悬殊的竞争中很快被驱逐出市场。

（二）客户服务是满足消费者维权意识提高的需要

随着经济的发展和社会文明程度的进步，人们的自我意识不断觉醒，对保险服务提出了新的要求。构建智能化的保险客户服务信息技术平台，满足客户服务的要求，是实现优质客户服务的基础保证。

（三）良好的客户服务是实施顾客忠诚战略的基础

保险公司实施顾客忠诚战略有利于扩大市场份额，降低市场开发费用，增强公司利润。越来越多的保险企业逐渐认识到，忠诚的顾客是企业最宝贵的财富，多次惠顾的顾客比初次登门者可以为企业多带来40%～75%的利润。培养客户对公司的忠诚可以引导客户重复购买和投保各类险种；当保险公司推出新险种时，忠诚顾客的存在有利于很快地拓展市场，打开销路，节约保险新产品试发费用，增加公司利润。

（四）客户服务是保险公司形成核心竞争力的重要手段

对于保险公司而言，核心竞争力不再只表现为险种的更新、保险资金运用，更表现为向客户提供最佳保险服务的能力，包括管理、人才、技术、品牌等无形资源，这些资源不易流动，不易被复制，在竞争中发挥绝对优势。

二、保险客户服务的层次

（一）基础性服务

在基础性服务方面，以开发满足消费个性化、多样化需求的保险产品为龙头，以完善高效的技术服务系统为手段，以设置合理的组织机构和网点布局为支撑点，在立足市场、提高服务水平的前提条件下实现更高层次服务。

其目标是扩大保险产品的保障与服务功能，吸引客户群体，激发其保险需求欲望，通过提高购买保险产品的便利性和客户服务质量，增强公司业务竞争力。

（二）管理性服务

在管理性服务方面，建立适应市场的营销系统与高效的营销管理体制；培养高素质的展业队伍；拥有方便客户、体现客户和公司双方利益、完善健全的业务管理（核保、承保、理赔等）制度体系，以及实现上述服务功能的高效的员工队伍等。

其目的是促成业务规模（保费收入和资产管理规模）增长，提高契约继续率，降低公司经营风险，稳定并扩大市场占有率，提高资产经营效益。

（三）延伸性服务

保险业是一个讲求人性化的行业，同时混业经营的趋势也扩大了保险业务的服务范围。产品趋同条件下的差异化服务战略要求保险公司在提供保险保障的同时，还要提供相关的延伸服务和附加价值服务，实现保险的社会服务功能。

保险延伸服务是指保险公司利用自己的资源技术优势，为保户提供保险责任以外的服务，它是普通保险服务的延伸。在国外保险延伸服务已有较大的发展，欧美的一些著名保险公司都拥有自己的修理厂、鉴定中心、医院或康复中心，为保户提供免费或低价的保养、康复服务。日本的保险公司为保户提供保险卡，保户可以随时从银行提取现金，亦可用于查询保单等有关事项。我国的一些保险公司结合我国实际情况，开展一些符合现实要求，具有自己特色的延伸服务。例如，为保户提供与教育、再就业、家庭理财等方面相关的边缘服务，不断延伸和拓展客户群体。

三、保险客户服务的发展

财产保险公司的客户服务实践大致经历了以下三个阶段：第一个阶段是以保单为中心；第二阶段是以客户为中心；第三个阶段也就是目前的阶段，以客户关系管理或客户资源管理为核心。

（一）以保单为中心的服务阶段

以保单为中心的服务阶段，保险公司此阶段的服务以保险单的维护为核心，公司的系统设计也以保险单为单位，服务的内容基本上以保险合同变更和续期收费为主。服务强调的是物而不是人，是合同而不是合同的主体，是续期利益而不是人际关系。

（二）以客户为中心的服务阶段

以客户为中心的服务阶段强调客户的满意度，系统设计以客户为中心，内部流程重组以适应客户对简洁流畅作业的需要，公司开发出很多附加价值服务的项目以提高客户对公司的满意度和忠诚度，保险公司经营有了更多人性化方面的理念。

（三）以客户关系为核心的服务阶段

客户关系管理，也称客户资源管理，是在20世纪90年代出现的一种崭新的概念，它是一种旨在改善企业和客户之间关系的新型管理机制，实施于企业的营销、服务和技术支持等与客户有关的领域。其目标是一方面通过提供更快速和更周到的优质服务吸引和保持更多的客户；另一方面通过对企业流程的全面管理降低企业的成本。

客户关系管理既是一种理念，也是一套管理软件和技术，利用这些技术，企业可以搜集、追踪和分析每一个客户的信息，从而知道他们是谁、他们需要什么，并把客户想要的送到他们手中。客户关系管理还能观察和分析客户行为对企业收益的影响，使企业与客户的关系及企业盈利达到最优化。

客户关系管理的出现和发展与新技术的发展息息相关。互联网技术的发展及现代信息技术的广泛运用是新的服务观念和服务技术出现的基础。保险公司可以利用新技术不受限制地与客户接触，识别和区别对待每一个客户，最大限度地满足他们的要求。借助于客户关系管理软件，保险公司可以建立起与客户之间的学习关系，即在与客户的接触中了解他们的姓名、地址、个人偏好及购买习惯等，并在此基础上进行一对一的个性化服务。例如，一个客户为母亲的生日在一家花店订购鲜花后，花店会于次年他的母亲生日来临之前提醒他这个重要的日子；一个客户经过了一次旅行后，旅行社会记得他喜欢靠窗的座位和备有有线电视的旅馆房间等。

四、保险客户服务的内容

服务离不开一定的社会背景和技术背景，也离不开服务人员的知识背景和技术能力。从文化层面上讲，服务体现和反映特定的企业文化，是企业所有行为和理念的积久沉淀，体现企业长久经营的价值取向和道德标准。服务是产品的有机组成部分，服务和产品是不可分的，保险的客户服务就不局限于售后服务，而是体现在产品设计、营销、产品售后服务中，体现在公司经营的各个方面。

保险产品的销售过程即是对客户的服务过程，而且是一种全面的服务，其过程包括咨询、约访、面谈、缔约、收费等。如果保险标的发生了符合合同规定的保险事故，还包括审核、理赔、契约变更、附加价值服务等过程，还有可能发生投保人和保险人之间的法律申诉过程。这些复杂的过程可归结为三大类服务：售前服务、售中服务和售后服务。

【技能拓展】　财产保险建议书的内容和格式

◇前言部分

简短地介绍本保险建议书的内容，是整篇保险建议书的高度总结和概括，保险公司要借以表达对客户的尊重和良好的合作愿望。

◇项目简介

对本次财产保险项目总体情况进行简单扼要的说明，包括坐落地点、大体估价、总体风险描述、拟安排的保障险种等内容。

◇风险评估分析

对本次财产保险项目面临的风险进行识别和描述，作出定性和定量的分析，并对风险产生的后果进行评估。

◇风险管理方案

通过对风险进行分析和评估，向客户介绍有哪些具体的风险管理方式，保险仅为其中一种方式，可以有针对性地安排风险转移。对客户的风险进行分类，从客户的角度出发，建议哪些风险可以采取控制、自留，哪些可以通过保险来转移。

◇保险方案建议

这一部分是保险建议书最重要的主体部分，在风险管理和保险建议的基础上，提出有竞争力的承保条件。承保条件并非仅仅是费率，而是由承保责任、费率、限额、理赔承诺、保险期限、付款方式以及国际财产保险的安排等诸多要素组合而成。根据客户的风险特点及个性化要求，形成颇有竞争力的承保条件，努力达到充分保障客户风险控制、公司自身合理控制综合成本同时又能让客户最大限度节省保费的三大目标。

◇保险公司简介

介绍保险公司资信、历史、规模、市场份额、财务状况和承保能力、经营优势等，主要体现公司的专业性和可靠性。

◇承保及理赔经验

主要列举本公司承保和理赔的各类大型项目和要投标的类似项目进行介绍。如大项目承保经验、大项目理赔经验、与理算师的协作经验、国际分保的经验。

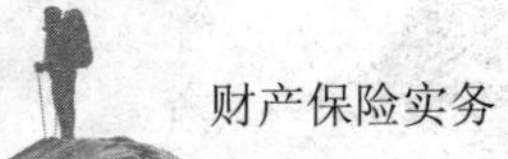

◇服务机制和承诺

详细说明保险公司的保险和理赔服务、理赔承诺、防灾防损服务、培训服务和其他服务的制度和安排，要求体现出针对本项目的独特性服务。

◇附件

包括保单样本、推荐险种的详细条款、理算公司简介、有合作关系的再保公司名单、专家服务小组部分管理和技术成员名单，及其资质、专业背景和经验、理赔手册等。

（一）保险售前服务

保险公司提供的产品应该多样化，以满足不同的市场需求、不同的社会层次、不同的年龄结构、不同的风险偏好。产品设计应该公平、公正、公开，保险公司不应以专业、晦涩的语言矫饰误导消费者，不以不公平的价格和条款蒙蔽消费者，设计的基础应该明示消费者。产品设计还应该追求创新，合理引导消费者。

保险公司能够提供给客户的售前服务主要是咨询服务。准保户在投保以前，必须要掌握有关保险的知识和险种类别、保费、一旦发生事故的赔付、缴费方式、保障责任、除外责任等方面的信息。

作为保险公司，除了通过各种人员和非人员的宣传来提供其产品服务以外，还要为保户提供信息咨询服务。咨询服务是保险展业活动开始的第一步，也是准保户了解产品和保险公司的第一步。从目前来看，保险公司提供的咨询服务可以通过以下几种方式来实现：

（1）电话咨询。准客户可以通过财产保险公司或中介机构的公开电话来了解保险产品信息和基础知识。

（2）窗口咨询。准客户可以直接到保险公司的窗口与保险业务员进行面对面的交流，索取有关的资料和信息。

（3）网上咨询。目前几乎各大保险公司都提供网上咨询的方式。通过互联网，准客户可以查询到自己感兴趣的保险信息，甚至可以在网上直接与服务人员交流，解决问题，并且可以与其他的保户进行沟通和信息互相传递。

（4）客户服务中心系统。即基于IP网络的客户服务中心系统的利用，包括电话、电子邮件、互联网和动态视频等多媒体形式为客户提供服务，并能详细了解和保存客户资料，及时了解客户的需求，为客户提供个性化服务。

【技能拓展】　财产保险建议书的写作要求

◇要有一定的篇幅

保险建议书是客户了解风险和保险转移以及选择保险公司的重要资料和信息来源。因此，保险建议书的篇幅不宜过短，要对这些内容有全面和详尽的描述和分析，让客户通过保险建议书来了解保险公司为其提供了哪些保险保障，以及保险价格、服务理赔等。

◇要有必要的附件

附件也是必不可少的，对需要特别提供的相关证明资料，以附件的形式与保险建议书一并装订，给人以非常信服的感觉。

◇要有相关的图片

对于项目介绍和大项目理赔经验及类似项目理赔经验介绍时，最好有针对性地插入将要保险的项目有关图片，或对理赔实例配上照片，让客户有更加感性的认识和印象。

◇要有一定的装帧

高质量的保险建议书还要设计封面、打印装帧。最好找专业的公司设计和装帧，这样才能体现出保险公司的专业与价值，也表达出对客户及项目的重视。

（二）保险售中服务

售中服务是指保户决定投保后，保险营销人员在合约的签订过程中提供的各项服务。其中，比较关键的是下述两个方面。

1．指导投保人正确地填写投保书

投保书是人身保险合同中的重要组成部分，一般的投保人对于它的填写并不十分了解，因此，这就需要营销人员以专业水准指导投保人准确完成。并且还要把投保后的利益和责任详细告知投保人，而不可以只介绍利益，不讲解责任，使投保人的权益得到正常的维护。这就需要拥有一支具有一定专业素质的销售队伍。销售人员的专业素质和服务意识是一家公司服务战略和策略的重要组成部分，这支队伍的状况从某种程度上决定了客户服务的状况。营销人员针对不同的交易偏好、不同产品的销售特点，以及新技术带来的各种可能性，开发多样化的销售渠道。

2．给予客户恰当的保险保障建议

保险营销人员要耐心地从客户的需要出发，分析客户的风险情况，恰当地建议客户的投保。重大项目的财产保险可以为客户制作保险建议书。保险建议书是针对投保人的风险，对投保人的风险进行分析，使其对自身的风险有初步的认识，并在风险管理的基础上给投保人一个初步的保险建议。保险建议书通常是保险公司给被保险人尤其是高层领导的第一印象，它反映公司的专业水平和技术优势，体现公司的竞争优势，是客户是否接受保险公司专业技术服务的基本参考。

（三）保险售后服务

售后服务是指在客户签单后保险人为客户提供的一系列服务。售后服务对保险公司的经营来说是至关重要的。从客户角度看，售后服务是感受保险公司专业形象和业务人员关爱的最重要途径；从业务员角度看，售后服务是开拓市场、维护市场、编制新的人际网络的有效方法；从保险公司角度看，售后服务是取信于民、永续经营的重要手段。

1．防灾防损服务

保险是风险分散机制，可转嫁损失但不能消灭风险。保险商品在售出之后，即保险承保后，为了尽量减少保险标的损失的发生，保险人要协助被保险人采取各项防灾防损措施，防止各种自然灾害和意外事故的发生和损失的继续扩大。

财产保险防灾防损是指在财产保险运行过程中，保险人自已采取措施或者促使被保险人采取相应措施，消除或减少风险发生的因素，防止或减少风险损失，降低保险成本，提高经济效

益的行为。财产保险防灾防损作为保险经营环节之一，对于社会、企业和个人，以及保险公司自身都具有十分重要的意义。

2. 到期续保服务

对于保险公司来说，续保业务关系到保险业务能否持续稳定地发展，地位十分重要。首先，续保业务可以帮保险公司积累风险数据，便于掌握到每一位客户的累积风险数据；其次，续保是利用与投保人之间建立起的信任关系，对于稳定公司的业务量有着非常重要的作用；另外，续保业务相对于新开拓业务，展业成本相对较低，对于减少展业的工作量，降低保险营业费用起了很大的作用。

对投保人来说，保险公司的续保工作实际上是衡量保险公司服务水准的标准之一。保险公司及时续保，不仅可以使投保人获得持续不断的可靠保险服务和保险保障，作为投保人还可以在服务项目和保险费率方面得到优惠。

【知识链接】 财产保险续保时的注意事项

保险公司营销人员或客户服务人员在保险单到期前一个月应通知被保险人办理续保手续。一般应根据保险登记本填制“保险到期续保通知书”送交投保人，也可由营销人员逐户送达，以便到期前办妥续保手续，避免保险中断。

续保过程中应注意以下问题：

（1）投保人提出续保申请时，保险公司应及时审核保险标的，避免保险期间的中断。

（2）注意保险标的所有权是否已转移，投保人是否还具有可保利益。

（3）根据保险标的的危险程度，对保险费率作出相应的调整。

（4）根据投保人上一年保单的赔付情况，适当调整承保条件和费率。

（5）充分考虑通货膨胀因素，使续保后的保险金额与生活费用指数的变化相一致，使被保险人获得充足的保险保障。

3. 合同变更服务

在保险合同有效期内，投保人和被保险人的情况可能发生变化导致保险合同内容相应的变更，若投保人要求变更保险合同，应先填写更改保险合同的申请书，业务部门查看投保人的申请后，出立批单予以更正。签发保险单后，若保险事项有变动，如投保人姓名、保险标的所在地址、保险财产危险程度等，投保人应及时申请办理批改手续。由投保人提出书面申请，经签章后，连同保险单一并交保险人，保险人凭此签发批单。

批单文字应力求简练，一式两份。经核保人审核后，由内勤签发，分别贴在保险单的正、副本上，并分别加盖骑缝章。签发批单应另行统一编号。投保人的申请批改书应与投保单一起存档。凡是保险费有增减变化的，应列明加费或退费公式。对加费的，在签发批单时，应开具加收保险费收据一式三联，持其中第三联与批单正、副本向投保人收取加收的保险费。第二联与批单副本送会计部门，会计签章后将批单副本退回业务部门。按规定退保险费的，签发批单时可多复写一联副本送会计部门。投保人在退保险费收据上签字盖章，保险人确认退保险费所达的户名及账号是否是投保人，以杜绝诈骗行为。

4．合同附属服务

如果保险合同条款规定可以退保的，一旦被保险人提出退保申请，保险人除耐心讲解劝导外，不得强加阻拦，或者设置繁琐手续损害被保险人的利益。退保时一定要将未满期的保险费按规定退还给保户。

在保险合同有效期内，被保险人因某些变动而要求办理到原签单单位以外的机构继续享受保单权益、履行保单义务的，保险公司要为被保险人提供保单迁移的变动手续。如果客户的保单不慎遗失或损毁，可申请挂失并补发，保险人在核实基本信息的基础上应迅速办理并交与客户。

5．保单附加服务

保单附加服务并不是直接与保险业务有关的服务项目，而是财产保险公司在业务之外对保险客户提供的额外服务。这种服务通常附加在保险单上，如保险公司对大客户开展的一些免费培训、联谊、咨询等服务。

保险公司开展附加服务的主要目的是为了加强投保人和保险人之间的沟通，及时了解客户的具体服务需求。总之，保险公司的人员要善于利用公司已有的条件，尽量做好售后服务，赢得客户的信任，客户群体才会源源不断地增大。

教学活动2　财产保险防灾防损

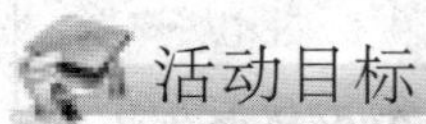

活动目标

通过本部分的教学活动，了解与熟悉财产保险公司防灾防损的重大意义与实务流程，掌握其关键因素，并能够使用自己的语言简单描述。

知识准备

一、财产保险防灾防损的含义

财产保险防灾防损是指在财产保险运行过程中，保险人自己采取措施或者促使被保险人采取相应措施，消除或减少风险发生的因素，防止或减少风险损失，降低保险成本，提高经济效益的行为。

与人身保险相比较而言，防灾防损工作在财产保险公司的经营活动中更为普遍。财产保险防灾防损作为财产保险业务经营的重要环节之一，对于社会、企业和个人家庭，以及保险公司自身都具有十分重要的意义。

（一）减少社会财富的损失，提高财产保险的社会效益

财产保险的基本职能是进行经济补偿。财产保险人的责任在于当被保险人的投保标的物发生了保险责任范围内的损失时，保险人给予经济补偿，使被保险人能迅速恢复生产或安定生

活。但是从社会角度看，经济补偿仍然是消极的，社会财富的损失虽然可以通过保险给予经济补偿，但物质损失毕竟是无法挽回的。尽管不排除财产保险承保人开展防灾防损的目的是为了自身的经济效益，但财产保险防灾防损通过一些防灾防损措施，避免灾害事故的发生或减轻灾害事故所致的财产损失程度也是毋庸置疑的。因此，通过财产保险的防灾防损，可以减少社会财富的损失，保障财产安全，实现财产保险的社会效益。

（二）有利于降低损失赔付率，提高保险企业的经济效益

自然灾害、意外事故等会造成社会财富的损失，只要属于保险责任范围，保险人就要支付赔款。灾害事故发生的次数越多，损失程度越多，保险公司的赔付率就可能越高。因此，保险人加强防灾防损，可以在减少社会财富损失的同时，减少自身的赔款支出，降低保险经营成本和赔付率，提高保险企业的自身经济效益，以更低的费用为被保险人提供更优惠、更充分的服务。

（三）有利于降低保险费率，刺激投保企业的保险需求

根据保险标的的出险频率和损失程度等因素确定的保险额损失率，是财产保险费率的主要制定依据。通过保险的防灾防损活动，可以降低风险损失发生的概率，减少风险所致的损失程度，进而减少保险赔款支出，为保险人降低保险费率创造有利条件。因此，搞好财产保险的防灾防损工作可以在一定程度上减轻投保人的保费负担，刺激投保人对财产保险的自然需求，增大有效需求，并进一步刺激保险人增大供给量，扩大承保面，促进财产保险业务的发展。

【拓展阅读】　灾害频发凸显防灾防损核心价值

我国自然灾害种类多，发生频繁，灾情严重。因气象灾害每年有20%～30%的农作物受灾，倒塌房屋200多万间，造成了巨大的经济损失。民政部救灾救济司司长王振耀透露，在过去20年中，我国自然灾害造成的直接经济损失平均每年为1 000亿元人民币，这还不包括人员伤亡。瑞士再保险公司亚洲区巨灾风险经理贺路慈认为，地震对中国的危害最大，它可能造成的潜在经济损失达到6 000亿元人民币，台风可能造成的经济损失为3 000亿元人民币，洪水可能造成的损失为2 000亿元人民币。

灾害事故的频繁发生，更加显现了保险公司防灾防损工作的重要价值。“保险公司的防灾防损工作是保险对社会的最大贡献之一。通过防灾防损工作可以有效地保护社会和客户的财产不受损失，为客户的生产经营保驾护航。”中国平安财产保险公司产险风险控制中心主任乔士平介绍说。防灾防损工作首先通过风险查勘、风险分析等方法，确定客户的风险大小，然后有效利用工程技术、经济手段来改善客户的风险状况，预防与减少灾害事故的发生，降低保险标的损失的严重程度，从而提高客户抵御风险的能力，最终达到保险公司与客户双赢的目的。

乔士平表示：“简单概括防灾防损的工程流程，就是要从承保前、承保后、灾害来临前、出险后等多个层次全方位地开展工作，这样才能有效地控制风险。”中国平安财产保险公司作为中国国际减灾委员会成员之一，一直积极参与各项防灾减灾活动以及采集和整

理防灾减灾文汇、资料。早在1995年，平安产险就在财产险部专门设置了风险控制中心，负责防灾减灾的具体工作。每年年初，风险控制中心要根据以往全国灾害状况和对本年度的灾害预测，编制防灾减灾工作计划，其中突出对防汛、防洪、防台以及防火的预防方案和工作部署。

二、财产保险防灾防损的分类

财产保险的防灾防损从采取措施的目的不同来划分，可以分为预防灾害事故和抑制灾害损失两大类措施。

（一）预防灾害事故，降低发生频率

财产保险进行防灾防损，首先必须采取一定的预防措施，以消除或减少灾害损失发生的原因，降低损失频率。如为蔬菜、瓜果等保险标的喷打农药就属于预防措施，这样能减少病虫害的发生。又如，接到洪汛通知后及时转移保险财产到安全地带，这也属于防损措施。预防措施一般采取于灾害损失发生之前。

（二）抑制灾害损失，减轻损失程度

在采取预防措施后，如果仍然发生了不幸事故，就需要进入防灾防损的第二个环节，即采取抑制措施。抑制措施就是直接面对风险采取措施以控制灾害的扩大，减轻受损程度。换言之，抑制措施也就是通常所说的施救、整理、保护措施。例如，遇上旱灾，保险公司与气象等相关部门联合开展增雪、增雨作业，以有效缓解旱情，保证农作物的生长，避免或控制旱灾对农作物造成的损失；遇上冰雹灾害，可以根据实际情况，在冰雹即将发生的“重灾区”进行人工防雹作业，以减轻或抑制雹灾带来的损失。

为鼓励被保险人采取抑制措施防灾防损，保险公司通常对被保险人因施救、整理、保护所支付的合理费用予以补偿，但保险公司的补偿以保险金额为限。抑制措施一般采取于灾害损失发生过程中或发生后，重点在阻止损失蔓延，减轻损失程度。

三、财产保险防灾防损的方式

财产保险防灾防损的基本方式主要有三种，即合同方式、法律方式及技术方式。其中，合同方式和法律方式主要是国家乃至保险人促使被保险人防灾防损的方式，而技术方式则主要是指保险人自己围绕防灾防损的有关技术而采取的方式。

（一）合同方式

合同方式是世界保险业进行防灾防损普遍采用的重要方式。在财产保险合同条款中，一般都规定被保险人有安全管理及施救、整理、保护等义务，并规定被保险人若不履行条款规定的有关义务，保险人有权拒绝承担赔偿责任或终止保险合同，这种规定以合同形式促使被保险人在保险期间搞好防灾防损，既保证了保险人的合法权益，又有助于实现防灾防损社会效益。

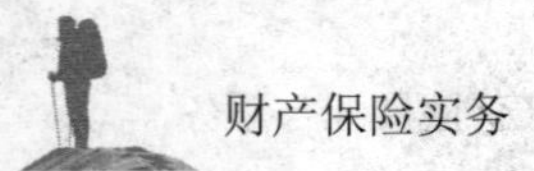

在财产保险合同签订时，保险人通常根据被保险人的风险防范情况确定适用的保险费率，即为促进防灾防损工作。保险人一般对重视防灾防损工作、有较健全的防灾防损的组织措施、配备了先进的防灾设施的被保险人或者是防灾先进单位，收取较低的保险费，反之，则收取较高的保险费。在财产保险合同续保时，对保险期限内无事故的被保险人，保险人应该实行无事故保费优待，这样既可以鼓励被保险人续保，又能从费率上刺激被保险人重视保险标的的安全、减少风险损失的发生。

（二）法律方式

法律方式是指通过国家颁布有关的法律规定来保证财产保险防灾防损的实施。法律是国家依照立法程序规定，强制保证执行的行为准则。涉及财产保险防灾防损的法律规定，主要是指保险法律、法规、部门规章及其相关经济法规。

我国《保险法》第五十一条规定：“被保险人应当遵守国家有关消防、安全、生产操作、劳动保护等方面的规定，维护保险标的的安全。保险人可以按照合同约定对保险标的的安全状况进行检查，及时向投保人、被保险人提出消除不安全因素和隐患的书面建议。投保人、被保险人未按照约定履行其对保险标的的安全应尽责任的，保险人有权要求增加保险费或者解除合同。保险人为维护保险标的的安全，经被保险人同意，可以采取安全预防措施。”

（三）技术方式

技术方式是指财产保险公司专门设立防灾防损部门，专职从事防灾防损的技术工作。财产保险防灾防损部门的基本职责包括以下几个方面。

（1）专门从事财产保险防灾防损的技术研究。保险防灾防损部门要对长期的风险损失资料进行收集、整理、归类，研究风险事故发生的规律，分析损失发生的时间、地点、原因及程度等，开展灾害损失风险评估，建立灾害损失风险数据库和灾害风险管理模型，同时运用各种减灾手段，加强防灾防损的工作，确定财产保险防灾防损的工作重点，克服防灾防损工作的盲目性，为搞好防灾防损提供技术依据。例如，防灾防损部门从公司历年承保的保险标的发生自然灾害和意外事故的一般规律和特点人手，在分析历年火灾、爆炸、暴风和暴雨等事故发生的时间、损失的范围和赔款金额的基础上，不断摸索防灾工作的基本规律，并提出言简意赅、具体实在、可操作性强的防灾防损建议。

（2）在承保前进行风险评估，承保后指导防灾防损，出险后做技术鉴定，以减少事故的发生和不合理的赔款。例如，在灾害来临前，尽快、尽早地上门服务，通知保户做好防灾工作如转移财产等，或通过发电传和手机短消息及时预报灾害信息，使保户在灾前做好充分准备，把损失降到最低限度。

（3）保险防灾防损部门要向理赔人员提供技术援助。在发生灾害事故时，防灾防损人员应该及时到现场，从技术上协助财产保险理赔人员确定出险的原因及损失程度等情况，并总结经验教训，提出今后防范风险的建议。

四、财产保险防灾防损的内容

（一）加强同社会防灾部门的联系与协作

保险人应建立健全横向协调机制，主动与政府各职能部门密切联系，特别是要与公安、消防、卫生、法律、民政、气象等社会防灾部门建立制度化的合作，整合资源，实现信息共享，从而形成一个强大的社会化防灾防损的网络体系，避免和降低灾害对社会的损害。

保险人还应协调保险行业协会建立风险监控网络体系，对防灾防损工作的最新信息予以通报，加强信息的交流和沟通，使保险人能够及时了解防灾防损工作的最新动态，也可以使保险人更有针对性地开展工作。同时将有灾害隐患而又拒不整改的客户在行业内予以通告，以防范全行业的风险。

此外，作为社会上专门从事风险管理的主体经营单位，保险人还可以利用自身的信息及技术优势为社会提供各种防灾防损服务，如风险咨询服务、灾情信息服务和安全技术成果推广服务等。

（二）积极提取建立防灾防损专项运作基金

保险人应按保费收入的一定比例提取防灾基金，作为财产保险防灾防损的专项费用，资助有关部门开展防灾防损工作，用于添置防灾防损设备或安全奖励等。这是防灾防损工作最有实际成效的重要措施之一。

防灾专项基金使用的原则应该是先急后缓、突出重点、统筹安排。具体而言，一是用于重大事故隐患的整改。对投保单位存在的危及安全的重大隐患，又确因资金问题无力整改的，承保公司可以利用防灾基金给予适当的补助，以济急需。二是用于防灾宣传。除了承保公司自身的防灾防损宣传支出外，还可以拨给消防、交通、治安、劳动、卫生等安全监督机关一定的防灾基金，由其宣传或进行有关安全人员的业务、技术培训。三是用于购置必要的防灾防损设备。如有计划有重点地添置一部分检查仪器和特种车辆，为投保单位添置一些必要的防火、灭火器材等。例如，美国的一些财产保险公司为搞好防灾防损，减少社会财富的损失，扩大保险公司的影响，对相关单位资助了汽车和高速公路的安全设计。四是用于奖励在防灾防损工作中作出突出成绩的先进单位和个人。

（三）不断进行防灾防损的宣传咨询工作

保险人应该大力宣传普及防灾防损知识，通过开辟报纸、网站专栏，赠送保险防灾防损知识影片、书籍活动，加强与保险消费者及社会防灾防损部门合作等多种方式，不断丰富和完善保险消费者防灾防损教育的形式和内容。同时，发挥行业协会宣传委员会作用，整合行业宣传力量，广泛开展社区性防灾防损宣传、咨询活动，编辑发放防灾防损知识手册，加强防灾防损宣传。

在保险展业时更应强化防灾防损的宣传。既要宣传保险防灾防损的工作和所能提供的安全管理服务，使社会各界意识到保险不仅具有经济补偿职能，还能发挥防灾防损作用，改善保险在社会中的形象；又要宣传被保险人防灾防损的义务，使被保险人明了权利与义务对等的原则，增强对保险标的安全管理的责任心，充分履行自己的应尽义务；还要宣传防灾防损的基本常识及有关的安全法规、法令，以更好地防范风险，提高对防灾防损的认识，并能采取有效措施减少灾害事故造成的损失。总之，保险人应根据不同时期的不同特点，研究制订其宣传计划，并使这项工作制度化，保持工作的连续性。

（四）建立企业安全管理设施和制度的检查机制

在承保时和承保后，保险人要对保险标的进行检查，了解和熟悉被保险人的基本情况，如保险标的所处的位置、面临的风险状况，被保险人防灾防损的措施、设备，各项安全制度的制定与执行情况等。在检查中，若发现不安全因素和事故隐患，保险企业要向被保险人提出及时整改的建议（如对高层建筑建议安装自动喷水灭火装置）。整改建议应摘录存档，并在提出整改建议后予以复查，确保保险标的安全。保险企业应尽可能通过整顿措施的提出和实施，使一些本来不合格的业务变为可能接受的业务，扩大承保面，消除事故隐患，减少保险财产的损失。

总而言之，财产保险的防灾防损工作具有十分重要的意义，保险人必须强化这项工作，并将其贯穿于保险经营的各环节。只要真正重视并切实实施防灾防损，建立一套保险人规范运作、投保人严格自控的防灾防损体系，有效地控制风险，才能实现保险业经济效益和社会效益的统一。

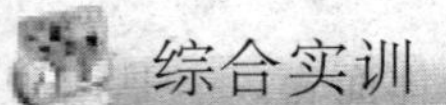

综合实训

【实训目标】

通过本部分实训，使得学生能够在理论上和实务中掌握财产保险展业与服务的重点专业名词和基本理论，区分不同的业务种类和展业对象并进行财产保险展业与服务，体现保险公司的专业价值，为客户提供更好的服务。

【实训任务】

一、重要名词

财产保险展业	直接展业	间接展业	保险代理人展业	展业服务
保险经纪人展业	展业准备	展业宣传	财产保险招投标	延伸性服务
重大项目	保险客户服务	基础性服务	管理性服务	防灾防损
财产保险建议书				

二、思考讨论

1. 简述财产保险展业的概念与意义。
2. 财产保险的展业渠道有哪些？
3. 财产保险的展业策略有哪些？

4. 财产保险的展业方法有哪些？
5. 什么是财产保险招投标？
6. 简述财产保险的重大项目承保。
7. 简述财产保险客户服务的意义。
8. 财产保险客户服务的内容有哪些？

三、情景模拟

如何拟定加油站保险方案

下表为某个市内加油站的一些与财产保险有关的信息，请根据表中的各种信息的内容，为该加油站设计一个适合的保险方案。

财产保险标的	固定建筑物、油罐及管线、加油设备、供热及取暖设备、电气线路及设备、办公用具和家具、值班休息用具和家具、库存商品（存货），仅包括符合国家标准、准予公开销售的各类汽油、柴油、带有包装物的润滑油脂产品、汽车洗车房、洗车机、手提电脑、掌上电脑、移动通信工具、照相及摄像器材、手表、现金、现金支票及有价证券、文件、账册、档案、图纸、机动车辆及载于机动车辆或机动加油设备中的存货、被保险人雇员的个人财产、办公用系统软件及计算机资料信息
坐落地理位置	市区内
周边地理环境	离居民住宅不远
消防设施距离	附近没有消防设施
风险控制措施	装有避雷设施、防盗预警设施、防火警示标语、消防栓
操作人员素质	经过考核上岗
可能风险隐患	火灾、爆炸、雷击、战争、暴乱；暴雨、冰雹、洪水、台风、飓风、龙卷风、泥石流、地震；空中运行物体坠落、外来物体倒塌、碰撞；盗窃、抢劫行为；供电、供气、供水的突然中止，管线破裂引致保险标的浸没、淹湿、泄漏损失；设计、制造、安装错误、电器短路、供油设备自身缺陷；操作人员操作失误、缺乏经验或技术不善及其过失行为、物理性爆裂
潜在损失类型	财产损失、产品责任、公众责任、雇主责任
防灾防损建议	增设产品检验和设备维护专业岗、定期对操作人员进行培训和业务指导

情景分析

可保风险包括：火灾、爆炸、雷击；暴雨、冰雹、洪水、台风、飓风、龙卷风、泥石流；空中运行物体坠落、外来物体倒塌、碰撞；外来的、留有明显痕迹的盗窃、抢劫行为；由于上述原因导致被保险人自有设备供电、供气、供水的突然中止，及其管线破裂引致保险标的的浸没、淹湿、泄漏损失；油罐及管线、加油设备、供热及取暖设备、电气线路及设备由于设计、制造、安装错误、电器短路、经考核合格的操作人员操作失误、缺乏经验或技术不善及其过失行为；物理性爆裂等原因引起的自身损失 。

可保财产标的包括：固定建筑物、油罐及管线、加油设备、供热及取暖设备、电气线路及设备、办公用具和家具、值班休息用具和家具、库存商品（存货），仅包括符合国家标准、准予公开销售的各类汽油、柴油、带有包装物的润滑油脂产品。

拟定保险方案：【方案A】加油站综合保险。

【方案B】企业财产保险+产品责任保险+公众责任保险+雇主责任保险。

保险方案选择：方案A保障全面，节约保险成本，是优选方案。

参考文献

[1] 李丞. 保险理论与实务[M]. 北京：中国财政经济出版社，2005.

[2] 郑祎华. 保险学[M]. 北京：中国科学文化出版社，2007.

[3] 张洪涛. 保险核保与理赔[M]. 北京：中国人民大学出版社，2006.

[4] 刘金章. 财产与人身保险实务[M]. 北京：中国财政经济出版社，2005.

[5] 许瑾良. 财产保险原理和实务[M]. 上海：上海财经大学出版社，2010.

教学项目六

家庭财产保险

【知识目标】

- 家庭财产保险的基本概念和特征
- 家庭财产保险的职能和作用
- 家庭财产保险的分类
- 家庭财产保险的承保理赔处理

【技能目标】

- 能够准确描述家庭财产保险与财产保险的联系与区别
- 能够识别家庭财产保险的不同分类
- 能够掌握家庭财产保险承保业务和理赔业务的操作要点
- 能够计算家庭财产保险业务理赔金额

投保了家庭财产保险却遭拒赔

张某于2014年7月份买了一处新房，同年10月，张某通过房屋中介将原来的房屋租给了外地来打工的李某，但为了原房屋的安全着想，张某在11月份为原房屋投保了一份家庭财产综合保险。在房屋租赁期间，张某与李某多次发生一些不愉快的争执，2015年6月两人又发生了更大的争吵，张某便给李某下了逐客令，要求他赶紧搬家。但因为合同没到期，李某要求补偿，遭到张某的拒绝后李某坚持不搬走，后张某便找了家里的几个亲戚来到李某住处，强迫李某给搬走了。李某因此怀恨在心，在搬走后的第三天夜里用手里的备用钥匙打开了张某家的门，将洗手盆的下水堵死后打开自来水然后离开，等张某接到邻居电话赶到时，水已经将楼下住户家里管道冲了。张某报了警，同时也向保险公司报了案，警察初步确认是有人打开房门进屋，故意行为造成的这次水淹事故。张某便怀疑了李某，并且在事故发生当天有人在小区门口看见过李某，于是警察进行了立案调查。同时，楼下住户要求张某赔偿，张某便向保险公司提出赔偿，保险公司经过调查核实后，对张某下了拒赔通知书。张某不服故提起诉讼。

张某认为：我在保险的时候已经加了水渍险，保险公司就应该赔偿，在购买保险的时候保险公司并未说人为因素不给赔，并且保单上也未注明由于外来人员的故意行为不给赔，保险公司要承担不如实告知责任。

保险公司认为：张某在购买保险的时候，保险单上已经注明相应的保险责任，只有在责任限定内的保险公司负责赔偿，限定以外的任何责任都不会赔，因为每一个条款都有相对应的保险责任。对于此次事故张某也是要承担责任的，当他将李某赶出后就应当将房屋的锁换掉，但张某并未对房屋的锁进行更换，故违反了《保险法》第三十六条的规定，被保险人应当遵守国家有关消防、安全、生产操作、劳动保护等方面的规定，维护保险标的的安全。故保险公司不予赔偿。

法院经过调查审理后，认为这是一起由第三者故意行为造成保险标的的损失的案件，保险公司不承担赔偿责任，应由第三者赔偿。

保险公司在制定条款时，对被保险人承担的保险事项作以详细说明，并将此保险责任列于保单上，当投保人在购买保险时应仔细查看明保单上所注明的保险责任和责任免除事项。

随着社会环境的变化，人们在生活、工作、交往中所接触到的群体会越来越广泛，所涉及的人为事故和人为因素会越来越多，这些人为因素是我们在社会生活中所不能去预防和避免的，所以这些因素保险公司也都会参照有关法律、法规详细注明它的限定范围。对于有些注明可保的部分，当保险事故发生后保险公司都会予以赔偿，对于责任限定以外部分保险公司都不予以赔偿。

学习任务一　认识家庭财产保险

【学生任务】

- 要求每个学生课前预习相关内容，结合已经学过的知识来理解家庭财产保险的相关内容，能够用自己的语言来描述家庭财产保险与财产保险及相关概念的联系与区别。
- 要求每个学生提高课外阅读量，说明家庭财产保险业务发展的前景如何，根据自身理解，结合具体案例写出不少于800字的书面作业。
- 将学生随机分组，按小组选出若干份作业在课堂上进行点评，学生间相互评出每一份书面作业的优劣；学生对作业进一步修改后提交教师，以便教师进行评价。

【教师任务】

- 指导学生在相关专业网站上查找所需资料，启发学生理解家庭财产保险业务的重要意义和作用。

- 提示学生完成书面作业所需要关注的主要知识点，如家庭财产保险的含义、作用、特点、保险责任内容等，与相近的保险专业名词的区别与联系，保险法规的相关监管规定等。
- 指导学生分组，在小组内对学生进行不同的分工，对学生书面作业完成情况及时进行跟进，督促其按时完成。
- 对各小组进行的课堂点评适时指导，对于选出的作业予以及时、客观、公正的评价，准备回答学生可能提出的各种异议等。

教学活动1　掌握家庭财产保险的含义

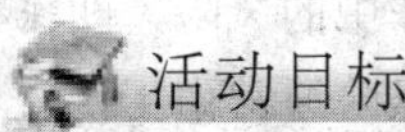

活动目标

通过本部分的教学活动，熟练掌握家庭财产保险及其相关的专业名词，理解家庭财产保险的特征和作用，并可以在保险实务中加以正确应用。

知识准备

家庭财产保险是财产保险中的传统业务，具有保源广、费率低、保障程度高、社会效益好等特点，在保险业务比较发达的国家普及程度很高，一般的投保率均在70%以上。我国1979年恢复国内保险业务以来，家庭财产保险作为“老三险”（企业财产保险、家庭财产保险、车辆保险）之一，在财产保险领域具有比较重要的地位。

但现在随着人民生活水平的提高，家庭贵重物品的增多，各种家用电器、新式家具以及其他耐用消费品进入千千万万个家庭，农村居民普遍都盖起了新房，越来越多的城镇居民也购买了楼房，因此居民的投保需求理应进入上升通道，但是家庭财产保险的发展却长期缓慢。目前我国家庭财产保险保费收入不足整个财产保险收入的5%，为此，中国保险监管部门曾在非寿险投资型保险产品国际研讨会上提出，希望非寿险公司大力开发投资型保险产品，也就是希望家庭财产保险在原有的传统型险种的基础上，增加新型险种，搞活市场，促进家庭财产保险业的发展。

一、家庭生活面临的风险

家可以说是人们生活的港湾，安全性是家庭成员对家的第一需求。然而，家又是一个充满着各种潜在风险的地方，各种各样的灾害事故威胁着城乡居民的人身财产安全，一些发生在家中的灾害事件甚至还会损害到来访做客的亲朋好友。所以说，家并非是一个平静的港湾，它事实上面临着各种潜在的风险，一旦风险发生，必然导致家庭财富减少，生活水平下降，甚者会造成倾家荡产的严重后果。因此，家庭同样需要重视风险管理，并需要利用保险的方式来转移自己面临的各种风险。

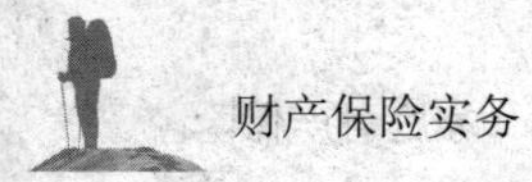

一般情况下，城乡居民在家庭生活中主要面临着四大类的潜在风险，这些风险的具体内容包括如下几个方面。

（一）财物损失风险

家庭与各企事业团体一样，也面临着各种自然灾害与意外事故的威胁，如地震、洪水灾害会造成住房损毁，火灾会烧毁室内财物，交通事故可能毁坏私人的交通工具，私人财物还面临着被盗的风险等。

（二）人身意外风险

家庭中的人身风险是指各种灾害事故可能造成家庭成员意外伤亡的风险。它的来源一般可以分为三个方面：一是室内风险，即出现在住宅内的灾害事故，如火灾、液化气罐爆炸、触电事故、意外跌倒等，均可能造成家庭成员的伤亡。二是室外风险，即源于住宅外部的风险，如邻居火灾波及、各种自然灾害等，往往是家庭成员无法控制的风险。三是工作中的风险，即家庭成员在职业工作中遇到的风险，如工伤事故、职业病等。当然，工作中的风险通常由工伤社会保险或强制性的雇主责任保险来解决。

（三）民事责任风险

在一个法制健全的社会里，民事责任风险是家庭面临的又一类现实的风险。家庭民事责任风险来源于三个方面：一是家庭成员侵权行为责任，它是指家庭成员的个人侵权行为会导致受害者的索赔，如小孩玩火引起邻居家火灾、骑自行车撞伤他人等，均是一种侵权行为，行为人或行为人的监护人均须对损害后果负法律赔偿责任。二是家庭静物意外责任，它是指家庭所有或管理的静物发生意外而导致他人财产损失或人身伤亡而依法应负的损害赔偿责任。如阳台上的花盆掉下砸伤了行人、住宅因施工缺陷倒塌而连带损害邻居住宅等，屋主均须对他人的损失负法律赔偿责任。三是家庭饲养动物侵权责任，它是指因家庭或家庭成员饲养的各种动物伤害他人财物或人身而依法应负的法律赔偿责任，如家庭饲养的狗咬伤他人即属于家庭动物责任，法律规定狗的饲养者应当对伤者负赔偿责任。再如客人到来后因住宅内的意外灾祸而受害，作为主人在法律上依然负有法律赔偿义务。

（四）其他种类风险

除上述三类风险外，家庭客观上还面临着诸如信用风险等在内的其他风险，如个人投资失败、个人借贷无法清偿等，这些风险同样直接威胁着家庭生活的稳定。

二、应对家庭风险的保险

前述分析表明，家庭面对的风险是多方面的，任何家庭虽然并不必然成为各种风险的受害者，也不必然不会成为各种风险的受害者，因为各种灾害事故发生的不确定性决定了它并不特别地喜欢某一部分人，也不会对另一部分人特别厌恶。因此，每一个家庭客观上均可能成为各种风险的受害者，从而需要寻求有效的风险管理对策。一般而言，加强家庭内部的风险管理，平时小心防范，外出注意安全，摆放好各种财物，经常检查电气设备安全，做好安全防盗工作等，均是城乡居民通常采取的风险管理措施。

毫无疑问，这些措施都是必要的，但无论做得多好，都只能减少风险而不会消灭风险，这基于两个原因：一是有些风险是人力所不可抗拒的风险，比如自然灾害。二是任何防范措施都不可能是十全十美的。尽管家庭储蓄也能够补偿损失，但风险损失的不确定性却往往给家庭计划造成重大的甚至是无可挽回的冲击。因此，利用保险方式来转嫁风险便成为越来越多家庭的时尚选择，它能够将家庭面临的许多风险及事先无法确定的风险损失转化为一笔固定的、数额较低的日常开支，从而成为确保家庭生活稳定、安全可靠的重要保证。

面向家庭的保险其实是一个庞大的体系种类，从保险人经营的保险险种类别来看，应对家庭风险的保险包括但是不限于如下三类。

（一）家庭财产损失保险

家庭财产损失保险包括属于火灾保险范畴的普通家庭财产保险、私人交通工具保险、住宅建筑及装修工程保险、种植业与养殖业保险等若干具体险种，上述保险的共同目的就是保障投保人或被保险人在家庭物质财富上的利益不受约定的保险风险损失。

（二）家庭成员人身保险

家庭成员人身保险包括意外伤害保险、医疗保险、人寿保险等，这些保险为家庭成员的安全、健康与养老等提供着经济保障。除人寿保险外，短期意外保险与短期医疗保险尽管其保险标的为人的身体和生命，但因其特性，财产保险公司也可以经营。因此，国际上多将短期意外保险和短期医疗保险与各种财产和责任保险业务统称为非寿险。

（三）家庭或个人责任保险

家庭或个人责任保险包括住宅责任保险、户外责任保险、运动责任保险、个人医疗责任保险等若干具体险种，上述保险为城乡居民家庭或个人转移各种民事损害赔偿责任风险提供了有效的途径。

此外，还有家庭成员个人信用保险等，面向家庭的保险服务项目众多，城乡居民只要根据自己的需要加以选择，即可以购买到自己满意的保险服务。不过，按照保险业务种类的划分，私人机动交通工具、种养业、民事责任等分别属于运输工具保险、农业保险、责任保险等范畴，我们会在其他的项目中加以介绍，而人身保险则是与本门课程相对应的专业课程，所以在此只阐述属于火灾保险范畴的家庭财产保险。

三、家庭财产保险的含义

家庭财产保险简称家财险，是指以城乡居民家庭的自有财产或代他人保管、与他人共有的财产为保险标的，以自然灾害和意外事故造成的损失为保险责任的财产保险。家庭财产保险是面向城乡居民家庭并以其住宅及存放在固定场所的物质财产为保险对象的保险，它属于火灾保险范畴，强调保险标的的实体性和保险地址的固定性。

对于家庭生活而言，自然灾害和意外事故造成的危险是时刻存在的。一方面，个人和家庭对危险的预测能力有限；另一方面，他们对危险造成的损失的抵御能力也非常薄弱。通过购买家庭财产保险，可以为保险人带来新的业务来源，同时可以用少量的支出来保障家庭财产在遭受保险责任范围内的危险损害时能够得到及时的经济补偿。家庭财产保险的开展和普及标志着

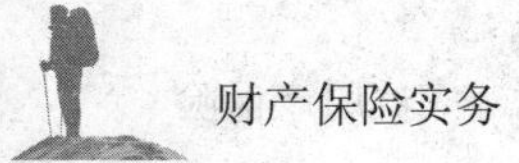

国民的保险意识水平在提高，并能够带动其他财产险业务的发展。

家庭财产保险是使城乡居民的家庭财产，如房屋及其附属物、家庭日用品、衣服、行李、家具等，在遭受保险责任范围内的自然灾害或意外事故造成损失后得到经济补偿的保险。凡城乡居民、单位职工、夫妻店、家庭手工业者等个人及家庭成员的自有财产以及代他人保管或与他人共有的财产都可以投保家庭财产保险。但是城乡个体工商户和合作经营组织的财产及私人企业的财产应参照企业财产保险投保，不适用家庭财产保险。

四、家庭财产保险的特征

在家庭财产保险业务经营中，其保险标的、承保地址、保险责任等与企业财产保险均具有相似性：一是保险标的都属于具有实体的财产物资，二是都要求存放在固定的处所，三是保险人承保的风险均包括若干自然灾害与意外事故，可以附加承保盗窃风险等。但作为一类独立的财产保险业务，家庭财产保险自身仍具有鲜明的特色。

（一）额小量大、成本偏高

尽管随着我国经济的持续发展和人民生活水平的不断上升，城乡居民家庭的物质财富积累在日益增长，但与其他保险的单笔业务量相比，家庭财产保险就显得有限。每一笔家庭财产保险业务的保险金额都不会很大，少则几千元，多则几万元，所收取的单笔保险费则更少。保险人处理的家庭财产保险赔案虽然赔付金额较小，但赔案的数量却会很多。

家庭财产保险的业务分散性和单笔业务的额小量大，带来的必然是保险经营成本的增加，即保险人若要收到与企业财产保险相似的家庭财产保险保险费，需要付出更多的人力、物力与财力，这使得家庭财产保险的经营成本表现出偏高的特点，这正是一些保险人不太愿意集中力量开拓家庭财产保险市场的原因。

当然，从保险市场的发展趋势出发，家庭财产保险市场肯定会进一步引起保险人的关注并得到持续发展。因为其他类别的财产险业务作为财产保险市场竞争的前期焦点，必然因价格竞争而趋向低利化，市场供给的饱和状态将迫使保险人开拓家庭财产保险市场。同时，家庭财产保险的成本偏高这一特点其实并非无法改变，如推行统保方式可以降低展业成本，规定免赔额可以减少小额赔付案件，进行家庭财产保险的深度开发可以扩大业务量进而使平均经营成本得以减少等，均是保险人可以尝试的办法。

（二）业务分散、潜力巨大

家庭财产保险的保险对象是城乡居民，而城乡居民尤其是农村居民居住分散，除少数城镇居民可以通过其所在单位或社区统一投保家庭财产保险外，绝大多数居民的家庭财产保险都需要保险人或其代理人通过展业获取或由居民自愿到保险公司的营业部投保，每一个家庭都是保险人的一个展业对象，每一个家庭都可能成为被保险人，千千万万个家庭组成了家庭财产保险市场，因此说家庭财产保险是一种非常分散的业务。

中国家庭财产保险面对的是一个有3亿多个家庭的潜在市场，业务虽然很分散，但发展潜力却很大。如果承保率可以达到50%，就意味着将会有接近2亿个保险客户和2亿笔业务来源；如果保险人再深度经营，提高家庭财产保险的承保额，并以此为基础扩大其他类别的保险服务，则家庭财产保险业务将在整个财产保险业务中占据非常重要的地位。

（三）风险集中、结构鲜明

总结大部分保险公司家庭财产保险的承保理赔经验，可以大体上给家庭财产的风险结构作如下客观排列：一是从发案数量划分，火灾与失窃通常被列为家庭财产面临的主要风险，其次是室内意外事故，再次是自然灾害。二是从单案损失额划分，火灾与地震、洪水则成为家庭财产损失最主要的致因。此外，家庭财产保险中的道德风险即骗赔现象亦不罕见，是值得保险人警惕的重要领域。

在这里需要指出的是，从字面意义出发，盗窃责任通常不包括抢劫风险，尽管两类风险的性质有相似的地方，情节与过程却存在着差异，根据严格按文义解释的原则，抢劫不应当视同为盗窃。但经保险人同意，亦可将抢劫视同为盗窃风险。对于家庭而言，抢劫风险并不常见，而盗窃风险却是常见风险。无论采取何种方式承保，也无论保险人是否情愿，转嫁被盗风险均是城乡居民投保家庭财产保险的基本的、重要的目标。

（四）注重日常、管理风险

与企业财产保险、工程保险、运输工具保险的风险分布有所区别，家庭财产保险的风险管理活动也不像其他财产保险那样具有固定的方式和集中的方法，而是更多地体现在保险人日常的经营活动当中。

家庭财产保险的风险管理在实务中表现出下列特色：一是不仅重视对投保人所在地区的自然环境风险调查，而且需要重视对投保人所在地区的社会环境尤其是治安状况的调查。二是重视盗窃索赔案的控制与居民自治组织或社区的作用，如要求被保险人在家财失窃后取得当地公安机关的证明等，即让公安机关在履行自己职责的同时起到防范被保险人道德风险及事后追回保险财产进而减少保险人的损失的作用。三是家庭财产保险因额小量大，危险不似企业财产保险、工程保险、运输工具保险那样集中，从而并不必然以再保险为分散风险、控制风险的手段。因此，家庭财产保险的风险管理主要体现在日常经营中。

【拓展阅读】　美国的住宅保险

美国的住宅保险是与美国人的生活最密切的保险，与我国保险险种相比，其具有以下两个特点：投保人不受条件限制，赔偿范围极广，即财产所有人可以投保，租公寓为住家的人也可加入此种保险；该保险的赔偿范围广，除了包含房屋本身的综合保险外，也包括个人因生活而引起的事故的赔偿责任。具体如下。

（1）保险项目。火灾造成的损害、盗窃造成的损害、雷击造成的损害、汽车闯入造成的损害、飞机坠落造成的损害、天上坠物造成的损害、风灾造成的损害、恶意破坏或暴乱造成的损害、水管问题造成的损害、汽车内财物被窃的损害、携带出门的财物的损害。除了除外责任规定的项目以外，其他的如灾难赔偿几乎都涵盖在这种保险内。

（2）除外责任。洪水、地震与海啸事故造成的损失。

（3）特别约定。价值超过500美元的艺术品及毛制品等贵重物品必须另外登记申请归类财产险，另缴保费方可投保。

教学活动2　掌握家庭财产保险的内容

活动目标

通过本部分的教学活动，熟练掌握家庭财产保险的适用范围、保险责任、除外责任、保险金额和保险期限等，理解其真正含义，并可以在保险实务中加以正确应用。

知识准备

一、家庭财产保险的适用范围

如前所述，家庭财产保险适用于我国的城乡居民家庭或个人，以及外国驻华人员个人及其家庭成员。凡属于城乡居民家庭或个人、外国驻华人员个人及其家庭的自有财产、代他人保管财产或与他人共有的财产，都可以投保家庭财产保险。

在开展家庭财产保险业务时，应当注意如下两点。

（1）家庭财产保险可以接受个人投保，承保个人财产。如现行家庭财产公证制，将一个家庭内部（主要是夫妻双方）成员的财产具体到个人，其既可以以个人名义投保，也可以以家庭名义投保。

（2）对于个体工商业者及合作经营组织，包括个体劳动者、手工业者、小商小贩、合伙经营等生产、经营用的厂房、工具、器具、原材料、商品等，即使是属于城乡居民家庭或个人所有，一般也不投保家庭财产保险，而是另行投保个体工商户和合作经营组织财产保险。

二、家庭财产保险的保险标的

（一）可保财产

在家庭财产保险的经营实务中，凡是坐落在保险单所载明的固定地点，属于被保险人自有或代保管或负有安全管理责任的财产，可以投保家庭财产保险，它们的共同特点是处于被保险人的直接管理控制之下。具体而言，家庭财产保险的可保财产大致包括如下项目。

（1）房屋及附属设备。房屋是指投保人用以居住、生活的处所，房屋的附属设备是指固定装置在房屋中的冷暖卫生设备、照明设备、供水设备等。

（2）生活资料。包括衣服、行李、家具、厨房用具、卫生用具、文化娱乐用品、家用电器、非机动交通工具等。

（3）农用器械、产品。包括农民的农具、工具和已经收获的农副产品，但是拖拉机、农业机械等需要另行投保专项险种。

（4）与他人共有的财产。共有是指财产的所有权主体有两个或两个以上，与他人共有并由其负责管理控制的上述财产可以投保家庭财产保险。

（5）代保管财产。即受他人委托，代其保管并负有维护其安全责任的上述财产。但从事生产、经营的个体工商业者，如洗染店、寄售店、修理店、服装加工店、代购代销店、私人旅馆小件寄存等，代他人加工、修理、保管的财产，不在家庭财产保险中代他人保管财产之列，需参照企业财产保险投保处理。

（6）租用的财产。即指家庭或个人以付出一定租金为代价而租入占有使用的他人所有的财产，如租用房屋、家具、电器等。

（二）不保财产

对于下列的财产，在家庭财产保险项下一般不予承保，有的可以通过其他专项保险转移风险，有的可以通过协商谈判修改承保条件或增加附加险种等方式转移风险。

（1）个体工商户和合作经营组织的营业器具、工具和原材料，营业用的房屋、机器设备、工具、原材料、产品、商品等生产资料等，保险人通常将其作为单独承保的内容，但经过与保险人协商同意亦可以纳入家庭财产保险承保范围。

（2）正处于危险状态的财产。如危房、处于常年警戒水位以下的财产、洪水来临即将淹没的财产等。

（3）价值高、物品小，出险后难以核实的财产或无法鉴定价值以及无市场价值的财产。如金银、首饰、珠宝、货币、有价证券、票证、邮票、古字画、文件、技术资料等，一般不能列为家庭财产保险的保险标的。但有的保险公司为了满足保险客户的需要，也将上述项目中的有些内容纳入保险标的的范围，如中国太平洋保险公司的家居综合保险，就可以承保金银珠宝等物品，中国人民财产保险股份有限公司的普通家庭财产综合保险的附加险就包括附加现金、首饰盗抢保险。

（4）家庭饲养的花、鸟、鱼、虫、树、盆景，家禽、家畜及其他家养动物，生长期的农作物等，应当投保专门的农业保险。

（5）机动车辆，应当投保机动车辆保险及其第三者责任保险；运输中的货物，应当投保货物运输保险等。

（6）违章建筑以及正处于紧急危险状态的财产。因为承保违章建筑不利于贯彻执行政府的有关法令或规定，正处于紧急危险状态的财产属于一种必然性的危险，它不符合可保风险的条件。此外，还有保险人认为不适合在家庭财产保险中承保的其他家庭财产。

三、家庭财产保险的保险责任

根据相关家庭财产保险条款的规定，被保险的财产只有在保险单载明的地址（保险地址）

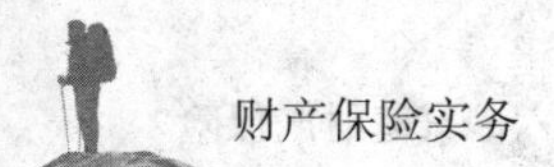

内，由于遭受保险责任范围内的自然灾害或意外事故所造成的损失，保险公司才负赔偿责任。保险责任范围内的自然灾害或意外事故具体包括以下内容。

（1）火灾。凡属于因意外或偶然起火，失去控制且蔓延扩大，并造成保险财产经济损失的燃烧现象。不论此现象是不慎失火，还是附近失火延烧而来，或是有人放火，只要不是被保险人及其家庭成员所致，也无欺诈行为，保险公司均负“火灾”责任。但对于日常生活中由于烘、烤、烫、烙等所致衣服、用具的焦糊、变质等轻微损失，如烫烙衣服过久致衣服本身损坏，煤炉将地板烤焦等，都不能视为“火灾”。此外，出于某种需要，被保险人故意烧掉某物，也不能称为“火灾”。

（2）爆炸。由于化学反应或物理现象所引起的爆炸，包括被炸物体本身损失及由此波及其他财物的损失，保险公司都负责赔偿。因物体本身存在瑕疵等原因造成容器破裂损失，则不能视做“爆炸”责任。

（3）雷击。凡属于因雷电直接击中或雷电引起火灾造成保险财产的损失，或其他物体因雷击倒塌致使保险建筑物受损，保险公司均负赔偿责任。此外，因雷电感应所致的家用电器的损毁，也属于雷击保险责任范围。

（4）冰雹。凡因冰雹直接击中保险财产所造成的损失，保险公司均负赔偿责任。

（5）洪水。因山洪暴发、江河泛滥、潮水上岸及倒灌、暴雨积水等原因造成保险财产遭受泡损、淹没、冲失、冲毁的损失，保险公司负责赔偿。但对水管漏水、地下渗水、规律性潮汛导致常年积水等情况所引起的财物损失，保险公司不负责赔偿。

（6）海啸、地面突然塌陷、崖崩、泥石流、雪灾、冰凌及龙卷风等。凡因上述灾害造成保险财产的损失，保险公司都负责赔偿。

（7）因空中运行物体的坠落及外界建筑物和其他固定物体的倒塌砸坏保险财产的损失，被保险人可以向保险公司要求赔偿。但保险公司对保险建筑物在未发生灾害或事故的条件下自行倒塌是不负赔偿责任的。

（8）暴风、暴雨使房屋主要结构（外墙、屋顶、屋架）倒塌造成的损失，保险公司也负责赔偿。这里要特别指出的是，只有当建筑物外墙、屋顶、屋架三者全部或三者之一倒塌的时候，保险公司才能赔偿。对暴风、暴雨吹掉一些瓦片，损坏一些门窗玻璃或发生屋顶漏水、墙泥剥落等轻微损失，保险公司一般不负赔偿责任。

（9）因防止灾害蔓延或因施救、保护所采取必要的措施而造成保险财产的损失和支付的合理费用，保险公司也负责赔偿。但投保人为防止各种灾害危及保险财产而事前支出的各项预防费用，保险公司一般是不负赔偿责任的。

四、家庭财产保险的除外责任

保险公司对下列原因造成的家庭财产的损失，不负赔偿责任。

（1）因战争、军事行动、暴力行为、核子辐射和污染造成的损失，保险公司不负赔偿责任。

（2）保险标的遭受保险事故所引起的各种间接损失，保险公司不负赔偿责任。

（3）地震及其发生灾害所造成的一切损失，保险公司不负赔偿责任。

（4）坐落在蓄洪区、行洪区、河岸边、低洼地区以及防洪堤以外当地常年警戒水位线以下的家庭财产，由于洪水造成的一切损失，保险公司不负赔偿责任。

（5）国家行政或者管理机关的行政、执法、管理行为引起的损失和费用，保险公司不负赔偿责任。

（6）被保险人及其家庭成员、服务人员、寄居人员的故意行为，或勾结纵容他人盗窃，或被外来人员顺手偷摸及其他不属于保险责任范围内的损失，如被保险人或其家庭成员有意造成保险财产损失，图谋保险赔款，保险公司不负赔偿责任。

（7）电器、电机（包括属于电器性质的文化娱乐用品），电气设备因使用过度和超负荷、碰线、走电、自身发热等原因造成本身的损毁，保险公司一般是不赔的。

（8）对于堆放在露天的保险财产，以及用芦席、稻草、油毡、麦秆、芦苇、帆布等材料为外墙、屋顶、屋架的简陋屋棚，由于暴风、暴雨、龙卷风、雪灾等灾害所造成的损失，因它们属于必然损失，保险公司不负赔偿责任。

（9）其他不属于保险条款中所列保险责任范围的损失，如虫蛀，鼠咬，霉烂，变质，家禽或家畜的走失、死亡等，保险公司不负赔偿责任。

关于上述地震的除外责任，中国保监会、地震局、财政部已基本完成中国家庭财产地震保险方案，自2008年“5•12”汶川大地震以后，有一些保险公司已把地震纳入保险责任或以附加险承保。

【案例分析】 这样的损失保险公司能否拒赔

案情简介：某市居民李某为其家庭财产向保险公司投保了普通家庭财产保险。保险期限自2009年3月8日起至2010年3月7日止，保险金额为83 000元。2010年春节期间，李某8岁的儿子独自在家里，无聊之际，遂将李某藏在家里的烟花爆竹翻出，将一只花炮点燃，花炮在屋里乱窜喷火，其余烟花爆竹被相继点燃。

所幸李某之子逃出门去，只受皮肉之伤，当火被扑灭后，李某清点家财发现衣服、被褥、家用电器、家具等均受不同程度的损坏，经核定，损失为38 450元。保险公司认为，根据《家庭财产保险条款》规定，被保险人及其家庭成员的故意行为，属于本保险的除外责任。火灾是李某之子故意行为所致，因此保险公司不承担赔偿责任。

本案分析：所谓故意，是指行为人预见自己的行为会引起一定的损害结果，仍然希望该结果发生或者放任结果发生的心理状态。显然，故意总是与行为人的“明知”和“有意”有关。假如本案的行为人为成年人，他应知道在屋内燃放烟花爆竹与引起火灾之间的必然联系，既“明知”又“有意”，造成的火灾损失全然是故意行为所致，保险人当然不必承担赔偿责任。但事实上行为人是8岁的儿童，按《民法通则》第十二条第二款的规定，“不满十周岁的未成年人是无民事行为能力的人”，对于本案8岁儿童而言，根本谈不上“故意”还是“非故意”的问题，对其行为后果不负民事责任。

李某将烟花爆竹藏起来，说明他已尽了责任，李某将其8岁的儿子独自留在家中，有过错但不是“故意”。既然本案的财产损失不是被保险人及其家属的故意行为所致，保险公司应该承担赔偿责任。

五、家庭财产保险的保险金额

在家庭财产保险的保险实务中，关于被保险财产保险金额的确定，一般有两种方式。

（1）由投保人根据其财产的实际价值自行估价确定，但对于不能分类估价的财产（如室内财产等）可按各大类财产在保险金额中所占的比例分别确定。

如中国人民财产保险股份有限公司目前销售的普通家庭财产保险险种条款中就规定：房屋及室内附设设备、室内装潢的保险金额由被保险人根据购置价或市场价自行确定，室内财产的保险金额由被保险人根据当时实际价值分项自行确定，不能分项的财产则按各大类财产在保险金额中所占的比例来确定。例如家用电器及文体娱乐用品占40%（农村占30%）、衣物及床上用品占30%（农村占15%）、家具及其他生活用具占30%、农村农机具占25%等。

（2）保险人提供以千元为单位设置的不同的保险金额档次，投保人可以根据自己的经济状况和实际需要进行自主选择，多投多保、少投少保，如10 000元、50 000元、100 000元等。

保险公司在家庭财产保险经营实务中确定被保险财产的保险金额时，对于如下事项需要引起特殊的注意。

（1）由于家庭财产一般无规范的账目可查，且财产的品种、质量和新旧程度差别很大，因而保险金额的确定也往往难以做到准确，这与企业财产保险及其他财产保险有很大区别。因此，在投保人自行估价时仍应强调按照其财产的实际价值为依据确定，且以购置该财产时的支出（或在扣除其折旧后的净值）为依据确定。

（2）由于家庭财产保险通常采用第一危险赔偿方式承保，投保人很少足额投保，往往根据自己的财产多寡和保险人设置的保险金额档次选择投保。因此，家庭财产保险中的保险金额通常是一个整数，它在实务中与投保人实际拥有的家庭财产不一定相符，这是家庭财产保险特有的现象。同时，保险人对家庭财产保险采取第一危险赔偿方式承保，并不等于对任何家庭财产都是如此，在实务中仍然可以对部分家庭财产（如自行车等）选择采用比例赔偿方式或将比例赔偿方式与第一危险赔偿方式相结合。

（3）与企业财产保险相似，家庭财产保险也应强调在财产保险单上分项确定保险金额，分项越细，保险金额就会越接近财产的实际价值，就越有利于保险人控制风险，越有利于处理保险索赔案件。因此，家庭财产保险中应当摒弃承保中不分项的传统做法，在承保时至少将投保人的投保标的按房屋及其附属设备、家用电器、其他自有生活资料和非机动交通工具、代他人保管或与他人共有的财产等分项承保，分项确定保险金额，有利于发生保险事故损失时再分项计算赔款。

六、家庭财产保险的保险期限

一般情况下，家庭财产保险的保险期限为1年，期满后投保人可以续保，但是必须另办手续。家庭财产保险的起讫可以约定，也可以不约定。采用约定方式时，通常在保险单上载明保险责任的起讫，如规定本保单自2014年10月1日0时起至2015年9月30日24时止，采用非约定方式时，通常自保险单签发之日0时起到保险期满之日24时止。

目前也出现了多年期的家庭财产保险保险业务，即保险人可以同时规定几个保险期限，由被保险人加以选择确定，如两年期、三年期、五年期，某些保险公司经营的还本家庭财产保险的责任期限甚至可以达到八年至十年，表现出了经营的灵活性与选择性。

七、家庭财产保险的保险费率

家庭财产保险的保险费率是计算并收取家庭财产保险保险费的直接依据，而它又是依据家庭财产保险损失率等因素厘定的。在家庭财产保险实务中，保险费率的确定通常要考虑如下三项因素。

（1）房屋建筑物结构与等级。由于被保险人居住的房屋结构与质量等级及其危险程度，不仅决定着房屋建筑物自身的风险大小，而且对存放在室内的各种物质财产的安全具有重大的影响，因此，房屋建筑物的结构等级往往被保险人看成是决定家庭财产保险保险费率的主要因素。房屋建筑物的结构等级越高，则意味着家庭财产损失的风险越小，保险费率自然会低；反之，则保险费率会高。

（2）家庭财产的结构及其本身的风险。随着城乡居民家庭物质财产的增多和结构的日益复杂化，来自室内财产物资的损失风险也在不断增加，不同的家庭财产结构必然会存在着不同的风险。因此，保险人需要重视投保人的财产结构，如家用电器的多寡与导致损失的风险往往存在着正相关的关系等。

（3）居住区域的社会治安状态。盗窃风险是家庭财产保险中的主要风险，如果一个城镇或乡村或社区的社会治安优良，盗窃事件必定极少，被保险财产面临的风险亦会减少，保险人的家庭财产保险效益亦会提高。反之，城镇或乡村或社区的社会治安不好，盗窃事件必然增加，被保险财产面临的盗窃风险也会成倍增加，从而会使保险人付出更多的赔款。因此，保险客户所在城镇或乡村或社区的社会治安状况如何，应当成为确定家庭财产保险费率的重要依据。

我国家庭财产保险的保险费率分为基本险费率和附加险费率，若被保险人中途退保，按日平均费率计算应收保费。家庭财产险保险费率是按财产坐落地点的实际危险程度制定，可以分为城市、乡镇和农村3类危险等级，每个等级又可以根据财产的实际坐落地点和周围环境划分若干档次，以体现制定保险费率所应遵循的合理负担的原则。

我国目前开办的家庭财产保险业务实行的是区域范围内的统一费率，在具体的保险人业务区域内实行无差别费率。费率的标准一般在1‰～3‰之间，即每年每千元保险金额收取的保险费为1～3元，如果将盗窃风险也列入基本保险责任范围，保险费率会上升到3‰～5‰不等。此外，根据统保优惠的定价原则，对于统一投保的团体家庭财产保险，保险人通常还会给予保险费率的优惠。

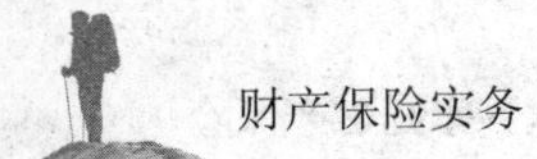

八、家庭财产保险的赔偿处理

在发生保险事故后，导致被保险财产的发生损失，被保险人在向保险公司申请赔偿时，应当提供保险单、赔偿申请单、损失清单、发票和其他有关单证，以及公安部门和所在单位、街道组织等有关部门的证明文件，以便于保险公司及时处理赔案。

现行家庭财产保险一般规定：房屋及附属设备、室内装潢采用比例责任赔偿方式，室内财产采用第一危险赔偿方式。

对于房屋及室内附属设备、室内装潢：①全部损失。保险金额等于或高于保险价值时，其赔偿金额以不超过保险价值为限；保险金额低于保险价值时，按保险金额赔偿。②部分损失。保险金额等于或高于保险价值时，按实际损失计算赔偿金额；保险金额低于保险价值时，应根据实际损失或恢复原状所需修复费用乘以保险金额与保险价值的比例计算赔偿金额。

家庭财产保险对保险期限内发生的室内财产的损失一般采用第一危险赔偿方式，即在发生保险责任范围内的损失时，不论是否足额保险，应按实际损失赔偿而不是按责任比例分摊损失，但最高赔偿金额不得超过保险金额。按实际损失赔偿是根据实际损失的数量和程度进行赔偿，保险公司根据保险责任按照保险财产损失发生时的市场价格，并根据新旧程度规定的折旧标准折旧后的实际价值计算赔款，一般是分项投保、分项赔偿，最高以不超过保险单上分项列明的保险金额为限。对于保险中合理的施救、保护费用的最高赔偿金额，亦以不超过该险别的保险金额为限。

学习任务二　区分家庭财产保险的不同险种

【学生任务】

- 要求每个学生课前预习相关内容，能够用自己的语言来简单描述家庭财产保险各个不同险种间的区别与联系。
- 要求每个学生提高课外阅读量，掌握行业发展的前沿趋势，结合本部分内容，说明家庭财产保险实务中如何全面保障家庭生活面临的各种风险，根据自身的理解，结合案例在课堂提问中口头表达。
- 将学生随机分组，按小组选出典型回答在课堂上进行点评，学生间相互评出每一口头表达情况的优劣，教师进行综合评价。

【教师任务】

- 提示学生完成口头表达所需要关注的主要知识点，如普通家庭财产保险、两全家庭财产保险的概念、内容，与相近的保险专业名词的区别与联系等。
- 指导学生分组，在小组内对学生进行不同的分工，对学生口头表达作业完成情况及时进行跟进。
- 对各小组进行的课堂点评适时指导，对于选出的作业予以及时、客观、公正的评价，准备回答学生有可能提出的异议等。

教学活动1　家庭财产保险的基本险种

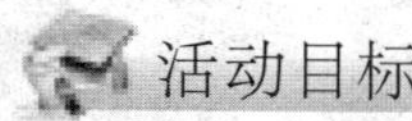

通过本部分的教学活动，了解与熟悉家庭财产保险基本险的不同险种，掌握其关键因素，理解它们之间的区别所在，并能够使用自己的语言简单描述。

知识准备

在财产保险经营实务中，家庭财产保险客观上由多个险种共同构成。例如，根据家庭财产保险承保的标的不同，它可以分为房屋保险和其他财产保险两大类。前者如农房保险、房屋装潢保险等，后者如普通家庭财产保险、自行车保险等。

根据家庭财产保险承保的责任范围，它可以分为综合家庭财产保险和单一家庭财产保险两类。综合家庭财产保险是指由保险人在一张保险单中承保被保险人多项保险标的、多种风险责任的保险，如保险市场上流行的普通家庭财产保险、还本家庭财产保险、团体家庭财产保险等险种。单一家庭财产保险是指由保险人在一张保险单中承保被保险人某一种（类）财产或某一种风险责任的保险，如液化气罐保险、自行车专项保险、家用电器专项保险等。

根据家庭财产保险承保业务的独立与否，它可以分为家庭财产保险主险和附加险两类。主险是以保险合同为依据的承保业务，一般表现出独立性、综合性的特征。附加险却只能依附于主险之上，它不能独立承保，且一般属于主险不保的某一项除外风险或不保财产。在家庭财产保险经营实务中，主险是为了满足大众化的风险转嫁需求，而附加险种则是为了满足保险客户的特别需求，它们共同构成家庭财产保险系列，供投保人自主选择。

一、普通家庭财产保险

普通家庭财产保险是保险人专门为城乡居民开设的一种通用型家庭财产保险险种，它曾经是保险人面向城乡居民家庭提供的唯一险种，现在则变成了家庭财产保险的一种主要险种，其他家庭财产保险险种基本上都是在普通家庭财产保险的基础上衍生出来的业务。因此，普通家庭财产保险具有基础地位。

与企业财产保险不同的是，受第一危险赔偿方式的影响，普通家庭财产保险的保险金额并不一定代表投保人投保标的的实际价值，而是在发生家庭财产保险赔案时充当保险人赔偿的最高限额。普通家庭财产保险的保险期限一般为一年，但也有两年、三年甚至五年、十年等多年期业务。

在普通家庭财产保险的基础上，一些保险人还推出了一种家庭财产及附加定额保险业务。这种保险形式采用每张保险单定额为若干万元，保险费为10～20元的方式承保。前面教学任务中的家庭财产保险的内容部分主要交流的就是普通家庭财产保险的内容。

二、家庭财产两全保险

家庭财产两全保险，简称家财两全险，又称定期还本家庭财产保险，是兼具家财保险和满

期还本双重性质的家庭财产保险业务，它是在普通家庭财产保险的基础上产生的又一种较受保险客户欢迎的家庭财产保险险种。

（一）家财两全险的功能

家庭财产两全保险兼有经济补偿和到期还本双重功能，保险公司用被保险人所交保险储金的利息作为保险费收入，不论被保险人在保险期间有无获得赔偿金额，在保险期满时将原交保险储金全部如数退还被保险人。

（二）家财两全险的特点

1．利息抵充保险费

在定期还本家庭财产保险业务实践中，保险人并不直接向投保人收取保险费，而是以被保险人缴纳的保险储金所生利息充当保险费收入，并按保险单满期后的应得利息的贴现值记账。因此，保险人的保险费来源于被保险人所缴纳的保险储金，又直接产生于存入储金的金融机构或融资机构。

2．定期还本

被保险人在参加保险时缴纳保险储金，当保险期满时，无论是否发生过保险赔款，该保险储金均如数退还给被保险人，从而体现了其他财产保险业务所没有的满期还本性质。

3．保险期限多样化

家财两全险既有一年期业务，也可以根据保险双方的约定开展三年期、五年期甚至八年期业务。有的保险人为方便保险客户，还规定只要被保险人不取回保险储金，保险合同便持续有效。定期还本家庭财产保险演变为长效还本家庭财产保险，这是其他财产保险业务所没有的。

（三）家财两全险的保险责任

家财两全险的保险财产、保险责任与普通家庭财产保险相同。在保险期间，若被保险人发生保险损失，保险人承担的赔偿责任与普通家庭财产保险相同，从而完全体现了其保险性质。

（四）家财两全险的保险金额

家庭财产两全保险是采取按份数确定保险金额的方式，城镇居民一般以5 000元为一份，农村居民一般以2 000元为一份。投保份数的多少可根据自己家庭财产的实际价值确定，最少不得少于一份。若被保险人在保险期内添置了一些零星财产，一般可不办理加保手续。

（五）家财两全险的保险储金

家财两全险的保险储金按保险金额每千元计算，被保险人应当在投保时一次缴清。被保险人投保后一般不得中途退保，只有当全家迁移外省市居住以及在集体投保的单位撤销、关闭、合并的情况下，保险公司才准予办理退保手续。保险储金计算的依据是普通家庭财产保险对应的费率和当时的银行存款利率，其计算公式是：

$$保险储金 = 保险费 / 年利率$$

保险费＝保险金额×费率

利率＝一年期定期存款利率×（1－代扣利息税率）

家庭财产两全保险是以保险储金的利息收入作为保险费。因此，两全保险中的保险储金与普通家庭财产保险中的保险费在性质上是完全不同的。前者的性质是储蓄性的，在保险期满时，不论被保险人在保险期间有无获得赔偿，也不论保险合同在保险期满前是否终止，保险人均退还全部储金。被保险人如愿意续保，保险公司可将原来应退还的保险储金作为续保时应交的保险储金。对于期满后逾期不领取的保险储金，无论逾期多久，一律不计息，在领取时仅归还原保险储金数。另外，即使被保险人丧生，储金也应归还其家属。

（六）家财两全险的赔偿处理

在保险期限内任何一个保险年度，如果累计赔款金额达到保险金额，当年的保险责任即行终止。下一个保险年度开始时自动恢复原保险责任。在部分损失赔偿后，有效保险金额为原保险金额减去赔偿后的余额。在全部损失赔偿后保险责任即行终止，到下个年度时保险公司退还全部保险储金。

三、家庭财产长效还本保险

家庭财产长效还本保险是在家庭财产两全保险基础上的改进。其具体做法是：投保时收取储金，合同终止或退保时退还，以1年或3年为一期，到期时若被保险人不申请退保，保险单自动续转。

该保险业务形式将家庭财产两全保险单所规定的保险期限进行了调整，只列明保险责任的开始时间，不规定保险责任的结束时间，其保险期限的结束只有一个条件：投保人只能在保险单生效1年后的任何时间宣布终止保险合同，保险人则退还其以保险费形式缴纳的储金。如果投保人不要求保险人退还这笔储金，则保险合同长期有效。即使发生了保险事故，保险人向被保险人支付了全部保险金额的赔款，只要投保人不要求保险人退还储金，这笔储金将自动为投保人开立一份新的保险单。

这种长效保险的形式使得保险公司内部减少了手续费支出，减少了单证制作费用，降低了保险业务成本，为保险人提供了一种可以进行长期投资的资金来源，也避免了投保人每年续保手续的麻烦。但是，由于我国开办这种业务采取的是一揽子保险责任的承保方式，保险责任过宽，随着一揽子责任向单一责任的过渡，这种业务的储金所派生的保险费可能低于正常的家庭财产保险业务的费率标准，如果保险人运用资金的效益不佳，则可能造成这项业务的亏损。

四、投资保障型家庭财产保险

随着投资型保险的不断创新，集保障性、储蓄性、投资性于一身的投资型家庭财产保险险

种也开始出现并得到迅速发展。如中国人民财产保险公司的金牛投资保障型（3年期）家庭财产保险、华安财产保险公司的金龙收益联动型家庭财产保险、太平洋财产保险公司的安居理财综合保险、华泰保险公司的安居理财型家庭综合保险等险种就是集保障、储蓄和投资三种功能于一体的新型家庭财产保险。

此类险种既能使被保险人获得保险保障，还能使投保人收回保障金本金并确保获得高于银行同期存款利率的投资回报。甚至有的险种还规定产品的收益会随银行同期利率的调整而同幅度调整并分段计算，同时具有随时退保赎回功能。

五、团体家庭财产保险

团体家庭财产保险是以团体为投保单位、以该团体的职工为被保险人并承保其家庭财产的家庭财产保险业务。它是为了适应企事业单位和其他法人团体为职工统一办理家庭财产保险及附加盗窃险的需要而实行的一种承保方式。团体家庭财产保险的特点可以概括为以下几点。

（1）投保人与被保险人在形式上发生了分离，但保险关系仍然仅仅存在于保险人与被保险人之间。在团体家庭财产保险中，投保人既可以是职工所在单位，也可以是职工个人，而被保险人却只能是职工本人及其家庭。在这种承保方式下，投保人与被保险人被允许形式上分离，但也应当看到，这种承保方式的目的在于方便被保险人集体投保并让其享受优惠费率，同时也是为了降低家庭财产保险的经营成本，它并不改变保险合同关系仅仅存在于保险人与被保险人之间的事实。因此，团体家庭财产保险并未改变财产保险的根本性质。

（2）团体家庭财产保险要求投保单位的职工全部统一投保。保险人在承保时，以投保时约定月份发放工资时的职工名册为准确定被保险人的人数，凡中途调出、调入者，均应办理批改手续或加保手续。投保财产坐落地址以附列的地址清单上被保险人填报的地址为准，投保财产以被保险人住址中的财产为限。对于居住在单位的单身职工和家住农村的职工，均应附列地址和保险金额。

（3）在保险金额确定方面，团体家庭财产保险的保险金额由投保单位统一确定，即所有被保险人的保险金额是一致的。同一家庭有两个或两个以上职工参加团体家庭财产保险的，其保险金额可以合并计算。

（4）团体家庭财产保险有利于节约经营成本，适用优惠费率。单位统一投保能够省去保险人大量的展业承保工作，既方便并满足了投保单位的需要，又节约了保险人经营家庭财产保险业务的成本，从而为降低费率奠定了基础。保险人对团体家庭财产保险往往在同等条件下给予费率优惠。

不过，团体家庭财产保险的开办有可能导致一户多保的现象。如一户有多人参加工作，或单位投保的同时职工自己也投保，就有可能出现一户多保或重复保险的现象。对此，保险人在实务中应当坚持总的赔偿金额以不超过其实际损失为限的原则，对非恶意的重复保险则坚持重复保险分摊原则。

【知识链接】　其他专项家庭财产保险

除上述家庭财产保险的各个险种以外，保险人还可以根据投保人的要求开设一些专项保险业务，在这方面，主要有以下项目可供保险人开发。

（1）家用煤气、液化气设备专项保险。该种家庭财产保险与其他家庭财产保险的不同之处主要是保险标的单一，仅仅以家用的煤气、液化气设备为保险对象，并专门承保这些设备在使用过程中因发生意外而导致的财产损失和人身伤亡。如中国人民财产保险公司上海市分公司，曾经在20世纪80年代开办家庭液化气罐保险，在这种保险中，保险人甚至将液化气罐事故中造成的被保险人之外的第三者的人身伤亡、财产损失的赔偿责任也列入保险责任范围，从而兼具了个人责任保险的内容。

（2）私人建房保险。该种家庭财产保险是保险人为新建、扩建、改建住房的城乡居民开办的专项保险，它承保其在新建、扩建、改建住房过程中因火灾、爆炸及其他自然灾害或在拆卸、搬运建筑材料过程中发生意外事故而造成被保险人及第三者的财产损失或人身伤亡的赔偿责任。私人建房保险仍然采取工期保险单，保险的内容既有财产损失风险，也有责任风险等，从而可以参照建筑工程保险的承保与理赔及风险控制办法。

（3）家用电器用电安全保险。该险种主要承保家庭或个人的家用电器由于供电线路因遭受自然灾害和意外事故的袭击、供电部门或施工失误及供电线路发生其他意外事故致使电压异常而引起家用电器的直接损毁。家用电器用电安全保险既可以单独承保，也可以作为家庭财产保险的附加险进行承保。

（4）房屋装潢保险。该险种专门承保私人住宅装修期间的风险，既可以单独承保，也可以纳入房屋保险范围或作为房屋保险的附加险承保。

【产品简介】　家庭财产综合保险

产品特色：保障范围涵盖家庭财产（房屋、室内财产、室内装潢）、租房费用以及第三者责任、保单定额、份数自选、网络投保、365天全年无休，在线提供咨询和保全变更服务。

保险标的	保险金额	保险责任
房屋	7 000元/份	因火灾、爆炸、水管爆裂、雷击、台风、暴风、暴雨、龙卷风、洪水、雪灾、雹灾、冰凌、地面突然塌陷、飞行物体及其他空中运行物体坠落、不属于被保险人所有或使用的建筑或其他固定物体发生倒塌、有明显撬窃痕迹的盗窃、入室抢劫导致房屋的损失，以损失实际价值为标准，最高赔付额度是7000元
室内装潢	7 000元/份	同上
室内财产	7 000元/份	同上
第三者责任保障	3 000元/份	被保险人房屋附属的安装物、搁置物、悬挂物、管道，因意外事故造成倒塌、脱落、坠落、爆裂致使第三者人身伤亡或财产损失，被保险人或其家庭成员依法承担经济赔偿责任的，被保险人因保险事故而被提起仲裁或者诉讼的，对应由被保险人支付的经济赔偿金、仲裁或诉讼费用，保险公司负责赔偿
租房费用	1 000元/份	最高赔偿限额为家庭财产保险金额的10%。不论购买几份本保险，租借费用每天赔偿限额为300元人民币。租借费用与家庭财产部分的赔偿总额不超过家庭财产保险的保险金额

教学活动2 家庭财产保险的附加险种

活动目标

通过本部分的教学活动，了解与熟悉保险公司家庭财产保险业务操作中的附加险种，掌握其关键因素，并能够使用自己的语言简单描述，并能够进行简单计算。

知识准备

一、附加盗窃险

附加盗窃险与作为主险的家庭财产保险期限相同（1年、3年、5年）。凡存放于保险地址室内的保险财产，因遭受外来的、有明显痕迹的盗窃损失，保险公司按实际损失负赔偿责任。对被保险人及其家庭成员、服务人员、寄居人员的盗窃或纵容他人盗窃所致损失，保险公司不予负责。被保险人在遭受盗窃损失后应当保存现场，向当地公安部门如实报案，并在24小时内通知保险公司，否则保险公司有权拒赔。破案后被追回的财产，如被保险人愿意收回，应将领取的赔款退还；对被追回财产的损毁部分，保险公司可按其实际损失给予补偿。

（1）可保财产。可保财产与家庭财产保险的保险财产范围相同。

（2）保险责任。保险人负责赔偿下列原因造成保险财产的损失：保险房屋及其附属设备和室内装修材料以及存放于保险地址室内的保险财产，因遭受外来人员撬砸门窗、翻墙掘壁、持械抢劫，并有明显现场痕迹的盗窃所致损失在3个月以上未能破案的。

（3）除外责任。除外责任包括被保险人及其家庭成员、服务人员、寄居人员的盗窃或纵容他人盗窃所致保险财产的损失；因房屋门窗未锁，而遭盗窃所致保险财产的损失；因无明显盗窃痕迹，或窗外钩物行为所致保险财产的损失；其他不属于保险责任范围内的损失。

（4）保险费率。附加盗窃险的费率一般在1‰～2‰。

（5）保险金额和保险期限。盗窃险保险金额确定的原则、保险期限与家庭财产保险相同。

（6）赔偿处理。保险标的发生盗抢事故后，被保险人应立即向当地公安部门如实报案，并同时通知保险人，否则保险人有权拒赔。被保险人向保险人报案后，从案发时起3个月后，被盗抢的保险标的物仍未查获，方可办理索赔手续。保险人赔偿盗抢损失后，被保险人应将向第三者索赔的权益转让给保险人，破案追回的保险标的应归保险人所有，如果被保险人愿意收回被追回的保险标的，其必须退还已领取的赔偿金额，保险人对被追回保险标的的损毁部分，按照实际损失给予补偿。保险人按该附加保险规定进行赔偿处理时，要扣除绝对免赔额。

二、附加现金、首饰盗抢险

（1）适用范围。凡投保家庭财产综合险并附加盗抢保险的，其盗抢保险金额超过10 000元的保户，可投保本附加险。保险标的为人民币，不投外币和外汇。

（2）保险金额。以投保家庭财产盗抢保险的保险金额的6%为限，最高保险金额为6 000元，其中现金（含有价证券）1 000元、首饰5 000元。

（3）保险责任。存放于保险单所载明地址室内的现金、有价证券、首饰，由于遭受外来人员撬砸门窗、翻墙掘壁、持械抢劫，并有明显现场痕迹，经公安部门确认盗窃行为所致丢失、损毁的直接损失且3个月以内未能破案，保险人负责赔偿。

（4）免除责任。对由于下列原因造成的损失，保险人不负责赔偿责任：在室外遭受抢劫、盗窃；保管不慎所致；不负责现金（有价证券）的利息损失。

注意：本附加险条款与基本险保险条款及附加盗窃保险条款相抵触之处，以附加险为准；未尽之处，以基本险保险条款及附加盗抢保险条款为准。

三、附加家用电器安全险

（1）保险金额。附加家用电器安全险的保险金额以投保家庭财产保险家用电器部分的保险金额为限。

（2）保险责任。由于下列原因致使电压异常而引起家用电器的直接损毁：供电线路因遭受家庭财产综合保险责任范围内的自然灾害和意外事故的袭击；供电部门或施工失误；供电线路发生其他意外事故。

（3）免除责任。由于下列原因造成的损失，保险人不负赔偿责任：被保险人的故意行为以及违章用电、偷电或错误接线造成家用电器的损毁；家用电器超负荷运行、自然磨损、固有缺陷、原有损坏、用电过度、自身发热以及超过使用年限后的损坏；其他不属于保险责任范围内的损失。

注意：本附加险条款与基本险保险条款相抵触之处，以本附加险为准；未尽之处，以基本险保险条款为准。

四、附加管道破裂及水渍险

（1）保险金额。附加管道破裂及水渍险以投保家庭财产保险的保险金额为限。

（2）保险责任。本附加险负责因被保险人室内的自来水管道、下水管道和暖气管道（含暖气片）突然破裂，使水流外溢或邻居家漏水造成被保险人保险财产的损失。

（3）免除责任。由于下列原因造成的损失，保险人不负责赔偿责任：由于被保险人的故意行为，私自改动原管道设计，由于施工致使管道破裂造成家庭财产的损失；因管道试水、试压造成管道破裂跑水造成的家庭财产损失；属于保险责任范围内的损失。

注意：本附加险条款与家庭财产综合险条款相抵触之处，以本附加险为准；未尽之处，以家庭财产综合险条款为准。

五、附加自行车盗窃险

（1）适用范围。属被保险人所有的自行车符合下列条件，可附加自行车保险（机动脚踏两用的两轮车、安装机械功力装置的自行车除外）：已在指定的自行车管理部门登记入户完税的自行车；被保险人的家庭财产保险金额在10 000元及以上。家庭财产保险金额达到10 000元的可投保自行车一辆，保险金额每递增10 000元，可加保自行车一辆。

（2）保险金额。根据自行车购车发票载明的日期、价格，1年内按原购价确定，1年以上按年折旧率10%计算保险金额，每辆自行车最高保险金额为500元。

（3）保险责任。凡停放在宿舍内、有门卫的院内、公安部门指定的自行车保管处或独家小院内的全车被盗，保险公司负责赔偿。

（4）免除责任。由于下列原因造成的损失，保险人不负责赔偿责任：停放在宿舍外、院外、没有门卫的院内以及公安部门指定的自行车保管处以外的全车被盗；被保险人及其家庭成员的故意行为；自行车停放时未上锁被盗，自行车部分零件丢失和被盗；其他不属于保险责任的损失。

注意：本附加险条款与家庭财产综合险条款及附加盗窃保险条款相抵触之处，以本附加险为准；未尽之处，以家庭财产综合险条款及附加盗抢保险条款为准。

六、附加第三者责任险

（1）保险责任。在保单有效期内，被保险人（或其同住的家庭成员）在其所居住的住所，使用、安装或存放其所有或租借的财产时，由于过失和疏忽造成第三者的人身伤亡和财产的直接损毁，在法律上应由被保险人承担民事损害赔偿责任的以及因上述民事损害赔偿责任纠纷引起的合理、必要的诉讼、抗辩费用和其他事先经保险人同意支付的费用，除免除责任列明的项目外，保险人在本险别的赔偿限额内负责赔偿。

（2）免除责任。故意、欺诈、酗酒、斗殴以及在精神错乱、病理性痴呆情况下引起的损害赔偿责任；涉及知识产权、姓名权、肖像权、名誉权、荣誉权的损害赔偿责任及精神损害赔偿责任和费用；使用或驾驶各种动力与非动力交通、运输工具所造成的损害赔偿责任和费用；违反“国家保护环境防止污染的规定”，由污物、水、气、噪声、磁波和电子波造成的财产和人身损害事故的赔偿责任和费用；对被保险人的家庭人员、雇员民事侵权造成他人的财产和人身损害的赔偿费用；因饲养的动物所造成的损害赔偿责任和费用；惩罚性赔偿及罚款；各种间接损失及被保险人（或家庭成员）私自承诺费用。

（3）赔偿处理。被保险人向保险人申请赔偿时，应提供法律确认的文件副本及申请赔偿报告书和有关证明材料。如一次责任事故赔偿金额达到最高赔偿限额，则保险责任即行中止，被保险人如需恢复原赔偿限额，应补交保险费并由保险人出具批单批注；如一次责任事故到达最高赔偿限额，其有效赔偿应是最高赔偿限额减去赔偿金额后的余额。

综合实训

【实训目标】

通过本部分实训，使得学生能够在理论上和实务中掌握家庭财产保险的重点专业名词和基本理论，区分不同的家庭财产保险的险种和险别，掌握它们的适用范围和保险责任，能够按照不同方式计算家庭财产保险的赔偿金额。

【实训任务】

一、重要名词

家庭财产保险　普通家庭财产保险　家庭财产两全保险
家庭财产长效还本保险　安居综合保险　团体家庭财产保险

二、思考讨论

1. 简述家庭财产保险的含义和特征。
2. 什么是普通家庭财产保险？什么是定期还本家庭财产保险？
3. 简述家庭财产保险和企业财产保险的关系。
4. 家庭财产保险的功能有哪些？
5. 假如你是保险客户，你需要什么形式的家庭财产保险险种？
6. 如何理解家庭财产保险附加盗窃险？

三、情景模拟

情景一　属于保险责任的损失也有可能遭到拒赔

张女士于2015年7月去外地开会，当她从外地赶回到家中时，发现家中被盗，于是迅速到派出所报案。经公安人员现场勘查，发现家中被盗财物的损失约合2万元。经过半个月后公安机关仍未破案，这时张女士才突然想起自己在3月份投保了某保险公司的一份家庭财产保险。于是，她急忙找出保单来到保险公司要求索赔。保险公司接受了张女士的报案申请，但是在案件受理时保险公司理赔人员发现，张女士报案时间离事故发生已经近二十天，保险公司经审定以事故发生后未能及时通知为由，给张女士下了拒赔通知书。张女士不服，认为保险公司拒赔是不合理，因为事故发生后，她已经向公安机关报案了，并有公安人员的现场查勘记录，事故确实为他人入室盗窃。后经保险公司领导和理赔人员耐心的解释并拿出相关的文件，张女士才意识到问题确实出在自己身上，也怪自己没能详细看保险条款。

张女士认为：当她发现事故后，已经及时向公安机关报了案，而公安机关也对现场进行了查勘，并立了案就应该视为保险理赔的证明材料。而保险公司认为：当事故发生后，或在事故发生投保人发现后，投保人应及时向保险公司报案，以便保险理赔人员及时对现场进行查勘、定损。公安机关所出具的材料确实可以证明事件的发生，但张女士是和保险公司签订的合约，在合同上也注明了当事件发生时投保人该履行的责任。当事故发生后投保人未通知保险公司，已经违背了投保人应尽的义务和正当的理赔程序。

依据《保险法》第二十一条规定，“投保人、被保险人或者受益人知道保险事故发生后，应当及时通知保险人”。这里的“及时通知”是指被保险人应尽快通知保险人，以便及时到现场勘查、定损。通知的方式可以是口头方式，也可以是书面形式。“及时通知”是被保险人应尽的义务，同时，被保险人向保险公司索赔也是有时间限制的。如果被保险人没有履行此项义务，保险公司可免除保险责任。

情景分析

（1）为什么张某投保了家庭财产保险，却不能获得赔偿呢？这是因为张某在家庭财产被盗后，虽然及时向公安部门报了案，却忽视了向保险公司报出险通知，使本该履行的及时通知义务迟延履行。

（2）家庭财产保险条款还专门就被保险人“及时通知”义务进行了明确规定，即被保险人必须在知道保险事故发生后，保护好现场，并在24小时内通知保险公司。否则，保险公司有权不予赔偿。

（3）要培养家财出险后“及时通知”的意识，做到处事不慌。一方面要向公安部门报案，另一方面也要向保险公司报险，做到“两报”都不误。这样保险公司人员就可及时进行现场核实定损，为后期理赔奠定基础。

情景二　家庭财产保险的理赔计算

李某将所住房屋和家庭财产分别向甲乙两个保险公司投保，投保时房屋市场价值5万元，保险金额5万元；家庭财产价值10万元，保险金额6万元。保险期间因失火房屋全部烧毁，家庭财产也遭受到一定程度的损失。试问：

（1）理赔时房屋市场价值跌至4万，保险公司赔多少？

（2）理赔时房屋市场价值涨至6万，保险公司赔多少？

（3）如果火灾发生前，李某因生意上缺少滚动资金，将房屋的一半典当得现金2万元，李某同时将此变更通知保险公司，保险公司已作批单。发生火灾后房屋市价已经涨到8万元，此时保险公司赔多少？

（4）如果家庭财产损失5万元，保险公司赔多少？

（5）如果家庭财产损失9万元，保险公司赔多少？

情景分析

首先，根据损失补偿原则，理赔要求以保险利益为基础，以实际损失为准，以约定的保险金额为限。

（1）理赔时房屋市场价值跌至4万元，被保险人实际遭受损失为4万元，尽管保险金额为5万元，保险人也只能按实际损失赔偿，因此，保险公司只赔4万元。

（2）理赔时房屋市场价值涨至6万元，被保险人实际遭受损失为6万元，但投保的保险金额只有5万元。保险人只能按约定事故发生时，不论保险金额占全部财产价值的比例多少，只要损失在保险金额内，保险人就按实际损失赔偿，超过保险金额的损失是无效的，保险公司不负责赔偿。因此，保险公司只赔5万元。

（3）如果火灾发生前，李某将房屋的一半典当得现金2万元。表明被保险人在事故发生时对投保的房屋只拥有一半的保险利益。尽管发生火灾后房屋市价已经涨到8万元，被保险人遭受实际损失为8万元，此时保险公司也只按保险金的一半赔付李某2.5万元，另外保险公司还应赔偿典当行2.5万元。

其次，家庭财产保险采用的是第一损失保险，而非不定值保险。第一损失保险是不要求被保险人以其财产的全部价值足额投保，而是以一次保险事故可能造成的最高损失为保险金额。当事故发生时，不论保险金额占全部财产价值的比例多少，只要损失在保险金额内，保险人就按实际损失赔偿，超过保险金额的损失是无效的，保险公司不负责赔偿。

（4）如果家庭财产损失5万元，实际损失小于保险金额，按实际损失赔偿，因此，保险公司应赔5万元。

（5）如果家庭财产损失9万元，实际损失大于保险金额，按保险金额赔偿，因此，保险公司应赔6万元。

参考文献

[1] 许瑾良. 财产保险原理和实务[M]. 上海：上海财经大学出版社，2010.

[2] 曹晓兰. 财产保险[M]. 北京：中国金融出版社，2007.

[3] 施建祥. 财产保险[M]. 杭州：浙江大学出版社，2010.

[4] 郑功成，许飞琼. 财产保险[M]. 第四版. 北京：中国金融出版社， 2011.

[5] 孙祁祥. 中国保险市场热点问题评析[M]. 北京：北京大学出版社，2006.

[6] 蒲成毅，潘晓君. 保险案例评析与思考[M]. 北京：机械工业出版社，2004.

教学项目七

企业财产保险

【知识目标】

- 企业财产保险的基本概念
- 企业财产保险与家庭财产保险的联系与区别
- 企业财产保险的职能和作用
- 企业财产保险的基本内容

【技能目标】

- 能够识别企业财产保险的不同分类
- 能够掌握企业财产保险的特征和适用范围
- 能够掌握企业财产保险投保人的应尽义务
- 能够计算企业财产保险不同险种的赔款金额

引导案例

保险标的变更引发的纠纷

某制革厂于2014年11月11日与某保险公司签订了企业财产保险合同，将该厂自有的固定资产和流动资产全部投保，保险金额为420万元，保险费1.5万元，保险期限为1年。在投保单和保险单所附的财产明细表中，均写明了投保的流动财产包括原材料和产品，存放在本厂仓库内，并在保险单所附的制革厂简图中标明了仓库、车间的位置。2015年2月1日，制革厂与上海某公司签订了由某公司为制革厂代销合成内底革合同。制革厂于2015年3月份两次发货给某公司内底革1 900件，合计28万元，某公司把货物存放在其所在地的一所仓库中。2015年7月14日，由于某公司所在地持续高温，引起该批内底革自燃，烧毁40吨。经公安部消防科学研究所对火灾进行鉴定，结论是合成内底革为骤然自燃所致。火灾发生后，制革厂向保险公司索赔，保险公司以制革厂投保的标的物被销售转移，保险项目变更，不属赔偿范围为由拒绝赔偿。制革厂遂讼诉至某市中级人民法院。

经审理，法院认为：根据《中华人民共和国财产保险合同条例》的规定，保险标的如果变更用途或增加危险程度，投保方应及时通知保险方，在需要增加保险费时，应及时补缴保险费，投保方如不履行此项义务，引起事故造成损失，保险方不负保险责任。因此保险公司予以拒赔既合理又合法。

本案启示：财产保险合同的双方当事人都必须按照合同的约定和法律的规定履行自己的义务，否则就可能导致不利的法律后果。本案中，制革厂将保险标的内底革让某公司代理销售，转移存放地点，却没有通知保险公司，因此，保险公司不负赔偿责任。

学习任务一　认识企业财产保险

【学生任务】

- 要求每个学生课前预习相关内容，结合已经学过的财产保险基础知识理解企业财产保险的相关内容，能够用自己的语言来描述企业财产保险与家庭财产保险及相关概念的联系与区别。
- 要求每个学生提高课外阅读量，掌握企业财产保险业务发展的前沿趋势，结合本部分内容，说明企业财产保险对稳定社会、发展经济的重要作用，根据自身理解，结合具体案例写出不少于600字的书面作业。
- 将学生随机分组，按小组选出若干份作业在课堂上进行点评，学生间相互评出每一份书面作业的优劣；学生对作业进一步修改后提交教师，以便教师进行评价。

【教师任务】

- 指导学生在相关专业网站上查找所需资料，如保险公司企业财产保险业务经营管理方面的法律法规、我国保险监管部门对于保险公司企业财产保险业务经营管理的具体要求与规定等；启发学生理解企业财产保险业务存在的意义和作用。
- 提示学生完成书面作业所需要关注的主要知识点，如企业财产保险的含义、作用、内容、险种险别等，与相近的保险专业名词的区别与联系，保险法规的相关监管规定等。
- 指导学生分组，在小组内对学生进行不同的分工，对学生书面作业完成情况及时进行跟进，督促其按时完成。
- 对各小组进行的课堂点评适时指导，对于选出的作业予以及时、客观、公正的评价，准备回答学生可能提出的各种异议等。

教学活动1　掌握企业财产保险的含义

活动目标

通过本部分的教学活动，熟练掌握企业财产保险及其相关的专业名词，理解其特征和重要作用，并可以在保险实务中加以正确应用。

知识准备

企业财产保险是我国财产保险中相对来说最为主要的险种，企业财产保险具有一般财产保险的性质，许多适用于其他财产保险的原则同样适用于企业财产保险。

一、企业财产保险的概念

企业财产保险是以企事业单位和机关团体的固定资产和流动资产等作为保险标的，由保险人承担火灾及有关自然灾害、意外事故损失赔偿责任的财产损失保险。企业财产保险有许多种类，其中企业财产基本险和企业财产综合险最普遍。

企业财产保险在财产保险中占有重要地位，是财产保险的主干险种。从微观上讲，企业财产保险业务的发展直接影响到整个财产保险业务的发展，影响到保险企业的自身经济效益，该险种效益的实现会带动财产保险公司总体效益的实现。从宏观上看，企业财产保险对火灾等灾害事故造成的财产损失及其有关利益损失给予经济补偿，保证了社会再生产的持续进行和国民经济的正常运转，实现了保险的社会效益。

二、企业财产保险的特征

（一）保险标的是处于相对静止状态的财产

企业财产保险的标的主要是各种固定资产和流动资产，这些标的（如厂房、机器设备、原材料等）相对固定地坐落或存放于陆地上的某个位置，从而既与处于水上和空中的标的（如水险的标的——船舶或货物，航空保险的标的——机身及其责任等）相区别，又与处于运动状态的标的（如运输工具险和货物运输保险的标的）相区别，从而形成了企业财产保险独有的特征。

（二）保险费率厘定和核保核赔更为复杂

与其他保险的险种相比，企业财产保险的标的更为复杂多样。各种形式的固定资产和流动资产都可能成为企业财产保险的保险标的，如房屋及其他建筑物和附属装修设备机器及设备，工具、仪器和生产用具，管理用具、低值易耗品，原材料、半成品、在产品、产成品等，而其他保险的保险标的则相对较为单一。企业财产保险的标的结构、承保风险的复杂多样导致了企业财产保险的费率厘定更为复杂，核保、核赔难度较大。

（三）承保财产的地址一般不得随意变动

企业财产保险强调保险标的必须存放在保险合同中列明的固定处所，除因火灾等风险威胁，为安全起见可将屋内财物暂时运移他处外，被保险人在保险期间一般不能随意变动保险标的的存放地，否则，保险人可以不负赔偿责任。这主要是因为企业财产保险标的所处地点不同，风险的大小亦不同。因此，在一般情况下，承保财产地址的变动须经保险人同意，并在原保单上批注或附贴批单方可进行。

（四）更加强调保险客户的合法法人资格

企业财产保险与家庭财产保险相比，虽然同属于火灾保险，但在投保单位上差异甚大。家庭财产保险是以城乡居民个人及其家庭为投保单位，而企业财产保险则以法人团体为投保对象，包括一切工商、建筑、交通运输、饮食服务行业、国家机关、社会团体等均可投保该险种，投保对象强调的是领有工商营业执照、有健全的会计账册、财务独立核算的各类企业和经合法手续和流程注册成立的其他法人团体，如党政机关。

（五）保险承保风险的保障范围不断扩大

最初的火灾保险只承保单一的火灾风险，并只保火灾所致的直接损失，不保间接损失，后来扩大到与火灾相关的雷击、爆炸等风险。随着火灾保险业务的发展及人们对火灾保险保障范围的需求增大，火灾保险的承保风险又逐渐扩大到承保各种列明的自然灾害、意外事故，甚至扩展到承保利润损失等间接损失。企业财产保险始终将火灾作为保险人承保的主要风险，同时，其承保风险又在不断扩大。在企业财产保险经营中，必须充分地注意到这一点，并做好各种保险风险的防灾防损工作。

三、企业财产保险的适用

（一）适用的范围

企业财产保险适用于一切企事业单位和机关团体。具体而言，其适用范围如下。

1．企业

企业财产保险主要适用于企业，只要是工业、农业、商业、物资、建筑、交通运输业、饮食服务业等从事生产、流通或服务性活动的企业，无论何种具体的组织形式，都可以将其财产投保企业财产保险。具体包括领有工商营业执照、有健全的会计账册、财务独立、以全民所有制或集体所有制为主体的各类企业；有健全会计账册的私营企业。

2．事业单位

主要有各类学校、科研院所、医院、文化艺术团体，以及各种社团组织（如学会、协会、非营利性基金会）等，因其拥有一定的财产，并面临着火灾及其他灾害事故的威胁，从而亦需要参加企业财产保险。

3．机关团体

包括行政机关、司法机关、立法机关，以及政协组织、党派组织、工会组织、妇联组织、

共青团组织等，这些机关团体均拥有或管理着有关财产，同样面临着财产损失的各种风险，从而亦可以投保企业财产保险。

（二）不适用的范围

1. 部分外资企业

接受国外来料加工的企业，外国、华侨独资经营的企业、中外合资经营和合作经营的企业以及通过补偿贸易、引进技术和设备等方法进行的工程和项目承担者不适用（确切地说是不直接适用）企业财产保险。其原因是上述企业的涉外性质，如果该企业愿意接受财产保险基本险等相应条款，并以人民币投保，可以适用企业财产保险。

2. 军事机关和部队

由于军事机关和部队涉及国防安全，其各种行为和活动具有政治属性，其财产涉及国家军事机密，不能与商业性质的保险混为一谈。但是军事机关和部队下属的经营性企业则可以适用企业财产保险。

教学活动2　企业财产保险的内容

活动目标

通过本部分的教学活动，熟练掌握企业财产保险的具体内容，理解其真正含义，熟记企业财产保险的保险责任和除外责任，理解承保和理赔过程中的相应规定，并可以在保险实务中加以正确应用。

知识准备

一、企业财产保险的保险标的

（一）可保财产

可保财产是保险人接受投保人风险转移，可以承保的财产。企业财产保险的对象是存放在固定地点，且处于相对静止状态中的财产。凡是投保企业财产保险，投保人必须对保险标的具有保险利益。

企业财产保险可承保的财产包括：属于被保险人所有或与他人共有而由被保险人负责的财产，由被保险人经营管理或替他人保管的财产，其他具有法律上承认的与被保险人有经济利益关系的财产。从财产的形态来看，企业财产保险承保的财产可以区分为固定资产和流动资产等，具体包括：

（1）房屋及其他建筑物和附属装修设备。包括正在使用、未使用或出租、承租的房屋；房屋以外的各种建筑物，如船坞、油库、围墙以及附属在房屋建筑物上的较固定的设备装置，如卫生设备、空调机、门面装潢等。

（2）机器及设备。即具有改变材料属性或形态功能的各种机器设备，如各种机床、电炉、电焊机、铸造机以及各种工作机器等，还有与机器不可分割的设备，如机座、传导设备等。

（3）工具、仪器及生产用具。即具有独立用途的各种工作用具、仪器和生产用具，如切削工具、模压器，检验、实验和测量用仪器及达到固定资产标准的包装容器等。

（4）管理用具及低值易耗品。即办公、计量、消防用具以及其他经营管理用的器具设备，工具、玻璃器皿以及在生产过程中使用的包装容器等不能作为固定资产的各种低值易耗品。

（5）原材料、半成品、在产品、产成品或库存商品、特种储备商品。如各种原料、材料、燃料、备品备件、物料用品、副产品、残次商品、样品、展品、包装物等。

（6）账外及已摊销的财产。即已摊销或已列支而尚在使用的财产，如简易仓棚、边角、余料、不入账的自制设备、无偿移交财产、已摊销的“低值易耗品”等。

（二）特约可保财产

特约可保财产是指必须经保险双方当事人特别约定，并在保险单上载明才能成为保险标的的财产。特约可保财产可以分为三类。

（1）市场价格变化较大，保险金额难以确定的财产。如金银、珠宝、钻石、玉器、首饰、古币、古玩、古书、古画、邮票、艺术品、稀有金属等财产，投保时须经双方特别约定。但对经营上述财产为主业的团体，则只要保险双方协商投保，并就承保事宜签订正式保险合同即可，无需再行特约。

（2）价值高、风险较特别的财产。如堤堰、水闸、铁路、道路、涵洞、桥梁、码头等，这些标的价值较高，虽不易发生火灾，但有洪水、地震等风险。若投保人要求投保此类财产，保险人应对其安全状况实地查勘，一经同意承保，必须在保单上特别注明，并把保险金额逐项填写清楚。

（3）风险较大，需提高费率的财产。如矿井、矿坑内的设备和物资。承保此类财产主要是为了满足某些行业的特殊需要。承保时，必须经保险双方特别约定，在保险单及明细表上载明，并视风险状况加收保费。

（三）不保财产

不保财产是保险人不予承保的财产。企业财产保险的不保财产主要包括：

（1）不能用货币衡量其价值的财产或利益。如土地、矿藏、矿井、矿坑、森林、水产、资源及文件、账册、图表、技术资料、电脑资料等。

（2）不是实际的物资，容易引起道德风险的财产。如货币、票证、有价证券等。

（3）承保后与有关法律、法规及政策规定相抵触的财产。如违章建筑、危险建筑、非法占用的财产等。

（4）不属于企业财产保险的承保范围，应投保其他险种的财产。如未经收割或收割后尚未入库的农作物，在运输过程中的物资，领取执照并正常运行的机动车，牲畜、禽类和其他饲养动物等。

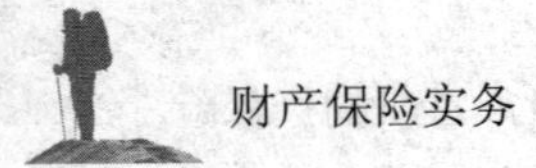

二、企业财产保险的保险责任

（一）企业财产保险基本险的保险责任

企业财产基本险采取列明风险方式确定保险责任，保险标的只有当遭受保险条款列明的风险事故造成损失时，保险人才承担赔偿责任。保险条款列明的保险责任有以下几项：

（1）火灾。火灾是指在时间或空间上由失去控制的燃烧所造成的灾害。构成火灾责任必须同时具备以下三个条件：一是有燃烧现象，即有光有火焰；二是偶然意外发生的燃烧；三是燃烧失去控制并有蔓延扩大的趋势。

可见，仅有燃烧现象并不构成保险中的火灾责任。例如，在生产生活中有目的的用火，为了防疫而焚毁玷污的衣物等均属正常燃烧，不属于火灾责任。因烘、烤、烫、烙等造成焦糊变质等损失，既无燃烧现象又无蔓延扩大趋势，也不属于火灾责任。电机、电器、电气设备因使用过度、超电压、碰线、漏电、自身发热造成本身毁损，不属于火灾责任，但如果发生了燃烧并失去控制，蔓延扩大就构成了火灾责任，保险人对电机、电器、电气设备本身的损失负责赔偿。

（2）雷击。雷击是指雷电造成的灾害。雷电为积雨云中、云间或云地之间产生的放电现象。雷击的破坏形式分为直接雷击和感应雷击。直接雷击是指雷电直接击中保险标的造成损失；感应雷击是指由于雷电产生的静电感应或电磁感应，使屋内对地绝缘金属物体产生高电位放出火花引起的火灾，导致电器本身的损毁，或因雷电的高压感应致使电器部件的损毁。

（3）爆炸。爆炸分为物理性爆炸和化学性爆炸。物理性爆炸是指由于液体变为蒸气或气体膨胀，压力急剧增加，并超过容器所能承受的极限压力而发生的爆炸。如锅炉或压力器在使用时发生破裂，使压力瞬间降到等于外界大气压力的事故，即为爆炸事故，但锅炉爆管就不属于爆炸事故。

化学性爆炸是指物体在瞬间分解或燃烧时放出大量的热和气体，并以很大的压力向四周扩散的现象，如火药爆炸、可燃气体爆炸等。因物体本身的瑕疵造成的损失，如热水瓶内胆破裂不属于爆炸事故。

（4）飞行物体及其他空中运行物体坠落。凡空中飞行或运行物体的坠落，如陨石坠落，空中飞行器、人造卫星坠落，吊车行车在运行时发生物体坠落造成保险财产损失都属于保险责任。此外，在施工过程中，因人工开凿或爆炸而致石方、石块、土方飞射或下塌造成保险标的损失，也视同空中运行物坠落责任，保险人可以先予以赔偿，然后再向负有责任的第三者追偿。建筑物倒塌、坠落、倾倒造成保险标的损失，如果涉及第三者责任，可以先赔偿后追偿。但是对建筑物本身倒塌的损失，不论是否属于保险标的都不负责赔偿。

（5）被保险人拥有财产所有权的自用的供电、供水、供气设备因保险事故遭受损坏，引起停电、停水、停气以致造成保险标的的直接损失。上述“三停”所致保险标的的损失，必须同时具备以下三个条件才属于保险责任范围：①必须是被保险人拥有财产所有权且自己使用的供电、供水、供气设备。设备是指发电机、变压器、配电间、水塔、线路、管道等供应设备。②限于因保险事故造成的“三停”损失。③仅限于对被保险人的机器设备、在产品和贮藏物品等保险标的的损坏或报废。如制药厂因为停电致使冷藏库内的药品变质，属于保险责任。

（6）在发生保险事故时，为抢救保险标的或防止灾害蔓延，采取合理的、必要的措施而造成保险标的的损失。例如，在发生火灾时，保险标的在抢救过程中遭受碰破、水渍等损失以及灾后搬回原地途中的损失；因抢救受灾物资而将保险房屋的墙壁、门窗等破坏造成的损失；发生火灾时隔断火道，将未着火的保险房屋拆毁造成的损失；遭受火灾后，为防止损坏的保险房屋、墙壁倒塌压坏其他保险标的而被拆除所致的损失等，保险人都负责赔偿。

（7）保险事故发生后，被保险人为防止或者减少保险标的损失所支付的必要的、合理的费用，由保险人承担。被保险人为防止或者减少保险标的损失所支付的必要的、合理的费用是指施救、抢救、保护费用。

（二）企业财产保险综合险的保险责任

企业财产保险综合险不仅承担财产保险基本险7个方面的责任，还把保险责任扩展到以下12项自然灾害造成保险标的的损失：暴雨、洪水、台风、暴风、龙卷风、雪灾、雹灾、冰凌、泥石流、崖崩、突发性滑坡、地面突然塌陷。

（1）暴雨。暴雨是指每小时降雨量达16毫米以上，或连续12小时降雨量达30毫米以上，或连续24小时降雨量达50毫米以上。

（2）洪水。洪水是指山洪暴发、江河泛滥、潮水上岸及倒灌。

（3）台风。台风是指中心附近最大平均风力达到12级或12级以上，即风速在每秒32.6米以上的热带气旋。

（4）暴风。暴风是指风速在每秒28.3米，即风力等级表中的11级风。保险条款的暴风责任扩大至8级，即风速在每秒17.2米以上。

（5）龙卷风。龙卷风是一种范围小而时间短的猛烈旋风。陆地上平均最大风速一般在每秒79～103米，是否构成龙卷风以当地气象站的认定为准。

（6）雪灾。雪灾是指由于平方米雪压超过建筑结构荷载规范规定的标准，以致压塌房屋、建筑物造成保险标的的损失，为雪灾保险责任。

（7）雹灾。雹灾是指因冰雹降落造成的灾害。

（8）冰凌。冰凌是指气象部门称的凌汛，春季江河解冻期时，冰块漂浮遇阻，堆积成坝，堵塞江道，造成水位急剧上升，以致冰凌、江水溢出江道，蔓延成灾。陆地上有些地区，如山谷风口或酷寒致使雨雪在物体上结成冰块，成下垂的拉力致使物体毁坏，也属冰凌责任。至于一般的冰冻损失，如露天砖坯冻裂、水管冻裂等都不属于冰凌责任。

（9）泥石流。泥石流是指山地大量泥沙、石块突然暴发的洪流，随大暴雨或大量冰水流出。

（10）崖崩。崖崩是指石崖、土崖受自然风化、雨蚀、崖崩下塌或山上岩石滚下，或大雨使山上沙土透湿而崩塌。

（11）突发性滑坡。突发性滑坡是指斜坡上不稳定的岩体、土体或人为堆积物在重力作用下突然整体向下滑动。

（12）地面突然塌陷。地面突然塌陷是指地壳因自然变异、地层收缩而发生突然塌陷。此外，对于因海潮、河流、大雨侵蚀或在建筑房屋前没有掌握地层情况，地下有孔穴、矿穴，以致地面突然塌陷所致保险标的的损失，也在保险责任范围以内。但因地基不稳固或未按建筑施工要

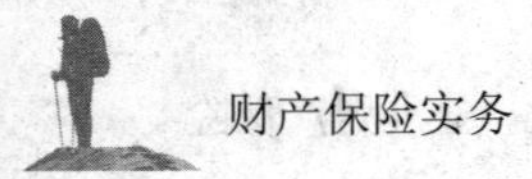

求导致建筑地基下沉、裂缝、倒塌及挖掘作业引起的地面下陷等损失，不在保险责任范围以内。

三、企业财产保险的责任免除

（一）企业财产保险基本险的责任免除

（1）战争、敌对行为、军事行动、武装冲突、罢工、暴动。这类风险均属政治风险，由这类风险引起的保险事故其破坏程度和损失程度难以估计，财产损失率中未包含此项因素，故列为除外责任。

（2）被保险人及其代表的故意行为或纵容所致。

（3）核反应、核子辐射和放射性污染。

（4）地震、暴雨、洪水、台风、暴风、龙卷风、雪灾、雹灾、冰凌、泥石流、崖崩、滑坡、水暖管爆裂、抢劫、盗窃。

（5）保险标的遭受保险事故引起的各种间接损失。间接损失主要指保险事故引起的停工、停业期间支出的工资、各项费用、利润损失及因财产损毁导致的有关收益的损失。如企业保险事故发生导致企业不能按时履约所承担的赔偿责任。

（6）保险标的因本身缺陷、保管不善导致的损毁，保险标的的变质、霉烂、受潮、虫咬、自然磨损、自然损耗、自燃、烘焙所造成的损失。

（7）由于行政行为或执法行为所致的损失。这是指各级政府或各级执法机关从国家整体利益出发，下令破坏保险标的所致的损失，属于非常的行政措施。如政府部门对保险标的的没收、征用、销毁等损失不属于保险责任。

（8）其他不属于保险责任范围内的损失和费用。

由于本保险采取列明风险方式确定保险责任，除外责任不可能一一列举。

（二）企业财产保险综合险的责任免除

与基本险的责任免除相比较，综合险除了把基本险第四条除外责任列为保险责任外，还增加了两条除外责任：一是地震所造成的一切损失；二是堆放在露天或罩棚下的保险标的以及罩棚，由于暴风、暴雨造成的损失。企业财产保险综合险的除外责任其余与基本险相同。

四、企业财产保险的保险金额

企业财产保险的保险金额一般分项确定，主要分为固定资产与流动资产两大类，其中固定资产还要进一步按固定资产的分类进行分项，每项固定资产仅适用于该项固定资产的保险金额。

（一）固定资产的保险金额

固定资产是指企事业单位、机关团体或其他经济组织中可供长期使用，并在其使用过程中保持原有物质形态的劳动资料和消费资料。确定固定资产的保险金额一般有以下几种方式：

1．按照账面原值确定

账面原值是指在建造或购置固定资产时所支出的货币总额，可以保险客户的固定资产明细账卡等为依据。

例如，某厂购进一台机器，购买价为100 000元，包装费为1 000元，运杂费为3 000元，安装费为10 000元。按账面原值确定保额，则保险金额=100 000+1 000+3 000+10 000=114 000（元）。

2．按照重置价值确定

重置价值即重新购置或重建某项财产所需支付的全部费用。按重置价值确定保额，可以使被保险人的损失得到足额的补偿，避免因赔偿不足带来的纠纷。但此方式可能诱发道德风险。

3．按照账面原值加成数确定

即在保险双方协商一致的情况下，在固定资产账面原值基础上再附加一定成数，使之趋近于重置价值。此方式适用于投保标的的账面原值与实际价值差额较大的情况。

4．按投保时实际价值协议确定

在企业财产保险中，固定资产的保险金额也可以依据投保时投保标的所具有的实际价值或公估（评估）后的市价由保险双方协商确定。

（二）流动资产的保险金额

流动资产是指在法人团体的经营活动过程中，经常改变其存在状态的那些资产项目。一般而言，法人团体的流动资产通常分为物化流动资产与货币形态的流动资产，前者表现为原材料、在产品、半成品、产成品及库存商品等；后者表现为现金、银行存款等。保险人通常只承保物化流动资产，对非物化流动资产不承担保险责任。因此，在承保时还需要区分流动资产的结构与形态。

法人团体的流动资产的结构与形态经常处于变动之中，任何一个时点上的物化流动资产均不一定等于出险时的物化流动资产。对此，保险人通常有如下两种保险金额确定方式供投保人或被保险人选择。

1．由投保人或被保险人按最近12个月的账面平均余额确定

最近12个月账面平均余额是指从投保月份往前推12个月的流动资产的账面余额的平均数。据此确定流动资产的保险金额可实现保险金额与物化流动资产价值在时间分布上的相对接近。流动资产的账面余额应当按取得时的实际成本核算。

2．由投保人或被保险人自行确定

如投保人或被保险人可以按最近12个月任意月份的账面余额确定保额，也可以按最近账面余额（即投保月份上月的流动资产账面余额）确定保额。

（三）账外和代保管财产的保险金额

账外财产和代保管财产是指根据企业财务管理的需要，按财产折旧的有关规定，已经将财产的账面原值摊销完毕的财产；或者是某些特别情况下，由被保险人占用、使用或保管而未列入企业会计科目的财产。对于这些不能按照财务会计科目计算价值的财产保险金额的确定，则采取由投保人和保险人共同协商的方式，按财产的实际价值或重置价值确定保险金额。账外财产和代保管财产的保险价值是出险时的重置价值或账面余额。

【技能拓展】 企业财产保险承保实务中的风险评估

保险公司的业务员对投保企业的财产进行风险评估，应该是初步的风险选择和基础性的核保过程。但是由于他们的收入或佣金主要取决于完成的业务量，因此，他们更偏重于业务数量，加上核保经验和技术的限制，其核保工作是有限的和不彻底的，对于不明显的非优质业务，必须还是由专职核保人来把关。风险评估应至少包括以下内容：

（1）投保财产所处的位置及地理环境、周围情况，如临近建筑物、河流、该地区易发生的自然灾害。

（2）投保财产主要危险、重点防护部位及有无防护设施。

（3）有无正处在危险状态下的财产。

（4）被保险人各种安全管理制度是否健全，有无消防设施、设备。

（5）被保险人以往事故记录，包括时间、次数、原因、损失金额及赔偿处理情况。

（6）投保人及被保险人的数量及相互关系。

五、企业财产保险的保险费率

保险费率是保险人以保险标的的损失率（损失率是在一定时期内保险金额和赔偿额的比例）为计算基础而规定一定时期（通常为1年）一定保险金额收取保险费的比例，通常用千元率来表示，即每年每千元保险金额收取若干元保险费。

（一）企业财产保险的费率类别

我国现行企业财产保险费率主要是根据财产占用性质的不同危险程度确定的，分为三大类，即工业险费率、仓储险费率和普通险费率（三大类十三级）。此外，特约附加责任险一般都要加收保险费。工业险费率适用于从事各类物质生产的企业。按其危险程度分为六级（费率号次1～6）；仓储险费率适用于储存各类物质的仓库，共分四级（费率号次7～10）；普通险费率适用于工业险、仓储险以外的单位，分为三级（费率号次11～13）。这三类财产保险综合险的年费率如表7-1所示。

表7-1 财产保险综合险年费率表（按保险金额每千元计算）

类别	号次	占用性质	费率1	费率2
工业类	1	第一级工业	1.60	1.00
	2	第二级工业	2.00	1.50
	3	第三级工业	2.40	2.00
	4	第四级工业	4.00	3.50
	5	第五级工业	6.40	5.00
	6	第六级工业	8.00	7.00

（续表）

类别	号次	占用性质	费率1	费率2
仓储类	7	一般物资	1.50	1.00
	8	危险品	3.00	2.00
	9	特别危险品	5.00	4.00
	10	金属材料、粮食专储	1.00	0.50
普通类	11	社会团体、机关、事业单位	1.60	1.00
	12	住宅、综合商业、饮食服务业、科研院所、展览馆、体育场所、交通运输业、牧场、农场、林场、邮政、写字楼、商贸、电信、供电高压线路、输电设备	2.40	2.00
	13	石油化工商店、液化石油气供应站、日用杂品商店、废旧物资收购站、修理行、文化娱乐场所、加油站	3.00	3.00

1. 工业险费率

从事冶炼、制造、加工等生产的工厂，适用工业险费率。工业险费率的档次按原材料性质、工艺操作及其风险状况确定，风险程度越高，费率越高。

2. 仓储险费率

凡是储存大宗物资的，不论存放处所为仓库、露堆、敞棚、油槽、储气柜、地窖等，都适用仓储险费率。仓储险费率以储存物资本身的种类及其风险程度为依据，划分为不同的费率档次。

3. 普通险费率

除工业险、仓储险以外的其他行业适用普通险费率。普通险费率根据投保单位的工作性质及其风险状况确定费率档次。

（二）费率厘定的主要因素

保险费率是根据保险标的的风险程度与损失概率确定的，企业财产保险的费率主要根据被保险财产的种类、占用性质、地理位置，按危险性的大小、损失率的高低、保险责任范围、保险期限和经营管理费用等因素确定。在厘定企业财产保险的费率时，主要应考虑以下因素。

1. 建筑结构及建筑等级

建筑结构是指建筑物中由承重构件（梁、柱、桁架、墙、楼盖和基础等）组成的体系，用以承受作用在建筑物上的各种负荷。房屋及其他建筑物的建筑结构不同，其强度、刚度、稳定性和耐久性会有较大差异，因而遭遇风险的频率和风险发生后的损毁程度亦会有区别，如钢筋水泥结构的建筑物要比砖木结构的建筑更能抵御火灾及其他灾害。建筑等级是根据建筑结构划分的建筑物的等级。房屋的建筑等级一般可以分为三等。

（1）一等建筑。屋架、内外墙、地坪、楼坪、扶梯用钢筋水泥、砖石或钢铁构造，屋顶用水泥、砖瓦、铁皮、石棉、沥青或铺满石屑的油毛毡平顶所构造。

（2）二等建筑。屋架、地坪、楼坪、扶梯用木料构造，外墙主要用砖石、水泥或其他不易燃烧的材料构造，屋顶用砖瓦、铁皮、石棉、沥青或铺满石屑的油毡平顶构造。

（3）三等建筑。建筑结构次于二等建筑的房屋为三等建筑。

建筑等级不同，风险状况亦不同，如一等建筑的风险损毁程度明显低于二等建筑和三等建筑。既然建筑结构及建筑等级影响到房屋及其他建筑物的风险概率及其损毁程度，保险人在制定企业财产保险的费率时，就应该充分考虑建筑结构及建筑等级的影响，厘定出更加科学、合理的费率。

2．占用性质

占用性质是指建筑物的使用性质。不同类别、不同风险性质的财产存放于同一建筑等级的建筑物中，风险程度会有很大差别，如特别危险品的风险程度就大大高于金属材料。厘定企业财产保险费率时必须考虑建筑物占用性质，并根据占用性质及其相应的风险状况实行分类级差费率。

3．承保风险的种类

企业财产保险承保的风险不仅有火灾，还有其他多种灾害事故。一般而言，承保的风险种类越多，保险人承担的责任越大。本着权利义务对等原则，承保风险的种类越多，保险费率越高；承保风险的种类越少，保险费率越低。如我国财产保险公司一般采用的《财产保险基本险条款》和《财产保险综合险条款》，作为企业财产保险的表现形式，在厘定费率时就考虑了承保风险的种类这一因素：《财产保险基本险条款》仅承保火灾、爆炸、雷击、飞行物体及其他空中运行物体坠落四种风险；《财产保险综合险条款》则既承保以上风险，又承保暴雨、洪水、台风等多种风险。因此，财产保险综合险的费率几乎全部高于财产保险基本险的费率。

4．地理位置

保险标的所处的地理位置不同，风险及其损失的情况也会不同。如我国南方的城市砖木结构建筑较多，火灾的发生相对频繁。又如江河沿岸遭洪水的可能较大，沿海城市常遭台风袭击，而内陆城市则无台风之患等。因此，保险人应根据地理位置的不同，厘定出有差别的费率。

5．危险程度

如工业险费率按危险程度分为6个级别，仓储险费率按危险程度分为4个级别，普通险费率按单位性质分为3类，社会团体、事业单位费率最低，石油化工商店、文化娱乐场所、加油站的适用费率最高。

6．历史损失数据

对于投保企业而言，历史的灾害情况和损失数据一方面说明了该企业面临的风险的大小，另一方面也说明了该企业对于风险管理的重视程度和管理水平，因此对于多次发生灾害、经常造成损失的投保企业，保险人都会在基本的保险费率基础上增加一定的调整幅度。

7．市场竞争因素等

如今的国内财产保险市场竞争异常激烈，保险人面对众多的竞争对手，尤其是国际上知名的保险集团，为了在竞争中获得有利的地位，保持保险客户的稳定性和忠诚度，保证自身的生存与发展，在开展企业财产保险业务的过程中，除了提供优质的服务增加附加价值之外，也必然会考虑到降低保险费率的措施。

此外，还应在具体确定保险费率时考虑被保险人的防火设备、保险标的所处的环境、交通状况等的影响。在实际工作中，一般以表定费率为基础，根据具体的风险情况等因素，在一定的浮动范围内确定费率。

（三）短期的企财险费率

对于财产保险来说，保险费的多少主要是由保险金额的大小和保险费率的高低两个因素决定的。一般来说，保险费率都由保险人事先确定并公布。企业财产保险费率均按保险期限1年，以保险金额每千元计算，如中途退保或不满1年，应按短期保险费率（见表7-2）的规定计算应缴的保险费。

表7-2　企财险短期费率表

保险期限/月数	1	2	3	4	5	6	7	8	9	10	11	12
按年费率/%	10	20	30	40	50	60	70	80	85	90	95	100

六、企业财产保险的赔款计算

（一）固定资产的赔款计算

1．固定资产发生全部损失情况下的赔款计算

（1）当保险金额大于或等于重建重置价值时，其赔偿金额以不超过重建重置价值为限。其计算公式为：

赔款金额＝重建重置价值－应扣残值

（2）当保险金额小于重建重置价值时，其赔偿金额以不超过保险金额为限。其计算公式为：

赔款金额＝保险金额－应扣残值

2．固定资产发生部分损失情况下的赔款计算

（1）如果受损财产的保险金额等于或大于重建重置价值，则按实际损失计算赔款金额，即：

赔款金额＝损失金额－应扣残值

（2）如果受损财产的保险金额低于重建重置价值，则应根据实际损失或修复费用乘以保险金额与出险时重建重置价值的比例计算赔偿金额，其计算公式为：

赔款金额＝保险金额／出险时重置价值×（实际损失或恢复原状所需费用－应扣残值）

（二）流动资产的赔偿计算

1．全部损失

（1）受损财产保险金额等于或高于出险时的账面余额时，其赔偿金额以不超过出险时的账面余额为限。

（2）保额低于出险时的账面余额时，其赔款不超过保额。

2. 部分损失

（1）受损财产保险金额等于或高于出险时的账面余额时，其赔偿金额按实际损失计算

（2）受损财产保险金额低于保险价值或账面余额时，其赔偿金额按保险金额与保险价值的比例计算。其公式为：

赔款金额＝保险金额／出险时的账面余额×（实际损失或恢复原状所需费用－应扣残值）

【案例分析】 不足额保险怎样赔偿

案情简介：一企业向某保险公司投保企业财产保险，期限一年，保险金额投保时按市价确定为64万元。保险期内该厂区一仓库因电线短路发生火灾，灾害迅速蔓延，虽然经过全力抢救，仍造成严重损失。灾后该企业向保险公司提出索赔，经保险公司现场查看验险，保险标的的固定资产损失为20万元，被保险人支出施救费用5万元，这批固定资产在发生保险事故时的市价为80万元。保险公司应该支付多少赔款？

分析：根据案情分析，本案属于一起固定资产的不足额保险部分损失案例，根据企业财产保险的固定资产赔款方法，应采用比例赔偿方式。

保险公司赔偿金额＝（损失金额+施救费用）×保险金额/保险价值

＝（20+5）×64/80

＝20（万元）

（三）账外和代保管财产的赔偿计算

1. 全部损失

保额等于或高于出险时重置价值或账面余额，其赔偿金额以不超过出险时的重置价值或账面余额为限；保额低于出险时重置价值或账面余额，其赔偿金额以不超过该项财产的保险金额为限。

2. 部分损失

保额等于或高于出险时重置价值或账面余额，按实际损失计算；保额低于出险时重置价值或账面余额，按重置价值或账面余额计算：

赔款金额＝保险金额／出险时的重置价值或账面余额

×（实际损失或恢复原状所需费用－应扣残值）

总之，赔款所遵循的原则是一致的，主要表现为：①如果保险金额低于出险时的重置价值或账面余额，应适用比例分摊赔偿方式；②固定资产、流动资产（存货）、账外财产和代保管财产应根据会计明细账、卡分项计算；③赔偿金额分别以保险金额或各项财产出险时的重置价值或账面余额为最高限额，以低者为限。

七、企业财产保险投保企业的义务

（1）投保企业（投保人）应当按照保险合同约定的时间、方式和金额，足额缴纳保险费。依《企业财产保险条款》规定，被保险人应当在保险起保后的15天以内，按照保险费率规章的规定一次交清应付的保险费。某些保险费数额较大的单位，一次交清有困难的可以分次交付，但一般每年最多不能超过四次；投保短期的保险费应一次交清。

（2）投保企业（投保人或被保险人）应当履行如实告知的义务，如实回答保险人就保险标的或者被保险人的有关情况提出的询问。

（3）被保险人积极采取防灾防损损失，应当遵照国家有关部门制定的保护财产安全的各项规定，对安全检查中发现的各种灾害事故隐患，在接到安全主管部门或保险人提出的整改通知书后，必须认真付诸实施。

（4）在保险合同有效期内，如有被保险人名称变更、保险标的占用性质改变、保险标的地址变动、保险标的危险程度增加、保险标的的权利转让等情况，被保险人应当事先书面通知保险人，并根据保险人的有关规定办理修改手续。

（5）保险标的遭受损失时，被保险人应当积极抢救，使损失减少至最低程度，同时保护现场，并立即通知保险人，协助保险人进行理赔勘查。

八、企业财产保险的附加险种

附加险又称特别约定险，是指不属于保险责任范围内的或除外责任中不保的责任，另经被保险人与保险人双方协商同意后，特别约定负责的一种保险。为适应投保人的某些特殊需要，保险人可以在企业财产保险基本险种的基础上加收附加保险费特约承保各种附加险，如盗抢险、露天堆放财产保险、矿（井）下财产保险、橱窗玻璃意外保险以及前述的利润损失保险。

1．盗抢险

盗抢险指被保险人存放在保险单所载明的保险地址室内的保险财产，由于遭受经公安部门确认的盗窃、抢劫行为而丢失，从案发时起的一段规定时间后（一般为三个月），被盗抢的保险财产仍未查获而导致的直接损失由承保公司负责赔偿的保险。

在企业财产保险中，盗抢风险一般不属于承保责任范围，盗抢险也不能单独承保，而只能以企业财产保险基本险种附加盗抢险的形式存在。投保了附加盗抢险后，凡是值班保卫制度健全的单位，存放在保险地址室内的保险标的，因遭受外来的、明显的盗抢行为所致的损失，并报公安部门立案的，保险人承担赔偿责任。但监守自盗属除外责任。

2．露天堆放财产保险

投保人对符合仓储规定的露天堆放财产要求保险人特约承保时，可以在企业财产保险基本险种的基础上加费后以附加险形式投保。经特别约定后，承保的露堆财产因遭受暴风、暴雨所致的损失，保险人负责赔偿。但被保险人对其露天堆放财产的存放必须符合仓储及有关部门的规定，并采取相应的防护安全措施，否则，保险人有权拒赔。

3．矿（井）下财产保险

对矿井、矿坑内的设备和物资，经保险双方特别约定，可以在保单上以加贴“矿（井）下财产保险特约条款”的方式承保。保险人对保单上列明的自然灾害、意外事故以及因瓦斯爆炸、冒顶塌方、提升脱钩和地下水穿孔等原因而致的矿下财产损失，承担赔偿责任。

4．橱窗玻璃意外保险

商业企业的橱窗玻璃可以在企业财产保险的基础上，以附加险的形式特约承保意外破碎责任。凡是承保的橱窗玻璃（包括大门玻璃、柜台玻璃、样品橱窗玻璃等）因碰撞、外来恶意行为所致的玻璃破碎，以及因玻璃破碎而引起的橱窗内陈列商品的非盗窃损失，保险公司负责赔偿。

除以上附加险外，堤堰、水闸、涵洞保险，破坏性地震保险，水暖管爆裂保险，盐池覆盖塑料薄膜保险，油田保险等，都可以在企业财产保险基本险或综合险的基础上以附加险形式特约承保。

【拓展阅读】　企业财产保险的《风险查勘报告》

企业财产保险《风险查勘报告》所列的查勘项目包括：建筑物等级、安全设施配备及管理状况、客户性质及信用道德表现、标的种类及以往损失情况、员工的管理和生产技术水平、机器设备的新旧程度、工程项目种类、等级等。

企业财产保险《风险查勘报告》的具体表现形式可以根据保险标的和业务性质的不同而不同，结合公司的规范性要求可以有各种变化，但是结论应当包含但不限于以下内容：

（1）投保人对投保财产是否具有可保利益。

（2）投保主体是否符合保险条款规定的承保条件。

（3）投保财产的占用性质及其用途。

（4）投保财产存放地点及周围环境。

（5）建筑等级与结构。

（6）消防配备及其运用程度。

（7）投保人最近的损失记录。

（8）被保险人的管理水平。

（9）保险金额的确定方法是否合适，保险金额是否超出规定的自留额，是否需要分保。

（10）费率是否与风险等级、保险期间、所在地区相对应。

（11）附加险、扩展条款的使用是否符合要求。

（12）特别约定是否适当、完整、明确和规范。

（13）免赔规定是否合理，保险费计算是否正确。

（14）投保人和经办人员是否盖章，印章是否符合规定等。

【案例分析】　一起受损设备的保险理赔案

案例简介：某企业将新进口的一台自动化生产设备，向保险公司投保了财产保险综合险，设备是作为固定资产按原值93 500元投保的。保险期内，一名职工在喷漆时不小心因一枚烟蒂引发了一场大火，造成该生产设备损失。灾后企业向保险公司提出索赔，保险公司邀请了几名专家，会同该厂的技术人员及财会人员共同对该受损设备进行全面彻底的技术鉴定。结果发现，该设备内部的一些部件的损坏并不严重，利用国内上出售的相应部件可以修复或更换，修复后其性能不会低于原产品，费用只需要5 610元。遂保险公司欲赔付5 610元修复费。

该厂不同意保险公司的做法，认为此设备的购置价为93 500元，且按此价投保了财产保险综合险，虽然价格比国内同类产品高的多，毕竟是厂家购置这台设备付出的代价，保险公司不按"代价"损失程度进行赔偿，如何体现对被保险人的损失实施补偿呢？

分析：企业财产保险部分损失补偿，可以采取修复的方法，保险公司应给予被保险人修复费，保险公司的处理方法正确。因为赔偿方式有两种，一是支付赔偿款，二是按重置赔偿方式，本案例是产品的部分损失，则应给予修理并恢复原状的费用。

学习任务二　区分企业财产保险险种

【学生任务】

- 要求每个学生课前预习相关内容，结合已经学习过的财产保险和企业财产保险业务来理解企业财产保险业务相关的其他险种的内容，能够用自己的语言来简单描述机器损坏险、利润损失险与企业财产保险的关系。
- 要求每个学生提高课外阅读量，结合本部分内容，说明企业财产保险实务中如何确定是否加保机器损坏险、利润损失险，以及保险金额如何确定，根据自身的理解，结合案例在课堂提问中口头表达。
- 将学生随机分组，按小组选出典型回答在课堂上进行点评，学生间相互评出每一口头表达情况的优劣，教师进行综合评价。

【教师任务】

- 提示学生完成口头表达所需要关注的主要知识点，如机损险、利损险的概念、内容，与相近的保险专业名词的区别与联系，保险相关业务的国际惯例等。
- 指导学生分组，在小组内对学生进行不同的分工，对学生口头表达作业完成情况及时进行跟进。
- 对各小组进行的课堂点评适时指导，对于选出的作业予以及时、客观、公正的评价，准备回答学生有可能提出的异议等。

教学活动1　认识利润损失保险

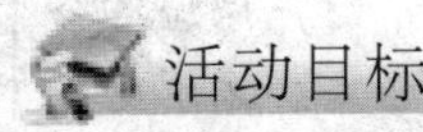

通过本部分的教学活动，了解与熟悉保险公司再保险分出业务的经营实务流程，掌握其关键因素，并能够使用自己的语言简单描述。

一、利润损失保险的概念

（一）利润损失保险的概念

利润损失保险又称为营业中断保险，简称利损险，是指对企业（被保险人）因物质财产遭受自然灾害或意外事故等导致损毁后，在一段时间内停产、停业或营业受影响的间接经济损失及营业中断期间发生的必要的费用支出提供保障的保险。例如，某餐馆发生重大火灾后在一段时间内无法继续营业，在不能营业的期间内，因没有开业而不能正常盈利。但是，餐馆可以通过提前购买利润损失保险，将利润损失风险转移给保险公司。

在国际财产保险市场上，利润损失保险既有使用单独保单承保的，又有作为前述企业财产保险的附属保单承保的。我国的保险人一般将利润损失保险作为企业财产综合保险的一项附加险承保。

传统的财产保险只对保险责任造成的直接物质损失提供保障，对因物质损毁而引起的间接损失，如因停产、减产、营业中断而产生的利润损失则不负赔偿责任。利润损失保险作为传统财产保险的一种附加和补充，必须依附于财产保险的基础，而且所承保的风险必须与财产保险一致，如火灾、爆炸、自然灾害等风险。因此，投保人只有在投保了财产保险的条件下，才能投保利润损失保险。同时，只有在被保险财产遭受保险事故造成损失并获得保险赔偿的前提下，保险人才会对因此种物质损失引起的利润损失负赔偿责任。

由此可见，利润损失保险是对传统的财产保险不予承保的间接损失提供保险。也就是说，利润损失保险承保由于火灾和自然灾害或意外事故造成被保险人的被保险财产受损，在被保险财产从受损到恢复至营业前状态这一段时期内，因停产、停业或营业受到影响，被保险人遭受的利润损失和受灾后营业中断期间所需开支的必要费用等间接经济损失。

（二）利润损失保险的特征

（1）利润损失保险承保的是企业财产保险所不予承保的间接损失，二者相辅相成，互为补充。

（2）一般情况下被保险人必须在足额投保企业财产保险的基础上，才能投保利润损失保险，因为足额可以避免比例赔偿损失。

（3）利润损失保险赔偿的是投保企业合法、合理的间接经济损失。所谓“合法”，是指损失的利润应是法律上承认的利润；所谓“合理”，是指投保企业在未遭受灾害事故，在正常营业或生产条件下能够实现的收益或费用开支，而不是主观臆测或推断的收益或支出。

【知识链接】　利润损失险的投保条件

（1）被保险人必须在足额投保财产保险的基础上，才能投保利润损失保险。如果财产不足额投保，理赔时会带来比例赔偿问题。由于间接损失核算程序更加复杂，核算难度比直接损失更高，要准确把握数据才能避免不足额投保。

（2）利润损失保险只适合有盈利的企业的投保。因为经营亏损企业无利润可言，无保险标的存在，如果投保会产生道德风险。

（3）事故发生造成保险标的的实际损失与营业中断之间存在因果关系，即如果没有事故发生给保险标的造成实际损失，营业也不会中断并能获利。

二、利润损失保险的保险金额

利润损失保险的保险金额通常由以下两部分组成。

（一）毛利润保额

毛利润保额与赔偿期有关。所谓赔偿期，是指保险公司对受损财产恢复到正常营业水平这一段时间，即利润损失的赔偿期限。赔偿期为1年或1年以下，保险金额以上一年度毛利润为基础，并结合生产趋势、通货膨胀率等因素确定；超过一年的，保险金额相应提高；新建企业投保应以预计的毛利润为基础。

（二）会计师费用保额

按一般习惯，在出险赔付时被保险人的账册要经会计师审查，审查费用亦可以投保。利润损失保险的保险金额是按企业上年度的销售额或营业额加上本年度业务发展趋势和通货膨胀因素为基础，计算本年度预期毛利润额来确定的，用公式表示为：

预期毛利润＝毛利润率×上年度营业额（1＋营业额增长率＋通货膨胀率）

预期工资＝工资率×上年度工资额（1＋营业额增长率＋通货膨胀率）

（三）保险金额与赔偿期的关系

如果赔偿期不超过 12 个月，保险金额应为本年度预期的毛利润额；如果赔偿期超过 12 个月，保额则按比例增加。例如，规定赔偿期为 18 个月，保险金额就应是预期毛利润的 150%，依此类推。

三、利润损失保险的保险费率

利润损失保险的费率一般可按以下原则和步骤确定：

（1）以基本财产保险的费率为基础。

（2）根据承保财产的不同种类调整标准进行增减。

（3）加上各种附加险及扩展责任的费率。

（4）考虑其他影响的因素，如承保财产有无特殊危险、被保险企业的风险管理水平。

（5）根据赔偿期的长短进行调整等。

四、利润损失保险的赔偿处理

利润损失保险的保险期限应与基本财产保险保持一致。对保险期限内的原因引起的利润损失，保险公司在赔偿时应首先确定实际赔偿期。实际赔偿期不能超过保单规定的赔偿期，如果超过，以保单规定的赔偿期为准。

实际赔偿期确定后，就要核定实际赔偿期内的营业总额，然后乘以毛利润率再减去实际赔偿期内非正常营业的利润收入即为赔偿额。会计师费用以及为缩短实际赔偿期或增加实际赔偿期内的营业额而花费的额外费用按实际支出赔偿。

利损险赔款计算的公式为：

赔偿金额 ＝（营业额减少所致毛利润损失＋营业费用增加所致毛利润损失－固定费用支出的节省）×保险金额 /（毛利润率×年度营业额）

另外，利润损失保险单一般都规定有免赔额。免赔额多以时间来计算，一般有5天、7天、10天不等，即保险事故发生后5天、7天、10天内的利润损失不属于保险责任。

五、利润损失保险的特别附加条款

利润损失保险的特别附加条款，即主要扩展责任的附加险，它包括全部营业额条款、未保险的维持费用条款、通道堵塞条款、谋杀条款、公众事业设备扩展条款、遗失账册损失条款、恢复保险金额条款、每月预付赔款和调整保险费条款9项。

（一）全部营业额条款

本条款主要承保在保险赔偿期限以内，为获得营业收入，被保险人或其代表在营业处所之外的地点销售货物或提供服务所得到的或所应得到的收入金额，在计算赔偿期限的营业额时应当包括在内。

（二）未保险的维持费用条款

本条款主要承保的风险是如果被保险人未投保维持费用或仅投保几项维持费用，则在损失赔偿时，增加的营业费用中可赔付的金额应按毛利润与毛利润加上未保险的维持费用的比例来计算。

（三）通道阻塞条款

本条款主要承保被保险财产的进口通道因附近其他建筑的受毁而堵塞，使原料或顾客无法正常进入而造成被保险人停产所形成的利润损失。

（四）谋杀条款

本条款主要是承保餐饮业如宾馆的营业场所因发生谋杀、自杀、猝死等事故后，使顾客因恐惧心理而不愿光顾或住宿造成被保险人停业所形成的利润损失。

（五）公众事业设备扩展条款

本条款主要承保水、电、气供应单位因被保险人财产遭受保险责任范围内的损失后，为了安全而暂时中止水、电、气供应，使被保险人停产而造成的利润损失。但如果市政府或地方当局或供应部门不是单纯为了保护人民生产安全或保障供应系统的任何部分的有意行为所造成的损失，保险公司不负赔偿责任。

（六）遗失账册损失条款

本条款主要承保被保险人因利润损失在保险单承保责任范围内的风险造成债权证明文件，如账册、资料的灭失而无法正常从债务人追回欠债所形成的损失。本条款只适用于保险期内发生的应收未收账目记录灭失或毁损的情况。

（七）每月预付赔款

本条款主要承保的是被保险人关于赔款支付的特殊要求，在确认保险人承担利损险赔付责任的基础上，被保险人考虑到经营的需要而提出关于如何具体支付赔款的特殊要求，保险人可在赔偿期间每月预付赔款。

（八）恢复保险金额条款

本条款是针对在保险期间间接损失发生并造成的部分损失，在获得保险公司赔偿后，保险金额会因赔款而被冲减，被保险人可支付适当的保险费，补足保险金额。

（九）调整保险费条款

本条款是在保险合同有效期内，由于企业生产经营或市场变化等原因，导致毛利润少于保险金额，被保险人可根据审计师的证明要求保险公司按比例退还保险费的差额，并冲减利润损失保险的保险金额。

教学活动2　了解机器损坏保险

活动目标

通过本部分的教学活动，了解与熟悉机器损坏险的概念、内容、特点和经营实务流程，掌握其关键因素，能够使用自己的语言简单描述，并能够进行简单计算。

知识准备

一、机器损坏保险的概念

机器损坏保险，简称机损险，是对机器本身所存在的风险提供的一种保险。被保险人投保的机器设备在运行过程中因突然发生不可预见的意外事故，包括因部分自然灾害如暴风雨、冻灾等造成机器设备的全部损坏或零部件的损坏，保险人对此予以经济补偿。

机器损坏保险主要承保工厂、矿山等保险客户的机器本身的损失，保险人对各类安装完毕并已转入运行的机器设备因人为的、意外的或物理性原因造成的物质损失负责。该险种既可单独投保，也可作为财产保险基本险或综合险的附加险投保。

二、机器损坏保险的特点

机器损坏保险是财产保险的一种形式，是财产保险的补充和其责任的扩展，但机器损坏保险的性质与财产保险的性质不同。财产保险所保障的风险基本上为机器损坏保险的除外责任，机器损坏保险则以重置成本作为保险金额来支付保险补偿金。因此，机器损坏保险与财产保险既是相互独立又是相辅相成、互为补充的。与其他火灾保险险种相比，机器损坏保险具有如下特点。

（1）机器损坏保险承保的基本上是人为的风险损失。

（2）机器损坏保险所保的机器设备，不论新旧，一般均按重置价值投保，即按投保时重新换置同一厂牌或类似型号、规格、性能的新机器的价格投保。

（3）一般要求一个工厂、一个车间的机器全部投保。

（4）机器损坏保险因机器运行期间的事故多、风险大，费率高于普通财产保险。

（5）机器损坏保险中有停工退费的规定。

在机损险的实际业务中，用于预防损坏支出的费用通常远远大于损失补偿金。但这些费用即使在没有保险的情况下也是必然要支出的。因此，机器损坏保险存在的前提条件之一便是被保险人必须保证机器的常规保养与检修，不能因保险而中断。

三、机器损坏保险的保险标的

机器损坏保险的保险标的是指各类已安装完毕并投入运行的机器设备，包括各类机器、工厂设备、机器装置等，如发电机组、电力输送设备（变压器和高低压设备）、生产机器和附属设备（机械工具、造纸机、织布机、抽水机），但主要是各类工厂、矿山的大型机械设备和机具。投保人在投保该险种时，一般要求将一个工厂或一个车间的机器全部投保。

四、机器损坏保险的保险责任

保险公司负责赔偿被保险机器及其附属设备因下列原因造成的物质损失或需要修理或重置的费用。

（1）原设计方或安装方及原材料设备提供方责任期限届满后由于设计、制造或安装错误、铸造和原材料缺陷而发生的事故损失。造成损失的这些错误或缺陷多半属于制造商或供应商的产品责任，保险公司可先行赔偿，然后根据情况和可能向责任方追偿。

（2）合格的工人或技术人员由于缺乏经验、技术不善、疏忽、过失行为引起操作错误造成的损失。这里所指的恶意行为仅限于被保险人不知道该破坏行为即将发生，而且也没有暗示、默许或授意工人、技术人员这么做的情况下，否则不予赔偿。

（3）离心力引起的断裂。

（4）超负荷、超电压、碰线、电弧、漏电、电气短路、大气放电、感应电及其他电气原因造成的损失。其他电气原因是指与使用电气有关的各种原因，如电压过高、绝缘不良、电流放电和产生的压力。这项保险责任包括引起事故的电器元件本身的损失及由此波及其他保险财产的损失。

（5）存放气（液）体的容器在无化学反应的情况下，由于物理性爆裂而引起的机器设备及容器本身的损坏。

（6）在发生以上各项列明的灾害事故时，为了减少保险财产损失而进行施救保护工作所支出的合理必要费用。

值得指出的是，由于保险客户投保机器损坏险的目的不仅在于保险，还在于获取保险人的防损服务，因此，保险人提供防损技术服务是该险种的重要内容，防损费用甚至可能超过赔款。

五、机器损坏保险的除外责任

机器损坏保险对下列各项不负责赔偿：

（1）被保险人或其代表的故意行为或重大过失引起的损失或费用。

（2）被保险人及其代表已经知道或应该知道的被保险机器及其附属设备在本保险开始前已经存在的缺点或缺陷引起的损失或费用。

（3）根据法律或契约应由供货方或制造商、安装人或修理人负责的损失或费用。

（4）机器设备运转后必然引起的后果，如自然磨损、氧化、腐蚀、锈蚀、孔蚀、锅垢等物理性变化或化学反应。

（5）各种传送传动带、缆绳、金属线、链条、轮胎、印模、可调换钻头、钻杆、刀具、活动管道、印刻滚筒、玻璃、磁、陶及钢筛、网筛、毛毡制品，一切操作中的媒介物（如润滑油、燃料、催化剂、辅助试剂等）及其他各种易损、易耗品。这些物品都必须定期更换，属于正常损耗。

（6）由于公共设施管理部门的限制性供应及故意行为或非意外事故引起的停电、停气、停水。

（7）火灾、爆炸。

（8）地震、海啸、雷电、飓风、台风、龙卷风、风暴、暴雨、洪水、冰雹、地崩、山崩、雪崩、火山爆发、地面下陷及其他自然灾害。

（9）飞机坠毁、飞机部件或飞行物体坠落。

（10）机动车碰撞。

（11）水箱、水管爆裂。

（12）战争、类似战争行为、敌对行为、武装冲突、恐怖活动、谋反、政变、罢工、暴动、民众骚乱。

（13）政府命令或任何公共当局没收、征用、销毁或毁坏。

（14）核裂变、核聚变、核武器、核材料、核辐射及放射性污染。

（15）保险事故发生后引起的各种间接损失或责任。

（16）保单或条款中规定的应由被保险人自行负担的免赔额。

六、机器损坏保险的保险金额

不论机器及其附属设备新旧程度如何，保险金额均按重置价值确定，即重新置换同一厂牌或类似的型号、规格、性能的新机器设备的价格，包括出厂价格、运费、税款、可能支付的关税及安装费用。

如果被保险机器不止一项，应分项列明保险金额。如果机器设备的底座、附件需要保险的，应在保单中注明，并增加保险金额。

七、机器损坏保险的保险费率

机器损坏保险的费率按机器的类型和用途确定。投保人应按不同机器设备逐台或逐类申报其价值，并开列清单，列明制造商名称、型号、功率、容量、速度、负荷等数据，电气设备还应列明电压、电流等，蒸气设备还应列明燃料、压力、温度等，以供保险公司确定平均费率。被保险人的管理和技术水平、防损和安全措施、近年内的损失和修理费用情况等，对费率高低也产生重要影响。年费率一般在0.15% ~2.5%之间。

为了增强被保险人的安全生产责任心，保险公司可根据机器的性质、大小、新旧、保养和使用情况与被保险人商定一个每次事故的免赔额（率）。同一保单中各种机器的情况不同，免赔额可以有高有低。如果在一次事故中有多个项目发生损失，被保险人只承担这些项目中最高的一个免赔额。免赔额大小对费率也有着重要影响。

八、机器损坏保险的赔偿处理

（一）赔偿方式

保险公司的损失赔偿方式分为三种：用现金支付赔款；换置受损的机器设备；赔偿修理费用。对每部机器的赔偿金额不得超过其分项保额，全部赔款不得超过保单的总保险金额。如果被保险机器全部损毁，保险公司一般会根据其实际价值用现金赔偿。但是，在大多数情况下，机器设备都是可以修理的，保险公司会赔偿修理费用。

（二）赔偿金额

1. 修理费用的赔偿

如果被保险机器发生损失后可以修理，保险公司赔偿基本修复到原状的修理费用，包括损坏机器拆除费用、重装费用、运费、税款等，但最高赔偿金额不超过受损机器的保险金额。即：

赔偿金额 ＝ 修理费用－残值－免赔额

如果受损机器由被保险人在车间自行修理，保险公司赔偿材料费用、为修理而支付的工资以及其他合理费用。如果采取临时修理方式，其费用构成最后修理费用的一部分，并且没有增加总修理费用时，保险公司也负责赔偿。

修理时若需要调换零部件，可以不扣除折旧，但残值应在赔偿金额中扣除。如经保险公司书面同意，对更换零部件产生的加班费、夜班费、公假日工作的费用以及邮递运费等额外费用也负责赔偿。但对机器进行技术改造、更新或彻底进行检修所支出的费用，保险公司不予赔偿。

2. 全部损失的赔偿

保险机器遭受全部损毁，保险公司负责赔偿，但应扣除残值。如果保险金额等于或高于重置价值时，保险人按重置价值赔偿，即：

赔偿金额 ＝ 重置价值－残值－免赔额

如果保险金额低于重置价值，发生损失时，保险人按比例赔偿损失：

赔偿金额 ＝ 保险金额/损失时实际重置价值×损失金额

九、机损险的附加条款

机器损坏保险的特别附加保险（主要扩展责任的附加险）由如下险别构成：罢工、暴乱、民众骚动损失条款；自动恢复保险金额条款；清理残骸费用条款；特别费用条款；空运费条款；专业费用条款；电动马达检修条款；蒸汽、水、气体、涡轮机及涡轮发电机条款。

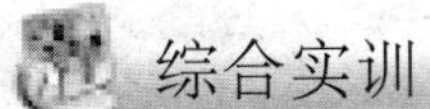

综合实训

【实训目标】

通过本部分实训，使得学生能够在理论上和实务中掌握企业财产保险的重点专业名词和基本理论，区分不同的财产保险的险种险别，能够计算企业财产保险的赔款金额。

【实训任务】

一、重要名词

企业财产保险　定值保险　不定值保险　可保财产　特约可保财产
重置价值　利润损失险　机器损坏险　停机退费

二、思考讨论

1. 企业财产保险的标的有哪些？
2. 企业财产保险包括哪些险种？
3. 基本险的责任范围如何界定？
4. 企业财产保险的保险金额如何确定？
5. 企业财产保险费率受到哪些因素的影响？
6. 简述利润损失保险的特别附加条款有哪些。
7. 简述机器损坏保险的保险标的和保险责任是什么。

三、情景模拟

情景一　企业财产保险赔款金额的计算

2008年6月29日晚，某市突降特大暴雨，个别地区的降水量高达260毫米，给鸿天家具厂造成了不小的损失。之前鸿天家具厂在保险公司投保了企业财产综合险，对于此次暴雨造成原材料产成品、半成品受损450万元和机器设备受损250万元，二者合并向保险公司索赔700万元。

被保险人以估价的方式投保了固定资产600万元和流动资产（存货）1 000万元。事故发生后，保险公司人员和聘请的有关专家立即赶到现场查勘并认定属于保险责任。在核定损失过程中，保险公司根据被保险人提供的出险当月的资产负债表、存货表和损失清单等材料核查，发现被保险人的固定资产和流动资产均存在不足额投保的情况。经盘点核对，被保险人出险当月固定资产扣除土地和汽车实有8 028 990元，流动资产实有10 774 235元。

保险公司理赔人员根据《财产保险综合险条款》第十三条第二款“保险金额等于或高于保险价值时，其赔偿金额按实际损失计算；保险金额低于保险价值时，其赔偿金额按保险金额与保险价值比例计算”和第三款规定的“若本保险单所载财产不止一项时，应分项按照本条款规定处理”向被保险人提出按保险金额和出险时的重置重建价值的比例对实际损失进行赔偿。

经询价，固定资产出险时的重置重建价值与固定资产原值相同，因此固定资产项下赔付金额为：（保险金额／实际价值）×实际损失；流动资产项下赔付金额为：（保险金额／实际价值）×实际损失。

固定资产项下赔付金额 ＝（6 000 000／8 028 990）× 2 500 000
＝ 1 868 230（元）

流动资产项下赔付金额 ＝（10 000 000／10 774 235）×4 500 000
＝ 4 176 631（元）

情景分析

（1）投保人在签名前，应认真填写投保单，看清保单中的有关事项保险条款的内容，然后才在投保单上签名或盖章。若有不明白的问题，应及时要求保险公司的业务人员予以解释。因为，一旦投保人在投保单上签名或盖章，将被视为保险人在承保时已履行保险条款的解释说明义务，也意味着投保人已经知道保险条款中除外责任的内容。

（2）保险公司业务员在展业时要充分地向被保险人做好条款的解释工作，尤其是涉及免责部分和赔偿处理的内容。根据条款，从客户角度出发，做好投保险种和金额的建议。

（3）保险公司在理赔时要注意是否有不足额投保的情况出现。学习掌握好相关的财务知识和法律法规，以便做好核赔工作。

情景二　利润损失保险赔款金额的计算

某企业投保财产综合险附加利润损失保险，保险金额240 000元，约定赔偿期为6个月。在保险期内发生火灾，营业额下降到300 000元，标准营业额为500 000元，上年毛利润率为20%，因租房生产，在赔偿期内挽回的营业额为100 000元；租金为40 000元，固定费用节余3 000元，年度营业额为1 500 000元。

试计算：

（1）保险公司在利润损失保险项下所应支付的赔款是多少？

（2）假设该企业在投保利润损失保险时，还根据本年度的生产趋势和通货膨胀率对营业额和毛利润指标作出适当调整，估计该年的营业额比上年增长100%，通货膨胀率为8%，则保险人应赔偿多少？

（3）在上一个假设的前提下，假设该企业在投保利润损失保险时，在保险单中约定免赔天数为20天，则保险人应赔多少？

情景分析

（1）利润损失保险项下所应支付的赔款：

营业减少所致的毛利润损失＝（500 000－300 000）×20%＝40 000（元）

营业费用增加所致的毛利润损失＝40 000－100 000×20%＝20 000（元）

固定费用节余＝3 000（元）

毛利润损失＝40 000＋20 000－3 000＝57 000（元）

因为该企业为不足额投保，所以实际赔款为：

57 000×240 000／1 500 000×20%＝45 600（元）

（2）因营业额减少所致毛利润的损失：

〔500 000×（1＋10%＋8%）－300 000〕×20%＝58 000（元）

（3）因营业额减少所致毛利润的损失：

580 000×160／180×100%＝51 555.55（元）

参考文献

[1] 许瑾良. 财产保险原理和实务[M]. 上海：上海财经大学出版社，2010.

[2] 曾鸣. 财产保险及案例分析[M]. 北京：清华大学出版社，2007.

[3] 施建祥. 财产保险[M]. 杭州：浙江大学出版社，2010.

[4] 郑功成，许飞琼. 财产保险[M]. 第四版. 北京：中国金融出版社， 2011.

[5] 卓志. 商业财产保险完全手册[M]. 成都：西南财经大学出版社，2005.

[6] 曹晓兰. 财产保险[M]. 北京：中国金融出版社，2007 .

[7] 孙祁祥. 中国保险市场热点问题评析[M] . 北京：北京大学出版社，2006.

教学项目八

运输工具保险

【知识目标】

- 运输工具保险的基本概念
- 运输工具保险的分类
- 交强险的保障范围
- 机动车商业保险与交强险的联系与区别
- 交强险的各种限制性规定

【技能目标】

- 能够识别运输工具保险的不同分类
- 能够准确描述机动车商业保险与交强险的联系与区别
- 能够掌握机动车辆商业保险的险种险别和附加条款
- 能够掌握交强险的保障范围和各种限制性规定
- 能够计算机动车辆保险的赔偿金额

引导案例

交通事故按责赔付

齐某将自有出租车在某保险公司投保了第三者责任险20万元以及不计免赔率特约条款的附加险。保险期限为2009年3月10日至2010年3月9日，投保后，2009年10月26日，齐某雇佣的司机张某在驾驶该出租车营运过程中将刘某撞伤，刘某当即被送至医院，被诊断为左腿骨折，经住院治疗后现已治愈。

本案根据交警部门认定：肇事司机张某及伤者刘某分别负此事故的同等责任。伤者刘某共花费医疗费4万元整，加上住院伙食补助费、护理费、交通费等合计48 000元。故被保险人齐某到保险公司要求理赔。

根据机动车第三者责任商业险约定，保险公司按照被保险机动车驾驶人在事故中所负的责任比例进行赔偿。虽然案例中没有提及交强险，但是根据目前的机动车辆交强险相关规定，营运的车辆必须投保交强险，否则不允许上路运营，因此本案是在交强险和商业三者险项下共同获赔。

交强险部分的医疗费用10 000元不需要按照责任比例进行赔偿，由保险公司支付，其余部分按照责任比例进行赔偿。因本案事故责任认定书中记载，被保险机动车驾驶人张某负此事故的同等责任，故保险公司正常理赔承担伤者刘某上述合理费用的50%（扣除交强险部分）。根据交警部门的事故责任认定，结合交强险的相关规定，保险公司核对伤者医疗费等合理费用，赔偿刘某29 000元。

学习任务一　认识机动车辆保险

【学生任务】

- 要求每个学生课前预习相关内容，结合已经学过的财产保险和责任保险知识来理解机动车辆保险的相关内容，能够用自己的语言来描述机动车辆保险的相关概念。
- 要求每个学生提高课外阅读量，掌握机动车辆保险业务发展的前沿趋势，结合本部分内容，说明机动车辆保险业务存在的必要，尤其是交强险存在的必要，根据自身理解，结合具体案例写出不少于900字的书面作业。
- 将学生随机分组，按小组选出若干份作业在课堂上进行点评，学生间相互评出每一份书面作业的优劣；学生对作业进一步修改后提交教师，以便教师进行评价。

【教师任务】

- 指导学生在相关专业网站上查找车辆保险的相关资料，启发学生理解保险公司机动车辆保险业务经营管理方面的法律法规。
- 提示学生完成书面作业所需要关注的主要知识点，如机动车辆保险和交强险的含义、作用，与相近的保险专业名词的区别与联系，保险法规的相关监管规定等。
- 指导学生分组，在小组内对学生进行不同的分工，对学生书面作业完成情况及时进行跟进，督促其按时完成。
- 对各小组进行的课堂点评适时指导，对于选出的作业予以及时、客观、公正的评价，准备回答学生可能提出的各种异议等。

教学活动1　掌握机动车辆保险的含义

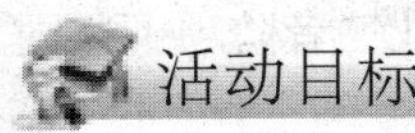

通过本部分的教学活动，熟练掌握商业机动车辆保险及其相关的专业名词，理解其真正含义，掌握其独有特点，并可以在保险实务中加以正确应用。

知识准备

一、机动车辆保险的含义

机动车辆保险，简称车险，是承保以动力装置驱动或牵引，上道行驶的供人员乘用或者用于运送物品以及进行工程专项作业的轮式车辆因遭受自然灾害和意外事故造成车辆本身的损失，以及车辆在使用过程中因意外事故致使他人遭受人身伤亡或财产直接损失依法应负担的经济赔偿责任的保险。

机动车辆保险一般是指以汽车、拖拉机、摩托车等各种车辆为保险标的的运输工具保险。它不仅是运输保险中最主要的险别，也是整个财产保险中最重要的业务来源。在我国，机动车辆保险主要包括车辆损失险、交强险和三者险。机动车辆保险是我国非寿险业务中的第一大业务，占有举足轻重的地位，除了具有财产保险的一般作用外，还具有以下特殊的意义。

1．有利于减少交通事故的发生，促进交通安全

保险公司通过实行无赔款优惠费率制，设立防灾基金，配合交警部门开展交通安全的宣传、竞赛及检查等措施，可以促使机动车辆保险的被保险人提高安全行车的自觉性，增强责任心，注意安全行车，减少交通事故。

2．有助于维护全体社会公众的利益和社会安定

在一般的财产损失保险中，保险人通常维护的仅仅是被保险人的经济利益，从而投保与否完全取决于保险客户的意愿。而在机动车辆相关责任保险尤其是交强险的实施过程中，投保人参加保险并交付保险费通常被视为其应尽的义务，保险赔款亦以受害人的索赔权限为限，并最终由被保险人之外的受害方受益。这既解决了被保险人的赔付困难，保障了受害人的经济利益，又对交警部门处理交通事故提供了帮助，还可以避免致害人车祸致人伤残后再碾伤者致死的、灭绝人性的事件发生。因此，机动车辆相关责任保险有助于维护社会公众（特别是受害人）的利益，促进社会的安定。

3．有利于促进汽车工业及相关行业的快速发展

中国是世界上最大、最有潜力的汽车消费大国，机动车辆保险的出现一定程度上解除了消费者对使用汽车过程中可能出现的风险的后顾之忧，提高了消费者购买汽车的欲望，扩大了对汽车消费的需求。因此，机动车辆保险对汽车工业及其相关行业的发展会起到有力的促进作用。

4．有利于配合相关法律、法规、规章的颁布实施

我国颁发的《民法通则》《中华人民共和国道路交通安全法》（以下简称《交通法》）、《最高人民法院关于人身损害赔偿案件适用法律若干问题的解释》（以下简称《解释》）等多部法律、法规均有专门的保障机动车辆事故后受害方权益的规定。但在交通事故中，若致害人无赔偿能力，即使受到了法律的制裁，受害人仍然不能按照法律规定得到其应当得到的经济补偿，其结果就是使相应的民事赔偿法律规定成为一纸空文。如果致害车辆的使用者投保了相关的机动车辆责任保险，则只要车祸属于保险责任事故范围，受害人的合法权益就可以从承保人那里获得保障，相关法律制度也就得到了贯彻实施。

【知识链接】　发达国家的汽车保险

汽车保险最早诞生于英国，迄今已有100多年的历史，其保费收入占财产保险收入近一半以上，它已成为汽车发达国家的一大产业，发达国家汽车保险的显著特点如下。

1．保险费率自由化

保险费率自由化是发达国家汽车保险的显著特点。其最大好处是使保险公司的利润合理化，让利于广大消费者，做到优胜劣汰，使保险公司在产品创新、销售、服务、成本管理等方面绞尽脑汁，使不守信誉、因循守旧的保险公司淘汰出局。

2．保险市场高度细分

发达国家的保险公司一般在制定汽车保险产品时，除要考虑到汽车本身的状况外，还要考虑驾驶员、地域、气候等多种因素，所推出的险种、条款多种多样，可谓是“量体裁衣”。如美国在制定个人汽车险费时，要充分考虑驾驶员的年龄、性别、婚姻和驾驶安全记录等情况。根据美国ISO（Insurance Service Office）的有关说明，年轻人驾车时发生意外的可能性最大，未婚男性中最年轻的驾驶人，如果投保个人汽车险，其费率最高。

3．强制实施第三者责任保险

强制保险采取零利润原则，即收支相抵，不亏不盈，最大限度保护被害者的利益，维持社会的稳定。法国早在1951年就制定了“汽车保障基金制度”，其目的就是在没有投保、肇事后逃逸、保险公司无法赔付等情况发生时，救助被害者。

二、机动车辆保险的特点

1．风险更加具有不确定性与难测性

机动车辆本身属于复杂的操控性机械，在道路上行驶过程中流动性大、行驶速度高、行程不固定，对保险人而言，面临各种复杂的驾驶路况和环境，无疑增加了风险事故与保险损失的不确定性和难以预测性。

2．机动车辆赔偿主要采取修复方式

在机动车辆保险业务实践中，保险车辆损失多数是部分损失，保险人常要求被保险人将受损失的车辆送到指定的修理厂修理以恢复原来的行驶功能。但对全部损失仍以现金方式赔偿。为了加强被保险人及其驾驶人员履行对保险车辆的维护与保养义务，减少灾害事故的发生，保险人在每次保险赔款计算实行按责免赔规定。

3．续保业务多采取无赔款优待方式

为了鼓励被保险人及其允许的合格驾驶人员严格遵守交通规则，安全行车，保证被保车辆的安全，保险人对保险期限内安全行驶，没有发生保险赔偿的车辆在续保时给予保险费一定折扣的优惠待遇。

优待的标准一般是：上一年度没有发生保险赔偿的情况下，续保时保费折扣优待比例为10%；已享受优待的，继续增加10%，但是总体不超过30%。确定无赔款优待需注意同一投保人投保车辆不止一辆的，无赔款优待分别按辆计算；保险车辆发生保险事故，续保时案件未决，不能给予优待；在1年保险期限内，发生所有权转移的保险车辆，续保时不给予无赔款优待。

4．机动车辆损失保险是不定值保险

机动车辆保险是典型的不定值保险，投保时计算保险费的保险金额既可以是按重置价值即投保时同类机动车辆的市场价格确定，也可以是由双方协商确定，或者可以按车辆的使用年限通过计算确定。

5．车险保险理赔中设有免赔的规定

我国机动车辆保险条款规定了机动车辆保险每次保险事故的赔款计算应按责免赔比例的原则。根据保险车辆驾驶员在事故中所负责任，车辆损失险和第三者责任险在符合赔偿规定的金额内实行绝对免赔率：负全部责任的免赔20%，负主要责任的免赔15%，负同等责任的免赔10%，负次要责任的免赔5%，单方肇事事故的绝对免赔率为20%。其中，单方肇事事故是指不涉及与第三方有关的损害赔偿的事故，但不包括自然灾害引起的事故。

6．保险赔款总和可能大于保险金额

在车险的保险期限内，被保险车辆不论发生一次或多次部分损失或费用支出，只要每次赔款加免赔金额之和未达到保险金额，保险责任仍然有效。例如，某保险车辆的保险金额为80万，在保险期限内发生三次保险事故，三次的损失金额分别为10万、40万、30万，保险人都按损失金额分别进行了赔偿，保险期限尚未届满。虽然赔付金额的总和已经达到了保险金额，但是对该保险单的处理方式是保险合同继续有效，保险金额不变，如果再次发生保险事故，保险人还要继续负责赔偿。

三、机动车辆保险的分类

（一）机动车辆保险的一般分类

按照实施的方式和性质分为自愿保险和强制保险两大类。

1．机动车辆自愿保险

机动车辆自愿保险，即商业车险，由各家保险公司自主开办，在市场上公平竞争，投保人自愿选择的保险。

2．机动车辆强制保险

机动车辆强制保险，简称交强险，即机动车交通事故责任强制保险，是依据《交通法》和《保险法》等法律法规的规定强制实施，车主或驾驶人员必须购买的车辆保险。采用强制保险，主要是为了保护社会公众的利益。

（二）机动车商业保险的分类

虽然各个保险公司的商业车险名称有所不同，但主要的险种基本是一样的，主要分为基本险和附加险两部分。

1．按照投保险种的主从关系分为基本险和附加险

（1）基本险，也称为主险，是投保人可以单独投保的险种。机动车辆保险基本险一般包括车辆损失保险和第三者责任保险。

车辆损失险，简称车损险，是指保险车辆遭受保险责任范围内的自然灾害或意外事故，造成保险车辆本身损失，保险人依照保险合同的规定给予赔偿的车辆保险。

第三者责任保险，简称（商业）三者险，是指保险车辆因意外事故，致使他人遭受人身伤亡或财产的直接损失，保险人依照保险合同的规定给予赔偿的车辆保险。

（2）附加险，是依附于主险项下投保而不能单独投保的险种。未投保基本险的，则不得投保上述相应的附加险。基本险的保险责任终止时，相应的附加险的保险责任同时终止；附加险条款解释与基本险条款解释相抵触之处，以附加险条款解释为准，未尽之处，则以基本险条款解释为准。

2．按照车辆使用性质的不同分为营运车辆保险和非营运车辆保险

（1）营运车辆保险，指从事社会运输并收取运费的车辆保险。这类车辆主要有交通运输管理部门核发营运证书的从事客运、货运或客货两用的车辆；或车辆的运载是以完成商业性传递或交通运输为目的的车辆，如邮政运输车辆、客运车辆等。

（2）非营运车辆保险，指各级党政机关、社会团体、企事业单位自用的或仅用于个人及家庭生活的，除营业性车辆以外的作为方便工作或生活的一种交通工具的车辆保险。一般而言，非营运车辆由于使用频率较低，因而出险概率较低，所以保险费率较低。

3．根据车辆的所有人不同分为个人车辆保险和企业车辆保险

（1）个人车辆保险，指机动车辆的所有人（车主）是自然人个人的车辆保险。一般情况下，个人车辆保险的保险费率相对于企业车辆保险而言要稍高一些。

（2）企业车辆保险，指各级党政机关、社会团体和企事业单位等非自然人为车辆所有人的车辆保险。有时因同一家单位的投保车辆较多，也可以称之为团体车险。

【拓展阅读】　保监会核准通过新版机动车商业保险行业基本条款

由中国保险行业协会制定的新版机动车商业保险行业基本条款（以下简称车险行业条款）已正式获得中国保险监督管理委员会的批准（条款编号：中保协条款[2007]1号、2号和3号），于2007年4月1日起正式启用。各经营商业车险业务的保险公司可选择使用车险行业条款或自主开发车险条款，并可以在车险行业条款基础上开发补充性车险产品和其他特色车险产品。

新版车险行业条款的修订和推出，是商业车险产品管理制度与监管的再次创新，对于维护消费者利益、规范操作、简化流程、方便投保、优化理赔，以及提升保险公司车险业务经营管理水平具有积极的推动作用。

新版车险行业条款制定过程中充分考虑了消费者的风险水平与保险保障需求，以及各保险公司的经营管理实际和操作性。新版车险行业条款进一步扩大了覆盖范围，涵盖了车辆损失险、商业三者险、车上人员责任险、盗抢险、不计免赔率特约险、玻璃单独破碎险、车身划痕损失险和可选免赔额特约险8个险种；新版行业产品仍然为A、B、C三套，保障范围、费率结构、费率水平和费率调节系数基本一致、略有差异；新版车险行业条款结合运行实际，对于条款约定不明确、实务中易引起纠纷的内容，在文字表述上进行了修改、完善，使条款约定更为严谨和通俗易懂，既方便投保人理解，也便于各保险公司规范操作。同时，新版行业条款对费率调节系数进行了简化和规范，实现了与交强险的进一步衔接，还原了费率调节系数反映消费者真实风险的真正作用。

教学活动2　机动车辆商业保险

活动目标

通过本部分的教学活动，熟练掌握机动车辆商业保险及其相关的专业名词、险种险别、保险责任和除外责任，理解其真正含义，并可以在保险实务中加以正确应用。

知识准备

我国的机动车辆保险长期以来一直分为基本险（车辆损失保险和第三者责任保险）和附加险。伴随着2007年4月1日起交强险的实施，国内车险市场开始使用机动车商业保险行业基本条款（A、B、C三款），即基本险除原有的车辆损失保险、三者险外，将机动车车上人员责任险、机动车全车盗抢险也纳入了车险行业基本险A、B、C三款的范围，消费者可以将其作为基本险独立购买，也可以将其作为附加险购买。其中，车辆损失保险、全车盗抢险均属于财产损失保险范畴，而三者险、车上人员责任险则属于责任保险范畴。

一、车辆损失保险

车辆损失险，简称车损险，是指保险车辆遭受保险责任范围内的自然灾害或意外事故，造成保险车辆本身损失，保险人依照保险合同的规定给予赔偿的车辆保险。

（一）车损险的保险标的

（1）家庭自用车。指在中华人民共和国境内（不含港、澳、台地区）行驶的家庭或个人所有，且用途为非营业性运输的客车。

（2）非营业用汽车。指在中华人民共和国境内（不含港、澳、台地区）行驶的党政机关、企事业单位、社会团体、使领馆等机构从事公务或在生产经营活动中不以直接或间接方式收取运费或租金的自用汽车，包括客车、货车、客货两用车。

（3）营业用汽车。指在中华人民共和国境内（不含港、澳、台地区）行驶的用于客、货运输或租赁，并以直接或间接方式收取运费或租金的汽车。

（4）特种车。包括四小类：①油罐车、气罐车、液罐车、冷藏车。即各类装载油料、气体、液体等专用罐车，或装有冷冻或加温设备的厢式车辆；②用于牵引、清障、清扫、清洁、起重、装卸、升降、搅拌、挖掘、推土等的各种专用机动车；③装有固定专用仪器设备，从事专业工作的监测、消防、医疗、电视转播等的各种专用机动车；④集装箱拖头。

（5）挂车。指其设计和技术特性需由机动车牵引才能正常使用的一种无动力的道路车辆。例如，没有机动性能，需用机动车拖带的载重车、平板车、专用机械设备车、超长悬挂车等均属于挂车。挂车主要是附加在货车上并用于装运货物的车辆，是货车的组成部分，在机动车辆保险中一般须对挂车加以注明。

（6）摩托车。指在中华人民共和国境内（不含港、澳、台地区）行驶的，以燃料或电瓶为动力的各种两轮、三轮摩托车、电动车和残疾人专用车。

（7）拖拉机。指在中华人民共和国境内（不含港、澳、台地区）行驶的轮式拖拉机（包括轮式收割机）。

（二）车损险的保险责任

（1）碰撞责任。碰撞是保险车辆与外界静止的或运动中的物体的意外撞击。包括两种情况：一是保险车辆与外界物体的意外撞击造成的本车损失；二是保险车辆依法装载的货物，车与货即视为一体，所装货物与外界物体的意外撞击造成的本车损失。

（2）非碰撞责任。分为自然灾害、意外事故。其中，自然灾害责任包括：雷击、暴风、龙卷风、暴雨、洪水、海啸、地陷、冰陷、崖崩、雪崩、雹灾、泥石流、滑坡，载运保险车辆的渡船遭受自然灾害，但只限于驾驶人随车照料者；意外事故责任包括：倾覆、火灾、爆炸、外界物体倒塌、空中运行物体坠落、行驶中平行坠落。

（3）相关合理费用。即保险车辆在发生保险事故时，被保险人为了减少车辆损失，对保险车辆采取施救、保护措施所支出的合理费用，保险人负责赔偿；由于车辆事故引发的诉讼事项的诉讼费用等，保险人也负责赔偿。但此项费用的最高赔偿金额以保险金额为限（此项费用

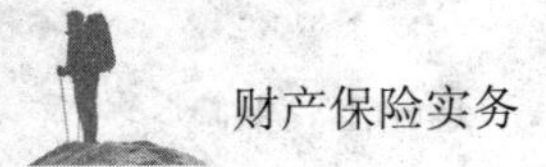

不包括车辆的修复费用）。

（三）车损险的除外责任

下列因素所导致被保险机动车辆的损失，保险人一般不予赔偿：

（1）地震、核事故。

（2）战争、军事冲突、恐怖活动、暴乱、扣押、收缴、没收、政府征用。

（3）被保险车辆用于竞赛、测试、教练，在营业性维修、养护场所修理、养护期间使用。

（4）利用被保险机动车辆从事违法活动。

（5）驾驶人饮酒、吸食或注射毒品、被药物麻醉后使用被保险机动车辆。

（6）事故发生后，被保险人或其允许的驾驶人在未依法采取措施的情况下驾驶被保险机动车辆或者遗弃被保险机动车辆逃离事故现场，或故意破坏、伪造现场、毁灭证据。

（7）被保险人或驾驶人的故意行为造成的损失。

（8）造成道路交通事故的车辆驾驶人员存在下列情形之一的：①无驾驶证或驾驶证有效期已届满；②驾驶的被保险机动车与驾驶证载明的准驾车型不符；③实习期内驾驶公共汽车、营运客车或者载有爆炸物品、易燃易爆化学物品、剧毒或者放射性等危险物品的被保险机动车，实习期内驾驶的被保险机动车牵引挂车；④持未按规定审验的驾驶证，以及在暂扣、扣留、吊销、注销驾驶证期间驾驶被保险机动车；⑤使用各种专用机械车、特种车的人员无国家有关部门核发的有效操作证，驾驶营运客车的驾驶人无国家有关部门核发的有效资格证书；⑥依照法律、法规或公安机关交通管理部门有关规定不允许驾驶被保险机动车的其他情况下驾车。

（9）非被保险人允许的驾驶人员使用被保险机动车辆。

（10）除另有约定外，发生保险事故时被保险机动车无公安机关交通管理部门核发的行驶证或号牌，或未按规定检验或检验不合格。

（11）应当由交强险赔偿的事故损失部分。

此外，被保险机动车的下列损失和费用，保险人亦不负责赔偿：①自然磨损、朽蚀、腐蚀、故障所导致的损失；②玻璃单独破碎、车轮单独损坏、车身表面油漆单独损伤、标准配置以外新增设备的损失；③人工直接供油、高温烘烤造成的损失；④自燃以及不明原因产生火灾；⑤遭受保险责任范围内的损失后，未经必要修理继续使用被保险机动车，致使损失扩大的部分；⑥因污染（含放射性污染）造成的损失；⑦市场价格变动造成的贬值、修理后价值降低引起的损失；⑧发动机进水后继续使用导致的发动机损坏；⑨被保险机动车所载货物坠落、倒塌、撞击、泄漏造成的损失；⑩被盗窃、抢劫、抢夺，以及因被盗窃、抢劫、抢夺受到损坏或车上零部件、附属设备丢失。除了上述免责责任外，其他不属于保险责任范围内的损失与费用，保险人均不负赔偿责任。

（四）车损险的保险金额

车损险的保险金额是保险人对投保车辆损失险的机动车辆，在发生保险责任范围内的自然灾害或意外事故造成损失时，给予赔偿的最高金额，也是用以计算车损险保费的基础。确定车辆损失险的保险金额一般有以下几种方式。

（1）按新车购置价确定。新车购置价是指保险合同签订地购置与被保险车辆同类型新车（含车辆购置税）的价格。

（2）按投保时的实际价值确定。实际价值是指同类型车辆市场新车购置价减去该车已使用年限折旧金额后的价格。其中，折旧按月计算，不足一个月的部分不计折旧；最高折旧额一般不超过投保时被保险机动车新车购置价的80%。

（3）由投保人与保险人双方协商确定。但保险金额不得超过同类型新车购置价，超过部分无效。

在保险有效期间，在下列情况下被保险人可以申请调整被保险车辆的保险金额：因增减车载设备、车辆修复后明显增值、车辆价格大幅度变动等原因需要调整保险金额。被保险人提出调整保险金额申请后，保险人经查实可以通过批改原有保险合同使被保险车辆的保险金额得以调整。

（五）车损险的保险期限

机动车辆保险的保险期限通常为一年，自保险单载明之日起，到保险期满日24时止，对于当天投保的车辆，起保时间应为次日0时，期满续保需另办手续。此外，车损险允许短期保险。

（六）车损险的保险费率

在计算车辆保险的保险费，确定车损险的保险费率时一般应考虑从车因素、从人因素和其他因素。

（1）从车因素主要包括：车辆种类、厂牌型号、车辆的用途、车辆新旧、车辆安全配置、行驶区域、排气量、停放地点。

（2）从人因素主要包括：投保人（驾驶员）的性别、年龄、驾龄、违章肇事记录、索赔记录、婚姻状况、职业、健康状况、个人嗜好和品行，驾驶员数量。

（3）其他因素主要包括：多辆车优惠，奖惩制度，免赔规定，再保险情况，通货膨胀，货币的时间价值，法律、法规及政策，附带或配套服务措施（包括提供增值服务、延伸服务和公益服务等）。

车辆损失险保险费计算公式为：

车损险保费 ＝ 基本保险费 ＋（保险金额×保险费率）

如果保险期不满 1 年，应按短期费率计收保险费。短期费率分为两类：按月计费和按日计费。按月计费的方法如同财产保险的短期费率比例；按日计费适用于被保险人新购置的车辆的投保，以统一续保日期，其计算公式为：

应缴保险费 ＝ 年保费×（保险天数/365）

（七）车损险的赔偿处理

1．免赔规定

第一，规定免赔额（率）。一般情况下，车损险实行的是绝对免赔额（率），只有当被保险车辆因保险事故造成的损失金额高于规定的免赔额（率）时，保险人在扣除免赔额（率）基础上赔偿。

第二，按责任免赔。一般情况下，被保险人和其允许的合格驾驶人员在保险事故中承担全部责任，保险人免赔20%；负主要责任，免赔15%；负同等责任，免赔10%；负次要责任，免赔5%。

第三，事故累进免赔。有的保险公司也会在保险合同中约定，一年的保险期限内，多次发生事故增加免赔率。每增加一次保险事故，绝对免赔率在前一次基础上增加5%，但因保险事故次数增加而增加的绝对免赔率不得超过25%。

【拓展阅读】 道路交通事故中的事故责任

事故责任是指被保险车辆方在保险事故中应该承担的法律责任，包括全部责任、主要责任、同等责任和次要责任。保险人根据被保险机动车一方在事故中所承担的责任比例，在符合赔偿规定的金额内实行一定比例的事故责任免赔率。

被保险机动车一方无事故责任或无过错的，保险人一般不承担赔偿责任。除保险合同另有约定外，保险人一般依据被保险机动车一方在事故中所负责任比例，承担相应的赔偿责任。如果公安交通管理部门处理事故时未确定事故责任比例且出险地的相关法律法规对事故责任比例没有明确规定的，保险人一般按照下列规定承担赔偿责任：

一是被保险机动车一方负全部事故责任的，保险人按100%事故责任比例计算赔偿；

二是被保险机动车一方负主要事故责任的，保险人按70%事故责任比例计算赔偿；

三是被保险机动车一方负同等事故责任的，保险人按50%事故责任比例计算赔偿；

四是被保险机动车一方负次要事故责任的，保险人按30%事故责任比例计算赔偿。

绝对免赔率的规定一般为：负全部责任的免赔20%，负主要责任的免赔15%，负同等责任的免赔10%，负次要责任的免赔5%。

2．赔款计算

（1）发生全部损失时

第一，足额或超额投保（保险金额高于或等于出险时的实际价值）的情况下，赔款按实际价值计算。赔款公式为：

保险赔款 =（实际价值－残值）× 事故责任比例 ×（1－事故责任免赔率）×（1－绝对免赔率）－ 绝对免赔额

第二，不足额投保（保险金额低于出险时的实际价值）的情况下，赔款以保险金额为计算标准。赔款公式为：

保险赔款 =（保险金额－残值）× 事故责任比例 ×（1－事故责任免赔率）×（1－绝对免赔率）－ 绝对免赔额

（2）发生部分损失时

第一，足额投保时，以实际修复费用为标准计算保险赔款。赔款公式为：

保险赔款 =（实际修复费用－残值）× 事故责任比例 ×（1－事故责任免赔率）×（1－绝对免赔率）－ 绝对免赔额

第二，不足额投保时，以实际修复费用为标准，按比例计算保险赔款。

保险赔款 = [（实际修复费用－残值）× 事故责任比例 ×（1－事故责任免赔率）×（1－绝对免赔率）－ 绝对免赔额]×（保险金额 / 保险价值）

3. 施救费用

（1）足额投保时

施救费用赔款 = 实际施救费用 × 事故责任比例 ×（1－事故责任免赔率）×（1－绝对免赔率）－ 绝对免赔额

（2）不足额投保时

施救费用赔款 = [实际施救费用 × 事故责任比例 ×（1－事故责任免赔率）×（1－绝对免赔率）－ 绝对免赔额]×（保险金额 / 保险价值）

4. 代位求偿

保险事故涉及第三者责任时，被保险人必须向第三方索赔；应由第三方负责赔偿，但确实无法找到第三方的，保险人实行50%的绝对免赔率。

5. 索赔资料

车辆发生保险事故后，经现场查勘或事后了解情况，由被保险人提供保险单、事故证明、事故责任认定书、事故调解书、判决书、损失清单和有关费用单据，经保险人审核无误后，业务经办人员应按车辆损失险、施救费、第三者责任险分别计算赔款金额。保险人依据保险车辆驾驶员在事故中所负责任比例，相应承担赔偿责任。

二、机动车第三者责任保险

机动车第三者责任保险，简称（商业）三者险，是指保险车辆因意外事故，致使他人遭受人身伤亡或财产的直接损失，被保险人负有赔偿的责任。保险人依照保险合同的规定，对于被保险人向第三人赔付损失的金额给予赔偿。

（一）三者险的保险责任

被保险人允许的合格驾驶员在使用保险车辆过程中发生意外事故，致使第三者遭受人身伤亡或财产的直接损毁，依法应当由被保险人支付的赔偿金额，保险人依照《道路交通安全法》《解释》《机动车交通事故责任强制保险条例》及保险合同的规定，对于超过交强险各分项赔偿限额以上的部分负责赔偿。但因事故产生的善后工作所需要花费的其他费用，由被保险人自身负责处理。在掌握三者险的保险责任时，应注意以下七个方面：

（1）损害事故的发生必须是由被保险人或其允许的合格驾驶员引起的，包括被保险人雇用的以及将车辆借给他人使用的合格驾驶员。

（2）损害事故必须是非故意行为所致的意外事故。

（3）损害事故发生于车辆的使用过程，即被保险车辆在使用过程中若发生保险责任范围内的意外事故，保险人承担损失补偿责任。

（4）保险人只承担损害事故造成的直接损失补偿责任，即被保险车辆发生意外事故时，直接造成的第三者人身伤亡以及财产损失由保险人在保险合同限额内负责，对于间接损失保险人不予以补偿。

（5）保险人负责赔偿的是法律上应由被保险人承担的经济损失赔偿责任。对于不应该由被保险人承担的那一部分经济损失，以及对于交通事故的发生被保险人所应承担的刑事责任、行政责任，保险人不给予承担或补偿。

（6）保险人对依法应由被保险人承担的经济赔偿责任不是无条件地赔偿，而是按保险合同的有关规定赔付。

（7）保险人赔偿的范围通常是交强险保障范围以上的部分。

（二）三者险的除外责任

（1）被保险车辆造成下列人身伤亡和财产损毁，不论在法律上是否应当由被保险人承担赔偿责任，在三者险范围内保险人均不负责赔偿：①被保险人及其家庭成员的人身伤亡、所有或代管的财产的损失；②被保险机动车本车驾驶人及其家庭成员的人身伤亡、所有或代管的财产的损失；③被保险机动车本车上其他人员的人身伤亡或财产损失。

（2）下列情况下，不论任何原因造成的对第三者的损害赔偿责任，保险人均不负责赔偿：

① 地震。

② 战争、军事冲突、恐怖活动、暴乱、扣押、收缴、没收、政府征用。

③ 被保险车辆用于竞赛、测试、教练；在营业性维修、养护场所修理、养护期间使用。

④ 利用被保险机动车从事违法活动；驾驶人饮酒、吸食或注射毒品、被药物麻醉后使用被保险机动车。

⑤ 事故发生后，被保险人或其允许的驾驶人在未依法采取措施的情况下驾驶被保险机动车或者遗弃被保险机动车逃离事故现场，或故意破坏、伪造现场、毁灭证据。

⑥ 驾驶人有下列情形之一者：无驾驶证或驾驶证有效期已届满，驾驶的被保险机动车与驾驶证载明的准驾车型不符；实习期内驾驶公共汽车、营运客车或者载有爆炸物品、易燃易爆化学物品、剧毒或者放射性等危险物品的被保险机动车，实习期内驾驶被保险机动车牵引挂车；持未按规定审验的驾驶证，以及在暂扣、扣留、吊销、注销驾驶证期间驾驶被保险机动车；使用各种专用机械车、特种车的人员无国家有关部门核发的有效操作证，驾驶营运客车的驾驶人无国家有关部门核发的有效资格证书；依照法律、法规或公安机关交通管理部门有关规定不允许驾驶被保险机动车的其他情况下驾车。

⑦ 非被保险人允许的驾驶人使用被保险机动车；除另有约定外，发生保险事故时被保险机动车无公安机关交通管理部门核发的行驶证或号牌，或未按规定检验或检验不合格。

⑧ 被保险机动车拖带未投保机动车交通事故责任强制保险的机动车（含挂车）或被未投保机动车交通事故责任强制保险的其他机动车拖带。

（3）下列损失和费用，保险人不负责赔偿：

① 被保险机动车发生意外事故，致使第三者停业、停驶、停电、停水、停气、停产、通信或者网络中断、数据丢失、电压变化等造成的损失以及其他各种间接损失。

② 精神损害赔偿。

③ 因污染（含放射性污染）造成的损失。

④ 第三者财产因市场价格变动造成的贬值、修理后价值降低引起的损失。

⑤ 被保险机动车被盗窃、抢劫、抢夺期间造成第三者人身伤亡或财产损失。

⑥ 被保险人或驾驶人的故意行为造成的损失。

⑦ 仲裁或者诉讼费用以及其他相关费用。

⑧ 应当由交强险赔偿的损失和费用，保险人不负责赔偿；保险事故发生时，被保险机动车未投保交强险或交强险合同已经失效的，对于交强险各分项赔偿限额以内的损失和费用，保险人不负责赔偿。此外，其他不属于保险责任范围内的对第三者的经济赔偿责任，保险人也不负赔偿责任。

（三）三者险的保险费

第三者责任保险的保险费是根据车辆种类、使用性质按投保人选择的赔偿限额档次从费率表中查出其保险费收费标准，它是一种固定保险费。

机动车辆第三者责任险的固定保费是指按不同车辆种类和使用性质对应的第三者责任险每次最高赔偿限额为5万元、10万元、20万元、50万元、100万元时的保险费。

第三者责任险的保险费按投保时确定的每次事故最高赔偿限额对应的固定保费收取。每次事故最高赔偿限额不超过100万元时，则按照基本险费率表中列明的公式计收；当投保人要求投保的每次事故最高赔偿限额超过100万元时，其投保的赔偿限额应是50万元的整数倍，且最高不得超过1 000万元。此时的第三者责任险固定保险费计算方法如下：

$$\text{保险费} = N \times A \times [(1.05 - 0.025)/2]$$

其中，A = 同档次限额为100万元时的第三者责任险保费，N = 投保限额/50。

（四）三者险的赔偿限额

赔偿限额是保险人计算保险费的依据，同时也是保险人承担第三者责任险每次事故赔偿的最高限额，它由投保人自行选择，按每次事故的最高赔偿金额来确定。第三者责任险的每次事故最高赔偿限额应根据不同车辆种类选择确定，投保人和保险人在投保时可以根据不同车辆的类型自行协商选择确定第三者责任险按每次事故最高赔偿限额。

（1）对摩托车、拖拉机第三者责任险的赔偿限额分为4个档次：2万元、5万元、10万元、20万元，但因不同区域其选择原则是不同的，与《机动车辆保险费率规章》有关摩托车定额保单销售区域的划分相一致；

（2）对摩托车、拖拉机以外的机动车辆第三者责任险的赔偿限额分为6个档次：5万元、10万元、20万元、50万元、100万元，100万元以上1 000万元以内。

（3）挂车投保后与主车视为一体。发生保险事故时，挂车引起的赔偿责任视同主车引起的赔偿责任。保险人对挂车赔偿责任与主车赔偿责任所负赔偿金额之和，以主车赔偿限额为限。

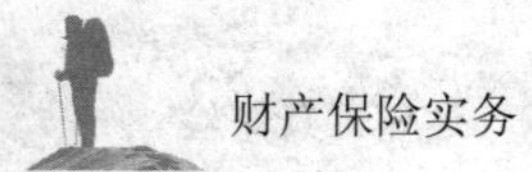

（五）三者险的赔偿处理

当被保险车辆发生保险事故，负有向第三者赔偿损失的法律责任时，保险人在理赔过程中应该本着以下基本原则：

（1）保险车辆发生第三者责任事故时，应当按《道路交通安全法》及其实施条例规定的赔偿范围、项目和标准以及保险合同的规定处理。

（2）根据保险单载明的赔偿限额核定赔偿数额。

（3）自行承诺或支付的赔偿金额：不符合《道路交通安全法》及其实施条例和有关法律、法规等规定，且事先未征得保险人同意，被保险人擅自同意承担或支付的赔款，保险人拒赔。

被保险车辆发生第三者责任事故时，按《道路交通安全法》《解释》规定的赔偿范围、项目和标准以及保险合同的规定，在保险单载明的赔偿限额内核定赔偿金额。具体赔偿方式有以下两种：

（1）当 [（依合同约定核定的第三者损失金额－机动车交通事故责任强制保险的分项赔偿限额）×事故责任比例] 大于每次事故赔偿限额时：

保险赔款 ＝ 每次事故赔偿限额 ×（1－事故责任免赔率）×（1－绝对免赔率）

（2）当 [（依合同约定核定的第三者损失金额－机动车交通事故责任强制保险的分项赔偿限额）×事故责任比例] 小于每次事故赔偿限额时：

保险赔款 ＝（第三者损失金额－机动车交强险的分项赔偿限额）× 事故责任比例
×（1－事故责任免赔率）×（1－绝对免赔率）

除保险合同另有约定外，保险人一般依据被保险机动车一方在事故中所负责任比例，承担相应的赔偿责任。如果公安交通管理部门处理事故时未确定事故责任比例且出险地的相关法律、法规对事故责任比例没有明确规定的，保险人一般按照下列规定承担赔偿责任：①被保险机动车一方负全部事故责任的，保险人按100%事故责任比例计算赔偿；②被保险机动车一方负主要事故责任的，保险人按70%事故责任比例计算赔偿；③被保险机动车一方负同等事故责任的，保险人按50%事故责任比例计算赔偿；④被保险机动车一方负次要事故责任的，保险人按30%事故责任比例计算赔偿。

保险人根据被保险机动车一方在事故中所承担的责任比例，在符合赔偿规定的金额内实行绝对免赔率，免赔率高低的确定一般是：负全部责任的免赔20%，负主要责任的免赔15%，负同等责任的免赔10%，负次要责任的免赔5%。此外，发生保险事故时，被保险机动车辆实际行驶区域超出保险合同约定区域的；或违反安全装载规定的；或投保时指定驾驶人，保险事故发生时为非驾驶人使用被保险机动车辆的，一般增加10%的绝对免赔率。

在上述第三者责任事故赔偿过程中，若被保险机动车辆还有其他保障相同的保险存在，不论是否由被保险人或其他人以其名义投保，也不论该保险赔偿与否，保险人按赔偿限额的比例分摊赔偿责任。保险人在履行赔偿义务后，对受害第三者的任何赔偿费用的增加，保险人不再负责。此外，如果被保险人自行承诺或支付受害人赔偿金额，保险人一般有权重新核定或拒绝赔偿。

需要特别指出的是，受害的第三者获得的保险补偿不能取代其按照《劳动法》等法律法规应当从所在单位享受的社会保险等待遇。

【技能拓展】　机动车辆保险投保指南

办理机动车辆保险投保时，请务必带好以下所需证件，并做好如下工作：

（1）机动车辆行驶证；

（2）续保车辆，需带上年度保单正本；

（3）新保车辆，需带齐车辆合格证及购车发票；

（4）投保单的内容，需由投保人本人按照所要投保的项目认真填写无误后，在投保人签章处签章；

（5）当您拿到保险单正本后，请您务必对保单的内容进行核对，如有问题及时更正；

（6）新车行驶证下发后，请您立即电告保险公司登记正式车牌号码，以确保维护您的权益；

（7）当您投保时，请您认真阅读保险条款中的保险责任、责任免除等内容，以便您更好地了解您的保险保障权益；

（8）如果保险单记载内容发生变更，请及时告知保险公司。

三、机动车全车盗抢险

机动车全车盗抢险，简称盗抢险，和车损险、三者险一样，都是机动车辆保险的基本险，当被保险车辆发生全车被盗窃、被抢劫或者被抢夺，导致被保险人的经济损失，保险公司承担赔偿责任。

（一）盗抢险的保险责任

盗抢险的保险责任包括：保险车辆（含投保的挂车）全车被盗窃、被抢劫、被抢夺，经县级以上公安刑侦部门立案证实，满三个月未查明下落；保险车辆在被盗窃、被抢劫、被抢夺期间受到损坏或车上零部件、附属设备丢失需要修复的合理费用。

（二）盗抢险的责任免除

盗抢险的责任免除事项为：非全车遭盗抢，仅车上零部件或附属设备被盗窃、被抢劫、被抢夺；被他人诈骗造成的全车或部分损失；全车被盗窃、被抢劫、被抢夺期间，被保险车辆肇事导致第三者人员伤亡或财产损失；被保险人因违反政府有关法律、法规被有关国家机关罚没、扣押；被保险人因与他人的民事、经济纠纷而致车辆被抢劫、被抢夺；租赁车辆与承租人同时失踪；被保险人及其家庭成员、被保险人允许的驾驶员的故意行为或违法行为造成的全车或部分损失；

（三）盗抢险的保险金额

保险金额由保险人与被保险人在保险车辆的实际价值内协商确定，当保险车辆的实际价值高于购车发票金额时，以购车发票金额确定保险金额。

（四）盗抢险的被保险人义务

被保险人得知或应当得知保险车辆被盗窃、被抢劫或被抢夺后，应在24小时内（不可抗力因素除外）向当地公安部门报案，同时在48小时内通知保险人，并登报声明；被保险人向保险人索赔时，须提供保险单、行车执照、购车原始发票、车辆购置附加费凭证、车钥匙，以及出险地县级以上公安刑侦部门出具的盗抢案件证明和车辆已报停手续。

（五）盗抢险的赔偿处理

（1）全车损失的，根据基本险的方法实行20%的绝对免赔率。但被保险人未能提供机动车行驶证、购车原始发票、车辆购置附加费凭证，每缺少一项，增加0.05%的免赔率；缺少车钥匙的增加5%的免赔率；

（2）部分损失的按实际修复费用计算赔偿，最高不超过全车盗抢险保险金额；

（3）被保险人索赔时未能向保险人提供出险地县级以上公安刑侦部门出具的盗抢案件证明及车辆已报停手续，保险人不负赔偿责任。保险人确认索赔单证齐全、有效后，由被保险人签具权益转让书，赔付结案。

保险人赔偿后，如被盗抢的保险车辆找回，应将该车辆归还被保险人，同时收回相应的赔款。如果保险人不愿意收回原车，则车辆的所有权益归保险人。

四、车上人员责任险

车上人员责任险是指以被保险人或其允许的合法驾驶人在使用被保险机动车过程中发生意外事故，致使车上人员遭受人身伤亡为保险标的的责任保险。车上人员责任险可以作为基本险单独购买，也可以作为附加险购买。在作为附加险投保车上人员责任险时，必须先行购买三者险，即只有在投保了三者险的基础上才可投保车上人员责任险。

（一）保险责任

投保了本保险的机动车辆在使用过程中发生意外事故，致使保险车辆上所载货物遭受直接损毁和车上人员的人身伤亡，依法应由被保险人承担的经济赔偿责任，以及被保险人为减少损失而支付的必要合理的施救、保护费用，保险人在保险单所载明的该保险赔偿限额内计算赔偿。

（二）除外责任

（1）货物遭哄抢、自然损耗、本身缺陷、短少、死亡、腐烂、变质。

（2）违法载运或因包装、紧固不善、装载、遮盖不当造成的货物损失。

（3）车上人员携带的私人物品、违章搭乘的人员或违章所载货物；由于驾驶员的故意行为、紧急刹车或本车上的人员因疾病、分娩、自残、斗殴、自杀、犯罪行为所致的人身伤亡、货物损失以及车上人员在车下时所受的人身伤亡。

（4）其他不属于本责任范围内的损失和费用。

（三）赔偿限额

车上承运货物的赔偿限额和车上人员每人的最高赔偿限额由被保险人和保险人在投保时协商确定。投保座位数以保险车辆的核定载客数为限。

（四）赔偿处理

（1）车上伤亡人员按《道路交通事故处理办法》规定的赔偿范围、项目和标准以及保险合同的规定计算赔偿，但每人最高赔偿金额不超过保险单载明的本保险每座赔偿限额，最高赔偿人数以投保座位数为限。当发生车上人员责任险的保险事故时，保险人按《交通法》《解释》等国家有关法律法规规定的赔偿范围、项目和标准以及保险合同的约定，在保险单载明的赔偿限额内核定赔偿金额。

（2）对每座受害人的赔偿金额不超过保险单载明的每次事故每座赔偿限额，对乘客的赔偿人数以核定乘客座位数为限。保险事故造成车上人员人身伤亡发生的医疗费用，保险人按照《交通事故人员创伤临床诊疗指南》和国家基本医疗保险的标准核定医疗费用。

（3）每次赔偿均实行相应的免赔率，免赔率及办法与基本险相同。在赔偿时，每次赔偿根据被保险车辆驾驶员在事故中所负责任，实行15%至5%的绝对免赔率。

五、车身划痕险

车身划痕险是车损险的附加险，已投保车损险的车辆方可投保车身划痕险。在保险期间内，投保了车身划痕险的被保险车辆发生了无明显碰撞痕迹的车身表面油漆单独划伤损失，保险人应根据保险合同的规定按实际损失负责赔偿。但被保险车辆的下列损失，保险公司一般不负责赔偿：

（1）被保险人或驾驶人的故意行为造成被保险车辆的损失。

（2）他人因与被保险人或驾驶人及其家庭成员发生民事、经济纠纷造成被保险车辆的损失。

（3）被保险车身表面自然老化、损坏。

（4）其他不属于保险责任范围内的损失和费用。

在保险事故发生后进行赔偿时，车身划痕险每次赔偿一般均实行15%的绝对免赔率；在保险期间内，如果赔偿金额累计达到赔偿限额时，其保险责任终止。

六、玻璃单独破碎险

玻璃单独破碎险是车损险的附加险，已投保车损险的车辆方可投保玻璃单独破碎险。

（一）保险责任

投保了本保险的机动车辆在停放或使用过程中，发生本车玻璃单独破碎，保险人按实际损失计算赔偿。投保人在与保险人协商的基础上，自愿按进口风挡玻璃或国产风挡玻璃选择投保，保险人根据其选择承担相应保险责任。

（二）责任免除

在玻璃单独破碎险中，保险人对下列损失不承担赔偿责任：灯具、车镜玻璃破碎；被保险人或其驾驶员的故意行为；安装、维修车辆过程中造成的破碎。

七、无过失责任险

无过失责任险是三者险的附加险，投保人要想加保该项保险，必须先投保三者险。

（一）保险责任

投保了本保险的机动车辆在使用过程中，因与非机动车辆、行人发生交通事故，造成对方人员伤亡和财产直接损毁，被保险车辆一方无过失，且被保险人拒绝赔偿未果。对被保险人已经支付给对方而无法追回的费用，保险人按《道路交通事故处理办法》和出险当地的道路交通事故处理规定标准在保险单该项目所载明的保险限额内计算赔偿。

（二）赔偿处理

本保险每次赔偿均实行20%的绝对免赔率。

八、车载货物掉落责任险

车载货物掉落责任险也是三者险的附加险。

（一）保险责任

投保了本保险的机动车辆在使用过程中，所载货物从车上掉下致使第三者遭受人身伤亡或财产的直接损毁，依法应由被保险人承担经济赔偿责任，保险人在保险单所载明的该保险赔偿限额内计算赔偿。

（二）责任免除

车载货物掉落责任险的保险人，对被保险人及其家庭成员的人员伤亡、财产损失以及驾驶员的故意行为或车上所载气体、液体泄漏所造成的损失，偷盗、哄抢、自然损耗、本身缺陷、短少、死亡、腐烂、变质造成的货物损失等不予承担赔偿责任。

（三）赔偿处理

车载货物掉落责任每次事故的赔偿限额由被保险人与保险人在投保时协商确定。每次赔偿均实行20%的绝对免赔率。

九、车辆停驶损失险

车辆停驶损失险也是车损险的附加险。

（一）保险责任

投保了车辆停驶损失险的机动车辆在使用过程中，因发生基本险（车损险）所列的保险责任事故，造成车身损毁致使车辆停驶，保险人按以下规定承担赔偿责任：

（1）部分损失的，保险人在双方约定的修复时间内按保险单约定的日赔偿金额乘以从送修之日起至修复竣工之日止的实际天数计算赔偿。

（2）全车损毁的，按保险单约定的赔偿限额计算赔偿。

（3）在保险期限内，上述赔款累计计算，最高以保险单约定的赔偿天数为限。

（二）除外责任

车辆停驶损失险的保险人对下列停驶损失不负责赔偿：车辆被扣押期间的损失；因车辆修理质量不合要求，造成返修期间的损失；被保险人及其驾驶员拖延车辆送修或修复时间的损失。

（三）保险赔偿

车辆停驶损失险的赔偿限额以投保人与保险人投保时约定的赔偿天数乘以约定的赔偿金额为准，但此保险的最高约定赔偿天数一般为60天。

十、自燃损失险

自燃损失险是车损险的附加险，被保险人只有在投保了车损险的基础上，才能加保自燃损失险。

（一）保险责任

投保了本保险的机动车辆在使用过程中，因本车电器、线路、供油系统发生故障及运载货物自身原因起火燃烧，造成保险车辆的损失，以及被保险人在发生本保险事故时，为减少车辆损失所支出的必要合理的施救费用，保险人在保险单该项目所载明的保险金额内，按保险车辆的实际损失赔偿；发生全部损失的按出险时车辆实际价值在保险单该项目所载明的保险金额内计算赔偿。

（二）除外责任

对下列原因造成的损失，保险人不负责赔偿：

（1）被保险人在使用保险车辆过程中，因人工直接供油、高温烘烤等违反车辆安全操作规则造成的损失。

（2）因自燃仅造成电器、线路、供油系统的损失。

（3）运载货物自身的损失。

（4）被保险人的故意行为或违法行为造成保险车辆的损失。

（三）赔偿处理

本保险每次赔偿均实行20%的绝对免赔率。

十一、新增加设备损失险

在投保了车损险的基础上，被保险人可以投保新增加设备损失附加险。在此，新增加设备是指被保险车辆出厂时原有各项设备以外，被保险人另外加装的设备及设施。办理本保险时，应列明车上新增加设备明细表及价格。

（一）保险责任

投保了本保险的机动车辆在使用过程中，发生基本险第一条所列的保险事故，造成车上新增加设备的直接损毁，保险人在保险单该项目所载明的保险金额内，按实际损失计算赔偿。

（二）保险金额

新增加设备损失险的保险金额依据新增加设备的实际价值确定。

（三）赔偿处理

在赔偿处理中，新增加设备损失险的每次赔偿均实行绝对免赔率，即根据被保险车辆驾驶员在保险事故中所负责任，一般实行20%至5%的绝对免赔率。

十二、不计免赔特约险

根据现行的操作实务，被保险人在投保了车损险或三者险、车上人员责任险、盗抢险的基础上，才能投保不计免赔特约险。当车损险或三者险等基本险的保险责任终止时，不计免赔特约险的保险责任同时终止。

（一）保险责任

办理了本项特约保险的机动车辆发生保险事故造成赔偿，对其在符合赔偿规定的金额内按责应承担的免赔金额，保险人负责赔偿。

（二）责任免除

对于各项附加险项下规定的免赔金额，保险人不负责赔偿。

十三、其他机动车保险

由于机动车辆的风险种类繁多，除了上述基本险、附加险和特约险外，各保险公司还各自推出了与机动车相关的其他保险产品，如机动车提车保险、车上货物责任险、发动机特别损失险、代步机动车服务特约险、更换轮胎服务特约险、拖车服务特约险、法律费用特约险、交通事故精神损害赔偿责任险等。

但是，这些产品的买卖基本上不是以附加的形式形成保险合同，就是以特别约定的方式形成保险合同。因此，在此必须提醒的是，在机动车辆保险中，基本险合同、附加险合同、特约险合同的法律效力是不同的。特约险高于附加险，附加险高于基本险。附加险合同未尽事宜，以基本险合同为准；特约险合同未尽事宜，以基本险合同或附加险合同为准。

【知识链接】　车辆保险投保车辆检验规定

车辆保险投保车辆符合以下条件的可以免检：

（1）按期续保且续保条件与上年相同的车辆。

（2）新保第三者及其附加险的车辆。

（3）投保人为国家机关、企事业单位车队，同时投保多辆车。

车辆保险投保车辆属于以下情况的，应该严格检验：

（1）第一次投保的车辆。

（2）未按期续保的车辆。

（3）续保或中途加保车损险及其附加险的车辆。

（4）营运车辆超过6年，非营运车辆超过10年投保车损险的车辆。

（5）特种车辆或发生重大车损事故后修复的车辆。

（6）出现事故率较高的车辆。

（7）新车购置价较高的车辆（超过100万元的要重点检验）。

（8）本地区稀有车型。

（9）挂军牌、武警牌、外地号牌的车辆。

【案例分析】　一起车辆被盗又发生了交通事故的理赔案

案情简介：新车车主李某向保险公司投保了商业车辆损失险和第三者责任险，投保后不久该车被盗。李某及时通知保险公司。两个月后，交通部门通知李某，他的车在某地与一小车相撞而翻下山崖，全车报废，车上司机下落不明。小车车辆被撞坏，司机无伤。据交通监理部门调查裁定，此次事故由驾驶李某车辆的驾驶员负全责，被撞车没有责任。李某到现场，确认翻下山崖的车正是他被盗车辆。窃贼肇事后逃跑，一直没有下落。事故发生后，被撞车主要求李某赔偿其经济损失，李某同时向保险公司要求赔偿其车辆损失和给他人所造成的损失。但保险公司认为损失是窃贼所致，拒不赔付。

分析：（1）在本案中，保险公司完全拒赔是没有道理的，车辆损失险的保险责任包括倾覆所致损失和全车被盗损失等。李某的车被盗并在被盗后翻车下崖，这是事实。因此，保险公司应对李某的车被盗后所受损失负赔偿责任。

（2）在本案中，李某要求其被盗的车辆致他人的损害由保险公司赔偿，保险公司拒赔有理。因为机动车第三者责任险保险人只承担由被保险人或其允许的驾驶员在使用车辆过程中因意外事故所造成的第三人人身伤亡和财产损失，他人车辆的损失固然由于李某的车所致，但驾驶保险车辆的人并非李某或经李某允许的人。因此，本案中保险车辆造成他人的损失，保险公司没有赔偿责任。

（3）李某在赔偿其车所致他人损害后若窃贼有下落，按照民法的有关规定，可以代位向有过错的窃贼行使追偿权，追回其实际损失。

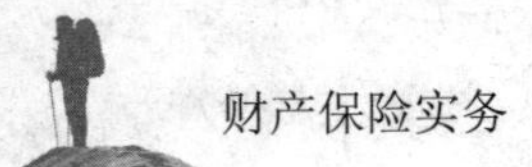

学习任务二 熟悉机动车辆强制保险

【学生任务】

- 要求每个学生课前预习相关内容，结合已经学习过的财产保险和机动车辆商业保险的内容来理解机动车辆强制保险的相关内容，能够用自己的语言来简单描述机动车辆强制保险与机动车辆商业保险的区别和联系。
- 要求每个学生提高课外阅读量，掌握行业发展的前沿趋势，结合本部分内容，说明机动车辆强制保险存在的必要性和业务操作流程，根据自身的理解，结合案例在课堂提问中口头表达。
- 将学生随机分组，按小组选出典型回答在课堂上进行点评，学生间相互评出每一口头表达情况的优劣，教师进行综合评价。

【教师任务】

- 提示学生完成口头表达所需要关注的主要知识点，如三者责任、交强险的概念、内容、保障范围，与相近的保险专业名词的区别与联系，保险相关业务的国际惯例等。
- 指导学生分组，在小组内对学生进行不同的分工，对学生口头表达作业完成情况及时进行跟进。
- 对各小组进行的课堂点评适时指导，对于选出的作业予以及时、客观、公正的评价，准备回答学生有可能提出的异议等。

教学活动 认识机动车辆强制险

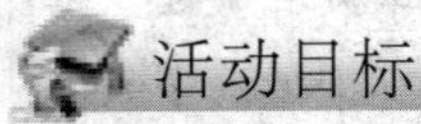

活动目标

通过本部分的教学活动，了解与熟悉保险公司机动车辆强制保险业务概念、含义和经营流程，掌握其关键因素，并能够使用自己的语言简单描述。

知识准备

道路交通事故导致的人员伤亡在我国乃至全世界均是排在意外伤害的首位。21世纪以来，我国城乡每年发生道路交通事故平均约50多万起，每年因车祸丧生的人数高达10万人左右，因车祸受伤者更是高达几十万人，直接经济损失年均数以百亿元乃至上千亿元计。由此可见，机动车辆的第三者责任风险是巨大的，对公众的人身与财产安全构成了严重的威胁。为了维护公众的利益，机动车辆第三者责任保险在许多国家成为法定保险业务。

一、交强险的概念和意义

交强险是由保险公司对被保险机动车发生道路交通事故造成受害人（不包括本车人员和被保险人）的人身伤亡、财产损失，在责任限额内予以赔偿的强制性责任保险。

交强险是社会公益性很强的险种，车主投保之后，一旦发生交通事故将由保险公司向受害第三方及时地提供赔偿。这对保障公民合法权益、维护社会稳定具有重要意义。

机动车辆道路交通事故责任强制保险是我国第一个通过国家立法的形式予以强制实施的保险险种，是一项全新的保险制度。它的保障对象涉及每一个道路通行者，与普通老百姓切身利益密切相关。实行交强险制度的首要目标就是通过国家法律强制手段，提高机动车第三方责任险的覆盖面，保证交通事故中受害人最大可能地获得及时和基本的保障。

根据我国各地区实际交通状况，参照国际上发达国家实行交强险制度的经验，我国建立交强险制度有利于道路交通事故受害人获得及时的经济赔付和医疗救治；有利于减轻交通事故肇事方的经济负担，化解经济赔偿纠纷。通过实行“奖优罚劣”的费率浮动机制，有利于促进驾驶人增强交通安全意识；有利于充分发挥保险的保障功能，维护社会稳定。实行交强险制度就是通过国家法律强制机动车所有人或管理人购买相应的责任保险，以提高三者险的投保面，在最大程度上为交通事故受害人提供及时和基本的保障。

二、交强险的突出特点

《条例》立足现实，着眼长远，既结合了中国当前经济社会发展水平和能力，又充分借鉴了国外先进经验，具有较强的针对性和鲜明的特点。

（一）突出以人为本

将保障受害人得到及时、有效的赔偿作为首要目标。《条例》规定，被保险机动车发生道路交通事故造成本车人员和被保险人以外的受害人人身伤亡、财产损失的，由保险公司依法在机动车交通事故责任强制保险责任限额范围内予以赔偿。

（二）体现奖优罚劣

通过经济手段提高驾驶员守法合规意识，促进道路交通安全。《条例》要求逐步建立机动车交通事故责任强制保险与道路交通安全违法行为和道路交通事故的信息共享机制，实现保险费率与交通违章挂钩。安全驾驶者可以享有优惠的费率，经常肇事者将负担高额保费。

（三）坚持社会效益

保险公司经营机动车交通事故责任强制保险不以盈利为目的，并且机动车交通事故责任强制保险业务必须与其他业务分开管理、实行单独核算。保监会将定期予以核查，以维护广大消费者的利益。

（四）实行商业化运作

机动车交通事故责任强制保险条款费率由保险公司制定，保监会按照机动车交通事故责任

强制保险业务总体上“不亏不盈”的原则进行审批，保险公司自主经营、自负盈亏。

三、交强险与三者险的区别

（一）保险属性不同

交通事故强制责任保险属于强制保险，体现在所有车辆必须参保，有经营资格的保险公司不得拒保，否则都会面临高额的经济处罚。其从条款制定、费率厘定到投保、承保都有一定的强制性。保险公司经营交强险实际执行了社会管理职能，实行“不亏不盈”的原则，是一种准社会保险；而第三者责任险则以盈利为目的，由投保人和保险人双方自愿签订保险合同。

（二）赔偿原则不同

第三者责任险采取的是过错责任原则，即根据当事人的违章行为与交通事故之间的因果关系，以及违章行为在交通事故中的作用，认定当事人的交通事故责任及赔偿责任，而交通事故强制责任保险采取的是无过错责任原则，即只要发生道路交通事故并造成对方损失，不论事故方有无过错都要承担赔偿责任。

（三）赔偿范围不同

交通事故强制责任保险的保险责任广泛涵盖了道路交通风险，且不设免赔率和免赔额，除外责任很少，无论被保险人在事故中有无过错，对造成的三者损失均可请求保险给付；第三者责任险则有责任免除事项和免赔率（额），仅对被保险人应依法承担的责任部分的损失进行赔偿。同时商业保险均规定了详细的除外责任，出现除外责任中列明的事故保险公司是有权拒赔的。

（四）赔偿限额的不同

被保险人在使用被保险机动车过程中发生交通事故，致使受害人遭受人身伤亡或者财产损失的，依法应当由被保险人承担的损害赔偿责任。保险人按照交强险合同的约定对每次事故的赔偿限额分为三项：死亡伤残赔偿限额为110 000元；医疗费用赔偿限额为10 000元；财产损失赔偿限额为2 000元；被保险人无责任时，无责任死亡伤残赔偿限额为11 000元；无责任医疗费用赔偿限额为1 000元；无责任财产损失赔偿限额为100元。

商业三者险的责任限额较高，在投保时可选择5、10、20、30、50万或100万元不同的限额档次。商业险的保额不分项，依法应由被保险人承担的赔偿，保险公司均会依据保险合同在限额内承担，而不是分项赔付。车主如果希望有较好的保障，都应在购买交强险后购买商业保险作为补充。

（五）经营性质不同

交强险业务具有社会公益性的特点，因此保险公司经营该项业务不以盈利为目的，并且实行单独核算。不亏不盈原则具体体现在保险公司在厘定交强险费率时不应加入利润因子。而商业三者险是以盈利为目的，无需与其他车险险种分开管理、单独核算。

【拓展阅读】　机动车交通事故责任强制保险特别提示

◇ 保险公司拒保要吊销执照

未按规定投保强制三者险的车主，将被公安机关扣留机动车，并被处依照规定投保最低责任限额应缴纳的保险费的2倍罚款。此外，保险公司有拒绝或者拖延承保机动车交通事故责任强制保险、违反规定解除机动车交通事故责任强制保险合同、拒不履行约定的赔偿保险金义务、未按照规定及时支付或者垫付抢救费用等行为，将由保监会责令改正，处5万元以上30万元以下罚款；情节严重的，可以限制业务范围、责令停止接受新业务或者吊销经营保险业务许可证。

◇ 无事故记录费率可降低

《条例》指出，没有发生道路交通安全违法行为和道路交通事故的机动车，保险公司应当在下一年度降低其保险费率。长期记录良好的，保险公司将持续降低其保险费率，直至最低标准，反之保险公司则将提高其保费。《条例》要求有关部门要逐步建立机动车交通事故责任强制保险与道路交通安全违法行为和道路交通事故的信息共享机制，被保险人缴纳的保险费与是否有交通违章挂钩。安全驾驶者将享有优惠的费率，经常肇事者将负担高额保费。

◇ 抢救费用由救助基金先行垫付

《条例》明确规定了三种情况下保险公司将进行提前垫付但随后要向致害人追偿：“驾驶人未取得驾驶资格或者醉酒的；被保险机动车被盗抢期间肇事的；被保险人故意制造道路交通事故。”抢救费用超过强制三者险责任限额的、肇事机动车未投保强制三者险；机动车肇事后逃逸，造成的道路交通事故中受害人人身伤亡的丧葬费用、部分或者全部抢救费用，则由救助基金先行垫付，救助基金管理机构有权向道路交通事故责任人追偿。

◇ 三种情况下保险公司垫付抢救费

《条例》第二十二条规定，对于驾驶人未取得驾驶资格或者醉酒、被保险机动车被盗抢期间以及被保险人故意制造道路交通事故等情况下发生道路交通事故，造成受害人人身伤亡的由保险公司垫付抢救费用。

◇ 强制三者险必须先行赔付

凡发生交通事故，只要造成人身伤亡、财产损失，保险公司就要先行赔付，即使投保人无责，超过限额部分再由相关人员承担。而商业三者险则是“有责赔付”。

◇ 投保交强险需提供的资料

投保人投保时，应当向保险公司如实告知12项重要事项：机动车的种类、厂牌型号、识别代码、牌照号码、使用性质和机动车所有人或者管理人的姓名（名称）、性别、年龄、住所、身份证或者驾驶证号码（组织机构代码）、续保前该机动车发生事故的情况以及保监会规定的其他事项。

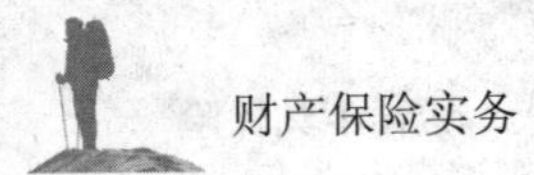

四、交强险的主要内容

（一）合同主体

根据《条例》第二条规定，在中华人民共和国境内道路上行驶的机动车辆所有人或管理人应当投保交强险。交强险合同成立后，投保人也可以成为被保险人。被保险人是受交强险保险合同保障的人，即是被保险机动车辆发生交通事故导致第三者受损而依法应承担责任、依交强险合同享有保险金请求权的人。

承保人即保险人，是经营交强险保险业务时收取保险费和在保险事故发生后负责赔付保险金的人，通常是指依法成立且有经营交强险资格的保险公司。

（二）保障对象

根据《条例》，交强险的保障对象是被保险机动车致害的交通事故受害人，但不包括被保险机动车本车人员及被保险人。交强险的保障内容包括受害人的人身伤亡和财产损失。

（三）保险责任

1．赔偿项目

（1）死亡伤残赔偿项目。包括丧葬费、死亡补偿费、交通费、残疾赔偿金、残疾辅助、器具费、护理费、康复费、被扶养人生活费、住宿费、误工费、精神损害抚慰金（依照法院判决或者调解承担）。

（2）医疗费用赔偿项目。包括医药费、诊疗费、住院费、住院伙食补助费、后续治疗费、整容费、营养费。

2．责任限额

交强险责任限额是指被保险机动车发生道路交通事故，保险公司对每次保险事故所有受害人的人身伤亡和财产损失所承担的最高赔偿金额。

其中，摩托车、拖拉机的最高赔偿限额有2万元、5万元、10万元和20万元；其他车辆最高赔偿限额有5万元、10万元、20万元、50万元、100万元和100万元以上，且最高不超过1 000万元。

（四）除外责任

下列损失和费用，交强险不负责赔偿和垫付：

（1）因受害人故意造成的交通事故的损失。

（2）被保险人所有的财产及被保险机动车上的财产遭受的损失。

（3）被保险机动车发生交通事故，致使受害人停业、停驶、停电、停水、停气、停产、通信或者网络中断、数据丢失、电压变化等造成的损失以及受害人财产因市场价格变动造成的贬值、修理后因价值降低造成的损失等其他各种间接损失。

（4）因交通事故产生的仲裁或者诉讼费用以及其他相关费用。

（五）保险费率

根据《条例》规定，交强险实行统一的保险条款和基础保险费率。保监会按照交强险业务总体上不盈利不亏损的原则审批保险费率，并监管保险人对保险费率进行适时调整。目前，交强险费率按机动车种类、使用性质分为家庭自用汽车、非营业客车、营业客车、非营业货车、营业货车、特种车、摩托车和拖拉机八种类型。

（六）保险期间

《条例》规定，交强险的保险期间为1年，以保险单载明的起止时间为准。仅有以下几种情形下，投保人可以投保1年以内的短期交强险：

（1）境外机动车临时入境的。

（2）机动车临时上道路行驶的。

（3）机动车距规定的报废期限不足1年的。

（4）机动车辆需要到异地办理注册登记的。

（5）保监会规定的其他情形。

（七）赔偿处理

被保险机动车发生交通事故的，由被保险人向保险人申请赔偿保险金。

1．被保险人索赔时向保险人提供的材料

（1）交强险的保险单。

（2）被保险人出具的索赔申请书。

（3）被保险人和受害人的有效身份证明、被保险机动车行驶证和驾驶人的驾驶证。

（4）公安机关交通管理部门出具的事故证明，或者人民法院等机构出具的有关法律文书及其他证明。

（5）被保险人根据有关法律法规规定选择自行协商方式处理交通事故的，应当提供依照《交通事故处理程序规定》规定的记录交通事故情况的协议书。

（6）受害人财产损失程度证明、人身伤残程度证明、相关医疗证明以及有关损失清单和费用单据。

（7）其他与确认保险事故的性质、原因、损失程度等有关的证明和资料。

2．保险人的赔偿处理

（1）保险事故发生后，保险人按照国家有关法律法规规定的赔偿范围、项目和标准以及交强险合同的约定，并根据国务院卫生主管部门组织制定的《交通事故人员创伤临床诊疗指南》和国家基本医疗保险标准，在交强险的责任限额内核定人身伤亡的赔偿金额。

（2）因保险事故造成受害人人身伤亡的，未经保险人书面同意，被保险人自行承诺或支付的赔偿金额，保险人在交强险责任限额内有权重新核定；因保险事故损坏的受害人财产需要修理的，被保险人应当在修理前会同保险人检验，协商确定修理或者更换项目、方式和费用。否则，保险人在交强险责任限额内有权重新核定。

（3）被保险机动车发生涉及受害人受伤的交通事故，因抢救受害人需要保险人支付抢救费用的，保险人在接到公安机关交通管理部门的书面通知和医疗机构出具的抢救费用清单后，按照国务院卫生主管部门组织制定的交通事故人员创伤临床诊疗指南和国家基本医疗保险标准进行核实。对于符合规定的抢救费用，保险人在医疗费用赔偿限额内支付。被保险人在交通事故中无责任的，保险人在无责任医疗费用赔偿限额内支付。

3．垫付与追偿

被保险机动车发生交通事故，造成受害人受伤需要抢救的，保险人在接到公安机关交通管理部门的书面通知和医疗机构出具的抢救费用清单后，按照国务院卫生主管部门组织制定的交通事故人员创伤临床诊疗指南和国家基本医疗保险标准进行核实。对于符合规定的抢救费用，保险人在医疗费用赔偿限额内垫付。被保险人在交通事故中无责任的，保险人在无责任医疗费用赔偿限额内垫付。对于以下几种情况以及其他损失和费用，保险人不负责垫付和赔偿。

（1）驾驶人未取得驾驶资格的。

（2）驾驶人醉酒的。

（3）被保险机动车被盗抢期间肇事的。

（4）被保险人故意制造交通事故的。

对于垫付的抢救费用，保险人有权向致害人追偿。

（八）合同变更与终止

在交强险合同有效期内，被保险机动车所有权发生转移的，投保人应当及时通知保险人并办理交强险合同变更手续。在下列三种情况下，投保人可以要求解除交强险合同：

（1）被保险机动车被依法注销登记的。

（2）被保险机动车办理停驶的。

（3）被保险机动车经公安机关证实丢失的。

交强险合同解除后，投保人应当及时将保险单、保险标志交还保险人；无法交回保险标志的，应当向保险人说明情况，征得保险人同意。

【技能拓展】　交强险保险实务操作须知

（1）从经中国保险监督管理委员会批准、具有交强险经营资格的中资财产保险公司营业网点购买交强险，或通过经上述保险公司委托、具有《保险代理机构法人许可证》或《保险兼业代理许可证》的合法销售网点，或持有《保险代理从业人员展（执）业证书》的销售人员处购买交强险。

（2）每辆机动车只需投保一份交强险，不要重复投保。为了能得到更高水平的风险保障，您可以根据自身需要和经济实力同时购买不同限额的商业三者险。

（3）应在被保险机动车指定位置放置交强险标志。

（4）交强险的保险期为1年。合同期满时，应及时续保并提供上一年度的保险单。在交强险合同有效期内，被保险机动车如因改装、加装、使用性质改变等导致危险程度增加，应及时通知保险公司并办理批改手续。

（5）在下列三种情况下可以要求解除交强险合同：①被保险机动车依法被注销登记的；②被保险机动车办理停驶的；③被保险机动车经公安机关证实丢失的。保险公司按照规定退还相应保费。

（6）被保险机动车发生交通事故时，被保险人应当及时采取合理、必要的施救和保护措施，按照保险标识背面的报案电话及时通知保险公司，并及时报警。保险公司应当立即给予答复，告知被保险人具体的赔偿程序等有关事项。同时，被保险人应当积极协助保险公司进行现场查勘定损和事故调查。

（7）保险公司自收到赔偿申请之日起1日内，书面告知被保险人需提供的与赔偿有关的证明和资料。自收到被保险人提供的资料之日起5日内，确定是否属于保险责任，并通知核定结果。对不属于保险责任的，保险公司应当书面说明理由；对属于保险责任的，保险公司在与被保险人达成赔偿保险金的协议后10日内，赔偿保险金。

学习任务三　了解船舶与飞机保险

【学生任务】

- 要求每个学生课前预习相关内容，结合已经学习过的财产保险和机动车辆保险知识来理解船舶保险与飞机保险知识及业务经营的相关内容，能够用自己的语言来简单描述船舶保险和飞机保险的特殊性所在。
- 要求每个学生提高课外阅读量，结合本部分内容，说明船舶保险与飞机保险与其他运输工具保险的区别，根据自身的理解，结合案例在课堂提问中口头表达。
- 将学生随机分组，按小组选出典型回答在课堂上进行点评，学生间相互评出每一口头表达的优劣，教师进行综合评价。

【教师任务】

- 提示学生完成口头表达所需要关注的主要知识点，如船舶检验、碰撞责任、船东互保的概念、内容，与相近的保险专业名词的区别与联系，船舶保险保险与飞机保险相关业务的国际惯例等。
- 指导学生分组，在小组内对学生进行不同的分工，对学生口头表达完成情况及时进行跟进。
- 对各小组进行的课堂点评适时指导，对于选出的作业予以及时、客观、公正的评价，准备回答学生有可能提出的异议等。

教学活动1 了解船舶保险

活动目标

通过本部分的教学活动，了解与熟悉保险公司船舶保险业务的保障范围和经营实务流程，掌握其关键因素，并能够使用自己的语言简单描述。

知识准备

一、船舶保险及其种类

船舶保险起源于海上保险，是以各类船舶及其附属设备为保险标的的保险。船舶保险承保船舶在保险期间整个过程的船舶损失、碰撞责任和有关费用三类保障责任，是运输工具保险中一个重要险种。船舶保险是指以各种船舶、水上装置及其碰撞责任为保险标的的保险。它作为传统财产保险业务的重要险种，既是运输保险的主要险种之一，更是水险业务的主要来源之一。

在保险业发展史上，船舶保险具有独特的地位，最初的海上保险业务即是主要以船舶所遇到的海上风险为保险责任的。由于船舶航行在海上，遭遇各种自然灾害和意外事故的可能性比陆地运输工具更大，且危险比较集中，很多情况下非人力所能控制，因此，船舶所有人对航行中的风险保障需求更加迫切，从而使得以船舶为主要标的的保险业务成为商业保险业发展史上的重要内容。

船舶保险根据承保船舶航行区域不同，分为远洋船舶保险和沿海、内河船舶保险两大类。远洋船舶保险一般称为涉外船舶保险，属于海上保险范围。船舶保险的适用范围是所有船东，它承保的标的包括各类船舶及其水上装置。按船舶的结构可分为铁壳船、木壳船、帆船、水泥船、玻璃钢船、气垫船等；按照船舶的用途可分为客船、游船、液化气船等；按照船舶有无机器动力可分为机动船和非机动船等。

二、船舶保险的责任范围

船舶保险的责任范围较广，保险人承担的责任包括三大类。

（一）船舶本身因自然灾害或意外事故造成的损失责任

八级及八级以上的大风、洪水、海啸、崖崩、滑坡、泥石流、冰凌、雷击、水灾、爆炸、碰撞、搁浅、触礁、倾覆、沉没、船舶航行中失踪6个月以上等自然灾害、意外事故所致保险船舶本身的损失由保险人根据保险合同规定负责赔偿。

（二）承担船舶的碰撞责任

凡被保险机动船舶或其拖带的保险船舶与其他船舶、固定物体发生直接碰撞责任事故，致使被碰撞的船舶及其所载货物，或者被碰撞的码头、港口设备、航标、桥墩等固定建筑物遭受损失以及被碰撞船舶上的人员伤亡，依法应当由被保险人承担的赔偿责任，保险人按照保险合同的规定给予赔偿。

（三）补偿的有关费用

船舶保险补偿的费用包括共同海损分摊费用、海难中的救助费用和海损事故中发生的施救费用等，保险人均按照船舶保险合同规定予以赔偿。

【知识链接】　船舶保险的碰撞责任

船舶保险的碰撞责任，即被保险船舶与他船或其他固定物体相撞，导致他方财产、利益损失或人身伤亡，依法应当由被保险人负责赔偿的责任，由保险人负责赔偿，但最高赔偿额以不超过船舶的保险金额为限。但属于保险船舶上的人员伤亡和货物损失，则不在保险人赔偿责任之列。

在理解船舶保险的碰撞责任时，应当注意如下几点：

一是碰撞责任事故必须是直接接触所致；

二是碰撞责任只限于被保险船舶是机动船舶（包括机帆船）或其拖带的被保险船舶，对非机动船舶不负碰撞责任（不含拖带中的船舶）；

三是对被碰撞船舶上的人员伤亡，保险人也负责赔偿；

四是一次碰撞责任事故所造成的各种损失总和（指被碰撞方的经济损失），保险人最高赔偿额是被保险船舶的保险金额。

三、船舶保险的责任免除

保险人对由于下列原因造成的被保险船舶经济损失或赔偿责任不予负责。

战争、军事行动和政府征用导致的损失；不具备适航条件而航行导致的损失；被保险人及其代表的故意行为引起的损失；超载、浪损、搁浅引起的事故损失；船体和机件的正常维修费用和自然磨损、锈蚀及其本身发生的故障，以及一切间接损失、清理航道和污染费用等。

四、船舶保险的保险金额

（1）按照新船的市场价格或出厂价格确定保险金额。

（2）按照旧船的实际价值确定保险金额。船舶的使用年限、新旧程度、船舶结构和用途均对保险金额的确定有影响。

（3）保险双方协商确定保险金额。

五、船舶保险的保险费率

（1）影响船舶保险的费率制定的因素。包括船舶的种类与结构、船舶的新旧程度、船舶航行区域、船舶的使用性质、船舶所有人的经营管理素质和技术水平、国际船舶保险市场的费率标准。

（2）船舶保险费率的厘定采用类别级差费率制。保险人一般根据航行水域的危险大小及失率高低分类确定。我国的船舶保险费率厘定将所有水域划分为沿海和内河两部分分别制定相应的费率，再将内河分为急流、半急流和平流制定不同等级的费率标准。

六、船舶保险的赔偿

船舶保险的赔偿处理通常可能涉及碰撞责任，需要以海损事故赔偿的基本原则作为基础。在船舶海损事故处理中，其基本原则包括按过失责任赔偿、赔偿按货币结算和支付、赔偿只限于直接经济损失三项。

保险人的赔偿包括以下三项。

1．船舶损失赔偿

船舶损失赔偿，即赔偿被保险船舶在海损事故中遭受的全部损失或部分损失。只要每次赔款达不到保险金额，保险人就应连续承担和履行赔偿责任，而且每次均以保险金额为限，所赔金额不在保险金额中予以扣除。如果一次赔偿额达到了保险金额，则意味着保险人履行了全部义务，保险合同终止。

2．费用损失赔偿

费用损失赔偿包括共同海损公摊费用、救助费用以及合理的施救费用。但以不超过保险金额为限，且与船舶本身的赔偿分别计算。

3．碰撞责任赔偿

碰撞责任赔偿，即对被保险人依法应负的碰撞责任赔偿，保险人在保险金额限度内给予补偿。此种赔偿的处理类似于机动车辆保险中的第三者责任保险。船舶保险的保险金额实际上适用于三个方面，即船舶本身的损失、碰撞责任和共同海损、施救、援助抢救费用，每次事故的最高赔偿额均分别以保险船舶的保险金额为限。对于由于第三方导致的被保险船舶的损失，保险人可以行使代位追偿权。

教学活动2　了解飞机保险

活动目标

通过本部分的教学活动，了解与熟悉保险公司飞机保险的保障范围和经营实务流程，掌握其关键因素，并能够使用自己的语言简单描述。

知识准备

一、飞机保险的含义

飞机保险也称为航空保险，是以飞机及其有关利益、责任为保险标的的运输工具保险。它是随着飞机的产生及其在民用领域的广泛应用，在海上保险和人身意外伤害保险的基础上发展起来的一个保险领域。自1911年劳合社开出了世界上第一张飞机保险单，飞机保险随着飞机制造业和航空业的发展而迅速发展起来。

在有关民用航空国际公约实施之前，飞机机身险的赔偿基本上按照海上保险的赔偿原则处理，而航空责任险的赔偿则通常按英、美普通法或各国民法中处理人身意外伤害的赔偿原则办理。民用航空国际公约的签订为处理国际民航领域意外损失的赔案提供了统一规则，从而避免国与国之间由于法律不同可能引起的法律冲突，航空保险由此成为一个完全具有独立内容的险种，并在财产保险中占据较为重要的地位。

国际上的飞机保险有多个险别，通常有机身险、第三者责任险、旅客法定责任险、机场责任险、产品责任险、机组人员人身意外险、丧失执照险、飞机表演责任险和塔台指挥人员责任险等，就其承保的内容看，飞机保险具有综合保险的特点。我国的飞机保险起步较晚，但是发展势头强劲，在财产保险领域中占据一定的地位。

二、飞机保险的基本特征

飞机保险作为运输保险中的重要险种，与其他运输保险既有共性的一面，又有不同的一面。概括起来，飞机保险主要有如下特征。

1．风险分布具有时效性和阶段性

飞机保险中事故发生率最高的是在起飞和着陆阶段。其中，75%的飞行事故是由于飞行员的错误判断所引起的。这就要求承保人加强对飞机各部件的检验和检修，加强对飞行员的培养和训练，飞行员要经过严格考试并具备一定时间的实践经验，持证上岗。

2．飞机保险险种多、价格高、损失大

从险种来看，航空保险包括机身险、第三者责任险、旅客法定责任险等十余种。从价格来看，大型客机的价格一般在1亿元人民币以上，加上旅客人身和财产保险，数额更加巨大。从损失来看，飞机虽然出险概率低，但一旦出险便是毁灭性的灾难，人员生还、财产抢救的可能性均很小，所以每次出险所造成的损失一般都是巨额损失，其影响也是世界性的。因此，共同保险和分保处于非常重要的地位。承保人加强风险管理，注重防灾防损，并充分运用多家共保或再保险的经营手段十分必要。正由于飞机保险的价值较大，风险发生的可能性较大，所以虽然欧美各国少数规模巨大的保险公司单独经营该业务，但大多数皆由若干保险公司组织辛迪加共同承保。

3．飞机保险的条款具有国际性

飞机保险业务有两部分：国内飞机保险业务依据本国的法律；大量的国际飞机保险的法律依据为一系列国际公约，其中的战争险和劫持险更是在国与国之间进行，从而更具有国际性色彩，这就要求承保人精通有关国际法律法规和惯例，准确掌握其含义、解释及法院判例。

三、飞机保险的基本险险别

我国的飞机保险参照国际上的做法，分为基本险和附加险两类。基本险包括飞机机身险、飞机第三者责任险和飞机旅客法定责任保险三个；附加险包括飞机承运货责任保险和飞机战争劫持险两个。

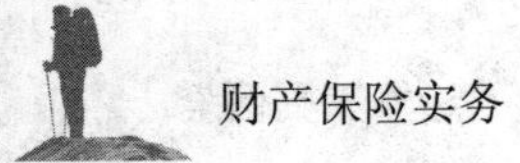

（一）飞机机身险

飞机机身保险承保飞机本身在飞行或滑行及在地面时因意外事故造成的损失或损坏。如飞机因坠落、碰撞、失火、灭失、失踪等造成全损或部分损失，以及清除残骸等费用，由保险人负责赔偿。

1. 保险责任

保险人在承保机身险时，对保险责任通常采用条款列举法列举。飞机损失分为飞行、滑行、地面和停航四个阶段，保险责任范围分为包括地面及飞行在内的一切险、不包括飞行在内的一切险、不包括飞行和滑行在内的一切险三种。

一切险的责任范围包括因火灾、雷击、爆炸、碰撞、风暴、偷窃等原因造成的损失，保险人对此负责赔偿；不过，对因战争、敌对行为或武装冲突、被劫持或被第三者破坏等原因造成的飞机机身损失，以及飞机不符合适航条件而飞行、被保险人故意行为导致的损失和飞机任何部件的自然磨损、制造及机械缺陷、飞机受损后的各种间接损失和费用，保险人不负赔偿责任。

2. 保险金额

在保险金额方面，机身险采用定值保险的方式。为控制危险，保险人在实务经营中往往采取两种办法：一是采用分摊条款，对部分损失的赔偿加以限制，如损失外壳的赔偿不超过保额的40%等；二是对费率进行调整。机身险的保险费率主要根据历年的损失率对不同型号的飞机使用不同的费率，如中国国内航线飞行的喷气式飞机的费率为1.5%，螺旋桨式飞机为2.5%，直升机为5%。此外，由于飞机在飞行中的危险要大于地面危险，若飞机进行正常维修或停航连续超过规定时间时，还有退费的规定。如果所保飞机全年未发生赔款，可退回全年保险费的25%；如虽发生赔款，但赔款低于保险费的30%，可退回全年保险费的15%；如果赔款已逾（已达到）保险费的30%，则不退费。

（二）飞机第三者责任险

飞机第三者责任险与机动车辆第三者责任保险是一致的，它主要承保飞机在营运中由于坠落或因飞机上坠人、坠物而造成第三者的人身伤亡或财产损失，应由被保险人承担的赔偿责任。但属于由被保险人支付工资的机内、机场工作人员，以及被保险飞机上的旅客的人身伤亡或财产损失，保险人不负责赔偿或者不能在此险种内赔偿。由于航空事故对第三者造成的人身伤亡或财产损失往往无法预料，如飞机坠毁在化工厂或油库所在地时就可能造成数亿元的直接经济损失，而保险人又不能承担无限责任，因此，保险人一般对此规定一个赔偿限额作为承担第三者责任的最高赔偿标准。

（三）旅客责任保险

旅客责任保险一般属于法定责任保险，主要是以航空旅客为保险对象的，承包由于航空公司在营运过程中造成的乘客人身伤亡和行李损失且依法应承担的经济赔偿责任。

【知识链接】　飞机旅客法定责任保险

飞机旅客法定责任保险是以旅客在乘坐或上下被保险飞机时发生意外而受到人身伤害或随身携带和已经交运登记的行李、物件遭受损失，以及对旅客、行李或物件在运输过程中因延迟而造成的损失，根据法律或合同应由被保险人负担的赔偿责任为保险标的的保险。

旅客责任保险是以飞机乘客为保险对象的一种航空责任保险，而乘客是指购买了飞机票的旅客或被保险人同意免费搭载的旅客（但不包括为完成被保险人的任务而免费搭载的人员），其保险标的是被保险人对旅客依法应负的赔偿责任。同时，旅客责任保险还是法定责任保险，采用强制保险的目的在于保障旅客的合法权益。

旅客责任保险的保费通常按飞机的座位数计算，保险标的包括以下两项：

（1）旅客的人身安全。即旅客在乘坐或上下被保险飞机时发生意外可能遭遇的人身伤害，保险人对此承担保险赔偿责任。

（2）旅客的财物。包括旅客随身携带和已经交运登记的行李、物件，以及行李或物件在航空运输过程中因延迟而造成的损失，根据法律或合同应由被保险人负担的赔偿责任。

四、飞机保险的附加险

（一）飞机承运货物责任保险

飞机承运货物责任保险，又称为承运人航空运输货物责任保险、空运货物赔偿责任保险，承保装载于被保险飞机上已经办理托运手续的货物，从交运时起至目的地交付收货人或办妥转运手续时止的过程中发生损失和因延迟造成的损失，根据法律或合同规定应由承运人承担的赔偿责任。

（二）飞机战争、劫持险

1. 飞机战争、劫持险的含义

飞机战争、劫持险承保由于战争、敌对行为或武装冲突，拘留、扣押、没收、被劫持或被第三者破坏造成被保险飞机的直接损失和费用，以及引起被保险人对第三者或旅客应负的法律责任。

2. 飞机战争、劫持险的保险时效

保险人对被保险飞机因拘留、扣押、没收所致损失的索赔必须从损失发生日起满3个月后才予受理；保险双方均可以在48小时前通知对方注销保险责任；当发生由于敌对袭击的原子弹、氢弹或其他核武器爆炸时，保险责任即自动终止。

综合实训

【实训目标】

通过本部分实训，使得学生能够在理论上和实务中掌握再保险的重点专业名词和基本理

论，区分不同的再保险分出分入方式，能够按照不同方式计算分入公司的承保金额。

【实训任务】

一、重要名词

机动车辆保险	飞机保险	营运车辆	全车盗抢险
车上人员责任险	车身划痕险	玻璃单独破碎险	无过失责任险
车辆停驶损失险	自燃损失险	不计免赔特约险	机动车交通事故强制保险
船舶保险	碰撞责任	船东互保	机动车第三者责任保险
车载货物掉落责任险			

二、思考讨论

1. 简述机动车辆保险的含义和作用。
2. 简述机动车辆商业保险和交强险的关系。
3. 简述机动车辆商业保险车损险的除外责任。
4. 机动车辆商业保险的附加险种有哪些？
5. 交强险的赔偿限额有哪些最新的规定？
6. 有哪些损失交强险不负责赔偿？
7. 简述船舶保险的特殊性。

三、情景模拟

保险车辆损失的赔款计算

1．保险车辆的实际价值为100 000元，保险金额为100 000元，残值为5 000元，事故责任比例为50%，绝对免赔率为5%，绝对免赔额为500元，事故责任免赔率为10%，计算保险公司应当承担的赔款金额是多少？

2．保险车辆的实际价值为100 000元，保险金额为90 000元，残值为5 000元，事故责任比例为50%，绝对免赔率为5%，绝对免赔额为500元，事故责任免赔率为10%，计算保险公司应当承担的赔款金额？

情景分析

1．足额或超额投保（保险金额高于或等于出险时的实际价值）的情况下，车辆保险赔款按实际价值计算。赔款公式为：

保险赔款 ＝（实际价值－残值）× 事故责任比例 ×（1－事故责任免赔率）×（1－绝对免赔率）－ 绝对免赔额

保险赔款 ＝（100 000－5 000）×50%×（1－10%）×（1－5%）－500
＝ 40 112.5（元）

2．不足额投保（保险金额低于出险时的实际价值）的情况下，车辆保险赔款以保险金额为计算标准。赔款公式为：

保险赔款 ＝（保险金额－残值）× 事故责任比例 ×（1－事故责任免赔率）×（1－绝对免赔率）－ 绝对免赔额

保险赔款 ＝（90 000－5 000）×50%×（1－10%）×（1－5%）－500
＝ 35 837.5（元）

参考文献

[1] 许瑾良. 财产保险原理和实务[M]. 上海：上海财经大学出版社，2010.
[2] 郑祎华. 财产保险[M]. 上海：上海财经大学出版社，2008.
[3] 施建祥. 财产保险[M]. 杭州：浙江大学出版社，2010.
[4] 郑功成，许飞琼. 财产保险[M]. 第四版. 北京：中国金融出版社，2011.
[5] 卓志. 商业财产保险完全手册[M]. 成都：西南财经大学出版社，2005.
[6] 孙迎春. 保险实务[M]. 大连：东北财经大学出版社，2009.
[7] 刘金章. 财产与人身保险实务[M]. 北京：中国财政经济出版社，2005.

教学项目九

货物运输保险

【知识目标】

- 货物运输保险的基本概念
- 货物运输保险的职能和作用
- 货物运输保险的分类
- 海上保险的含义和作用

【技能目标】

- 能够识别货物运输保险的不同分类
- 能够掌握海运险的特殊性所在
- 能够了解共同海损如何进行分摊
- 能够计算在不同价格条件下海运险的保险金额

引导案例

得不到赔偿的货物损失

个体户王某在M县收购柑橘3 600件，共120吨，准备通过铁路运输至W市出售。起运时，委托业务代理人在M县的财产保险公司投保了铁路运输综合险，缴纳保费800元，运到期限为8天。经火车运输，王某在W市到站时发现柑橘腐烂。W市火车站货运记录载明柑橘腐烂80%。王某将受损情况报告M县保险公司后，该公司及时委托W市财产保险公司代查。货损报告确认：货物实际价值为7.776万元，腐败损失总额共计6.168万元，并提出由M县保险公司核赔得处理意见。最终M县保险公司未对王某进行赔偿。

根据铁路货物运输保险综合险条款规定，保险公司承担的保险责任一般包括自然灾害和意外事故所造成的损失。如火灾、爆炸、洪水等自然灾害造成的损失，运输工具发生碰撞，在装货、卸货或转载时因意外事故造成的损失以及遭受盗窃的损失和因外来原因致使提货不着的损失等。保险公司的除外责任包括保险货物本身的缺陷或自然损耗，以及由于包装不善所致的损失等。

“本身缺陷”是货物的内在缺陷，应由生产单位负责。而“自然损耗”是指货物在运输过程中发生的一种非事故性的必然损失，如货物自然腐烂、蒸发、液体贴附仪器及衡器公差等原因造成的损失。“包装不善”则是指货物包装不符合国家有关规定，致使在运输过程中发生货物损失。此外，对于鲜活品如活牲畜、水果、蔬菜等货物的投保与承保需要特别约定，否则将除外不保。

王某的这批鲜活品在运输过程中的损失经调查属于腐烂损失，即柑橘的损失是由于货物本身的自然性质所致，这种损失是保险合同的除外责任，保险公司是完全可以拒绝赔偿的。

学习任务一　国内货物运输保险

【学生任务】

- 要求每个学生课前预习相关内容，结合已经学过的企业财产保险知识来理解货物运输保险的相关内容，能够用自己的语言来描述货物运输保险的相关概念。
- 要求每个学生提高课外阅读量，掌握再保险业务发展的前沿趋势，结合本部分内容，说明货物运输保险业务存在的必要和未来发展的趋势，根据自身理解，结合具体案例写出不少于700字的书面作业。
- 将学生随机分组，按小组选出若干份作业在课堂上进行点评，学生间相互评出每一份书面作业的优劣；学生对作业进一步修改后提交教师，以便教师进行评价。

【教师任务】

- 指导学生在相关专业网站上查找所需资料，启发学生理解货物运输保险业务存在的意义和作用。
- 提示学生完成书面作业所需要关注的主要知识点，如铁路、公路、航空、邮包货物运输保险的含义、作用，与相近的保险专业名词的区别与联系，保险法规的相关监管规定等。
- 指导学生分组，在小组内对学生进行不同的分工，对学生书面作业完成情况及时进行跟进，督促其按时完成。
- 对各小组进行的课堂点评适时指导，对于选出的作业予以及时、客观、公正的评价，准备回答学生可能提出的各种异议等。

教学活动1　认识货物运输保险

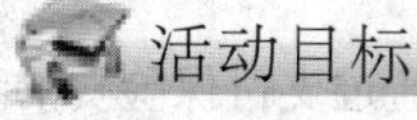

通过本部分的教学活动，熟练掌握货物运输保险及其相关的专业名词，理解其真正含义，

并可以在保险实务中加以正确应用。

 知识准备

一、货物运输保险的概念

货物运输保险是指以各种运输工具承运的货物作为保险标的，承保货物因自然灾害或意外事故而遭受的损失的一种财产保险。作为财产损失保险中的主要险别之一，它可以归入运输保险类别。货物运输保险一般分为国内货物运输保险和涉外货物运输保险两个主要险别。

在货物运输的过程中，货物遭受自然灾害或意外事故的损失是经常发生的，交通运输工具在运输途中发生的突发性事件、因装卸人工操作不慎造成的货物财产损失给货主带来的损失，均属常见现象。同时，在《中华人民共和国合同法》中又对承运人的责任作了明确的规定："由于下列原因造成的货物灭失、短少、变质、污染、损坏的，承运方不承担违约责任：①不可抗力；②货物本身的自然性质；③货物的合理损耗；④托运方或收货方本身的过错。"不少运输部门还规定，对"外包装完整无缺，封志无异，内部货物破碎、渗漏不负责任"，对"液体货物运行中发生的渗漏，经鉴定属桶质不良，亦不负责任。"通过这些规定可以看到，货物运输的风险很大，而且承运商不能承担全部的风险损失。为了保障运输能够正常进行，给运输中的货物一个比较妥善的风险保障，保障贸易双方的正常、合理利益，运输货物保险的发生、发展是相当必要的。

在国际上，货物运输保险是随着国际贸易的发展而不断发展并很早就走向成熟的险种。在我国，货物运输保险也是历史最久的保险业务之一。如由李鸿章创办的仁济和保险公司，作为我国最早的民族保险公司之一和清末最具规模的保险公司，经营的就是招商局的货物运输保险与船舶保险业务。1980 年我国恢复国内保险业务时，国内货物运输保险在财产保险业务中所占的比重还不到 1%，但此后一直以良好的效益保持着很高的增长率。1989 年货物运输保险业务的保险费收入达到 12 亿元，占当年财产保险保费收入总额的 14%，成为仅次于机动车辆保险、企业财产保险的第三大险种。到 2007 年，货物运输保险保费收入达 63.11 亿元，所占比重虽有下降，但比 2006 年增长 15.6%，基本上仍居机动车辆保险与企业财产保险之后而保持了第三大险种的地位，且经济效益良好。可见，我国的货物运输保险正处于健康、稳步发展状态。

二、货物运输保险的意义

（一）有利于保障正常的贸易往来活动

通过货物运输保险，运输中的货物因意外灾害事故遭受的损失能够得到及时补偿，不仅能够维护收货方的利益，也避免了发货方与收货方之间许多不必要的纠纷，从而有利于维护货物交易双方的正常贸易关系。

（二）有利于加强企业自身的经济核算

企业或货主将货物运输过程中难以预料的风险所造成的不固定的损失，通过支付保险费的形式固定下来，把货物运输保险费列入成本开支范围之内，一旦货物受损，就能够及时得到补偿，以稳定生产和经营。

（三）有利于加强货物运输的风险管理

通过保险业务活动，保险人协助有关运输部门，加强对运输货物的包装、堆存、运输等各个环节的安全管理，及时提出改进意见，从而减少货物损失。这是维护保险双方利益、减少货物损失的重要措施，也是保险业对社会减灾发挥作用的重要方面。

（四）有利于完善运输部门的责任制度

一方面，保险人的介入可以帮助承运部门更好地做好安全运输工作。另一方面，当货物损失是因承运人的责任造成时，保险人在赔偿后通过代位追偿，可以督使承运人承担起自己应该承担的法律义务和经济赔偿责任，弥补运输负责制的不足，是确保运输负责制得到落实的重要举措。

三、货物运输保险的特征

货物运输保险承保的是运输过程中的各种货物，它既有运输保险的特点，又有火灾保险的特点，但又与运输工具保险和火灾保险有区别。同一般的财产保险相比，货物运输保险具有如下的一些特征。

（一）保险标的风险保障范围非常广泛

普通财产保险负责被保险财产的直接损失以及采取在施救过程中正常发生的施救费用、合理保护所产生的费用等。货物运输保险除了上述的损失和费用外，还有承担货物在运输的过程中因破碎、渗漏、包装破裂、遭遇盗抢以及整件货物提货不着从而引起的被保险人损失。此外按照有关惯例货主应分摊的共同海损也予以负责。同时，货物运输保险的各种附加险特别的发达，几乎涵盖了所有可能引起风险发生的外因损失风险。投保人在投保主险的基础上，有针对性地根据自身投保运输货物的特性和航程特点，可以自由选择附加险。

（二）承保的保险标的具有空间流动性

普通财产保险（如企业财产和家庭财产保险）的保险标的一般都是被保险人存放在固定地点的财产，通常都处于一个相对静止的状态；而货物运输保险由于运输业务的流动性导致了保险标的必须处在一个流动的状态之中，不可能受一般财产保险中固定地点的条款约束。同时由于保险标的具有流动性特点，风险事故通常是在异地发生，而不是在保险人所在地或是保险合同的签订地，因此在保险标的的勘查过程中，保险人一般都委托出险地的保险人或保险代理人具体执行。因此，货物运输保险业务需要具有业务覆盖面相对广阔的经营网络，或者在保险行业内发展成具有发达的保险中介网络。

（三）保险标的的保险价值具有确定性

普通的财产保险通常采用不定值保险，只约定保险金额作为最高的赔偿限额，一般在风险事故发生的时候，就在保险金额以内按照当时的实际价值损失来核定损失。而货物运输保险采

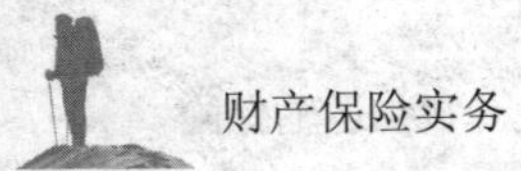

用的是定值保险，即对损失风险的赔偿不受地区价格波动的影响，主要是为防止保险标的流动性造成的赔偿争议。保险金额一般按双方约定的价值来确定，当发生损失时根据约定的价值按照实际受到损害的程度来计算赔偿。

（四）保险期限大多采用“仓至仓”条款

保险期间以保险标的实际所需的运输途程为限，以货物在空间的位移所需要的时间来作为保险期间，即所谓“仓至仓”条款。货物运输保险是运程保险，无法像普通财产保险那样按一定的期限确定保险期间，每一批运输货物的保险责任起讫均以约定的运输途程为标准，即责任以货物离开发货人仓库或储存地开始，一直到抵达收货人目的地仓库或储存地为止，采用按照行为时间界限的方式确定保险期限。但是也有例外，虽然一般的货物运输保险期限应当长于被保险货物离开发货地到达目的地港的时限，但是对被保险货物长期搁置在目的地港不负相应责任。这种规定通常在保险合同中载明。

（五）保险单可以不经批注合法背书转让

在普通的财产保险中，被保险人不得将保险合同连同保险财产一起转让，就是当保险标的的财产所有权发生转移的时候，除非保险人同意并且加以被保险人变更的批注，否则，保险单一般即时终止。而货物运输保险则不相同，由于贸易流通的需要，财产的所有权经常可能发生变化，保险人同意货物运输保险合同可以空白背书，即保险合同可以随提货单的转移而转让。《中华人民共和国海商法》（以下简称《海商法》）第二百二十九条规定：“海上货物运输保险合同可以由被保险人背书或者以其他方式转让，合同的权利、义务随之转移。”

（六）承运人在保险关系中处于重要地位

普通财产保险的保险标的都是由被保险人控制和使用的，而货物在运输途中，被保险人无法实施监控和管理，只能由承运人负责货物的安全管理责任。这就说明在货物运输保险里承运方角色的特殊性，任何货物运输保险的赔案都离不开承运方的配合与协助。为了防止承运人和被保险人联合骗保的道德风险，保险人可以采用代位追偿原则来维护自身的利益，以应对那些与承运方直接责任相关的风险赔偿。

四、货物运输保险的分类

根据不同的标准，可以对货物运输保险进行不同的险种划分。具体而言，货物运输保险的划分有如下几种方式。

（一）按照适用范围划分

按照适用范围，货物运输保险可以划分为国内货物运输保险和涉外货物运输保险两类。前者适用于中华人民共和国境内的货物运输业务，适用的是中华人民共和国的法律、法规与政策。后者适用于超过中华人民共和国国境范围的货物运输业务，在经营实践中需要遵守有关国际法规和国际惯例。尽管随着市场经济的快速发展和世界贸易组织对其成员国的要求，我国保险业正在加速向国际惯例靠拢，这使得国内货物运输保险也在借鉴涉外货物运输保险的做法，两者在某些方面有趋同的趋势，但因适用的法律、法规存在着差异，两者将长期存在着一定程度的区别。

（二）按照运输工具划分

按照运输工具，货物运输保险可以划分为铁路货物运输保险、水路货物运输保险、公路货物运输保险、航空货物运输保险以及其他运输工具（如管道）货物运输保险。其中，水路及铁路运输的货物通常单批货物数量大，而采用汽车及陆地其他运输工具运输的货物则往往批次大，采用航空运输方式运输的货物往往价值较高。各种运输工具因运行方式及运行区域不同，其面临的货物损失风险亦会不同。

（三）按照运输方式划分

按照运输方式，货物运输保险可以分为直运险和联运险两类。直运险是为只用一种主要运输工具就直接由起运地运送到目的地的货物提供的保险，如铁路货物运输保险业务即只承保用火车运输的货物的保险。联运险是为需要经过两种或两种以上不同的主要运输工具联运才能将其从起运地运送到目的地的货物提供的保险。直运险与联运险的划分以主要的运输工具为依据，协助运输的辅助工具不在此类。

（四）按照保险人承担责任的方式划分

按照保险人承担责任的方式，货物运输保险可以划分为基本险、综合险与附加险三类。基本险、综合险均可以单独承保，而附加险则只能依附于基本险或综合险。附加险发达是货物运输保险业务的重要特征。

教学活动2　国内货物运输保险

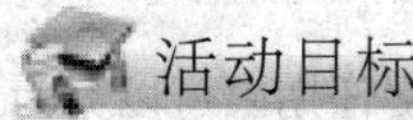

活动目标

通过本部分的教学活动，熟练掌握国内货物运输保险的不同类别，区别其保险责任、适用范围、承保和理赔处理的不同，并可以在保险实务中加以正确应用。

知识准备

一、货运险的保险标的

一般而言，凡是符合保险利益原则的运输货物都可以投保国内货物运输保险，但在具体的货物运输保险经营实务中，由于不同的货物具有不同的性质，保险人通常对运输货物进行分类处理。因此，货物运输保险的保险标的被划分为一般保险（可保）标的、特约可保标的和拒保标的三类。

（一）可保标的

货物运输保险的一般保险标的是指不需要经过特别约定就可以直接投保并承保的各种货物，绝大多数货物均属于一般保险标的，但仍须在保险合同中具体载明。

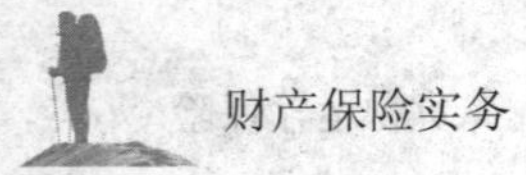

（二）特约可保标的

下列货物的投保与承保需要特别约定，否则将除外不保：

（1）贵重财物。如金银、珠宝、钻石、玉器、首饰、古币、古玩、古书、古画、邮票、艺术品、稀有金属等。

（2）鲜活品。如活牲畜、禽类、鱼类和其他动物以及水果、蔬菜等。

（三）拒保标的

凡非法财物、武器弹药等，均属于绝对不保的财物。

二、货运险的责任期限

货运险保险责任的起讫，由签发保险单之后保险货物运离起运地发货人的最后一个仓库或储存处所时起，至该保险单上注明的目的地收货人在保险单约定的收货当地的第一个仓库或储存处所时终止。遇到保险货物运抵目的地后，收货人未及时提货，则保险责任的终止期最多延长至以收货人接到到货通知单后的一定期限（一般情况下为15天）为限（如邮寄以邮戳日期为准）。

“签发保险单”“保险货物运离起运地发货人的最后一个仓库或储存场所”是保险责任开始的两个必要条件，只有这两个条件同时存在的情况下，保险责任才能正式开始，否则保险责任不能生效。

在运输的过程中可能发生中途的“中转”，即被保险货物在中途转运的过程中，存放在中转地的承运部门的仓库或是储存处所，以及办理托运部门的仓库或是储存处所的情况。中转过程中保险责任持续有效，保险人对承保货物在中转过程中发生的风险责任承担同样的保障责任。保险人的这种义务仅限于正常的中转情况，对于非正常的、非无法控制情况下引起的不合理绕道或改道，以及由此情况引发的货物中转停留，保险人概不负责。

根据货物运输保险合同中保障期间和内容的不同，货物运输保险的保险责任期限可以分为定期运输保险和航程运输保险两种。

（一）定期运输保险

定期运输保险是指承保投保人或被保险人在一定期限（一般为1年）内所有运输货物的风险的保险，保险责任自货物运输保险合同中约定的起保日开始，期限到达后终止。它主要适用于制造商、批发商、零售商等经常有大量货物运输者，因为这些保险客户几乎每天都可能有货物运输业务，如果每批次运输货物均要单独投保，不仅手续烦琐，而且因费时费力而直接影响保险人与被保险人的效益。

在保险单有效期内，被保险人的货物自离开起运地的工厂、商店或仓库时起，在正常运输过程内继续有效，直到运抵目的地的工厂、商店或仓库为止（经过特别约定，货物到达目的地后，保险效力可以适当延长）。不过，保险标的并非被保险人的所有货物，而是以交付运输者为限。在保险费交付方面，由于签订保险合同时无法准确预知保险期内运输货物的确切数量与价格，一般采取按照以往年度运输货物的规模先交付一笔约定的保险费，待保险期满时再多退少补。如果保险人同意，被保险人亦可以按月交付保险费。

（二）航程运输保险

航程运输保险也可称为单程保险，即保险人与投保人或被保险人签订的保险合同，仅仅承保所投保货物从起运地到目的地的运输保险（仓至仓条款），当该次货物运输任务完成后保险责任自然终止。因此，航程运输保险属于短期性质的货物运输保险，它以每次装运的货物为限，保险费根据不同的货物及不同的运输方式及运输工具等确定的费率表进行计算，通常在投保时一次性付清。

三、货运险的保险金额

国内货物运输保险为了避开运输货物的流动性和出险地点的不确定性造成的货物价值变动，在确定保险金额的时候通常采用“定值保险”的办法。即确定保险赔偿的最高限额，在发生实际损失的时候，按照实际损失的程度进行比例赔偿。

根据保险条款规定，国内水路、陆路货物运输保险的保险金额通常等于货物价格加运杂费的求和计算确定。其中：货价是指货物的发票价格，是购货方为取得货物所有权付出的经济代价；运杂费则包括运输费、包装费、搬运费及保险费等，这些费用的实际金额如果计算有困难，也可以用估计数。

四、货运险的保险费率

（一）影响保险费率的因素

货物运输保险的保险费率取决于货物在保险有效期内可能遭受损毁的风险程度。具体而言，能够对国内货物运输保险产生影响的因素，主要有以下几种。

1．货物的性质与包装

货物的性质不同，发生危险的可能性也不同。如易燃、易爆物品的危险性就高，容易溶解结块的、容易破碎渗漏的、容易腐烂变质的货物损毁性就高。货物的包装与装载对危险发生的可能性也有很大影响，对货物的包装要求适合运输的需要，特别是易碎、易损货物和商品价值高的货物的包装，更应具有防碎、防损和防盗性能。散装的货物容易发生短量、玷污，要求船舶、隔舱设备齐全，舱内清洁。在保险实务中，保险人通常将货物分为一般货物、一般易损货物、易损货物、特别易损货物等，并且另有货物分类表，以便确定各种货物的保险费率。

2．运输方式

运输方式分为直达运输、联运、集装箱运输等方式。货物运输方式不同，运输中的风险自然不同，保险费率也会有差别。采用联运的方式，由于在运输途中要变更运输工具，这就增加了卸载、装载等中间环节，从而增加货物装卸过程中的危险，所以一般要另加一定比例的保险费。在货物运输保险实务中，保险人一般规定联运险的保险费率按所用运输工具中费率最高的一种确定。而集装

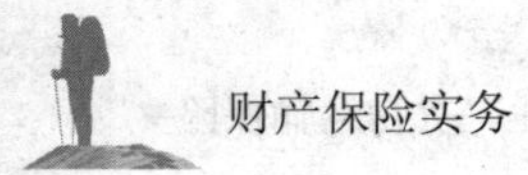

箱运输货物的危险程度较小，因此，一般按货物运输保险费率表规定的标准减免50%。

3．运输工具

火车、船舶、汽车、飞机等运输工具在运输过程中遇到的风险不同，因此，保险费率也不同。对用船舶运输的货物，还要按江河、沿海以及船舶的种类区分费率。

4．保险险别

国内货物运输保险基本险承担的保险责任小于综合险，因此，综合险的费率要高于基本险。如果还有附加险，则所收保险费更高。

5．运输途程

运输途程分为省内、省外、埠内和沿海等，并考虑水流缓急、季节气候等因素。如凡在长江上游（宜昌以上）及其他水流湍急的江河运输的货物，一律按费率表的规定另行加收一定比例的保险费。

6．其他因素

海洋运输船舶的船龄和吨位大小也是确定保险费率时要考虑的因素，如用旧船（船龄超过15年）装运或用吨位较小的船舶（如1 000吨以下）装运时，应加收保险费。装卸港口的管理和装卸设备的好坏，运输途中有无转船或扩展内陆运输等，对危险大小也有直接关系，从而在确定保险费率时亦应当加以考虑。

（二）货运险的保险费率

在货物运输保险实务中，综合考虑上述因素的基础上，按照运输工具的不同制定分类差别费率，包括水路、铁路、公路、航空货物保险费率。

在水路、铁路货物运输保险中，还需要按照基本险、综合险制定不同的费率。基本险的保险费率分为省内和省外，并结合运输方式与运输路线等确定若干具体的费率标准。综合险则通常将货物划分为五类，即从一类货物到五类货物，并根据运输方式和运输路线等，确定不同等级的保险费率。

在航空货物运输保险中，保险人通常将投保货物分为三类：第一类属于一般货物，第二类属于易损货物，第三类属于特别易损货物，其保险费率依次增加。

对鲜活物品和动物，无论采用何种运输工具承运，其保险费率一般均另行规定。附加险的费率既可以单独制定，也可以根据基本险或综合险费率的一定比率确定。

五、货运险的保险赔偿

（一）货运险的索赔

国内运输货物保险的保险标的发生风险事故的时候，被保险人应及时通知保险人，并承担自己应尽的施救等义务。被保险人向保险人申请索赔时，需要提供下列单证：

（1）保险单（凭证）、运单（货票）、提货单、发票（货价证明）。

（2）承运人签发的货运记录、普通记录、交接验收记录、鉴定书。

（3）收货单位的入库记录、检验报告、损失清单及救护货物所支付的直接费用单据。

（4）其他有利于保险理赔的单证。

我国货物运输保险规定："货物运抵保险凭证所载明的目的地收货人在当地的第一仓库或储存处所时起，收货人应在10天内向当地保险机构申请，并会同检验受损货物，否则保险人不予受理。"

（二）货运险的理赔

保险公司接到上述单证后，应迅速核定应否赔偿，并根据现场查勘情况定责、定损。若属于保险人应当赔偿的范围，凡按保险价值确定保险金额的，保险人根据实际损失计算赔偿，但最高赔偿金额以保险金额为限。凡保险金额低于保险价值的，保险人对其损失及支付的施救保护费用按照保险金额与保险价值的比例计算赔偿。货物损失的赔偿与施救保护费用分别计算，各以不超过保险金额为限。货物损失的残值应充分利用，可作价归被保险人并在赔款中扣除。

对于足额投保和不足额投保的情况，保险公司采用不同的赔偿标准进行理赔。

（1）在足额投保的情况下，就是直接按货价确定保险金额，保险公司根据实际损失按起运地货价计算赔偿；按货价加运杂费确定保险金额的，保险人根据实际损失按起运地货价加运杂费计算赔偿金额。但保险金额也是赔偿上限。

（2）在不足额投保情况下，就是保险金额低于货价时，保险公司对货物损失的赔偿金额及支付的施救费用，分别按保险金额与货价的比例计算赔偿。赔偿的计算公式如下：

$$赔偿金额 = 损失金额 \times 保险金额/起运地货价$$

施救费用的计算公式如下：

$$施救费用 = 施救费用 \times 保险金额/起运地货价$$

当保险双方就赔偿金额达成协议后，保险人应在10天内赔付。对于被保险货物的损失是由第三者造成的，保险人在承担赔偿责任后，还应当进行代位追偿，被保险人有责任协助保险人追偿。由于被保险人的过错致使保险人不能行使代位追偿权利的，保险人可以扣减赔偿金。

货物运输保险中被保险人的索赔时效期为两年，即自被保险人获悉货物遭受损失的次日起，如果经过两年不向保险人申请赔偿，不提供必要的单证，或者不能领取应得的赔款，则视为自愿放弃权益。当被保险人与保险人发生争议时，应当在实事求是的基础上力争协商解决，双方不能达成协议时可以提交仲裁机关或法院处理。

【拓展阅读】　货物运输保险投保单样式

PICC 中国人民财产保险股份有限公司
PICC Property and Casualty Company limited

地址（ADD）：　　　　　　邮编（POST CODE）：
电话（TEL）：　　　　　　传真（FAX）：

货物运输保险投保单

APPLICATION FORM FOR CARGO TRANSPORTATION INSURANCE

被保险人
Insured: ______

发票号(INVOICE NO.)
合同号(CONTRACT NO.)
信用证号(L/C NO.)
发票金额(INVOICE AMOUNT)______ 投保加成(PLUS) ______%

兹有下列物品向中国人民保险公司北京市分公司投保。
(INSURANCE IS REQUIRED ON THE FOLLOWING COMMODITIES：)
标　记
MARKS & NOS.　包装及数量
QUANTITY　保险货物项目
DESCRIPTION OF GOODS　保险金额
AMOUNT INSURED

标　记 MARKS & NOS.	包装及数量 QUANTITY	保险货物项目 DESCRIPTION OF GOODS	保险金额 AMOUNT INSURED

启运日期：　　　　装载运输工具：
DATE OF COMMENCEMENT ______PER CONVEYANCE ______
自　　　　经　　　　至
FROM______VIA______TO ______
提单号：　　　　赔款偿付地点：
B/L NO.: ______CLAIM PAYABLE AT ______
投保险别：(PLEASE INDICATE THE CONDITIONS &/OR SPECIAL COVERAGES:)

请如实告知下列情况：(如‘是’在 [ ] 中打‘√’，‘不是’打‘×’)　IF ANY, PLEASE MARK‘√’OR‘×’：
1.货物各类：袋装 [ ]　散装 [ ]　冷藏 [ ]　液体 [ ]　活动物 [ ]　机器/汽车 [ ]　危险品等级 [ ]
GOODS：BAG/JUMBO　BULK　REEFER　LIQUID　LIVE ANIMAL　MACHINE/AUTO　DANGEROUS CLASS
2.集装箱种类：普通 [ ]　开顶 [ ]　框架 [ ]　平板 [ ]　冷藏 [ ]
CONTAINER　ORDINARY　OPEN　FRAME　FLAT　REFRIGERATOR
3.转运工具：海轮 [ ]　飞机 [ ]　驳船 [ ]　火车 [ ]　汽车 [ ]
BY TRANSIT：SHIP　PLANE　BARGE　TRAIN　TRUCK
4.船舶资料：　船籍 [　　　] 船龄：[　　]
PARTICULAR OF SHIP：RIGISTRY______AGE______
备注：被保险人确认本保险合同条款和内容已经完全了解。
THE ASSURED CONFIRMS HEREWITH THE TERMS AND CONDITIONS OF THESE INSURANCE CONTRACT FULLY UNDERSTOOD.
投保人：(签名盖章) (APPLICANT'S SIGNATURE)　电　话：(TEL)
地　址：(ADD)　投保日期：(DATE)

本公司自用 (FOR OFFICE USE ONLY)
费率：　　　　保费：　　　　备注：
RATE：______PREMIUM______ ______
经办人：　　　　核保人：　　　　负责人：
BY______ ______ ______

六、国内货运险的险种

国内货物运输保险业务种类一般根据主要运输工具划分为铁路货物运输保险、水路货物运输保险、公路货物运输保险、航空货物运输保险等。

水路、铁路货物运输保险承保利用船舶和火车运输的货物，它是国内货物运输保险的主要业务，均分为基本险和综合险，并设有多种附加险。在此基础之上，还衍生出鲜活货物运输保险和行包保险等独立险种。公路货物运输保险承保通过公路运输的货物，保险责任与水路、铁路货物运输保险的保险责任基本相同，该种保险随着我国公路建设的发展和公路货物运输业的发展正在迅速发展。航空货物运输保险专门承保航空运输的货物，其责任范围相当广泛。

除以上基本的险种外，货物运输保险还有多种附加险。附加险往往承保着某一种较为特殊的风险责任，由保险客户根据自己投保货物的需要自主选择确定。如附加偷窃险，附加提货不着险，附加淡水雨淋险，附加短量险，附加混杂、玷污险，附加渗漏险等。因此，对于多数货物运输保险业务而言，都是基本险或综合险加若干附加险组成。

对于需要由两种或两种以上的主要运输工具运输的货物保险，一般按相应的运输方式分别适用各自的保险条款。

（一）铁路货物运输保险

铁路货物运输保险是国内货物运输保险的主要业务来源。它按照保险责任范围的不同分为基本险和综合险，保险人根据保险单上注明的承保险别分别承担保险责任。

1. 铁路货运险基本险的保险责任

铁路货物运输保险基本险承担的保险责任一般包括如下原因造成的货物损失。

（1）火灾、爆炸、雷电、冰雹、暴风、洪水、海啸、地陷、崖崩、突发性滑坡、泥石流造成的损失。上述责任与团体火灾保险中的同类责任概念相同。略有区别的是保险人不仅对各种意外失火、货物自燃、他人纵火、邻处火灾波及等直接烧毁的货物损失负责赔偿，而且对货物本身虽未燃烧但被熏坏、烧焦所致的损失等亦负责赔偿。

（2）由于运输工具发生碰撞、出轨或桥梁、隧道、码头坍塌造成的损失。上述责任均与机动车辆保险、船舶保险、飞机保险中的同类责任相同。如碰撞是指运输工具与外界物体的碰撞并造成的货物损失，它属于保险责任的范围。而运输工具所载货物与外界物体的碰撞及货物之间的碰撞等却不属于碰撞责任，保险人不能负责。对于明洞（指为预防山区铁路受塌方等破坏而修筑的拱门形结构的防护建筑物）、桥梁坍塌造成的被保险货物损失，可以参照隧道坍塌责任负责。塘坝、岸坍塌所致的被保险货物损失，可以参照码头坍塌责任赔偿。

（3）在装货、卸货或转载时，因意外事故造成的损失。在此，保险人负责的是装、卸过程中的意外损失，如用起重机吊装货物时因脱钩致使被保险货物受损等，而不是装、卸过程中的任何损失。

（4）在发生上述灾害、事故时，因施救或保护而造成的货物损失及所支付的直接合理的费用。施救费用的概念与前述各章的同一概念一致。保护费用则是指为了减轻被保险货物的损失程度或为了防止损失继续扩大和加重，或为恢复其价值所进行的整理、翻晒、烘干、复制、加工所支出的运杂费、保管费、加工费以及重新包装费等费用。

2．铁路货运综合险的保险责任

铁路货物运输保险综合险承担的保险责任一般包括如下原因造成的货物损失：

（1）前述铁路货运险基本险负责的原因，综合险均负责任。

（2）因受震动、碰撞、挤压而造成货物破碎、弯曲、折断、凹瘪、开裂、渗漏等损失，以及包装破裂致使货物散失的损失。这里的碰撞与基本险中的碰撞不同，是指运输工具中所载货物或存放在车站、码头上的货物与其他物体碰撞造成的损失，如货物与运输工具或货物与货物之间的碰撞。所谓包装破裂致使货物失散的损失，是指按国家有关规定包装的货物，在运输过程中因包装破裂而造成散失的损失，需要对包装进行修补或调换所支出的费用，可按施救费用负责赔偿。

（3）液体货物因受震动、碰撞或挤压致使所用容器（包括封口）损坏而渗漏的损失，或用液体保藏的货物因液体渗漏而造成保藏货物腐烂变质的损失。

（4）遭受盗窃的损失。

（5）因外来原因致使提货不着的损失。

（6）符合安全运输规定而遭受雨淋所致损失。即货物在包装、堆放、苫盖等符合有关安全运输规定的情况下，遭受雨水（包括人工降雨、雪融）而致的湿损。在赔偿处理时，只要被保险货物有雨水湿损痕迹，并有承运部门的货运记录证明或其他有关单位的证明，亦可以按雨淋责任负责。

3．铁路货运险的除外责任

无论是基本险还是综合险业务，对下列原因导致的被保险货物的损失，保险人均不负责赔偿：

（1）战争、军事行动、扣押、罢工、哄抢和暴动。

（2）地震造成的损失。

（3）核反应、核子辐射和放射性污染。即核设施内的核燃料、放射性产物、废料或运入运出核设施的核材料所发生的放射性、毒性、爆炸性或其他危害性事故或一系列事故。

（4）被保险货物本身的缺陷或自然损耗，以及由于包装不善所致的损失。

（5）投保人或被保险人的故意行为或违法犯罪行为。

（6）市价跌落、运输延迟所引起的损失。

（7）属于发货人责任引起的损失。

（8）由于行政行为或执法行为所致损失。

（9）其他不属于保险责任范围内的损失。在这方面，基本险的除外责任与综合险的除外责任是有区别的。因此，货物运输保险的保险责任范围应当根据其合同条款中列明的保险责任与除外责任把握。

4．铁路货运险的责任期限

铁路货物运输保险的保险责任自签发保险单（凭证）后，被保险货物运离起运地发货人的最后一个仓库或储存处所时起，至该保险单（凭证）上的目的地的收货人在当地的第一个仓库或储存处所时终止。但被保险货物运抵目的地后，如果收货人未及时提货，则保险责任的终止最多延长至以收货人接受到货通知单后的15天为限（以邮戳为准）。

（二）水路货物运输保险

水路货物运输保险也是货物运输保险中的主要业务来源，它承担的主要是水上风险，从而是水险的重要组成部分。水路货物运输保险仍然分为基本险、综合险两个险别。

1．水路货运基本险的保险责任

水路货物运输保险基本险的保险责任主要包括如下项目：

（1）因火灾、爆炸、雷电、冰雹、暴风、暴雨、洪水、海啸、崖崩、突发性滑坡、泥石流等造成的损失。

（2）船舶发生碰撞、搁浅、触礁和桥梁、码头坍塌所造成的损失。

（3）因以上两款所致船舶沉没失踪所造成的损失。

（4）在装货、卸货或转载时，因意外事故造成的损失。

（5）按国家规定或一般惯例应分摊的共同海损费用。

（6）在发生上述灾害、事故时，因纷乱而造成的货物失散以及因施救或保护货物所支付的直接、合理的费用。

2．水路货运综合险的保险责任

水路货物运输综合险的保险责任除包括水路货物运输基本险的保险责任外，其增加的保险责任与铁路货物运输综合险增加的承保责任相同。

3．水路货物运输保险的除外责任

在水路货物运输保险中，保险人列明的除外责任与铁路货物运输保险相同，但实际的除外责任范围还取决于保险合同中的规定，从而应以保险合同为准。因此，水路货物运输保险的保险责任范围，应当根据其合同条款中列明的保险责任与除外责任把握。

4．水路货运险的责任期限

水路货物运输保险的保险责任起讫采用的依然是仓至仓条款，其规定与铁路货物运输保险的规定相同。

（三）公路货物运输保险

公路货物运输保险承保通过公路运输的物资，保险责任与水路、铁路货物运输保险的保险责任基本相同。但公路货物运输保险也有自己的一些特点，主要有：

（1）在运输工具方面，公路货物运输可以选择汽车运输，也可以选择其他机动或非机动运输工具来承担货物运输的任务。

（2）在保险责任方面，由于公路运输货物在运输途中客观上还可能需要驳运（即利用驳船过河），因此，在驳运过程中因驳运工具遭受搁浅、触礁、沉没、碰撞而导致的损失，保险人亦负责赔偿。

在公路货物运输保险业务经营中，由于受公路运输工具的限制，单笔业务的数量通常不会太大，运输过程中也存在着走非固定路线的可能，因此，公路货物运输具有较铁路（固定在铁轨上运行）、水路（水上航线是基本固定的）及航空（空中航线是固定的）货物运输更具风险多变性，这是保险人必须注意并加以控制的。

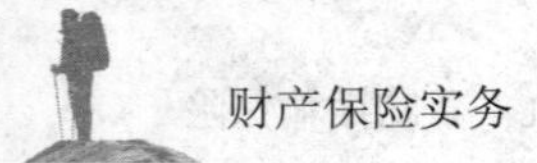

（四）航空货物运输保险

航空货物运输保险，也称为航运险，承保的主要是被保险货物在航空运输中可能遭受的损失风险，它在承保标的、保险金额的确定及保险责任起讫等方面，与水、陆货物运输保险具有一致性，但在承保责任方面，仍然具有自身的特点。

1. 航运险的保险责任

在航空货物运输保险责任期限内，被保险货物无论是在运输或存放过程中，由于下列原因遭受的损失均由保险人负责赔偿。

（1）由于飞机遭受碰撞、倾覆、坠落、失踪（在3个月以上），在危难中发生卸载以及遭遇恶劣气候或其他危难事故发生抛弃行为所造成的损失。

（2）因遭受火灾、爆炸、雷电、冰雹、暴风、暴雨、洪水、海啸、地面陷落、崖崩等所造成的损失。

（3）因受震动、碰撞或压力而造成的破碎、弯曲、凹瘪、折断、开裂等损伤以及由此引起包装破裂而造成的散失。

（4）凡属液体、半流体或者需要用液体保藏的被保险货物，在运输途中因受震动碰撞或压力致使所装容器（包括封口）损坏发生渗漏而造成的损失，或用液体保藏的货物因液体渗漏而致保藏货物腐烂的损失。

（5）被保险货物因遭受偷窃或者提货不着的损失。

（6）在装货、卸货时和地面运输过程中，因遭受不可抗力的意外事故及雨淋所造成的被保险货物损失。

（7）在发生保险责任范围内的灾害事故时，因施救或保护被保险货物而支付的合理费用，保险人也负责赔偿，但最高以不超过保险金额为限。

2. 航运险的除外责任

在航空货物运输保险中，保险单上列明的除外责任一般与铁路货物运输保险等相同，但保险人承担的责任范围却因保险责任的不同而存在着差异。因此，航空货物运输保险的责任范围应当以航空货物运输保险合同中载明的责任范围为准。

由于被保险人无法控制的运输延迟、绕道、被迫卸货、重行装载、转载或承运人运用运输契约赋予的权限所作的任何航行上的变更或终止运输契约，致使被保险货物运输到非保险单所载目的地时，在被保险人及时将获知的情况通知保险人并在必要时加缴保险费的情况下，保险合同仍然继续有效，保险责任通常按照下列规定终止：

（1）被保险货物如在非保险单所载目的地出售，保险责任至交货时为止。但不论任何情况，均以被保险货物在卸载地卸离飞机后满15天为止。

（2）被保险货物在上述15天期限内继续运往保险单所载原目的地或其他目的地时，保险责任仍按上一款的规定终止。

3. 航运险的责任期限

航空货物运输保险责任起讫期限的总的原则也是采用仓至仓条款。根据我国国内货物运输保险条款规定：“保险责任自被保险货物经承运人收讫签发航空货物运单注明保险时起，至空运抵目的地的收货人当地的仓库或储存处所时终止。被保险人货物空运至目的地后，如果收货人未及时提货，则保险责任的终止期最多以承运人向收货人发出到货通知以后的15天为限。”

飞机在飞行途中，因机件损坏或发生其他故障而被迫降落，以及由于货物严重积压，被保险人需改用其他运输工具运往原目的地时，保险人对被保险货物所负的责任不予改变，但被保险人应需向保险人办理批改手续。如果被保险货物在飞机迫降的地点出售或分配，保险责任的终止期以承运人向收货人发出通知以后的15天为限。如在上述15天内保险货物需转运到非保险单载明的目的地时，保险责任的终止在该货物开始转运时终止；经办理批改手续的，保险人仍继续负责。

4．航运险的保险费率

国内航空运输保险保险金额的确定与水路、陆路运输货物保险相同。航空运输货物保险所承运的货物比较于其他货物运输机构所承运的货物，有批量小、单位价值高的特点，同时安全性能要高许多。所以国内航空货物运输保险有其自己的一套定费标准。

航空货物运输保险从被保险货物的特性出发，将各种货物分为一般货物、易损货物和特别易损货物3大类，也相应规定了3个不同档次的费率。为了给实际的操作中增加便利，每个档次的费率除了用文字说明其划分标准和适用范围外，还辅以具体的物品名目，以便有关人员在必要时可以此类比。

一般情况下，航空货物运输保险的第一档费率由基本险费率0.25‰、盗抢险费率0.75‰以及雨淋险费率0.05‰三部分构成；第二档费率在第一档的基础上增加破碎渗漏险费率2‰、包装破裂险5‰；第三档费率在第一档的基础上增加破碎渗漏险费率5‰，包装破裂险2‰，由于上述3档费率最终取其整数部分，所以它们的费率分别为1‰、4‰、8‰。

上述费率所适用的货物不包括鲜、活物品和动物，投保这些货物有专门的费率。对空运物资量大的投保单位，如果其内部经营管理良好、注重安全运输，并签订预约统保合同的，保险费率可以在原费率的基础之上给予50%幅度以内的费率优惠折扣。

（五）邮包运输货物保险

邮包运输货物保险，简称邮包保险，是以通过邮局传递的货物为保险标的的货物运输保险。邮包传递既有使用海洋运输的，也有使用陆上及航空运送的，在保险实务中，事先不必确定邮包是由哪一种运输工具运输，即使用海、陆、空运工具联运，保险人也予负责。

邮包险分为邮包险和邮包一切险两个险别，当被保险货物遭受损失时，保险人按照承保的险别承担赔偿责任。

邮包险的保险责任包括被保险邮包在运输途中由于恶劣气候、雷电、海啸、地震、洪水等自然灾害或由于运输工具遭受搁浅、触礁、沉没、碰撞、倾覆、出轨、坠落、失踪，或者由于失火、爆炸等意外事故所造成的损失，由保险人负责赔偿。被保险人对遭受保险责任范围内危险的货物采取抢救、防止或减少货物损失的措施而支付的合理费用，保险人亦予负责，但以不超过保险金额为限。

邮包一切险的保险责任范围包括除邮包险的所有保险责任外和被保险邮包在运输途中由于一切外来原因所导致的全部或部分损失。但战争、罢工等风险仍然除外不保，这两类风险可以加保，即通过邮包战争险、货物运输罢工险等获得保障。

当被保险邮包运抵保险单上所载明的目的地时，被保险人应当及时提取邮包，当发现邮包遭受任何损失时，应即向保险单上载明的检验、理赔代理人申请检验。如果发现被保险邮包整件短少或有明显残损痕迹，应即向邮局索取短、残证明，并以书面方式向他们提出索赔，必要时还须取得延长时效的认证。对遭受承保责任内的危险的邮包，应迅速采取合理的施救措施，防止或减少邮包的损失，被保险人采取此项措施，不应视为放弃委付的表示；承保人采取此项措施，也不被视为接受委付的表示。

学习任务二　熟悉海上货物运输保险

【学生任务】

- 要求每个学生课前预习相关内容，结合已经学习过的货物运输保险和运输工具保险业务来理解海上货物运输保险业务经营的相关内容，能够用自己的语言来简单描述单独海损和共同海损的区别和联系。
- 要求每个学生提高课外阅读量，掌握行业发展的前沿趋势，结合本部分内容，说明海上货物运输保险实务中结合不同价格术语如何确定运输货物的保险金额，根据自身的理解，结合案例在课堂提问中口头表达。
- 将学生随机分组，按小组选出典型回答在课堂上进行点评，学生间相互评出每一口头表达情况的优劣，教师进行综合评价。

【教师任务】

- 提示学生完成口头表达所需要关注的主要知识点，如单独海损、共同海损、到岸价、离岸价、施救费用等的概念、内容，与相近的保险专业名词的区别与联系，保险相关业务的国际惯例等。
- 指导学生分组，在小组内对学生进行不同的分工，对学生口头表达作业完成情况及时进行跟进。
- 对各小组进行的课堂点评适时指导，对于选出的作业予以及时、客观、公正的评价，准备回答学生有可能提出的异议等。

教学活动1　初步了解海上保险

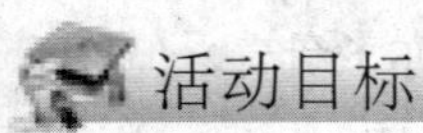

活动目标

通过本部分的教学活动，了解与熟悉海上保险发展的历史及其重要的作用，掌握海上保险的一些国际惯例，并能够使用自己的语言简单描述。

知识准备

一、海上保险的含义

海上保险是以保险标的的风险发生于海上而命名的一种传统保险业务，也是保险种类中历史最为悠久的险种。海上保险是对被保险人在海上遭受的各种财物损失或利益损失负赔偿责任的保险，它是以海上这一特定地域（也可以包括与海上航行有关的发生于内河或者陆上的事故损失）为保险风险发生地域的运输保险。

作为最古老的保险险种，海上保险的出现曾经标志着近代商业保险的产生。作为现代保险业体系中的有机组成部分，海上保险仍然在世界保险业中占有重要的地位，并始终构成国内外贸易中不可缺少的内容。这主要是因为海上运输不仅过去是人类社会交往和商品流动的主要方式，而且至今仍然是国家与国家、地区与地区之间人员往来和各种商业贸易的主要途径，而海上保险能够为海上运输和海上航行提供有效的风险保障，并随着海上运输活动的延伸与发展而不断发展。因此，只要海上运输不退出历史舞台，海上保险就不会退出历史舞台，只要海上运输还在发展，海上保险就会持续地得到发展。

二、海上保险的特征

在现代商业保险业务体系中，尽管海上保险承保的主要是船舶与货物，但它与国内的船舶保险与货物保险以及其他保险业务相比，又确实是一种较为特别的业务。具体来说，海上保险的特征体现在以下几点。

1. 海上保险的历史悠久

海上保险被公认为是现代商业保险业的起源。迄今为止发现最早的海上保险单，是一名叫乔治•勒克维伦的意大利热那亚商人在1347年出立的一张船舶承保单。正是从这里开始，保险得以以合同的形式成交。海上保险也被视为商业保险的真正起源。

随着资本主义的发展，海上航线不断开辟，贸易范围不断扩大，在当时既无汽车、火车等交通运输工具，更无飞机的条件下，利用船舶开展海洋运输与海上贸易成为最重要的运输与贸易方式，进而亦使海上保险得到迅速发展。1435年，西班牙制定了旨在防止海上保险欺诈的法典《巴塞罗那法典》。1468年，威尼斯制定法令，以保证海上保险单的实施并防止欺诈行为。1523年，佛罗伦萨制定了第一部较完整的海上保险条例，规定了标准的海上保险单格式等。1563年，西班牙颁布了《安特卫普法典》，该法典分为两部分，第一部分是航海法令，第二部分是海上保险法令及保险单格式，并规定了海上保险交易中的某些习惯做法。1568年，伦敦市长批准成立英国第一家皇家交易所，为海上保险提供了专门的交易场所。1601年，英国颁布了第一部有关海上保险的法律。1683年，在海上保险发展进程中占有重要地位的劳合社诞生，迅速使伦敦成为世界海上保险的中心。与此同时，法国、荷兰、德国均颁布了有关海上保险的法令，进一步规范了海上保险。

海上保险悠久的历史不仅使它成为促进海上贸易的重要工具，并最早走向成熟，同时，也促使它作为国际保险的主要内容，成为涉及国际法律和公约最多、技术含量最高的一种独立保险业务。

2．海上保险的立法保障

受历史及传统的影响，海上保险作为最先通过立法来规范的保险业务，依惯例采用单独立法制，即有关海上保险的法律通常由专门的海上保险法或海商法来规范。例如，1906年英国颁布的《海上保险法》，就专门规范海上保险业的发展。在我国，对海上保险的法律规范也是在《海商法》中体现，而不是在《保险法》中体现。

海上保险单独立法的传统使海上保险法律规范与一般保险法形成了一种较为特殊的格局，即海上保险的具体经营行为由专门的海上保险法或海商法规范，而一般保险法通常不规范具体的海上保险行为，但海上保险法或海商法中没有规定的内容仍然适用于一般保险法。因此，一般保险法构成海上保险法的补充。海上保险立法的特殊性标志着海上保险独特的历史地位与业务经营的特殊性。

3．海上保险的保障综合

传统的海上保险仅承保船舶、货物运输的损失，后来保险范围不断扩大，包括被保险人依法应承担的各种损害赔偿责任及其他有关利益。因此，现代海上保险实质是一种综合保险业务，其保险标的相当广泛，非其他一般财产保险险种可以比拟。如海上石油污染责任赔偿等，也可纳入海上保险的承保范围。

在保险风险方面，既以传统海上保险承保的责任范围为例，也包括各种海上风险与意外事故损失风险、责任风险等。又由于自货物起运的仓库至目的地，常需转经陆运、空运，因此，海上保险的承保风险事实上并不受海洋的局限，通常扩展到陆地乃至空中领域。

4．海上保险的国际性强

业务经营的国际性是海上保险区别于其他财产保险与责任保险的重要标志。一方面，凡属海上运输业务，其涉及的范围往往突破一国疆界，这意味着保险标的的运行航线具有国际性，贸易双方的关系亦具有国际性；另一方面，由于海上运输超越国界，其可能遇到的风险亦较为特殊，不仅有碰撞、触礁、搁浅、火灾等水上一般风险，也有战争、海盗等特殊风险。因此，海上运输需要制定国际通行的准则，从事海上运输业务者要受有关国际公约等的规范和制约。

与海上运输的国际性相适应，海上保险也具有明显的国际性。首先，保险人承保的是具有国际性的风险保险业务，海上保险关系的建立具有国际性。其次，海上保险的条款、费率及实务经营，均受国际海上保险市场的规范与制约，通常不是一国可以独自决定的事情，如伦敦条款对我国海上保险的影响就非常直接。最后，海上保险不仅需要依靠国际海上保险分保市场来分散特定风险，而且需要在国外建立相应的业务机构或依靠国外的代理网点，因为在出险查勘和理赔等环节均有更高的要求。海上保险的国际性决定了经营海上保险业务对保险人的要求要高于国内保险业务对保险人的要求。

三、海上保险的作用

（1）海上保险能够在最大范围内分散各种海上风险，并通过对被保险人海损事故中的损失进行经济补偿，有效地维护保险客户的经济利益。由于海洋运输风险极大，任何从事海洋运输的团体和个人，要想维护已有的经济利益和正常的海洋运输活动，都必然要投保海上保险。而保险人在承保海上风险后，也会通过再保险等手段尽可能地将海上风险在最大范围内分散，让更多的投保人来分担海损事故损失。因此，海上保险是被保险人化解海上风险损失并稳定自身经营财务状况的有效且经济的必要手段。

（2）海上保险通过对各种海上风险的承保，不仅维护和推动着海上贸易与海上运输业的发展，而且推动着海洋工业的发展。例如，由于海上运输及海上贸易中的风险可以通过海上保险进行转嫁与分散，人们在海上运输和贸易中的后顾之忧得以解除，从而为维护海上运输和贸易的正常发展提供了保证。同时，海上保险还为海上石油开发等海洋工业的发展提供风险保险服务，通过组织损失补偿化解海上工业生产中的巨大风险，从而直接促进海洋工业的发展。

（3）海上保险能够充当投保人或被保险人进行海上运输或贸易时融通资金的信用基础。在开展海上运输或贸易活动时，人们通常需要融通资金，但融资机构对海上风险心存畏惧，而海上保险则能够消除融资机构的顾虑，从而为被保险人顺利融资提供信用保证。从这个意义上讲，海上保险不仅是为被保险人保险，同时也为海洋运输融资者提供了保险。

（4）海上保险还直接推动着其他保险业务的发展。例如，海上保险的出现为现代保险的产生与发展奠定了基础，海上保险单的格式化、海上保险立法的规范化、海上保险经营的成熟化均为其他保险种类的发展提供了示范。另一方面，海上保险随海上运输与其他运输方式的融合而向内河及陆上延伸，亦带动了内河及陆上一些财产保险业务的发展。可见，海上保险对其他保险业务的影响巨大。

四、海上保险的分类

海上保险是以保险标的发生风险的地域命名的保险业务的统称。传统的海上保险曾经是一个单独的险种，经过不断发展及有关风险与标的的分化，形成了以海上货物运输保险与远洋船舶保险为主要业务的险种体系。

（一）海上货物运输保险

它主要承保海运途中因自然灾害、意外事故造成的货物损失，又可分为平安险、水渍险、一切险以及海洋运输货物战争险等。

（二）远洋船舶保险

它主要承保远洋船舶在海运途中因自然灾害、意外事故造成的船舶本身的损失以及有关责任、利益损失，也可分为船舶保险、运费保险、船舶责任保险、船舶战争险等。

（三）海洋工业保险

如海洋石油开发保险等，它承保海上石油开发过程中各个阶段的海上风险，包括财产损失保险、责任保险等。

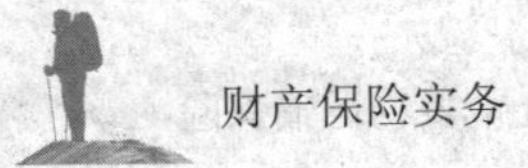

（四）其他种类保险

除上述三大海上保险业务外，保险人通常还提供多种附加险供保险客户根据自身需要加以选择投保，也可在双方协商一致的情形下开办单独的业务，如集装箱保险、与海上保险有关的航空运输保险及陆上运输货物保险等。

【知识链接】　单独海损与共同海损

单独海损与共同海损，是海上保险中的一对非常重要的概念。

单独海损又称为特别海损，是相对于共同海损的一个概念，它是指只涉及损失方个人的利益，且损失仅由损失者一方自己承担的损失。例如，船舱内失火，一部分货物被焚毁，此项货物损失即为单独海损损失；若因共同利益而用水扑灭火灾，致使货物遭受海水浸泡的损失，则为共同海损。

共同海损是指为保全船舶与货物的共同安全，为对付海上风险而有意作出的牺牲，该项损失应当根据各受益方的比例进行分摊。共同海损既可以是牺牲，也可以是费用的支出，或者两者并存。前者如抛弃货物以减轻船舶重量并使之摆脱危险处境，后者如船舶触礁因请求他船拖离险境而支付的费用等。

构成共同海损的要件，包括如下几项：一是遭遇危险且情势紧急，若不采取紧急措施必然发生共同危险。二是紧急措施的采取必须基于共同利益，即为了船货双方的共同安全。三是须是由船长命令或其代理人命令行使，而非由少数人或个人意志所决定。四是船长或其代理人的处置须公平合理，如果任意作为使利害关系人蒙受的损失过大，亦不被认为是共同海损。也就是说，船长作出的决策必须为船货共同安全而采取的谨慎行为或措施，所作的牺牲或引起的特殊费用为非正常性质，且以脱险为目的。五是采取共同海损措施必须具有效力，若结果仍然是全部损失，自无共同分担可言。

在海上保险实务中，构成共同海损损失的项目一般包括如下几项：

（1）船舶发生搁浅时，抛弃一部分货物、物料；燃料的损失；或者船舶搁浅后，加足马力倒车起浮致使机器损坏。

（2）有意搁浅，为避免船、货遭受更大损失而发生的船底破裂和海水浸泡货物的损失。

（3）开舱抛物过程中，海水浸泡货物造成的损失。

（4）在灭火过程中，因灭火而造成的损失。

（5）船舶在避难港卸载、重装或倒移货物、燃料或物料过程中，造成的船、货损失。

（6）利用货物、物料当作燃料引起的损失。

（7）切除嵌楔物引起的损失。它主要是指在两船相撞或船舶与其他漂流物相撞而嵌在一起的情形下发生的损失。

构成共同海损费用的项目一般包括如下几项：

（1）救助报酬。指为了共同安全而支付的救助费用，可作为共同海损。

（2）减载搁浅船舶的费用。卸下搁浅船舶的货物，雇用驳船，支付租金和人工费用以及任何因卸货措施造成的损坏，可视为共同海损。

（3）避难港费用。因发生海上意外事故而必须驶靠附近港口修理，以便安全完成航程时，进出避难港的引水费、拖轮费、小艇费以及港口费用等以及在避难港停留期间的船员工资、给养和燃料、物料费用，均可列为共同海损。

（4）船舶、货物共同海损损失检验费、避难港代理费、电报费、共同海损理算费等。

（5）其他有关费用。如为安全完成整个航程而修理船舶的费用、船舶带货入坞附加费等。

共同海损损失与共同海损费用均应由受益各方公平分摊。需要指出的是，共同海损与保险无关，即共同海损及其分摊并不以保险为条件，但保险却与共同海损密切相关，包括海上保险、沿海及内河船舶保险、国内货物运输保险等均将共同海损分摊的损失赔偿责任列为承保责任。因此，保险人应当明了共同海损损失与共同海损费用的构成，并遵循分摊规则承担其应分摊的赔偿责任。

教学活动2　海上货物运输保险

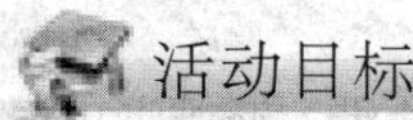

活动目标

通过本部分的教学活动，了解与熟悉保险公司海上货物运输保险的经营实务流程，重点掌握三大基本险种，能够使用自己的语言进行简单描述，并能够简单计算保险金额。

知识准备

一、海上货物运输保险的含义

海上货物运输保险，简称海运险，是海洋货物运输保险中最主要的一种。承保货物在海上运输过程中因自然灾害、意外事故或外来原因造成的损失。由于客观环境的不可确定性，货物在海上运输过程中可能会遇到各种各样的危险，但是作为被保险人的货主不可能对全部有可能出现的危险和损失进行投保，保险公司也不可能承保全部可能出现的危险和损失。

在实际情况中，不同的货物对于同一种风险的损失程度也是不一样的。例如，海水的浸泡对于服装或皮革会造成损害，而对于废钢材就不会造成什么损失。因此，保险公司根据不同货物的不同情况和不同货主的不同需求，就应该用不同的险种分别划分其所承保的不同的危险和损失范围。目前，世界上大多数国家的海上货物运输保险的险别主要有平安险、水渍险和一切险三种。

二、海运险的责任范围

海上货物运输保险的险种分为平安险、水渍险与一切险三种，保险客户可以根据自己的需

要选择投保。当保险货物遭受损失时，保险人按照保险单上订明的承保险别的保险条款规定，承担赔偿责任。

（一）平安险的保险责任

平安险（Free from Particular Average， FPA），按其英文原意解释是单独海损不赔，仅对全部损失和共同海损负赔偿责任。

（1）被保险货物在运输途中由于恶劣气候、雷电、海啸、盐碱地、洪水等自然灾害造成整批货物的全部损失或推定全损。其中，被保险货物用驳船运往或运离海轮的，每一驳船所装货物可视为一整批。

（2）由于运输工具遭受搁浅、触礁、沉没、互撞、与流冰或其他物体碰撞以及失火、爆炸等意外事故造成货物的全部或部分损失。

（3）在运输工具已经发生搁浅、触礁、沉没、焚毁等意外事故的情况下，货物在此前后又在海上遭受恶劣气候、雷电、海啸等自然灾害所造成的部分损失。

（4）在装卸或转运时由于一件或数件整件货物落海造成的全部或部分损失。

（5）被保险人对遭受承保责任内危险的货物采取抢救、防止或减少货物损失的措施而支付的合理费用，但以不超过该批被救货物的保险金额为限。

（6）运输工具遭遇海难后，在避难港由于卸货所引起的损失以及在中途港、避难港由于卸货、存仓及运送货物所产生的特别费用。

（7）共同海损的牺牲、分摊和救助费用。

（8）运输合同中订有船舶互撞责任条款，根据该条款规定应由货方偿还船方的损失。

（二）水渍险的保险责任

水渍险（With Particular Average，WA或WPA）的保险责任是在平安险的基础之上，加上被保险货物由于海上自然灾害所造成的部分损失。因此水渍险的保险责任除包括平安险的各项责任外，还负责保险货物由于恶劣气候、雷电、海啸、地震、洪水等自然灾害所造成的部分损失。

（三）一切险的保险责任

一切险（All Risks，AR）的保险责任，除包括平安险和水渍险的所有责任外，还包括被保险货物在海上运输途中由于各种外来原因所造成的全部损失或部分损失。一切险保险责任中所指的“外来原因”并非运输途中的一切外来原因，而是以一般附加险种的11种外来风险为限，即偷窃提货不着险、淡水雨淋险、短量险、混杂玷污险、渗漏险、碰撞破损险、串味险、受潮受热险、钩损险、包装破裂险、锈损险等。

【知识链接】　比较平安险、水渍险和一切险

平安险按其英文原意解释，是仅对全部损失和共同海损负赔偿责任。但是经过多次修改和补充，目前，平安险的保险责任已经超过仅对全损赔偿的范围，主要责任有三项：①对于自然灾害（恶劣气候、雷电、海啸、地震、洪水）造成的单独海损不赔，但对全部损失要赔；②对于意外事故所造成的单独海损和全部海损都要赔；③对于在海上意外事故发生前后，由于海上自然灾害所造成的单独海损也要负责赔偿。因此，平安险一般适用于低值、裸装的大宗货物，如矿砂、钢材、铸铁制品等。

水渍险的保险责任是在平安险的基础之上，加上被保险货物由于海上自然灾害所造成的部分损失。可见水渍险的保险责任大于平安险的保险责任，与此相适应，水渍险的保险费率要高于平安险。

一切险的保险责任是平安险、水渍险和一般附加险的总和。一切险的保险责任范围最大，提供的保险保障比较充分，各类货物都适用，特别是粮油食品、纺织纤维类商品和精密仪器仪表等都应投保一切险。

三、海运险的除外责任

（1）被保险人的故意行为或过失所造成的损失。

（2）属于发货人责任所引起的损失。

（3）在保险责任开始前，货物已存在的品质不良或数量短差所造成的损失。

（4）货物的自然损耗、本质缺陷、特性及市场价跌落，以及由于运输延迟所引起的损失或费用。

（5）海洋运输战争险条款和货物运输罢工险条款规定的责任范围和除外责任。

四、海运险的责任期限

海洋运输货物的保险责任期限是指保险人承担保险责任的起讫期限。在我国海洋运输保险的基本险中，保险期限均采用“仓至仓条款”（Warehouse to Warehouse Clause, W/W），规定了保险人对被保险货物所承担责任的空间范围，即从货物运离保险单所载明起运港发货人的最后一个仓库或储存地，到货物运抵保险单所载明的目的地港收货人的第一个仓库或是储存地为止。根据我国《海上运输货物保险条款》的规定，保险人的保险责任起讫分为正常运输和非正常运输两种。

（一）正常运输情况

正常运输是指按照正常的航程、航线行驶并停靠港口，包括途中正常的延迟和正常的转船，其过程自被保险货物运离保险单所载明的起运地发货人的最后一个仓库或储存处所开始，直到货物到达保险单所载明的目的地收货人的第一个仓库或储存所为止。

按照保险条款规定，在正常运输情况下，海上货物运输保险的责任起讫以仓至仓条款为依据。一旦货物到达收货人的最后一个仓库，保险责任即行终止。在保险实务中，由于被保险货物所运往的目的地有的在卸货港仓库，有的在内陆，保险人对保险责任的终止也有不同的规定：

（1）被保险货物运抵卸货港并全部卸离海轮后，但未被收货人立即运到自己的仓库，保险责任可以从货物全部卸离海轮时起算满60天终止。若在60天内货物到达收货人仓库，保险责任即终止。

（2）被保险货物运抵卸货港，卸货港即为目的地，收货人提货后并不将货物运往自己的仓库，而是将货物进行分配、分派或分散运转，那么保险责任就从开始分配时终止。

（3）如果被保险货物以内陆某指定仓库为目的地，收货人提货后将其运到内陆目的地自己的仓库，保险责任即行终止。如果收货人提货后没有将货物直接运往自己在内陆目的地的仓库，而是先行存入另一仓库，然后在这个仓库对货物进行分配、分派或分散转运，即使其中一部分货物运到了保单所载明的内陆目的地的最后仓库，先行存入的某一仓库即视为收货人的最后仓库，保险责任在货物达到该仓库时即行终止。

第（2）、（3）项规定同时受第（1）项规定的限制，即货物全部卸离海轮后，若时间已满60天，无论该项规定发生与否，保险责任即先行终止。

（二）非正常运输情况

非正常运输是指在运输过程中由于遇到被保险人无法控制的情况，致使被保险货物无法运往原定的卸载港而在中途被迫卸货、重装或转运，以及由此而发生的运输延迟、绕航或运输合同终止等非正常的情况。根据条款规定，在非正常情况下，保险公司要求被保险人在获知货物被迫卸货、重装或转运等情况时，及时通知保险人，并酌情收取部分费用后，原保险单继续有效。但是，保险单继续有效的责任期限要按下列规定处理：

（1）被保险货物如在非保险单所载明的目的地出售，保险责任至交货时即行终止，但不论任何情况，保险责任期限均以被保险货物在卸货港离海轮满60天为限。

（2）被保险货物如在上述60天期限内继续运往保险单所载明的原目的地或是其他的目的地时，保险责任仍然按照正常运输情况下规定的仓至仓条款内容办理。

五、海运险的保险金额

海上货物运输保险一般为定值保险，也就是以当事人所持有的“保险利益”为限，以“约定保险价值”作为保险金额。通常“约定保险价值”是由货物价值、预付运费、保险费、其他费用以及预期利润的全部相加作为计算的标准。在国际贸易实务中，由于国际贸易价值条件不同，保险金额的计算也就不相同。下面就国际贸易中几种常见的价格条件来说明保险金额的实际计算。

（一）CIF价格条件下的计算保险金额

我国《海商法》及国际贸易惯例一般都规定海上运输货物保险的保险金额可在CIF价格的基础上适当加成。按照国际商会的有关规定一般是10%。这样计算的目的是为了保障货主在货物发生损失的时候，在获得货物本身的损失补偿之外还能够获得其支付的运费、保险费、开证费、来往函电费、融资利息以及合理的预期利润损失的补偿。另外，保险人还可以根据不同的货物、不同地区的进口价格与当地市场价之间的差价，不同的经营费用和预期利润水平约定不同的加成率，但是也要适度不能太高，否则可能会造成保险人的误解而拒绝承保或是大幅度增加保险费。

对于CIF价格条件下的保险费，国际商会制定的《国家贸易条件解释通则》作出了一些规定：

（1）应由卖方负责办理保险，实质上是为买方代办；

（2）货物装船后的一切风险转移到买方承担，在运输途中若发生损失，应由买方向保险人或承运人索赔，与卖方无关；

（3）卖方必须自费向信誉卓著的保险人投保，投保险别为平安险，保险金额应按CIF价格的110%加成计算。

（4）对于盗窃、渗漏、破碎、淡水雨淋或其他特别险，由买卖双方协商并约定是否需要加保；如买方需要投保战争险，卖方可以代为投保，但保险费用由卖方承担。

以CIF价格条件作为保险金额的计算公式是：

保险金额 = CIF价格×（1＋加成率）

即若某出口商品的CIF价格为1 000美元，加成10%投保，其保险金额为：

保险金额 = 1 000 ×（1＋10%）= 1 100（美元）

【知识链接】　CIF价格、CFR价格与FOB价格

离岸价格（FOB）。即货物已装运到船上的交货价，它规定当货物越过船舷或装上船只，风险即由卖方转移给买方，保险手续由买方办理。如果用公式表示，FOB价格＝进货成本价＋国内费用＋净利润。其中，国内费用一般包括加工整理费用、包装费用、保管费用（包括仓租、火险等）、国内运输费用（仓至码头）、证件费用（包括商检费、公证费、领事签证费、产地证费、许可证费、报关单费等）、装船费（装船、起吊费和驳船费等）、银行费用（贴现利息、手续费等）、预计损耗（耗损、短损、漏损、破损、变质等）、邮电费（电报、电传、邮件等费用）等。

成本加运费价（CFR）。即卖方只需在装运港将合同规定的货物装上运往指定目的港的船只，支付费用，承担货物装船以前的各项费用及一切风险的交货价，不负责保险。根据《2000年国际贸易术语解释通则》，CFR下的货物自装运港越过船舷后发生的任何事件所引起的灭失或类似风险和产生的费用（包括运费和保险费），卖方不负责任，由买方自己承担。但按照多数国家和地区的贸易惯例，卖方在货物装船后，必须通知买方购买保险，如疏忽这一点致使买方未能投保，卖方必须承担货物在运输途中的风险。如果用公式表示，CFR价格＝进货成本价＋国内费用＋国外费用＋净利润。其中，国外费用包括国外运费（自装运港至目的港的海上运输费用）、国外保险费（海上货物运输保险）。如果有中间商，还包括支付给中间商的佣金。

到岸价格（CIF）。货价中包括运费和保险费，这种价格对货物风险的转移，同前面两种价格是一样的，但保险手续由卖方办理并由其承担保险费用。根据《2000年国际贸易术语解释通则》，CIF是指卖方必须在合同规定的日期或期间内在装运港将货物交至运往指定目的港的船上，负担货物越过船舷为止的一切费用和货物灭失或损坏的风险，负责租船订舱，支付从装运港到目的港的正常运费，并负责办理货物在运输途中应由买方承担的货物灭失或损坏风险的保险，支付保险费。卖方在购买保险时，应向信誉可靠的保险人投保海洋货物运输保险，险别为平安险，并向买方背书转让保险单或其他保险证据（根据CIF术语，买方只能要求卖方投保最低的保险险别，货物装船后灭失或损坏的风险及货物装船后

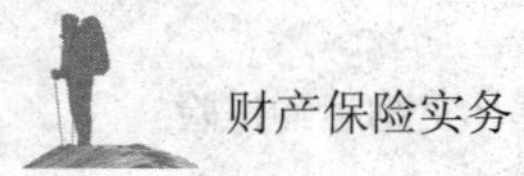

所发生的任何额外费用，则自货物于装运港越过船舷时起从卖方转由买方承担）。买方要取得转让的保险单，保险金额通常会在原保险单的基础上按CIF价增加一定的百分率（保险金额＝CIF ×（1＋投保加成率））。如果售货合同未作约定，增加的百分比一般为10%，并以售货合同货币投保。除非经买卖双方约定，到岸价格不包括特定行业和买方个别需要的特种保险；对偷窃、渗漏、破碎、碰损和与其他货物相接触所导致的损失，应由买卖双方考虑，并约定是否需要加保；买方如果需要投保战争险，卖方应该代办，费用由买方负担；如果可能，保险单的保险金额币种一般应采用售货合同的货币。值得指出的是，由上述内容不难看出，CIF虽被称为到岸价格，却并非是卖方承担货物自装运至目的港所发生的一切风险与费用。用公式表示，CIF价格＝进货成本价＋国内费用＋国外运费＋国外保险费＋净利润。

（二）在CFR条件下的计算保险金额

在CFR条件下计算的海上运输货物保险金额应该以CIF价格为计算基础的，因此，买方投保时需要首先将CFR价格换算成CIF价格，然后再加成计算保险金额。CFR价格换算成CIF价格的计算公式是：

$$\text{CIF} = \text{CFR} / [\,1-（1+加成率）\times 保险费率\,]$$

$$\begin{aligned}保险金额 &= \text{CIF} \times（1+加成率）\\ &= \text{CFR} / [\,1-（1+加成率）\times 保险费率\,]\times（1+加成率）\end{aligned}$$

（三）在FOB条件下的计算保险金额

在FOB价格条件下，买方承担所负担的费用和风险是从货物装船以后即行开始的，因此买方需按规定办理海上运输货物保险。保险公司其实是对被保险货物自从起运港越过船舷之后即开始生效，承担的是对买方在货物上船之后在承保范围之内的危险所造成的损失。针对货物自发货人仓库运至发货码头的风险损失，保险公司不负责赔偿，因此这一期间的风险，卖方应自行办理保险。

$$保险金额 = \text{FOB} \times (1+运费率) / （1-保险费率）$$

六、海运险的保险费率

我国的海上运输货物保险的保险费率一般由基本费率、附加险费率和逾龄船加费费率三项构成。

（一）基本费率

基本费率根据一般货物和指明货物的不同作出区别。对于一般的货物，即未被列入“指明货物”中的货物。一般货物费率适用于所有货物。一般货物费率按不同的运输方式分为海运、陆运、空运和邮包四种。海运的一般费率按险别分为平安险、水渍险和一切险三类，陆运、空运和邮包的一般货物费率按险别各分为陆运险或空运险或邮包险和一切险两类。另外，由于地域的不同，即便是同一险别的费率也有所不同。

指明货物的原因是由于这些货物的损失率相对比较高，所以针对指明的货物其基本费率都比一般货物要高。指明的货物又可以分为以下八类：粮油食品及土畜产、轻工品、纺织品、五金矿产、工艺品、机械设备、化工品和危险品。需要按指明的货物计收保费的应在指明货物加费费率表上的货物栏内写明，并在备注栏内注明扣除免贴率或加贴条款等有关规定。凡是指明货物费率表中所列明的货物，在计算保险费率的时候均需在一般货物的费率基础上加上该指明货物的加费。

海上货物运输保险的保险费率取决于货物在保险有效期内可能遭受损毁的危险程度。具体而言，影响货物运输保险的因素主要有如下几项。

1．运输船舶

海洋运输船舶的船龄和吨位大小均对保险风险有直接影响，对于用旧船（船龄超过15年）装运或用吨位较小的船舶（如1 000吨以下）装运的保险货物，一般应加收保险费。此外，船舶的国籍也是一个因素，管理严格的国家，其船舶的风险自然要比管理不严格的国家的船舶风险小。

2．运输方式

运输方式分为直达运输、联运、集装箱运输等方式。在货物运输保险实务中，保险人一般规定联运险的保险费率按所用运输工具中费率最高的一种确定。而集装箱运输货物的危险程度较小，一般按货物运输保险费率表规定标准减免50%。运输途中有无转船或扩展内陆运输等，对危险大小也有直接关系，在确定保险费率时亦应当加以考虑。

3．货物的性质与包装

货物性质与包装对海洋运输货物风险的影响与其对国内货物运输风险的影响是相同的。因此，在保险实务中，保险人通常将货物分为一般货物、一般易损货物、易损货物、特别易损货物等，并且另有货物分类表，以便确定各种货物的费率。

4．运输航线

海洋运输的许多风险是难以预料和控制的，如海上自然灾害变幻莫测，某些海域更有海盗、战争等性质特殊的风险，因此，在制定费率时，需要考虑投保货物从起运地至目的地需途经的海域及航线。

5．投保险别

海上货物运输保险包括平安险、水渍险与一切险，以及各种附加险。不同的险别因保险人承保的风险差异较大，其保险费率自然不同。保险费率的高低与保险人承保风险的多寡成正相关关系。

6．装卸港口的管理和装卸设备的好坏

7．其他因素

如保险期间的长短、贸易的不同习惯，对海上货物运输保险费率也有着直接的影响。

此外，同类海洋运输货物业务的历史损失记录，以及国际上同类货物运输业务的费率，均可作为制定海上货物运输保险的参照。

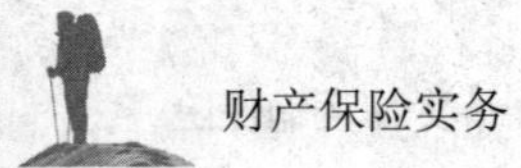

（二）附加险费率

海上货物运输战争险、罢工险需要同时加保时，只按战争险费率计收保险费；如果仅仅加保罢工险，也只能按照战争险收费。其他一般附加险的费率除了费率表另有规定的除外，都按一切险费率另外计收。如果投保舱面险，其费率按平安险或水渍险的费率另外计收，其他特殊附加险费率根据具体加保的险别加费。

（三）逾龄船加费费率

按照惯例，15年以上船龄的老船被视为逾龄船舶，保险人对于这类船舶载运的货物需要加费承保，加费的标准按照老船加费费率表的规定办理。

最后，在计算海上运输货物保险的费率时，需要把基本险费率、附加险费率和逾龄运输工具加费相加。计算公式如下：

总保险费率＝一般货物基本险费率＋指明货物基本险费率＋

附加险费率＋逾龄运输工具加费

七、海运险的保险条款

在海上货物运输保险实务中，以往的一些习惯通常形成条款，或载明于保险合同，或作为特约、附加条款由被保险人选择。

（一）船舶适航条款

保证船舶适航是运输保险的一项默示保证，即船舶在航程开始时不仅应有适航能力，而且应具备适运的设备。但在保险实务中，如果因船舶不适航或不适运而导致货物受损，保险人仍予以赔偿，这主要是因为船舶是否适航或适运往往非被保险人可以控制。海上货物运输保险中的这一条款，对被保险人的权益给予了有效的保障。在援引该条款时，有以下两点需要注意：

（1）如果被保险人或其代理人对于船舶的不适航或不适运，在载货时即已知情，保险人将不负赔偿责任。

（2）在被保险人于载货时不知情的情形下，保险人可以负责，但在赔付被保险人的损失后，应再向船方追偿。

（二）航程变更条款

该条款规定，如果航程不能按照保险单上载明的航程进行，即中途变更航程，或者有关货物、船舶以及航程的记载发生贻误时，保险单继续有效，但被保险人应当及时将航程变更的情况通知保险人，并据需加缴保险费。

需要指出的是，变更航程与改变航道是有区别的，前者是指船舶按照保险单上所载明的航程起航后，自动改变其航行目的地；后者是指船舶改变保险单中载明的航道或习惯上行驶的航道，但最后仍然驶向预定的目的地。在货物运输与船舶保险中，不得改变航道是承运人及船东的一种默示保证，一旦违反将导致保险合同失去效力。但在实务中，对海上货物运输保险则有所变通，保险人仅需酌情增收保险费，而保险合同仍然有效。

（三）战争险、罢工险条款

在海上货物运输保险中，战争通常被列为除外不保的危险，但经过保险人同意并增加保险费，亦可扩展成承保责任，即规定保险标的因各种战争危险事故所引起的货物灭失或损毁，由保险人负责赔偿。

罢工也属于海上货物运输保险的一般除外不保危险，但经过保险双方的特别约定并增加保险费，亦可纳入保险人承保责任范围。类似战争、罢工这类需要经过特别约定才能承保的风险有多项，这种特约加保同样适用于远洋船舶保险业务。

此外，还有诸如共同海损条款、被保险人义务条款、转运费用条款等条款。

【技能拓展】　出口货物运输保险投保单填写说明

凡按CIF和CIP条件成交的出口货物，由出口企业向当地保险公司逐笔办理投保手续。在办理时应注意：应根据出口合同或信用证规定，在备妥货物并已确定装运日期和运输工具后，按约定的保险险别和保险金额，向保险公司投保。投保时应填制投保单并支付保险费（保险费＝保险金额×保险费率），保险公司凭以出具保险单或保险凭证。

投保的日期应不迟于货物装船的日期。投保金额若合同没有明示规定，应按CIF或CIP价格加成10%，如买方要求提高加成比率，一般情况下可以接受。但增加的保险费应由买方负担。

投保人：填投保人公司名称(如为出口商投保请填公司中文名称)。

投保日期：指填投保单的日期。

发票号码：填写此批货物的发票号码。

被保险人：即投保人或称“抬头”，这一栏填投保人公司的名称。实务上，有些公司会填写“见发票”字样。

货物出运后，风险转由进口商负担。因此，如属出口商投保，可将自己公司的中文名称填在“客户抬头”栏，而将进口商公司名称填在“过户”栏，便于货物发生意外后进口商向保险公司索赔；如属进口商投保，则直接将自己公司名称填在“抬头”栏，而“过户”栏留空。

注意：因一切险(或A险)已包括了所有一般附加险的责任范围，所以在投保一切险(或A险)时，保险公司对一般附加险的各险别不会再另收费。投保人在计算保险金额时，一般附加险的保险费率可不计入。

启运港：按提单填写；目的港：按提单填写；转内陆：按实际情况填写。

开航日期：可只填“As Per B/L”，也可根据提单签发日具体填写，如为备运提单应填装船日。按照跟单信用证No.500，也允许填写提单签发前5天之内的任何一天的日期。此栏目出保单时可暂时不填，待签发提单后再填也不迟。

船名航次：海运方式下填写船名加航次。如FENG NING V.9103；如整个运输由两次运输完成时，应分别填写一程船名及二程船名，中间用“/”隔开。此处可参考提单内容填写。例如，提单中一程船名为“Mayer”，二程船名为“Sinyai”，则填“Mayer/Sinyai”。铁路运输加填运输方式“By railway”加车号；航空运输为“By air”；邮包运输为“By parcel post”。

赔款地点：严格按照信用证规定打制；如来证未规定，则应打目的地或目的港。如信用证规定不止一个目的港或赔付地，则应全部照打。

赔付币别：按出口合同规定的赔付币别填写。

保单份数：中国人民保险公司出具的保险单1套5份，由1份正本Original、1份副本Duplicate和3份副本Copy构成。具体如下：

(1) 来证要求提供保单为“In duplicate”“In two folds”或“In 2 copies”，则应提供1份正本Original、1份副本Duplicate构成全套保单。

(2) 根据跟单信用证No.500规定，如保险单据表明所出具正本为1份以上，则必须提交全部正本保单。

投保条款，包括PICC CLAUSE（中国人民保险公司保险条款），ICC CLAUSE（伦敦协会货物险条款），两种任选其一。

投保险别：投保险别包括一切险，水渍险，平安险，战争险，罢工、暴动、民变险，罢工险，协会货物(A)险条款，协会货物(B)险条款，协会货物(C)险条款，航空运输综合险，航空运输险，陆运综合险，陆运险，转运险，仓至仓条款，偷窃、提货不着险，存仓火险责任扩展条款(货物出口到香港，包括九龙或澳门)，淡水雨淋险，包装破裂险，不计免赔率。

其中，中国保险条款的基本险险别为一切险、水渍险、平安险，一切险承保范围最大，水渍险次之，平安险最小。伦敦协会货物险条款包括协会货物(A)险条款、协会货物(B)险条款、协会货物(C)险条款，A险条款承保范围最大，B险条款次之，C险条款最小。

注意：由于一切险(或A险)条款承保范围最大，包括了一般附加险，所以在填写投保单时，一般附加险的条款可不勾选。但若对方要求在保险单上列明一般附加险中的若干险别，投保人则需在投保单中勾选这些险别，这样保险公司在出具保险单时，才会把这些险别一一列出。有其他特殊投保条款可在此说明，以分号隔开。

八、海运险的专门险种

在海上货物运输保险实务中，有一些业务需要采取专门的条款单独承保，如冷藏货物保险及散装桐油保险等，它们作为海上货物运输保险的有机组成部分，在遵循海上货物运输保险一般规定的同时，也有自己的一些特定内容。

（一）冷藏货物保险

海洋运输冷藏货物保险是海上货物运输保险中的一个专门险种，它承保海洋运输冷藏货物因自然灾害与意外事故或外来原因造成冷藏货物的损失和腐败。该项保险分为冷藏险与冷藏一切险两个险别。

冷藏险承保的责任范围包括：

（1）货物在运输途中由于恶劣气候、雷电、海啸、地震、洪水等自然灾害或由于运输工具遭受搁浅、触礁、沉没、互撞、与流冰或其他物体碰撞以及失火、爆炸等意外事故或由于冷藏机器停止工作连续达24小时以上所造成的货物腐败与损失。

（2）在装卸或转运时，由于一件或数件整件货物落海所造成的全部或部分损失。

（3）被保险人对遭受承保责任内危险的货物采取抢救、防止或减少货物损失的措施而支付的合理费用，以不超过保险金额为限。

（4）运输工具遭受海难后，在避难港由于卸货所引起的损失，以及在中途港、避难港由于卸货、存仓以及运送货物所产生的特别费用。

（5）共同海损的牺牲、分摊和救助费用。

（6）运输合同中订有船舶互撞责任条款，根据该条款规定应由货方偿还船方的损失。

冷藏一切险除承保冷藏险保险责任范围内的一切责任外，还负责被保险货物在运输途中由于其他外来原因所引起的货物损失或腐败。但战争、罢工等风险必须经过特约承保，保险人才予以负责。

（二）散装桐油保险

散装桐油保险也是海上货物运输保险中的一个专门险种，它承保海上运输的散装桐油不论何种原因造成的短少、渗漏、玷污和变质的损失。

散装桐油保险的保险责任包括：

（1）不论何种原因所致的被保险桐油短少、渗漏损失超过保险单上规定的免赔率（通常以每个油仓作为计算单位）时的损失。

（2）不论何种原因所致被保险桐油的玷污或变质损失。

（3）被保险人对遭受承保责任内危险的桐油采取抢救、防止或减少货物损失的措施而支付的合理费用，但以不超过保险金额为限。

（4）共同海损的牺牲、分摊和救助费用。

（5）运输合同订有“船舶互撞”条款，根据该条款规定应由货方偿还船方的损失。

对被保险人的故意行为或过失所造成的损失，属于发货人责任所引起的损失，在保险责任开始前已经存在的品质不良或数量短差所造成的损失，以及市场价格跌落及运输延迟造成的损失，保险人不负责任。战争、罢工风险同样列为不保责任，但经过特别约定，保险人可以承保。

九、海运险的附加险

由于货物种类繁多，几乎每种货物都有其特性，因此，海上货物运输保险的附加险也十分发达，以满足被保险人的不同货物的风险保障需求。海上货物运输保险的附加险可以分为普通附加险和特别附加险两类。

1．普通附加险

普通附加险包括偷窃提货不着险、淡水雨淋险、短量险、混杂玷污险、渗漏险、碰撞破碎险、串味险、受潮受热险、钩损险、包装破裂险、锈损险11种。

2．特别附加险

海上货物运输的特别附加险有交货不到险、进口关税险、舱面险、拒收险、黄曲霉素险、出口货物到香港或澳门存仓火险扩展条款6种。

3．特殊附加险

特殊附加险包括罢工险、战争险、战争险除外责任3种。

 **【案例分析】　承运人故意违约导致“提货不着”　保险公司应否赔偿**

案情简介：国内一贸易公司向俄罗斯的达卡公司出口一批布料，随后于2013年8月10日与某保险公司签订了《海上货物运输保险合同》，合同约定保险标的物为布料，保险金额为48.1万美元，险别为一切险和战争险，航程为青岛至莫斯科。该批货物于8月12日装船，承运人签发了全程提单。10月初货物运抵目的地。承运人在未收回全程正本提单的情况下将货物放给买方，贸易公司迟迟没有收到货款，于是派人持正本提单至莫斯科提货，并在提不着货物后向保险公司索赔。保险公司则认为：本案货物已经运抵目的地并被买方提走，去向是明确的，不存在“提货不着”的问题。因此，保险公司不负保险赔偿责任。

分析：虽然本案的海上货物运输保险合同中约定承保“提货不着”，但对承运人无单放货造成的提货不着，保险公司可以不承担赔偿责任。

本案启示：如何理解保险合同中的“提货不着”？并不是说所有的提货不着都应当由保险公司承担保险责任。海上货物运输保险合同中的风险，一般是指货物在运输过程中因外来原因造成的风险，既包括自然因素造成的风险，也包括人为因素造成的风险。但是，保险合同所指的风险都应当具备不可预见性的特征。本案是因承运人无单放货造成持有正本提单的贸易公司提货不着的。但这种提货不着是可预见的，不具有海上货物运输保险的风险特征，故不属于保险合同约定承保的风险。

十、海运险的赔偿处理

（一）索赔

我国《海上运输货物保险条款》规定，被保险人在向保险人索赔时必须提供下列单证：保险单正本、提单、发票、装箱单、磅码单、货损货差证明、检验报告及索赔清单以及向第三者责任方追偿的有关文件等。

由于海上运输货物的流动性强，海上事故复杂、多发，而且海上运输航程长等特点，因此索赔时效应给予充分重视。我国《海商法》第二百六十四条规定：根据海上保险合同向保险人要求保险赔偿的请求权，时效期限为2年，自保险事故发生之日起计算。

（二）理赔

保险人在确定保险标的的损失属于保险责任范围后进行赔偿处理。赔偿计算的方法因赔案的情况不同而有所区别，一般分为全部损失、部分损失、费用损失等。

1．全部损失赔偿金额的计算

海上运输货物保险中，保险标的一般都是采用以全部约定保险价值作为保险金额投保，部分投保的情况很少见。在货物发生全部损失的情况下，无论是实际全损还是推定全损，其赔偿金额都是该被保险人的全部保险金额。发生部分全损的情况则按照损失比率赔偿。

2．部分损失赔偿金额的计算

货物遭受部分损失时，其赔偿金额的计算因货物种类、损失性质不同而采用各种不同的计算。

（1）货物数量损失的情况。货物数量损失的赔偿是根据货物运抵目的地时数量的灭失或短少的情况计算的，其赔偿的金额就是按照灭失或短少的部分比例分摊的保险金额。

（2）货物质量损失的情况。在货物呈现损坏状态运抵目的地的情况下，可通过检验人与保险人联合审定受损货物的原因与程度，并与被保险人商定货物的损害率。相关的计算公式如下：

$$赔偿金额 = 保险金额 \times 损害率$$

3．费用损失赔偿金额的计算

（1）施救费用的赔偿金额计算情况。施救费用是指当被保险标的遭遇保险责任范围内的灾害事故时，被保险人或其代理人、雇用人员和受让人等采取措施抢救保险标的，以防止损失的扩大，其中因采取施救措施而支出而发生费用。保险标的受损经被保险人进行施救，即使保险标的仍然全损，保险人对施救费用仍予以负责。但是保险人对保险标的本身的赔偿和施救费用的责任最多为一个保额，即两者之和不能超过两个保额。

（2）救助费用的赔偿金额计算情况。救助费用是指当保险标的遭遇保险责任范围内的灾害事故时，由保险人和被保险人以外的第三者采取救助行动而支付的费用。保险人对救助费用的赔偿责任须同保险标的本身的赔偿责任结合起来，不得超过保险金额，而且要按保险金额与被救助价值的比例承担应负的赔偿责任。

（3）特别费用损失的赔偿金额计算情况。特别费用是指当运输工具在海上遇难后，在中途港或避难港将被保险货物起陆、存仓以及运送货物所产生的费用。由被保险人或其代理人、受雇人、受让人实际支出的金额，在赔偿时受以下两种限制：一是已经损失的费用必须是保险单承保危险而产生的从属费用，赔偿时与作为货物自身损失的单独海损一起计算；二是特别费用损失的金额与货物损失的金额合计超过保险金额时，保险人的赔偿金额须以保险金额为限。

4．受损货物残值的计算

在海上运输货物保险赔偿中，残值处理是很正常的情况。所谓残值是指经保险人赔偿后的受损物资，其残值尚有一定的价值，包括全部损失赔偿后被保险货物的残存部分及其包装；或部分损失赔偿后经配置或修理换下的被保险货物的部件等。受损货物的残值主要可以通过保险人与被保险人协商、市价沽值、公沽拍卖等方式来确定。

【知识链接】 出口货物运输保险中常用的英文缩写

一切险：ALL RISKS；水渍险：W.P.A./W.A.；平安险：F.P.A.；战争险：WAR RISKS；罢工、暴动、民变险：S.R.C.C.；罢工险：STRIKE；协会货物(A)险条款：ICC CLAUSE A；协会货物(B)险条款：ICC CLAUSE B；协会货物(C)险条款：ICC CLAUSE C；航空运输综合险：AIR TPT ALL RISKS； 航空运输险：AIR TPT RISKS；陆运综合险：O/L TPT ALL RISKS；陆运险：O/L TPT RISKS；转运险：TRANSHIPMENT RISKS；仓至仓条款：WTOW；偷窃、提货不着险：T.P.N.D.；存仓火险责任扩展条款(货物出口到香港，包括九龙或澳门)：F.R.E.C.； 淡水雨淋险：R.F.W.D.；包装破裂险：RISKS OF BREAKAGE；不计免赔率：I.O.P.；中国人民保险公司保险条款：PICC CLAUSE； 伦敦协会货物险条款：ICC CLAUSE。

综合实训

【实训目标】

通过本部分实训，使得学生能够在理论上和实务中掌握货物运输保险的重点专业名词和基本理论，区分不同的货物运输保险实务操作方式，能够按照不同的价格术语计算海上货物运输保险的承保金额。

【实训任务】

一、重要名词

货物运输保险　定期运输保险　航程运输保险　铁路货物运输保险
水路货物运输保险　公路货物运输保险　航空货物运输保险　海上保险
仓至仓条款　直运险　联运险　共同海损
单独海损　CIF价格

二、思考讨论

1．简述货物运输保险的含义及特征。
2．简述货物运输保险和企业财产保险的关系。
3．简述货物运输保险的除外责任。
4．国内货物运输保险有哪些基本险种？
5．什么是共同海损？共同海损与单独海损有什么关系？
6．简述共同海损的构成条件。
7．简述海上保险的三大险种。

三、情景模拟

"共同海损"的"假"赔案

某水运公司的一艘帆船承运了黄某的一批水泥，在东南沿海航行时，该船通过中央人民广播电台的气象预报节目，获悉在几小时内该帆船航行地区将有八级以上的暴风。很快，该地区风浪加大，船身倾斜，风大浪急威胁着船舶的安全。为了保护船及船上人员的安全，船长遂决定抛弃承运的全部水泥，价值87 000元（全船货物价值12万元，船舶价值14万元）。随后，海面风平浪静，船舶安全抵港。由于所运水泥在保险公司投保了货物运输保险，黄某就依据共同海损的有关规定，要求保险公司赔偿其87 000元的货物损失。

情景分析

保险公司因不构成共同海损，不负赔偿责任，黄某应向船方索赔，并有权要求承运人——某水运公司获得货物损失补偿。理由是根据我国《海商法》第一百九十三条规定："共同海损，是指在同一海上航程中，船舶、货物和其他财产遭遇共同危险，为了共同安全，有意地合理地采取措施所直接造成的特殊概念，构成共同海损的条件是：采取措施时确实存在着危及船货安全的必然危险；牺牲或费用的支出是非常性的，而且是有意和合理的。"

中央人民广播电台预报该地区将有八级以上台风，仅属于预测性的警报，并不是本案中的船舶真正遇到的事实，即船舶不是存在着必然的危险，因此，抛弃货物的损失并不是合理的。

虽然船舶在航行中出现风浪加大和船身倾斜等情况，但这在船舶航行中是经常性的现象，尤其是该船一贯航行于这一水域，应该具备这种试航能力。船长抛弃货物的行为，实质上是在听了预报后的主观判断失误所致，而不是紧急避险。

参考文献

[1] 郝演苏. 财产保险[M]. 北京：中国金融出版社，2002.

[2] 许瑾良. 财产保险原理和实务[M]. 上海：上海财经大学出版社，2010.

[3] 施建祥. 财产保险[M]. 杭州：浙江大学出版社，2010.

[4] 郑功成，许飞琼. 财产保险[M]. 第四版. 北京：中国金融出版社，2011.

[5] 许飞琼. 财产保险案例分析[M]. 北京：中国金融出版社，2004.

[6] 孙迎春. 保险实务[M]. 大连：东北财经大学出版社，2009.

[7] 袁建华. 海上保险原理与实务[M]. 成都：西南财经大学出版社，2009.

教学项目十

工程及特殊风险保险

【知识目标】

- 工程和特殊风险保险的基本概念
- 工程和特殊风险保险与火灾保险的联系与区别
- 工程保险和特殊风险保险的意义
- 工程保险的分类
- 特殊风险保险的险种险别

【技能目标】

- 能够准确描述工程和特殊风险保险与一般财产保险的联系与区别
- 能够识别工程和特殊风险保险保险的不同分类
- 能够掌握工程保险不同业务部分的操作要点
- 能够掌握特殊风险保险的不同险种险别
- 能够区分建工险和安工险的不同业务要点

引导案例

上海轨道交通4号线事故

2003年7月1日凌晨4时许，上海轨道交通4号线——浦东南路至南浦大桥区间隧道，在用一种叫“冻结法”的工艺进行上、下行隧道的联络通道施工时，突然出现渗水，大量流沙涌入隧道，内外压力失衡导致隧道部分塌陷，地面也随之出现“漏斗型”沉降。经调查，由于施工方改变竖井与旁通道的开挖顺序、冷冻设备出现故障导致温度回升以及地下沉压水导致喷沙这三方面不利因素遇在一起，最终导致了事故的发生。事故引起隧道部分结构损坏及周边地区地面沉降，造成3栋建筑物严重倾斜，黄浦江防汛墙局部塌陷并引发管涌，是一起造成重大经济损失的工程责任事故。

上海轨道交通4号线项目由平保、人保、太保及大众4家保险公司共同承保建筑安装工程一切险及第三者责任险，保险金额高达人民币56.46亿元。经过历时三年多的调查与协商，保险人在此项目上最终赔付金额累计达到17亿元人民币，创造了国内工程险项目的最高赔款记录。由于4家保险公司在国际再保险市场上分散了相关的风险，在国际再保险人的支持下，4家保险公司各自的赔付比例不到14%，稳定了各自的正常运营。

这一案例表明：工程项目在建设的过程中，自身也会面临巨大的风险，尤其是一些特定领域内的巨额损失风险。工程保险是一种极其有效的风险分散机制，它赋予了大数法则以更大的内涵，已经成为现代工程建设过程中必不可少的环节。

学习任务一　掌握工程保险

【学生任务】

- 要求每个学生课前预习相关内容，结合已经学过的企业财产保险知识来理解工程保险的相关内容，能够用自己的语言来描述工程保险与一般企业财产保险及相关概念的联系与区别。
- 每个学生要提高课外阅读量，结合本部分具体内容，说明建工险和安工险业务的区别要点，根据自身理解，结合具体案例写出不少于3分钟的口头表达作业。
- 将学生随机分组，按小组选出若干份作业在课堂上进行点评，学生间相互评出每一份口头作业的优劣；学生对作业修改后再次演示，以便教师进行评价。

【教师任务】

- 指导学生在相关专业网站上查找所需资料，启发学生理解工程保险业务存在的意义和作用。
- 提示学生完成口头表达演示作业所需要关注的主要知识点，如工程保险的含义、作用，与相近的保险专业名词的区别与联系，保险法规的相关监管规定等。
- 指导学生分组，在小组内对学生进行不同的分工，对学生口头表达演示作业完成情况及时进行跟进，督促其按时完成。
- 对各小组进行的课堂点评适时指导，对于演示的口头作业予以及时、客观、公正的评价，准备回答学生可能提出的各种异议等。

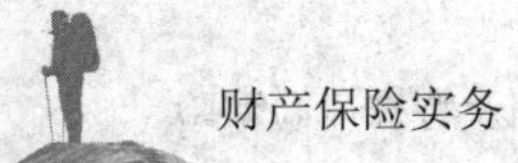

教学活动1　认识建筑工程保险

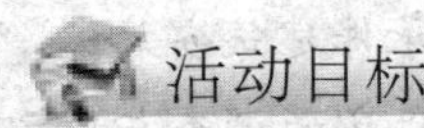

活动目标

通过本部分的教学活动，熟练掌握建筑工程保险及其相关的专业名词，理解其真正含义，并可以在保险实务中加以正确应用。

知识准备

建筑行业是一个高风险的行业，资金投入大、建设工期长、技术要求高。在建造过程中，往往会遇到许多意想不到的风险。无论是台风、暴雨、洪水等天灾还是工程设计、施工技术上的人祸都会给工程所有人或工程承包商带来巨大的损失。

一、工程保险的概念

工程保险是对于进行中的工程项目及各种运行中的机器设备本身所面临的各种风险提供保障的保险。工程保险的保险范围不仅包括工程本身的物质财产的损失，还包括由于运行过程中的工程项目对于第三者所造成的损害赔偿责任。工程保险本身不仅包括了火灾保险的风险责任，还包括了责任保险的风险责任。

工程保险是随着现代工程技术和建筑业的发展，由火灾保险、意外伤害保险及责任保险等演变而成的一类综合性财产保险险种。它最早起源于英国的锅炉爆炸保险，其发展则始于20世纪30年代末。

工程保险是指以各种工程项目为主要承保对象的保险。一般而言，传统的工程保险仅指建筑和安装工程项目的保险。进入20世纪以后，尤其是第二次世界大战以后，许多科技工程活动获得了迅速发展，随之逐渐形成了科技工程特种保险。两者在理论与实务中既有相似性，又有差异性。

二、工程保险的特点

工程保险是一种财产保险和责任保险的综合保险。与普通财产保险相比较，工程保险属于财产保险的领域，但是它与普通的财产保险相比具有显著的特点。

1. 工程保险承保的风险具有特殊性

（1）工程保险既承保被保险人财产损失的风险，还同时承保被保险人对于确定或不确定第三人的责任风险。

（2）承保的风险标的（即工程项目本身）中的大部分处于自然暴露于风险中，对于抵御风险的能力大大低于普通财产保险的标的。

（3）工程项目在施工工程中始终处于一种动态的过程，各种风险因素错综复杂，使风险程度加大。

2. 工程保险的保障范围具有综合性

工程保险针对承保风险的特殊性提供的保障具有综合性，工程保险的主要责任范围一般由物质损失部分和第三者责任部分构成。同时，工程保险还可以针对工程项目风险的具体情况提供运输过程中、工地外储存过程中、保证期过程中等针对各类风险的专门保障。

传统的财产保险只承保列明的少数风险，而工程保险的许多险种都冠以“一切险”，即除条款列明的除外责任外，保险人对保险期间工程项目因一切突然和不可预料的外来原因所造成的财产损失、费用和责任，均予赔偿。

现代工程项目集中了先进的工艺、精密的设计和科学的施工方法，使工程造价猛增，工程项目本身就是高价值、高技术的集合体，从而使工程保险承保的风险基本上都是巨额风险。从工程保险的风险范围分析，由于工程项目的周期相对较长，其风险范围就不仅仅局限于工程的进行过程，还包括工程的验收期和使用的保证期所面临的风险。

3. 工程保险的被保险人具有广泛性

在传统财产保险中，投保人是单个的法人或自然人，一般在保险人签发保险单后即成为被保险人。而在工程保险中，由于同一个工程项目涉及多个具有经济利害关系的人，包括业主、主承包商、分包商、设备供应商、设计商、技术顾问、工程监理等，均对该工程项目承担不同程度的风险。所以，凡对于工程保险标的具有保险利益者，均具备对该工程项目进行投保的投保人资格，并且均能成为该工程保险中的被保险人，受保险合同及交叉责任条款的规范和制约。

4. 工程保险的保险期限具有不确定性

普通财产保险的保险期限是相对固定的，通常是一年。而工程保险的保险期限一般是根据工期确定的，往往是几年，甚至十几年。与普通财产保险不同的是工程保险保险期限的起止点也不是确定的具体日期，而是根据保险单的规定和工程的具体情况确定的。为此，工程保险采用的是工期费率，而不是年度费率。

建安工程保险采用工期保险单，即建安工程保险的保险期间一般按工期计算，自工程开工之日起至工程竣工之日为止。如果是建筑大型综合性工程，有的项目是分期施工并交付使用，因而各个项目的期限有先有后，有长有短。同时，建安工程保险还可以加保保证期保险，对此类保险期限又有特别的要求。因此，建安工程保险的责任期限比传统的财产保险要复杂得多。

5. 工程保险的保险金额具有变动性

工程保险与普通财产保险不同的另一个特点是：财产保险的保险金额在保险期限内是相对固定不变的，但是，工程保险的保险金额在保险期限内是随着工程建设的进度不断增长的。所以，在保险期限内的任何一个时点，工程保险的保险金额是不同的。

在建筑工程保险中，通常包含着安装项目，如房屋建筑中的供电、供水设备安装等，而在安装工程保险中一般又包含着建筑工程项目，如安装大型机器设备就需要进行土木建筑打好座基等。因此，这类业务内容多有交叉，经营上也有相通性。

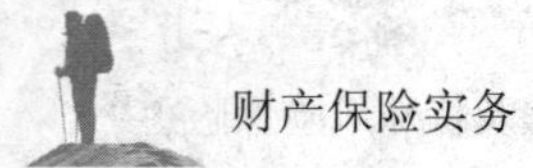

6. 工程保险一般采用招投标的方式

国内工程项目承保方式既有直接承保方式，也有通过保险经纪等中介机构办理保险的方式，在一些大型工程项目保险中采用招投标的方式是比较常见的。工程保险招投标是财产保险市场呼唤公平交易应运而生的一种有组织的保险交易方式。招标人（投保人）对于工程保险的投标人即承保人是否符合中标的条件，主要从保险公司资质、展业领域或地域、承保能力（包括保险赔付能力）、承保经验、独立承保或共同承保、保险费（率）、保险责任、服务承诺、优惠条件乃至风险评估及风险管理方面是否有合理化建议等方面来进行审核。

三、建工险的适用范围

建筑工程保险，简称建工险，是以土木建筑为主体的民用、工业用和公共事业用的工程在整个建筑期间因自然灾害和意外事故造成的物质损失，以及被保险人对第三者依法应承担的赔偿责任为保险标的的保险。建筑工程保险承保的是各类建筑工程。在财产保险经营中，建筑工程保险适用于各种民用、工业用和公共事业用的建筑工程，如房屋、道路、水库、桥梁、码头、娱乐场、管道以及各种市政工程项目的建筑。这些工程在建筑过程中的各种意外风险，均可通过投保建筑工程保险而得到保险保障。

建筑工程保险的被保险人大致包括以下几方：①工程所有人，即建筑工程的最后所有者。②工程承包人，即负责承建该项工程的施工单位，可分为主承包人和分承包人，分承包人是向主承包人承包部分工程的施工单位。③技术顾问，即由所有人聘请的建筑师、设计师、工程师和其他专业顾问，代表所有人监督工程合同执行的单位或个人。④其他关系方，如贷款银行或债权人等。当存在多个被保险人时，一般由一方出面投保，并负责支付保费，申报保险期间风险变动情况，提出原始索赔等。

在一般情况下，建筑工程险的投保人多为所有人或承包人（或主承包人）。当存在多个被保险人时，对每一个被保险人的赔偿以不超过其对保险标的的保险利益为限，必要时可附批单说明接受赔偿各方的顺序和金额。由于建筑工程保险的被保险人不止一个，而且每个被保险人各有其本身的权益和责任需要向保险人投保，为避免有关各方相互之间的追偿责任，大部分建筑工程保险单附加交叉责任条款，其基本内容就是：各个被保险人之间发生的相互责任事故造成的损失，均可由保险人负责赔偿，无须根据各自的责任相互进行追偿。

【知识链接】 建筑工程的承包及投保方式

（1）全部承包方式。所有人将工程全部承包给某一施工单位，该施工单位作为承包人（或主承包人）负责设计、供料、施工等全部工程环节，最后以钥匙交货方式将完工的建筑物交给所有人。在此方式中，由于承包人承担了工程的主要风险责任，故而一般由承包人作为投保人。

（2）部分承包方式。所有人负责设计并提供部分建筑材料，施工单位负责施工并提供部分建筑材料，双方各承担部分风险责任。此时可由双方协商，推举一方为投保人，并在合同中写明。

（3）分段承包方式。所有人将一项工程分成几个阶段或几部分分别向外发包，承包人之间是相互独立的，没有契约关系。此时，为避免分别投保造成的时间差和责任差，应由所有人出面投保建筑工程险。

（4）施工单位只提供服务的承包方式。所有人负责设计、供料和工程技术指导；施工单位只提供劳务，进行施工，不承担工程的风险责任。此时应由工程所有人投保。

四、建工险的保险金额

建筑工程保险的标的范围很广泛，但概括起来仍可归纳为物质财产本身和第三者责任两类。物质财产本身包括建筑、安装工程，机器及附属设备、工具，工程所有人提供的物料，现成建筑物和场地清理费等。第三者责任是指在保险有效期内，因发生意外事故造成工地及邻近地区的第三者人身伤亡或财产损失，依法应由被保险人承担的赔偿责任和因此而支付的诉讼费及经保险人书面同意的其他费用。为了方便确定保险金额，建筑工程险保单明细表中列出的保险项目通常包括物质损失、特种风险赔偿、第三者责任三个部分。

（一）物质损失

1. 建筑工程

建筑工程包括永久性和临时性工程及工地上的物料。该项目是建筑工程险的主要保险项目，包括建筑工程合同内规定建筑的建筑物主体，建筑物内的装修设备，配套的道路、桥梁、水电设施、供暖取暖设施等土木建筑项目，存放在工地上的建筑材料、设备，临时的建筑工程等。建筑工程的保险金额为承包工程合同的总金额，即建成该项工程的实际造价，包括设计费、材料设备费、运杂费、施工费、保险费、税款及其他有关费用。

2. 物料和项目

该项是指未包括在上述建筑工程合同金额中的工程所有人提供的物料及负责建筑的项目。该项保险金额应按这一部分的重置价值确定。

3. 安装工程项目

该项是指未包括在承包工程合同金额内的机器设备安装工程项目，如办公大楼内发电取暖、空调等机器设备的安装工程。如果这些设备安装工程已包括在承包工程合同内，则无须另行投保，但应在保单中予以说明。该项目的保险金额按重置价值计算，应不超过整个工程项目保险金额的20%。若超过20%，则按安装工程保险费率计收保费。超过50%的，则应单独投保安装工程保险。

4. 建筑设备

建筑设备是指施工用的各种机器、装置及设备，如起重机、打桩机、铲车、推土机、钻机、供电供水设备、水泥搅拌机、脚手架、传动装置、临时铁路等机器设备。该类财产一般为承包人所有，不包括在建筑工程合同价格之内，因而应作为专项承保。这部分财产应在清单上列明名称、型号、规格、制造厂家、出厂年月和保险金额。其保险金额按重置价值确定，即重置与原来相同或相近的机器设备的价格，包括出厂价、运费、保险费、关税、安装费及其他必要的费用。

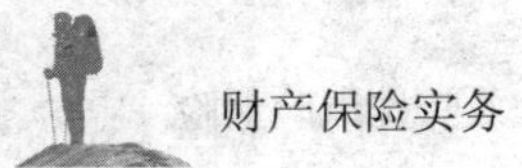

5．工地内建筑物

工地内建筑物是指不在承保工程范围内的，归所有人或承包人所有的或其保管的工地内已有的建筑物或财产。该项保险金额可由保险双方当事人协商确定，但最高不得超过其实际价值。

6．场地清理费

场地清理费是指发生保险责任范围内的风险所致损失后为清理工地现场所支付的费用。该项费用一般不包括在建筑合同价格内，需单独投保。对大工程的该项保额一般不超过合同价格的5%，对小工程的该项保额不超过合同价格的10%。本项费用按第一危险赔偿方式承保，即发生损失时，在保险金额内按实际支出数额赔付。

7．其他财产

其他财产是指不能包括在以上6项范围内的所有人或承包人在工地上的其他可保财产。如需投保，应列明名称或附清单于保单上。其保险金额可参照以上6项的标准由保险双方协商确定。

（二）特种风险赔偿

特种风险是指保单明细表中列明的地震、海啸、洪水、暴雨和风暴，特种风险赔偿则是对保单中列明的上述特种风险造成的各项物质损失的赔偿。为控制巨灾损失，保险人对保单中列明的特种风险必须规定赔偿限额。

凡保单中列明的特种风险造成的物质损失，无论发生一次或多次保险事故，其赔款均不得超过该限额。其具体限额主要根据工地的自然地理条件、以往发生该类灾害的记录、工程期限的长短以及工程本身的抗灾能力等因素来确定，一般为物质损失总保险金额的50%～80%。这些百分比均应折算成具体金额表示，但对于特种风险不大或基本没有的地区，可不作规定。特种风险赔偿限额的规定与免赔额的规定类似，在一定程度上减少了保险人的风险责任，因此，特种风险赔偿限额设定的高低也会对保险费率的厘定产生直接影响，并与保险费率成反向相关关系。

（三）第三者责任

建筑工程险的第三者责任是指被保险人在工程保险期内因意外事故造成工地及工地附近的第三者人身伤亡或财产损失依法应负的赔偿责任。第三者责任采用赔偿限额，赔偿限额由保险双方当事人根据工程责任风险的大小商定，并在保险单内列明。

五、建工险的保险责任

建筑工程保险的保险责任相当广泛，概括起来分为物质部分和第三者责任部分的保险责任，物质部分还可分为基本保险责任和附加特别保险责任。

（一）物质部分的保险责任

建工险物质部分的保险责任分为基本保险责任和附加特别保险责任，基本保险责任承保的造成物质损失的风险有自然灾害、意外事故和人为灾害三大类。

1．列明的自然灾害

包括洪水、潮水、水灾、地震、海啸、暴雨、风暴、雷电、雪崩、地陷、山崩、冻灾、冰雹及其他自然灾害（如泥石流、龙卷风、台风等）。

2．列明的意外事故

建筑工程保险承保的意外事故有：火灾、爆炸；飞机坠毁、飞机部件或物体坠落；原材料缺陷或工艺不善所引起的事故；除外责任以外的其他不可预料的和突然的事故以及在发生保险责任范围的事故后，现场的必要清除费用，在保险金额内，保险人可予赔偿。

原材料缺陷是指所用的建筑材料未达到既定标准，在一定程度上属于制造商或供货商的责任。这种建筑材料的缺陷必须是通过正常技术手段或在正常技术水平下无法发现的，否则，如果明知有缺陷而使用造成的损失，则属故意行为所致，保险人不予赔偿。工艺不善是指原材料的生产工艺不符合标准要求，尽管本身没有缺陷，但在使用时会导致事故发生。本条款责任仅负责由于原材料缺陷或工艺不善造成的其他保险财产的损失，对原材料本身损失不予赔偿。

3．人为风险

建筑工程保险承保的人为风险有盗窃，工人或技术人员缺乏经验、疏忽、过失、恶意行为。其中，盗窃是一切明显的偷窃行为或暴力抢劫造成的损失，但其必须是非被保险人或其代表授意或默许的，否则不予负责。工人、技术人员缺乏经验、疏忽、过失、恶意行为是建筑工程保险较大的风险之一，对于工人、技术人员恶意行为造成的损失必须是非被保险人或其代表授意、纵容或默许的，否则，便是被保险人的故意行为，不予赔偿。

除建筑工程保险有关物质部分的基本保险责任外，有时因投保人的某种特别要求或因工程有其特殊性质需要还可增加额外的风险保障，从而通常还可在基本保险责任项下附加特别保险责任。物质部分的附加保险责任可供选择的条款一般有：罢工、暴乱、民众骚乱条款；工地外储存物质条款；有限责任保证期条款；扩展责任保证期条款；机器设备试车条款；使用、移交财产条款等。

（二）第三者责任部分的保险责任

建筑工程保险第三者责任部分的保险责任范围包括：在保险期间因建筑工地发生意外事故造成工地及邻近地区的第三者人身伤亡和财产损失且依法应由被保险人承担的赔偿责任，以及事先经保险人书面同意的被保险人因此而支付的诉讼费用和其他费用，但不包括任何罚款。其中，建筑工程第三者责任险的第三者是除所有被保险人及其与工程有关的雇员以外的自然人和法人。赔偿责任是被保险人在民法项下应对第三者承担的经济赔偿责任，不包括刑事责任和行政责任。赔偿责任不得超过保险单中规定的每次事故赔偿限额或保单有效期内累计赔偿限额。

若一项工程中有两个以上被保险人，为避免被保险人之间相互追究第三者责任，则由被保险人申请，经保险人同意可加保交叉责任条款。该条款规定，除所有被保险人的雇员及可在工程保险单中承保的物质标的外，保险人对保险单所载每一个被保险人均视为单独承保的被保险人，对他们的相互责任而引起的索赔，保险人均视为第三者责任赔偿，不得向负有赔偿责任的被保险人追偿。

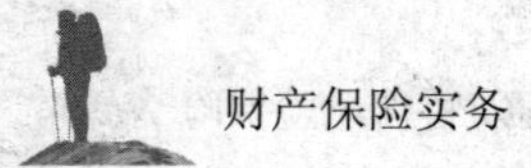

六、建工险的除外责任

同保险责任一样，建筑工程保险的除外责任也分为物质部分和第三者责任部分的除外责任，各有其特定的内容。

（一）物质损失部分的除外责任

建工险物质损失部分的除外责任可分为两类：一类是与火灾保险共有的除外责任，一类是建筑工程险特有的除外责任。前者可以参考企财险部分，后者具体包括下列7项。

（1）错误设计引起的损失、费用或责任。建筑工程的设计通常是由被保险人自己或其委托的设计师进行的，因此，设计错误引起的损失、费用等被视为被保险人的责任，故保险人不予负责。同时，设计师的责任可通过相应的职业责任险提供保障。

（2）换置、修理或矫正标的本身原材料的缺陷或工艺不善所支付的费用。因为保险责任只负责原材料缺陷或工艺不善造成的其他保险财产的损失，而换置、修理或矫正原材料本身的缺陷所产生的一切费用属于制造商或供应商责任，所以保险人不予负责。

（3）非外力引起的机械或电器装置的损坏或建筑用机器、设备装置失灵。建筑工程保险承保土木工程财产的一切风险，但对任何机器设备本身的原因所致的损失一概除外，对由于外来原因导致的机器设备损失，可予以赔偿。

（4）全部停工或部分停工引起的损失、费用或责任。在建筑工程长期停工期间造成的一切损失，保险人不予赔偿。如果停工时间在1个月内，并且被保险人在工地现场采取了有效的安全防护措施，经保险人事先书面同意，可不作本条停工论处。对于工程的季节性停工也可不作停工论处。

（5）保单中规定应由被保险人自行负担的免赔额。保险单的明细表中规定有免赔额，免赔额以内的损失由被保险人自负；损失超过免赔额的部分由保险人负责。

（6）领有公共运输用执照的车辆、船舶、飞机的损失。因该类运输工具的行驶区域不限于建筑工地范围，应投保各种运输工具险予以保障。

（7）建筑工程保险的第三者责任险条款规定的责任范围和除外责任。由于保险标的不同，其遭受的风险各异，因而对一些特殊的保险标的除上述责任免除外，保险人还有必要规定特别责任免除以限制其责任。常用的物质部分特别责任免除条款主要有隧道工程特别责任免除条款和大坝水库工程特别责任免除条款。

（二）第三者责任部分的除外责任

（1）明细表中列明的应由被保险人自行承担的第三者物质损失的免赔额，但对第三者人身伤亡不规定免赔额。

（2）领有公共运输用执照的车辆、船舶、飞机造成的事故，因本项内的事故应由有关的运输工具第三者责任险承担。

（3）被保险人或其他承包人在现场从事有关工作的职工的人身伤亡和疾病，被保险人及其他承包人或他们的职工所有或由其照管、控制的财产损失。因为这些人均不属于建筑工程保险中的第三者范围。

（4）由于震动、移动或减弱支撑而造成的其他财产、土地、房屋的损失或由于上述原因造成的人身伤亡或财产损失。因本项内的事故多属工地上常见的属于设计和管理方的事故，为使被保险人恪尽职守，所以除外。但若被保险人对该类责任有特别要求，则可作为特约责任加保。

（5）被保险人根据与他人的协议支付的赔偿或其他款项。本项属于契约责任，是一种常规的责任免除，因它不是被保险人的法律责任，而是通过被保险人与他人的契约规定而承担的责任。

【拓展阅读】　工程保险风险调查实地查勘内容

工程保险风险调查实地查勘的主要内容有：

（1）工地的地理位置、地势及周围环境。例如工地的位置是居高临下还是位于低洼之处，是闹市区还是乡村，是否靠近江、河、湖、海；工地所处的地势相对于某种自然灾害而言是开放型还是遮蔽型；工地附近现有的建筑物及公共设施的情况，道路和运输条件等。

（2）工地内有无现成建筑物或其他财产，其所处的位置和现有物理状况。

（3）储存物资的库场的建筑状况及其所处的位置，物资运输的距离和方式。

（4）工地的管理状况及安全防范措施。例如有无设置围墙，有无聘用门卫和巡逻警卫，有无防火、防水、防盗窃的设备和措施，临时工棚的密集度，工地的日常管理情况，是否允许外人进入等。

（5）工地周围的人文条件。如居民对该项工程的接受态度，附近社区的管理水平，人口密集程度等。

（6）工地的抗灾能力。如对洪水的防御能力，附近消防站的数量、灭火能力、最近的距离和行车时间，有无自然消防水源等。

（7）施工单位（承包商）的资质情况及对同类工程的施工经验。

七、建工险的保险费率

（一）厘定建筑工程保险费率的依据

建筑工程保险没有固定的费率表，每个建筑工程项目的费率主要根据以下因素确定。

（1）保险责任范围的大小。它与保险费率成正比，若保险责任范围大，则保险费率高；反之，则保险费率低。如保险人负责的风险数量、有无巨灾风险、发生频率以及可能造成的损害后果等；若承保地震、洪水等特种风险，则应考虑此类风险以前发生的记录，还应考虑特种风险限额和免赔额。

（2）工程本身的危险程度。工程的危险程度主要包括工程的种类、性质、建筑结构、建筑高度；工地及邻近地区的自然地理条件，特别风险发生的可能性，最大可能损失程度；工期长短及施工季节，保证期长短及其责任大小；施工现场安全防护及管理情况等条件。

（3）承包人及其他工程关系方的资信、经营管理水平及经验等条件。

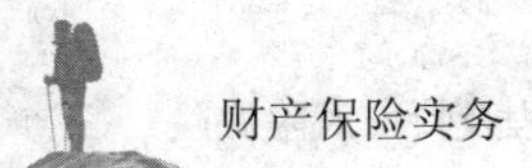

（4）保险人本身以往承保同类工程的损失记录。

（5）工程免赔额的高低及第三者责任和特种风险的赔偿限额。免赔额的高低与费率成反比例关系；第三者责任和特种风险的赔偿限额则与费率成正比例关系。

总之，厘定费率一定要根据每一工程的具体情况和承保条件而定，既要考虑到保险人的经营状况，也要考虑市场的竞争状况。如建筑用机器、设备和装置，因其具有流动性强、一般短期使用、旧机器多、损耗大、小事故多的特点，因而其费率较高且按年费率计算。

（二）建筑工程保险费率的组成

由于建筑工程的同一工程的不同保险项目的风险程度不一，尤其是大型工程，因而应分项确定。建筑工程保险的费率一般由以下几个方面组成。

（1）建筑工程所有人提供的物料及项目、安装工程项目、场地清理费、工地内已有的建筑物、所有人或承包人在工地的其他财产等为一个总的费率，整个工期实行一次性费率。

（2）建筑用机器、装置及设备为单独的年度费率，如保期不足1年，按短期费率计收保费。

（3）保证期费率，实行整个保证期的一次性费率。

（4）各种附加保险增收费率，实行整个工期一次性费率。

（5）第三者责任险，实行整个工期一次性费率。

对于一般性的工程项目，为方便起见，在费率构成考虑以上因素的情况下，可以只规定整个工期的平均一次性费率。但在任何情况下，建筑用施工机器装置及设备必须单独以年费率为基础开价承保，不得与总的平均一次性费率混在一起。

八、建工险的赔偿处理

（一）索赔

被保险人索赔过程中需要注意以下几点。

（1）出险后及时通知保险人。在发生引起或可能引起保险责任项下的索赔时，被保险人或其代表应立即通知保险人，通常在7天内或经保险人书面同意延长的期限内以书面报告提供事故发生的经过、原因和损失程度。

（2）保险事故发生后，被保险人应立即采取一切必要措施防止损失的进一步扩大并将损失降低到最低限度。

（3）在保险人的代表进行查勘之前，被保险人应保留事故现场及有关实物证据。

（4）按保险人的要求提供索赔所需的有关资料。

（5）在预知可能引起诉讼时，立即以书面形式通知保险人，并在接到法院传票或其他法律文件后，将其送交保险人。

（6）未经保险人书面同意，被保险人或其代表对索赔方不得作出任何承诺或拒绝、出价、约定、付款或赔偿。

（二）理赔

1. 物质损失部分赔偿金额

（1）部分损失。按将被保险财产修复至其基本恢复受损前状态所需的费用扣除残值和免赔额后的金额为准。修复费用可包括修复所需的材料、运费、工资、机械工作费用。如修复费用超过受损的保险标的的保险金额，对于超过部分，保险公司不负责赔偿。

（2）全部损失。全部损失的赔偿金额以被保险财产损失前的实际价值扣除残值和免赔额后的金额为准。最高赔偿金额以不超过受损财产的保险金额为限。

对于保险事故发生后，被保险人以防止或减少保险标的损失所支付的必要的、合理的施救费用，其赔偿要在保险单中详细规定。但事故发生前被保险人为防止或减少事故发生而支付的预防费用以及消防部门及其他公共机关为防止或减轻损失扩大的行为所运行的费用不应包括在内。

若受损被保险财产的保险金额低于对应的保险价值时，应按保险单中保险项目的保险金额与保险价值的比例赔偿，即：

实际赔款 = 赔偿金额×某项目现行保险金额/某项目的保险价值

2. 三者责任赔偿部分赔偿金额

被保险人支付受害人的赔偿金额加上被保险人在取得保险人的认可后支付的诉讼费、仲裁、和解或调停所需的费用和支付给律师的报酬，并从中扣除保单规定的免赔额，即为责任赔偿部分的赔偿金额。

教学活动2　认识安装工程保险

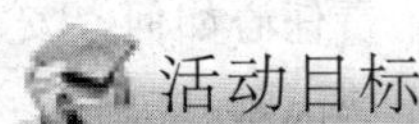

活动目标

通过本部分的教学活动，熟练掌握安装工程保险与建筑工程保险的区别与联系，理解其真正含义，并可以在保险实务中加以正确应用。

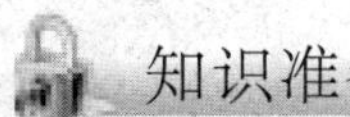

知识准备

一、安装工程保险的概念

安装工程保险，简称安工险，是指以各种大型机器设备的安装工程项目在安装期间因自然灾害和意外事故造成的物质损失，以及被保险人对第三者依法应承担的赔偿责任为保险标的的保险，简称安工险。它是同建筑工程保险一起发展起来的一种工程保险，与建筑工程保险同属综合性的工程保险业务。

二、安装工程保险的特点

（一）以安装工程项目为主要的承保对象

安装工程保险以安装项目为主体的工程项目为承保对象。虽然大型机器设备的安装需要进行一定范围及一定程度的土木建筑，但安装工程保险承保的安装项目始终在投保工程建设中占主体地位，其价值不仅大大超过与之配套的建筑工程，而且建筑工程的本身亦仅仅是为安装工程服务的。

（二）保险金额在保险期间内的变化不大

建筑工程保险的保险标的是土建工程，遵循着一个从无到有的发展过程；保险标的的价值随着工程的进度逐步增加，相应的风险责任也随着保险标的价值的增加而增加，必然会导致危险越来越集中；而安装工程保险的保险标的的价值在整个保险期限内其实是基本没有发生很大变化的，所以在保险期限内危险程度的变动不大。

（三）风险集中在试车、考核和保证阶段

在建筑工程保险中，保险风险责任一般贯穿于施工过程中的每一环节，即无论是施工初期还是完工时期均有发生各种风险事故的可能。然而，在安装工程保险中，只要机器设备未正式运转，许多风险就不易发生。虽然风险事故的发生与整个安装过程有关，但只有到安装完毕后的试车、考核和保证阶段，各种问题及施工中的缺陷才会充分暴露出来。因此，安装工程事故也大多发生在安装完毕后的试车、考核和保证阶段。

（四）承保的风险中主要是针对人为风险

各种机器设备本身是技术产物，承包人对其进行安装和试车更是专业技术性很强的工作，在安装工程施工过程中，机器设备本身的质量如何，安装者的技术状况如何，责任心如何，安装中的电、水、气供应以及施工设备、施工方式方法等均是导致风险发生的主要因素。因此，安装工程虽然也面临着自然风险，保险人也承保着多项自然风险，但与人的因素有关的风险却是该险种中的主要风险。

三、安装工程保险的适用范围

安装工程保险的承保项目主要是指安装的机器设备及其安装费，凡属安装工程合同内要安装的机器、设备、装置、物料、基础工程（如地基等）以及为安装工程所需的各种临时设施（如临时供水、供电、通信设备等）均包括在内。此外，为完成安装工程而使用的机器、设备等，以及为工程服务的土木建筑工程、工地上的其他财物、保险事故后的场地清理费等，均可作为附加项目予以承保。安装工程保险的第三者责任保险与建筑工程保险的第三者责任保险相似，既可以作为基本保险责任，也可作为附加保险责任或扩展保险责任。

同建筑工程保险一样，所有对安装工程保险标的具有保险利益的人均可成为被保险人，均可投保安装工程保险。安装工程保险的被保险人主要包括以下几方：①工程所有人。②工程承

包人，包括主承包人和分承包人。③供货人，即负责提供被安装机器设备的一方。④制造商，即被安装机器设备的制造人。如果供货人和制造人为同一人，或者制造人和供货人为共同被保险人，在任何条件下，安装工程险对制造人风险的直接损失都不予负责。⑤技术顾问。⑥其他关系方，如贷款银行或其他债权人等。

四、安装工程保险的保险金额

安装工程保险的标的范围很广，但与建筑工程保险一样，也可分为物质财产损失和第三者责任两类。物质财产损失包括安装项目、土木建筑工程项目、场地清理费、所有人或承包人在工地上的其他财产。第三者责任则是指在保险有效期内，因在工地发生意外事故造成工地及邻近地区的第三者人身伤亡或财产损失，依法应由被保险人承担的赔偿责任和因此而支付的诉讼费及经保险人书面同意的其他费用。

上述各项保险金额之和即为该安装工程保险的保险金额。为了方便确定保险金额，安装工程保险保单明细表中列出的保险项目通常也包括物质损失、特种风险赔偿、第三者责任三个部分，后两项的内容和赔偿限额的规定均与建筑工程保险相同。安装工程保险的物质损失部分包括以下五项，这五项保险金额之和即构成安工险物质损失部分总的保险金额。

1．安装项目

这是安装工程保险的主要保险标的，包括被安装的机器设备、装置、物料、基础工程（地基、座基）以及安装工程所需的各种临时设施，如水、电、照明、通信等设施。其大致分三类：①新建工厂、矿山或某一车间生产线安装的成套设备。②单独的大型机械装置，如发电机组、锅炉、巨型起重机等的组装工程。③各种钢结构建筑物，如储油罐、桥梁、电视发射塔之类的安装管道、电缆的敷设工程等。

安装项目保险金额的确定与承包方式有关。若采用完全承包方式，则为该项目的承包合同价；若由所有人投保引进设备，保险金额应包括设备的购货合同价加上国外运费和保险费（FOB合同）、国内运费和保险费（CIF合同）以及关税和安装费（包括人工费、材料费）。安装项目的保险金额一般按安装合同总金额确定，待工程完毕后再根据完毕时的实际价值调整。

2．土木建筑工程项目

这是指新建、扩建厂矿必须有的工程项目，如厂房、仓库、道路、水塔、办公楼、宿舍、码头、桥梁等。土木建筑工程项目的保险金额应为该项工程项目建成的价格，包括设计费、材料设备费、施工费、运杂费、保险费、税款及其他有关费用等。这些项目一般不在安装工程内，但可在安装工程内附带投保。其保险金额不得超过整个安装工程保额的20%。超过20%时，按建筑工程险费率收保费；超过50%时，则需单独投保建筑工程保险。

3．场地清理费

保险金额由投保人自定，并在安装工程合同价外单独投保。对于大工程，一般不得超过工程总价值的5%；对于小工程，一般不得超过工程总价值的10%。

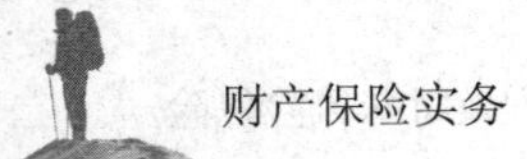

4．为安装工程施工用的承包人的机器设备

其保险金额按重置价值计算。

5．所有人或承包人在工地上的其他财产

主要指除上述四项以外的保险标的，大致包括安装施工用机具设备、工地内现成财产等。保险金额按重置价值计算。

【拓展阅读】 工程保险风险评估资料收集

工程保险进行风险评估需收集的主要资料有：

（1）工程设计书和主要的结构图。通过这些资料可以了解工程的性质、特点、施工方法及其可靠程度、抵抗灾害的能力等。

（2）工程地质报告及当地水文气象资料。通过这些资料可以了解工地的自然地理条件和邻近地区的环境条件，分析工程施工的危险程度和对第三者可能造成的损失等。

（3）工程进度表。可了解工程在各个不同时期的进展情况以及施工风险在时间上的分布，包括工程的期限、各个阶段的进度、试车期和保证期的具体要求等。

（4）工地略图。可以了解工程的整体布局，为防范风险及确定最大可能损失提供依据。

（5）工程承包合同。可了解与工程有关的一些内容，包括工程各关系方的名称、在工程中扮演的角色、相互之间的工作关系以及各自应承担的责任和义务等。

（6）工程金额明细表。可以了解工程的总造价、各个分项的造价、各项物料和机器设备的价值、设计、施工、运输、关税等费用的构成情况等。

在收集以上资料的同时，还应到施工现场进行实地查勘，了解项目的风险环境资料，为承保方案的制定提供依据。

五、安装工程保险的保险责任

安装工程保险在保险责任规定方面与建筑工程保险略有区别。安装工程保险物质部分的保险责任除与建筑工程保险的部分相同外，一般还有以下内容：

（1）安装工程出现的超负荷、超电压、碰线、电弧、走电、短路、大气放电及其他电器引起的事故。

（2）安装技术不善引起的事故。技术不善是指按照要求安装但没达到规定的技术标准，在试车时出现损失．这是安装工程保险的主要责任之一。承保这一责任时，应要求被保险人对安装技术人员进行技术评价，以保证技术人员的技术水平能适应被安装机器设备的要求。

除安装工程保险有关物质部分的基本保险责任外，有时因投保人的某种特别要求或因工程有其特殊性质需要增加额外的风险保障，通常可在基本保险责任项下附加保险责任。物质部分的附加保险责任可供选择的条款一般有：罢工、暴乱、民众骚乱条款，工地外储存物质条款，有限责任保证期条款，扩展责任保证期条款，使用、移交财产条款等。

安装工程第三者责任险的保险责任与建筑工程第三者责任险相同。若一项工程中有两个以上被保险人，为了避免被保险人之间相互追究第三者责任，由被保险人申请，经保险人同意，可加保交叉责任险。

六、安装工程保险的除外责任

安装工程保险物质部分的除外责任多数与建筑工程保险相同，所不同的是：建筑工程保险将设计错误造成的损失一概除外；而安装工程保险对设计错误本身的损失除外，对由此引起的其他保险财产的损失予以负责。安装工程第三者责任险的除外责任与建筑工程第三者责任险的除外责任相同。

七、安装工程保险的保险费率

决定安装工程保险费率的因素同建筑工程保险基本相似，也由几部分组成，除试车期为单独的一次性费率、安装用机器设备为单独的年度费率外，其他项目均为整个工期的一次性费率。具体而言，安装工程保险的费率主要由以下各项组成：

（1）安装项目。土木建筑工程项目、所有人或承包人在工地上的其他财产及清理费为一个总的费率，整个工期实行一次性费率。

（2）试车为一个单独费率，是一次性费率。

（3）保证期费率，实行整个保证期一次性费率。

（4）各种附加保障增收费率，实行整个工期一次性费率。

（5）安装、建筑用机器、装置及设备为单独的年费率。

（6）第三者责任险，实行整个工期一次性费率。

八、安装工程保险的赔偿处理

（一）赔偿方式

安装工程保险的保险标的发生保险责任范围内的损失后，保险人可以选择现金、修复或置换方式负责赔偿。

（二）赔偿金额

安装工程保险部分物质损失的赔偿金额按将被保险财产修复至其基本恢复受损前状态所需的费用扣除残值和免赔额后的金额为准。修复费用包括材料费、加工费、检查费用等。但应注意下列费用不应包括在内，如尚未蒙受损失部分的检查清理费用，非保险复原修理费，拆卸处理费，修复后的试运转费，由于改变样式、改良性能所增加的费用，研究恢复受损保险标的方法的费用，恢复工作停止或停工期间的费用等。

财产损失的赔偿金额以被保险财产损失前的实际价值扣除残值和免赔额后的金额为准。若受损被保险财产的保险金额低于对应的保险价值时，也要按比例赔偿。具体如下：

实际赔款 ＝ 赔偿金额×某项目现行保险金额/某项目的保险价值

安装工程保险全部损失赔偿金额的计算和三者责任赔偿金额的计算，都与建筑工程保险相同。

九、建筑安装工程保险的扩展条款

建筑安装工程保险涉及的保险期都比较长，而且保险标的的价值都比较大，涉及的发生多种风险事故可能性就相对增加了，所以随之产生了很多的扩展条款。下面仅就其中较为常见和重要的几种加以介绍。

（一）罢工、暴乱及民众骚乱扩展条款

兹经双方同意，鉴于被保险人已缴纳了附加的保险费，本保险扩展承保由于罢工、暴乱及民众骚乱引起的损失。但本扩展条款仅负责由下列原因直接引起的保险财产损失：

（1）任何个人参与他人进行社会骚乱的活动（无论是否与罢工有关）。

（2）任何合法当局对该骚乱进行平息，或试图平息，或为减轻该骚乱造成的后果所采取的行动。

（3）任何罢工者为扩大罢工规模，或抵制厂房关闭工厂而采取的故意行为。

（4）任何合法当局为预防，或试图预防该故意行为，或为减轻该故意行为造成的后果所采取的行动。

（二）交叉责任扩展条款

兹经双方同意，鉴于被保险人已缴付了附加的保险费，本保险单第三者责任项下的保障范围将适用于本保险单明细表列明的所有被保险人，就如同每一位被保险人均持有一份独立的保险单，但本保险公司对被保险人不承担以下赔偿责任：

（1）已在或可在本保险单明细物质损失部分投保的财产损失，包括因免赔额或赔偿限额规定不予赔偿的损失。

（2）已在或应在劳工保险或雇主责任保险项下投保的被保险人雇员的疾病或人身伤亡。

本保险对所有被保险人由一次事故或同一事由引起的数次事故承担的全部责任不得超过保险单明细表中列明的每次事故的赔偿限额。

（三）有限责任保证期扩展条款

兹经双方同意，鉴于被保险人已缴付了附加的保险费，本保险单扩展承保以下列明的保证期间内因被保险的承包人为履行工程合同在进行维修保养的过程中所造成的被保险工程的损失。

（四）扩展责任保证期扩展条款

兹经双方同意，鉴于被保险人已缴付了附加的保险费，本保险扩展承保以下列明的保证期内因被保险的承包人为履行工程合同在进行维修保养的过程中所造成的保险工程的损失，以及在完工证书签出前的建筑或安装期内由于施工原因导致保证期内发生的保险工程损失。

（五）原有建筑物及周围财产扩展条款

兹经双方同意，鉴于被保险人已缴付了附加的保险费，本保险单明细表物质损失项下根据本扩展条款规定承保被保险财产在建筑、安装过程中由于震动、移动或减弱支撑，地下水位降低，基础加固，隧道挖掘，以及其他涉及支撑因素或地下土的施工而造成以下列明的建筑物突然的、不可预料的物质损失。

作为本保险公司承担赔偿责任的先决条件，被保险人在工程开工之前应向本公司提供书面报告以证实被保险工程开工前原有建筑及周围财产的状况良好，并已采取了必要的安全措施。

本公司不负责赔偿因工程设计错误造成下述建筑物的损失，以及既不损害建筑物的稳固又不危及使用者安全的裂缝损失。工程建筑期间，若需要采取进一步的安全措施，该项费用由被保险人自己承担。

（六）震动、移动或减弱支撑扩展条款

兹经双方同意，鉴于被保险人已缴付了附加的保险费，本保险单第三者责任项下扩展承保由于震动、移动或减弱支撑造成的第三者财产损失和人身伤亡责任，但以下列条件为限：

（1）第三者的财产、土地或建筑全部或部分的损失。

（2）被保险人在施工开始前，第三者的财产、土地或建筑物处于完好状态并采取了必要的防护措施。

（3）如经本公司要求，被保险人在施工开始之前应自负费用向本公司提供书面报告说明任何受到危及的第三者财产、土地或建筑物的情况。

【技能拓展】　工程保险建议书的写法

工程保险建议书一般具有如下内容，但是具体格式根据不同的保险公司规范要求和具体工程项目的不同可以有所区别。

（1）序或答谢函（字数不宜过多，内容相对固定）。

（2）工程或企业简介（企业坐落地点、资产情况、销售情况、企业规模、业内地位、人员情况、主要产品、行业属性、上级主管部门以及特殊任务的特殊荣誉等或工程简要描述（最好配有企业外景或主要产品或企业标志的图片）。

（3）工程或企业以前年度保险情况综述（如果能得到这方面的资料，做保险成本分析、损失原因分析，用图表更直观）。

（4）本保险建议的主要特点区别（险种、费率、责任、标的分解或整合等，如是续保业务，则比较其异同）。

（5）工程或企业风险点分析（最好要根据行业标准、已有经验分析），同时附带“风险调查表”。

（6）风险管理建议（根据上条的风险点分析制作风险管理建议，包括风险的避免、抑制、转移自担及保险转嫁。上条主要说明风险点及危害，这一条的目的是说明规避的方法和途径）。

（7）保险建议（险种推荐及主要保险责任的描述）。

（8）保险公司或经纪公司简介或者服务内容（篇幅应简短精要，内容相对固定，主要说明后续服务）。

（9）结束语等。

学习任务二 了解特殊风险保险

【学生任务】

- 要求每个学生课前预习相关内容，结合已经学习过的工程保险和火灾保险业务来理解特殊风险保险业务经营的相关内容，能够用自己的语言来简单描述特殊风险保险业务的特殊性所在。
- 要求每个学生提高课外阅读量，掌握行业发展的前沿趋势，结合本部分内容，说明再保险实务中特殊风险保险业务的再保险安排的必要性，根据自身的理解，结合案例在课堂提问中口头表达。
- 将学生随机分组，按小组选出典型回答在课堂上进行点评，学生间相互评出每一口头表达情况的优劣，教师进行综合评价。

【教师任务】

- 提示学生完成口头表达所需要关注的主要知识点，如船舶保险、航天保险、核能保险、危险单位、自留额的概念及内容，与相近的保险专业名词的区别与联系，保险相关业务的国际惯例等。
- 指导学生分组，在小组内对学生进行不同的分工，对学生口头表达作业完成情况及时进行跟进。
- 对各小组进行的课堂点评适时指导，对于选出的作业予以及时、客观、公正的评价，准备回答学生有可能提出的异议等。

教学活动 了解特殊风险保险

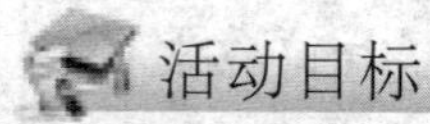

活动目标

通过本部分的教学活动，了解与熟悉目前保险行业内经营的特殊风险保险的种类及操作要点，掌握其关键因素，并能够使用自己的语言简单描述。

知识准备

一、船舶建造保险

船舶建造保险是以建造中的各类船舶和水上浮动物体为保险标的的保险。通常由承包人或船厂投保，船厂将保险费列入成本并承担交船前的风险，故国外又称之为建造人风险保险。在船舶建造保险中，被保险人包括船厂、船舶所有人和债权人。船舶建造保险是财产保险的一种，其承保的范围包括船舶在整个建造期间因陆上、海上各种风险造成船舶或浮动物体本身的物质损失，以及因此而引起的额外费用和对第三者的赔偿责任。

船舶建造保险期间通常是从准备材料开始，直到船舶下水为止。它是一种包括各个阶段如开工、上船台、下水、试航、交接等过程中的各项财产的综合保险，综合了工程保险、运输保险、船舶保险、责任保险、保赔保险和普通财产多种内容。在我国，中国人民保险公司在参照英国伦敦协会的《船舶建造保险条款》的基础上，于1982年3月制定发布了《船舶建造保险条款》。

（一）船舶建造保险的保险金额

船舶建造保险的保险标的包括建造船舶或海上装置的原材料、建造中的船壳和机器设备、承包人或分承包人提供的机器设备，以及民事损害赔偿责任。它由保险人在保险单中载明，保险单载明的内容根据投保单并经保险人核保后确定。投保人在投保船舶建造保险时，应填写投保单，列明船名、种类、尺寸、吨位、主机马力、船速、船东名称、合同价值、建造期限及进度、试航距离等事项。

船舶建造保险的保险金额按船舶或海上装置的建成价格或最后合同价格计算确定。在国际船舶建造保险市场上，由于价格变化等因素的影响，供货与订货双方签订的船舶建造合同在保险期内可能有变化，因此，投保人投保时只能以暂定价值作为保险金额，在船舶建成或确定最后合同价格后通知保险人调整保险金额，保险费也按最后确定的保险金额确定。对暂定价值超过或低于保险价值的部分，保险人退还或按比例加收保险费。若保险标的中途出险，则保险人一般以合同价作为赔付的最高限额。

同时，为了增强船舶建造人的责任心，督促其加强安全管理和提高建造项目的工程质量，保险人通常还要规定一定的绝对免赔额。

（二）船舶建造保险的保险责任

船舶建造保险所承担的风险责任实质上综合了建安工程保险、货物运输保险、船舶保险、保赔保险、责任保险、普通财产保险等业务的主要内容。船舶建造保险承保被建造船舶及其所有被列入该船舶保险价值内的一切材料、机械、设备和在造船厂范围内的装卸、运输、保管、安装，以及船舶下水、进出坞、停靠码头过程中，由于下列原因所造成的损失、费用和责任，保险人负责赔偿。

（1）船舶或海上装置在整个建造过程中（包括材料设备在承包人处所的装卸、运输、储

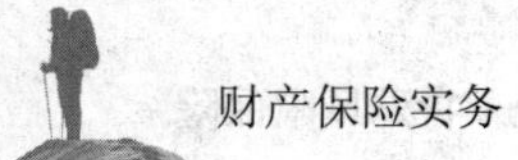

存、船体建造分段，船上各种机械设备的运输、吊装等一系列环节中）因遭受各种自然灾害和意外事故造成的损失和费用。其中，自然灾害是由于自然界的变化引起破坏力量所造成的灾害，如恶劣气候、雷电、流冰、海啸、地震、洪水等以及类似的灾害。意外事故是由于意外原因所导致的事故，如海上运输工具的搁浅、触礁、沉没、碰撞、失火、爆炸等以及类似的事故。

（2）由于船长、船员、引水员、造船人员的疏忽过失以及船壳和设备机件的潜在缺陷造成的损失和费用，保险船舶任何部分因设计错误而引起的损失（设计错误部分本身的损失和费用除外）。

（3）因船台、支架和其他类似设备的损坏或发生故障而造成的损失和费用。

（4）在保险船舶下水失败后为重新下水所产生的费用。

（5）为确定保险责任范围内损失所支付的合理费用，以及对船舶搁浅后为检查船底而支付的费用，即使没损失，保险人也予负责。

（6）共同海损牺牲和分摊以及救助费用。

（7）碰撞责任，即发生碰撞事故后，被保险船舶对被碰撞船舶及其所载货物、浮动物件、船坞、码头或其他固定建筑物损失和延迟，丧失使用的损失以及施救费用、共同海损和救助费用依法应负的赔偿责任，但以被保险船舶的保险金额为限。

（8）保赔责任，即被保险船舶遭受船舶建造保险责任范围内的损失事故后引起的清除被保险船舶残骸的费用和对第三者人身伤亡赔偿责任，可按我国保障与赔偿条款的有关规定给予赔偿，但以被保险船舶的保险金额为限。

（9）合理的诉讼费用，即在发生碰撞或其他事故后，被保险人在事先征得保险人书面同意后，力争以限制赔偿责任为目的所支付的诉讼费用。

（三）船舶建造保险的除外责任

船舶建造保险对下列损失、费用和责任，均不负赔偿责任：

（1）战争或类似战争行为，即由于战争、敌对行为、武装冲突、炸弹的爆炸、战争武器、没收、征用、罢工、暴动、民众骚动引起的损失、费用和责任以及任何人的恶意行为或政治动机所引起的任何损失。

（2）由于任何国家或武装集团的拘留、扣押、禁制，使航程受阻或丧失。

（3）核反应、辐射或放射性污染引起的损失或费用。

（4）由于被保险人故意或非法行为所造成的损失。

（5）对设计错误部分本身的修理、修改、更换或重建的费用及为了改进或更改设计所发生的任何费用，因为这属于职业责任保险所承保的风险。

（6）被保险人对雇用人员的死亡、伤残或疾病所应承担的责任和费用，因为这属于雇主责任保险所承保的风险。

（7）建造合同规定的罚款以及由于拒收和其他原因造成的间接损失，因为这些分别属于合同保证保险、营业中断保险所承保的风险。

（四）船舶建造保险的保险费率

保险人在厘定船舶建造保险的费率时，由于这项业务的国际性，一般参照英国伦敦保险联合委员会的造船险费率规章并根据当地的实际风险等确定。其考虑的因素主要有：建造中的船舶或海上装置的种类、规格，建造工期长短，承包人的技术、经营管理水平及经验，建造场所的自然条件和社会风险，试航区域的风险分布等。

在保险费计算方面，船舶建造保险通常由基本保费和工期保费两部分组成，前者是按不同类型船舶的费率收取的固定保险费，后者是按建造工期长短的月费率收取的保险费。其计算公式为：

保险费 ＝ 保额×（基本费率+建造月份×月费率）

二、海洋石油开发保险

海洋石油开发保险是以海洋石油工业从勘探到建成、生产整个开发过程中的风险为承保责任，以工程所有人或承包人为被保险人的一种科技工程保险。一方面，海洋石油开发保险的地理范围是在风险难测的海洋，提供保险的时间则包括海洋石油工业的整个开发过程。另一方面，海洋石油工业的开发又是当代最新科学技术的具体应用，属于现代高科技产业活动，从而使该保险业务的专业性、技术性特征更为明显。因此，海洋石油开发保险具有技术性强、条款复杂、险种繁多的特点，它客观上要求承保人具有较高的素质，既要有一定的石油开发风险管理知识，又要有一定的法律知识；既要有比较扎实的海上保险经验，又要掌握非水险业务的专门技术知识。

不仅如此，各国海洋石油开发公司一般设置有专门的风险与保险管理部门，它由具有丰富保险知识、技能和经验的专业人士组成，这意味着与承保人打交道的对手的高层次性和保险谈判的复杂性。因此，海洋石油开发保险对承保人提出了更高的要求，它要求承保人懂得海、陆、空有关方面的保险与技术知识。

（一）海洋石油开发保险的保障范围

1. 海洋风险

这是海洋石油开发所处的特定地理范围内的风险，如飓风、海啸等既是海洋石油开发面临的主要风险，也是海洋石油开发保险承保的主要风险，它造成的主要损害后果就是钻井平台、钻井船及其他海上设施的沉没及作业人员的伤亡。一般而言，一个大的海上油田的投资额在20亿美元以上，在近海钻一口油井也需要耗费上亿美元的投资，一旦发生沉没事故，损失将相当巨大。

2. 井喷

井喷是石油开发过程中的一种特殊的巨型风险，井喷的发生极易带来火灾，烧毁钻井设备与平台。如果不能有效控制，还会破坏地下资源和污染海洋环境，造成投下巨资的油井报废。即使能够使井喷得到控制，其控制费用也往往非常高昂。

3. 损害赔偿责任

海洋石油开发事故一旦发生，损害的不仅是作业者及承包人的财产物资和人身安全，往往

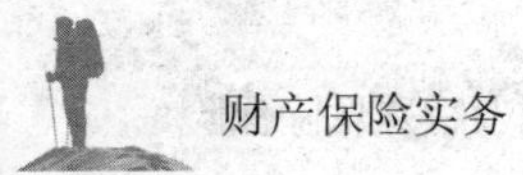

还将造成公害和第三者的人身、财产或利益的损失。如沉没造成的航道阻碍、井喷或渗漏造成的海洋环境污染等，依据各国民法及有关国际公约的规定，均需要由责任者负经济赔偿责任。因此，损害赔偿责任作为一种法律风险，也是海洋石油开发中经常遇到的风险，是保险人承保的一类主要风险。

4．火灾及其他事故

由于技术人员或操作人员的过失或粗心，容易酿成火灾、爆炸等各种风险事故，它们同样可能造成开发部门及作业者的重大损失，从而也是海洋石油开发保险中的一般承保责任。

（二）海洋石油开发保险的承保阶段

由于海洋石油工业开发是分阶段进行的，且只有在前一阶段的成果得到充分肯定后，才可能有下一阶段的继续，因此，海洋石油开发保险也必然要与之相适应，即分阶段进行。从海洋石油开发保险的实践出发，保险人的承保一般分为以下四个阶段。

1．勘探阶段的保险

普查勘探是海洋石油开发的基础阶段，一般由物理勘探队在选择好的水域进行探测，以寻找石油。由于勘探是在海洋中进行，作业者也是在船上工作，通过地震学原理得到海底层的图像。可见，海洋石油工业一开始就面临着海洋中的相关风险，从而需要保险人提供相应的风险保障。这一阶段的保险承保的是从勘探开始到勘探结束时的海上风险事故，主要包括勘探作业工具保险和勘探作业人员的人身意外保险等，保险责任亦是从勘探开始到勘探作业结束。

2．钻探阶段的保险

如果经过普查证实该海域有石油资源，开发部门就会在该海域进行钻探，以便证实预测结果是否正确。因此，钻探便成了海洋石油开发的第二个阶段。这一阶段的工作一般由专业的钻井承包人受雇承担钻探任务，其风险较普查阶段有了进一步的增加，尤其是各种钻井设备价值高昂，一旦发生事故，损失极为巨大。如一台半潜式钻井船的价值在20世纪70年代末约为2 000多万美元，到80年代以后即上升到1亿美元以上。保险人在这一阶段为保险客户提供的保险业务主要为钻井设备保险、费用保险及各种辅助钻探工具保险等，其责任期限一般从钻探开始到钻探工作结束终止。

3．建设阶段的保险

如果经过钻探确认该海域不仅有石油资源，而且值得开采，开发部门便会进入海洋石油开发的建设阶段，即根据当地的地理条件和靠近石油产品销售市场正式设计永久性的生产设施，并进行施工和安装。如建设海上石油钻井平台、铺设输油管道等，这是整个海洋石油开发工程的关键环节。保险人在这一阶段提供的保险不仅继续包括前一阶段的服务，而且需要增加相关的险种，以便为开发部门提供全面的风险及利益保障。保险责任期限则是从建设阶段开始到工程建设完成时终止，或者直接进入生产阶段。

4．生产阶段的保险

当各种生产设施如平台、石油运输管道等建成后，海洋石油开发便进入了正式生产阶段，这一阶段是整个海洋石油开发工程的最后环节，也是海洋石油开发工程收获的阶段。保险人在这一阶段提供的保险服务既包括前一阶段的险种，又需增加若干保险险种，其责任期限从生产石油产品开始到规定日期终止，此后即转变为一种定期的、较稳定的保险业务。

综上所述，海洋石油开发保险实际上是一项巨型的、阶段性的、长期的工程保险业。如果前一阶段得出的是否定的结论，则不会有下一阶段的工程及与之相应的保险业务；如果前一阶段得出的是肯定的结论，则该种保险会伴随其开发进程的始终并不断扩展。

（三）海洋石油开发保险的投保与承保

根据国际惯例，海洋石油开发保险的投保事宜是由海洋石油开发的承包或租赁合同（如勘探合同、钻井合同、建设承包合同等）等规定的，即海洋石油开发保险是上述合同的基本条款之一。合同中有关保险事宜的条款，一般直接涉及作业者应投保什么险种及向谁投保等问题，因此，保险人可以根据上述合同中的保险条款规定与投保人具体洽谈保险事宜。

经过保险双方的协商，当达成一致意见时，即可签订保险合同。由于海洋石油开发业务具有国际性（一般采取国际合作方式进行），风险亦具有国际性。在承保经营中，保险人可以为投保人设计并提供多种保险服务，一般承担着财产、物资、责任、额外费用等各种损失补偿责任，并根据海洋石油开发的阶段进程开展相应的保险业务。此外，海洋石油开发保险还必须以再保险为前提条件，以避免保险人的财务危机。因为海洋石油开发保险具有巨大的风险性。因此，保险人在经营这种业务时，必须仔细研究海洋石油开发的各种合同条款，合理选择和限制有关风险，妥善安排好分保，并加强保前、保后的风险防范或技术服务。

（四）海洋石油开发保险的主要险种

由于海洋石油开发保险是分阶段进行的，每一阶段都有着多项投保标的和不同的风险保障需求，保险人须为此设计若干险种，才能满足投保人多方面的风险保障需求。因此，海洋石油开发保险是多险种组成的科技工程特殊保险业务。

1. 勘探作业工具保险

勘探作业工具保险是以勘探作业用的地球物理调查船以及记录设备、监测器等为保险标的，以恶劣气候、碰撞、搁浅、人员过失或疏忽等造成的损失及第三者责任为保险风险的一种保险。由于普查勘探是海洋石油开发的第一阶段，勘探作业工具保险也成为这一基础阶段的最主要的险种。

2. 钻探设备保险

钻探设备保险的保险标的主要包括海上钻井平台、钻井船、钻机、半潜式或潜式钻井平台，它是钻探阶段最主要的险种。其中，钻井船是运用于海水较深的海域内作业的钻探工具。按照传统的财产保险方式，钻井船一类的财产、设备保险不包括钻探风险，但为了适应海洋石油开发的需要，国内外保险人又普遍开办了钻井船一切险，即承担了包括钻探风险在内的一切意外风险责任。

此外，对于包括供应船、工作船、守护船、交通船、直升机、汽车等在内的各种辅助工具，也可以参照钻井船保险而予以承保。

3．费用保险

费用保险是海洋石油开发保险中的一种常见险种，其在海洋石油开发的钻探阶段、建设阶段和生产阶段都是必要的险种。

在经营实践中，费用保险又可以分为综合性费用保险和控制井喷费用保险、重钻费用保险、控制污染及清理费用保险等。在石油钻探阶段，最常见的风险之一就是井喷。在海洋石油开发保险市场上，通常有专门的条款明确被保险人在保险单载明地区范围内因井喷而产生的费用，由保险人负责赔偿，并规定在油井完全恢复控制以后，保险人承担的井喷费用立即停止。

重钻费用保险则是指保险人负责对因井喷、井塌和火灾等所造成的不可恢复的钻井的损失，支付重新钻掘一个被保险油井或其他任何部分所产生的费用，一般作为控制井喷的附加责任。此外，由于井喷或渗漏或其他原因造成的污染及清理费用，也属于费用保险的范畴，其可以在原保险单上批注后予以承保，但保险人不负责由此而产生的罚金或罚款。可见，上述费用保险不是责任保险，而是仅仅负责修补的费用保险。

4．责任保险

责任保险是海洋石油开发保险中的重要业务，包括油污责任保险、第三者责任保险、雇主责任保险（钻井人员人身伤亡保险）等。其中，油污责任保险专门负责赔偿因渗漏污染并断定被保险人负有法定责任所必须赔付的人身伤亡或财产损失，或丧失使用价值以及清除渗漏污染的费用。第三者责任保险专门负责赔偿被保险人在开发海洋石油的过程中造成对第三者的财产损失和人身伤亡的法定赔偿义务。雇主责任保险则是为石油公司或钻探、建设等承包人的雇员提供的责任保险。

5．建筑安装工程保险

建筑安装工程保险是海洋石油开发进入建设阶段后提供的主要保险服务，主要包括平台建筑安装工程保险和油管铺设保险等。平台建筑安装工程保险与一般建筑安装工程保险具有相似性；油管铺设保险则承担输油管道及相关设施的建造风险，是海洋石油开发保险中的特有业务。

6．综合保险

进入生产阶段后，钻井工程逐渐形成采油平台，建立生产系统，海上平台、设备、油钻、油库、油管等构成了复杂多样的财产利益整体，保险人应考虑采用包括所有财产、责任风险在内的一揽子保险，以避免为每件财产单独保险所造成的麻烦。因此，综合保险也可以作为海洋石油开发保险尤其是进入生产阶段后的海洋石油开发保险的基本险种。

三、航天保险

航天工业是耗资巨大、风险极高的科技活动。发射成功将给人类社会带来巨大的社会经济利益，但一旦失败造成的经济损失往往数以亿计。据有关国际组织统计，作为航天工业主要项目的卫星发射业务的失败率一般为5%，甚至高达10%左右。为了保证人类能够持续地发展航空工业，除了要不断探索高水平的航天技术外，还要通过必要的风险转移方式来实现风险转嫁，以寻求稳定、持续的经济保障，这种方式就是航天保险。

（一）航天保险的投保与承保

在航天保险市场上，保险客户的投保和保险承保手续与其他科技工程保险具有相似性。航空保险往往由航天产品的购买或发射合同规定，于是保险人一定要了解上述合同的详细情况，必要的时候甚至要参与上述合同的订立过程。通常，保险人在承保航天保险的时候非常看中生产方的技术水平和航天产品质量，对于以往的发射成绩也同样重视。同时，也很重视再保险在承保后实施风险管理的重要作用。

航天保险的保险金额一般是分阶段确定的。其中，发射前的航天保险以航天产品的制装总成本来确定保险金额。发射保险以航天产品价值及发射费用为依据确定保险金额；发射后的保险则以工作效能为依据确定保险金额。

航天保险的费率厘定主要考虑航天产品的质量和信誉，以航天保险市场上损失率为主要依据。因为事故的发生率是不确定的，所以航天保险的费率是弹性费率。

（二）航天保险的主要险种

一个航天项目的进展分为3个不同的阶段，航天项目的保险也根据这3个不同的阶段来安排，因此航天项目的保险根据航天项目进展的时间划分为：发射前保险、发射保险和卫星在轨寿命保险。

1．卫星发射前保险

卫星发射前保险承保卫星从安装、测试完成到发射这一阶段的“一切险”，包括运输、储存、安装等阶段的物质损坏风险和第三者责任保险，并可能包括由于物质损坏所引起的延迟发射收入损失等风险。保险有效期持续到发射装置引擎点火，如果发射失败，该保险仍将有效。

2．卫星发射保险

卫星发射保险是对从运载火箭点火到发射后一定时间（通常为半年）为止期间内发射失败负责提供风险保障的航天保险，它是航天保险中的主要形式。保险期从预定点火时间开始到卫星正确进入预定轨道，直到卫星用户对卫星的设备系统进行商业营运前验收合格为止，通常这段运行期是在发射后的180天或365天内结束。如果卫星不能进入预定轨道，或在运行期内不能按规定发挥功能，或者因发射阶段出现的故障导致以后功能方面的损坏，保险人对卫星所有人或契约使用人进行损失补偿。例如，卫星发射后因自身故障发生爆炸，火箭发射使卫星偏离轨道，不能按正常设计发挥作用。

3．卫星在轨寿命保险

卫星在轨寿命保险承保卫星在营运期间的物质损失和功能损失，如卫星任何部件的失灵造成其生命期的缩短。最长保险期限不超过卫星的设计寿命，其保险金额在投保时最高，以后每年递减。

航天保险的种类通常为以上介绍的3种，承保的每个阶段风险的起止点往往根据被保险人与火箭和卫星制造商之间合同规定的风险的转移点而确定。根据不同合同的规定，对于火箭制造商又可派生火箭的再飞行保险和现金返还保险。合同中通常还规定有各方所应承担的第三方责任的划分，第三方责任贯穿于航天项目的各个阶段。

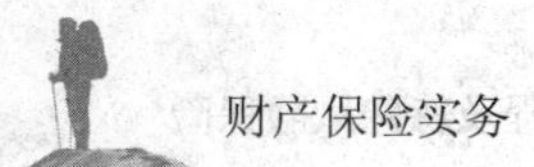

【拓展阅读】　航天保险为我国航空航天事业保驾护航

1996年前后，我国长征火箭发射国外卫星过程中出现了几次失利，国际航天保险市场也借机发难，认为长征系列运载火箭存在严重的质量控制问题，为不可保风险，联合抵制长征火箭在国际市场的保险安排。没有保险支持的中国航天根本无法获得对外发射服务合同，航天保险行业过分依赖国际市场的弊端开始显现。

在此危急关头，1997年，国务院指示由中国人民保险公司牵头成立中国航天保险联合体，该联合体由9家非寿险公司和1家再保险公司组成，并建立卫星保险基金，规定在保险基金积累到一定金额前，中国的卫星发射保险业务属于政策性业务。

联合体成立以来，共出具了数十张保单，为“中卫一号”“鑫诺一号”“风云一号”和“铱星”等卫星发射提供了点火起飞保险、发射保险、在轨保险、第三方责任保险和再飞行保险。目前，卫星保险基金已有16亿元。根据财政部的有关规定，航天保险基金累计达到25亿元后，对超过的部分由联合体通知各成员公司将超过部分作为各成员公司营业收入，纳入损益核算并计缴所得税。

四、核能保险

（一）核能保险的保障范围

1. 核事故风险

在其他各种财产保险和责任保险中，通常都是将核危险包括核渗漏、核辐射、核污染、核爆炸事故等排除在保险责任范围之外的，并且不允许扩展承保，从而使上述风险实际上成了其他保险业务中的绝对除外责任。而核能保险则恰恰相反，不仅承保各种核风险造成的财产损失责任，而且还承保各种核风险造成的第三者的损失损害赔偿责任。

在国际上，通常把核事故分成7个等级，其中1～3级统称为小事故，4～7级统称为大事故。如1986年发生在苏联的切尔诺贝利核事故是损害后果十分严重的7级事故。以各种核事故为主要承保责任是核能保险的重要特点，它的产生与发展既满足了投保人转嫁核风险的需求，又弥补了其他保险业务的风险保障不足，从而是对整个商业保险制度的完善。

【典型案例】　日本福岛核泄漏的影响

日本福岛第一核电站1号反应堆所在建筑物于2011年3月11日发生爆炸，日本政府13日承认，在大地震中受损的福岛第一核电站2号机组的高温核燃料正在发生“泄漏事故”。该事件过去两年多了，但核泄漏导致的严重生态危机仍然像幽灵一样在日本徘徊，而且正威胁着周边国家和整个太平洋。日、美及挪威科学家发表联合调查报告：日本各地均受到不同程度放射污染，尤以东部地区最严重，福岛周边超标2倍，东京辐射最高。辐射衰退期长逾30年，遗祸未来2～3个世代。日本琉球大学研究人员发现，福岛县的蝴蝶出现包括翅膀变小、眼睛受损等严重基因突变现象。日本和美国科学家都研究了两地原子弹爆炸中幸存者的白血病发病率，结果发现广岛、长崎明显高于其他地区。

2．大型自然灾害

大型自然灾害即造成被保险人财产物资损失的各种自然灾害，同样是核能保险中的主要风险。不过，由于核电站的风险特殊，各国政府或电站业主在建设中都强调其风险管理，不仅要求确保电站及其相关设施设计科学、质量可靠，而且要求确保其完全能够抵御一般的自然灾害。因此，对核能保险而言，保险人实际承保的是巨型自然灾害，如大型的地质灾害尤其是大地震、海啸等，它们一旦发生就不仅可能会造成被保险人的财产损失，而且往往会引发核事故风险。

3．其他意外事故

如工作人员的疏忽或过失，机器设备运转过程中发生故障等，均可能导致核事故发生，或者造成有关的财产损失与人身伤亡，因而也是核能保险中承保的重要风险。

上述风险实际上可能相互联系，如大型自然灾害与其他意外事故均可能导致核事故的发生，进而使损害后果严重化。因此，核电站建设中要求工程质量和工作人员责任心极高，目的是为了防止核事故的发生。

【拓展阅读】　核能保险的发展历程

核能保险产生于20世纪50年代。1953年，英国率先成立了核能保险委员会，专门研究核能保险的相关问题，该委员会论证了核能工程保险的可行性和风险性，加之英国政府对核能工业的高度重视，促成了英国核能保险集团的产生，劳合社的一些承保人及当地以及非寿险公司均成为该集团的主要成员。

到20世纪80年代末期，全世界有20多个国家成立了核能保险集团，核能保险逐渐发展成为国际保险市场上一项有影响的科技工程保险业务，对世界核电工业的发展起到良好的推动作用。

我国的核共体成立于1992年9月，由中国再保险公司、中国人民保险公司、中国太平洋保险公司、中国平安保险公司共同发起设立。到目前为止，我国的核共体成员公司数量已达到8家，承保国内95%以上的核能保险业务。

（二）核能保险的投保与承保

核能保险业务的风险比一般的财产保险标的具有特殊性，标的的危险更加集中，所以相关的建设单位或者需要承担相应责任的关系人都需要投保专业的核能保险，以转嫁巨大的风险事故损失。所以世界上虽然有需求的保险人不多，但是核能保险业务却是高度普及的险种，投保率百分百。

由于保险标的的危险集中，事故损失巨大，所以保险人在承保过程中需要高度对风险进行控制。一方面，保险人对核能工程的承保采用集团共保或是采用再保险的手段来分散风险，由于世界上运转中的核电站只有500多家，数量的极端有限决定了保险大数法则和危险分散原则在核能保险中无法充分运用。另一方面，核能工程项目造价昂贵，第三者责任风险尤其巨大，保险人必须采取低于投保标的实际价值的标准来确定保险金额和赔偿限额，而且核能保险在国际上办理再保险较为困难。核能保险在经营实务中，通常需要有政府的直接支持，各国政府有关核损害事故的赔偿的法律、法规等既规定了核事故中应按绝对责任来承担损害赔偿责任，并对保险人在责任险项下的超赔给予政府补贴。由此可见，核能保险具有明显的政策性保险的特点。

（三）核能保险的主要险种

核能工程主要可以划分为以下三个阶段：选址勘测阶段、建设阶段、生产阶段。从其经营实践上来看，其主要险种有财产损毁保险、核能安装保险、核原料运输保险和核能工程责任保险等多个险种。

1. 财产损毁保险

财产损毁保险以核能工程中的反应装置、核燃料、发电设备、办公场所等项目为保险标的，以火灾、雷电、爆炸等传统风险及核事故风险为保险责任，是核能保险中可以单独承保的基本业务之一。

2. 核能安装保险

核能安装保险以核能工程中被安装的各种机器设备为保险标的，以安装过程中的灾害事故为保险责任，其承保过程及风险管理与一般安装工程保险有相似之处，也是核能保险中的经常业务之一。

3. 核能工程责任保险

核能工程责任保险以核能装置在建造期间或运行期间的损害赔偿责任为保险标的，以各种灾害事故导致的核爆炸、核污染、核泄漏和核辐射为承保责任。它是核能保险中最主要的险种之一。

4. 核原料运输保险

核原料运输保险以运输中的核原料为保险标的，以运输中的灾害事故所造成的核原料损失及由此带来的第三者责任为承保责任，也是核能保险中的重要业务。

五、计算机网络与技术保险

计算机网络与技术保险也是科技保险业务的一种。随着科学技术的不断发展，计算机技术的广泛应用也增加了在使用计算机、面对网络技术过程中遇到计算机软件、硬件破坏，遭遇网络病毒的危险等风险损失。

在计算机领域，硬件意外损失的保险似乎可以直接划入普通财产保险的范畴，而软件遭遇破坏的风险保险因为技术含量很高，一般都应归在科技保险的范畴里。

网络保险是始于20世纪90年代的源于美国的一种新型科技保险。由于网络遭遇攻击的事件屡有发生，美国联邦政府虽然加紧侦查并采取了越来越严格的管理与监控措施，但依然无法断绝此类事故的发生，于是网络保险伴随着广阔的市场需求诞生。

综合实训

【实训目标】

通过本部分实训，使得学生能够在理论上和实务中掌握工程及特殊风险保险的重点专业名词和基本理论，区分不同的工程保险和特殊风险保险的险种险别，能够按照不同的工程状况和风险类别安排适当的保险保障。

【实训任务】

一、重要名词

工程保险　　保证期　　建筑工程一切险　　安装工程一切险
核能保险　　船舶建造保险　　航天保险　　海洋石油开发保险
计算机网络与技术保险

二、思考讨论

1．简述工程保险的含义。
2．简述建工险和安工险的关系。
3．简述工程保险和企业财产保险的关系。
4．特殊风险保险的功能有哪些？
5．如何确定工程保险物质损失部分的保险金额？
6．工程保险的除外责任有哪些？

三、情景模拟

保险期间与保证期间

2009年3月12日，某保险公司承保了深圳某广场建筑工程的一切险，扩展了“有限责任保证期条款”，保险金额为2.3亿元，建筑期从2009年3月12日至2010年12月31日，保证期12个月，从2011年1月1日至2011年12月31日。工程项目于2011年4月19日下午发生火灾，造成损失约1.1亿元。

根据保险单明细表载明的保险期限，建筑期的保险期限在2010年12月31日就终止了。由于火灾发生在建筑期限终止之后，而且被保险人未通知保险公司办理延期手续和补缴保险费，保险公司认为此案不属保险责任，予以拒赔。而被保险人认为事故发生时虽然建筑期的保险期限已过，但保单扩展了保险期责任，应该由保险公司赔付损失。

保险公司经实地勘察、调查取证，确认火灾发生时工程实际上并未竣工验收，也就是说工程没有进入保证期。而有效责任保险期条款承担的责任是：保险期内被保险人因履行工程合同进行维修保养而造成工程保险的损失。保险公司理赔人员认为：火灾既然不是发

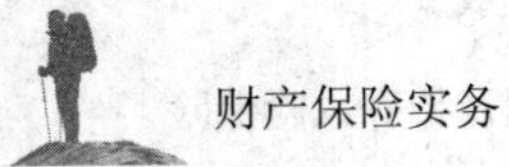

生在保证期，也不是由于对工程进行维修保养而造成的，本事故不属于保险期保险责任，坚决拒赔。

双方意见难以达到统一，诉讼至人民法院，经过二审，并通过多方沟通与协调，法院最终裁定双方均有一定的过失，需进行责任分摊。

情景分析

建筑期和保证期是两个不同的概念。建筑期即工期。建筑工程合同通常要求承包商在工程完成并验收合格后，对工程有一段维修保养的阶段，这就是保证期。工程完工验收合格后，才进入保证期。如果不能按计划完成，被保险人必须书面向保险公司申请延长工期，增缴保费，并办理保险单批改手续。建筑期延长后，保证期随之顺延。建筑工程一切险条款明确规定，工程延期及工程费用增减等，被保险人负有必尽的告知义务。

保险纠纷案件诉讼中，若保险公司和被保险人均存在过失，保险诉讼案的判决倾向于被保险人一方。加保保证期时，保险单明细表中必须列明所用的保证期条款名称，还应有详细的措辞，以免被保险人误解。

工程保险专业性较强，保险公司应尽力向被保险人说明工程保险的注意事项及被保险人应尽的义务，如工期延长、保额扩大时应通知保险公司等。比较重大的保险项目，保险公司应经常检查工程现场，发现问题及时解决，以避免保险纠纷。

参考文献

[1] 吴定富.保险基础知识[M]. 北京：中国财政经济出版社，2006.

[2] 许瑾良. 财产保险原理和实务[M]. 上海：上海财经大学出版社，2010.

[3] 施建祥. 财产保险[M]. 杭州：浙江大学出版社，2010.

[4] 郑功成，许飞琼. 财产保险[M]. 第四版. 北京：中国金融出版社， 2011.

[5] 卓志. 商业财产保险完全手册[M]. 成都：西南财经大学出版社，2005.

[6] 孙迎春. 保险实务[M]. 大连：东北财经大学出版社，2009.

[7] 陈伊维. 财产保险百事通[M] . 北京：机械工业出版社，2004.

[8] 蒲成毅，潘晓君. 保险案例评价与思考[M]. 北京：机械工业出版社，2004.

教学项目十一

农业保险

【知识目标】

- 农业保险的概念和特点
- 农业保险的职能和作用
- 农业保险的分类
- 世界各国农业保险运作模式
- 农业保险的承保理赔业务经营

【技能目标】

- 能够准确描述农业保险与商业保险间的关系
- 能够识别农业保险的不同险种类别
- 能够掌握农业保险政策性特征的原因和表现
- 能够掌握世界各国农业保险制度的运作模式
- 能够了解我国农业保险改革和试点

政策性农业保险及时为三亚受灾百姓分忧解难

2013年，第30号强台风“海燕”侵袭三亚地区，三亚农业受到了巨大损失。香蕉、水稻、橡胶、大棚瓜菜等应季农作物大面积受灾，农户损失惨重。台风过后，人民保险公司三亚分公司立即组织人员到田间地头查勘定损，及时让投保农户拿到赔偿金，以恢复生产及重建工作。其中，香蕉种植保险损失现场赔付122.3万元，水稻种植保险理赔金149.9万元。

三亚属于台风多发地区，农作物受灾的情况时有发生，农业风险很大。但是，农户收入水平低，保险意识差，很多农户存在侥幸心理没有投保，使农户保险参保率较低，受灾后血本无归，完全没有对抗农业风险的能力。而参保的农户投小钱保大险，受灾后有保险公司的理赔金作为恢复生产的启动资金，很大程度上降低了自身的损失，生产生活也得到了根本保障。

为切实做好农业保险工作，真正发挥农业保险的作用，提高农户对抗农业风险的能力，将灾害对百姓的损失减少到最低，政策性农业保险已经成为帮助农户对抗农业风险的重点民生工程。

农业保险是指专为农业生产者在从事种植业和养殖业生产过程中，对遭受自然灾害和意外事故所造成的经济损失提供保障的一种保险。农业保险和一般保险不同，农业保险标的大多是农作物及饲养的家禽家畜；承担的是其在生长发育过程中面临自然力和人力的作用而产生的风险，而农业保险里面目前又以政策性农业保险为主。上过保险后，万一自家的果树遭到什么灾害就有了保障，毕竟自然灾害是无法预料和预防的，买了保险在灾难发生以后就会有所补偿。这样农民的心里也比较踏实些，不然自己辛辛苦苦培育出来的果树就等于白费了。

学习任务一 掌握农业保险的含义

【学生任务】

- 要求每个学生课前预习相关内容，结合已经学过的财产保险知识来理解农业保险的相关内容，能够用自己的语言来描述农业保险与商业保险间的关系。
- 要求每个学生提高课外阅读量，掌握农业保险业务发展的前沿趋势，结合本部分内容，说明农业保险业务对于发展我国农业解决三农问题的必要性，根据自身理解，结合具体案例写出不少于800字的书面作业。
- 将学生随机分组，按小组选出若干份作业在课堂上进行点评，学生间相互评出每一份书面文章的优劣；学生对作业进一步修改后提交教师，以便教师进行评价。

【教师任务】

- 指导学生在相关专业网站上查找所需资料，如保险公司农业保险业务经营管理方面的法律法规、我国保险监管部门对于保险公司农业保险业务经营管理的具体要求与规定等；启发学生理解农业保险业务存在的意义和作用。
- 提示学生完成书面作业所需要关注的主要知识点，如农业保险的含义、作用，与相近的保险专业名词的区别与联系，保险法规的相关监管规定等。
- 指导学生分组，在小组内对学生进行不同的分工，对学生书面作业完成情况及时进行跟进，督促其按时完成。
- 对各小组进行的课堂点评适时指导，对于选出的作业予以及时、客观、公正的评价，准备回答学生可能提出的各种异议等。

教学活动1　掌握农业保险的含义

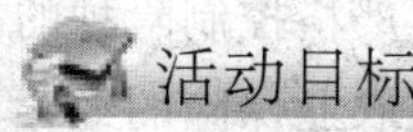

活动目标

通过本部分的教学活动，熟练掌握农业保险及其相关的专业名词，理解其真正含义，并可以在保险实务中加以正确应用。

知识准备

一、农业保险的概念

农业保险是指保险人对被保险人在从事农业生产过程中因遭受自然灾害和意外事故所受到的经济损失提供经济补偿的一种保险。由于农业保险的保险标的多是处在生长发育过程中的活的生物，因此这类保险的保险利益多是处于变动中的预期利益。

农业有狭义与广义之分，狭义农业仅指粮食作物、经济作物、蔬菜等作物的生产；广义农业则包括农林牧渔各业的生产。因此，农业保险也有狭义与广义之分。狭义农业保险仅指种植业和养殖业保险；广义农业保险则除了种植业和养殖业保险之外，还包括从事广义农业生产的劳动力及其家属的人身保险和农场上的其他物质财产的保险，也称为农村保险。在此我们主要讨论狭义农业保险。

二、农业保险的特征

农业保险与农业有着密切的关系，农业保险的特点受农业生产发展的特点制约，具体表现为如下几点。

1. 农业保险标的具有生命性

农业保险与其他财产保险不同，保险标的大多是活的生物，受生物学特性的强烈制约，表现如下：一是农业保险的利益是一种预期利益；二是农产品的鲜活性特点使农业保险受损现场易灭失，对农业保险查勘时机和索赔时效产生约束；三是农作物保险标的在一定的生长期内，当受到损害后有自我恢复能力，从而使农业保险的定损变得复杂。尤其是农作物保险，往往需要收获时二次定损；四是农业保险标的种类繁多，生命规律各异，抵御自然灾害和意外事故的能力也各不相同，难以制定统一的赔偿标准；五是受标的自然再生产过程的约束，农业对市场信号反应滞后，市场风险较高，使农业保险易受道德风险的影响。

2. 农业保险具有较强的地域性

农业生产及农业灾害的地域性，决定了农业保险也具有较强的地域性，即农业保险在险种类别、标的种类、灾害种类及频率和强度、保险期限、保险责任、保险费率等方面，表现出在某一区域内的相似性和区域外明显的差异性。

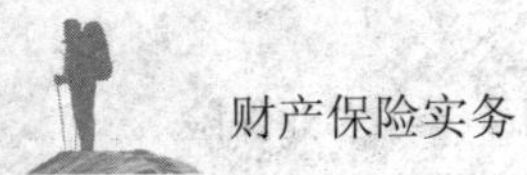

农业保险地域性强的特点，决定了开展农业保险只能因地制宜，根据当地的特点开办适当的险种，制定、使用符合当地实际的保险条款。同时，在农业保险的管理上要重视农业保险的区划，建立合理农业保险区域，形成合理的农业保险险种布局，严格控制险种的类型组合和业务规模，在空间和时间上做到险种互补、以丰补歉，以分散农业保险的经营风险。

3．农业保险具有明显的季节性

农业生产和农业灾害强烈的规律性和季节性，使农业保险在展业、承保、理赔、防灾防损等方面表现出明显的季节性，如农作物保险，一般是春天展业，秋后待农作物收获则责任期结束。

农业保险的季节性特点，决定了农业保险也要讲农时，即农业保险在展业、承保、理赔、防灾防损等技术环节上，除要遵守保险经济规律外，还要按农业生产的自然规律办事，要严格把握农业生产的季节性变化特点来开展业务，组织业务管理。

4．农业保险经营成果具有周期性

农业保险是对农业灾害的一种风险管理方式，而大多数种类的农业灾害都具有明显的周期性，这就使得农业保险的经营成果具有某种周期性的特征。表现在无大灾的年份某农险险种的赔付率不高，但在大灾年份则出现严重超赔，而大灾年份的出现同农业灾害的周期性密切相关。农业保险经营成果周期性特点表明，不能单独以某一年份的赔付率的高低去说明农业保险（尤其是单险种）经营成果的好坏，而是要从灾害周期的时间跨度去评价农业保险的经营成果。这就决定了：一是农业保险的开办和参与应当是连续性的，至少要超过当地农业风险的一个周期，否则农业风险难以在时间上分散；二是农业保险的会计期间应当同农业风险的周期相适应，以真实地反映农业保险的经营损益。

5．农业保险的经营风险高难度大

首先是农业生产的风险高，农业灾害往往具有巨大性和覆盖面广的特点，如果按照实际的损失率厘定费率，对于多数农业保险险种来说，农民往往交不起保险费；而按照农民的承受水平来交保费，保险人往往赔不起；对于多数农业保险险种来说，目前的需求不足以支持一个农业保险的市场。其次，技术难度大，由于开展农业保险所需要的数据资料比较缺乏，并且开展农业保险风险区划工作是一项科技含量高、花费较高的工作，因此，厘定公平的农业保险费率是一项困难的工作。同时，农业保险面临的逆选择较为严重，道德风险高。另外，农业灾害部分损失的定损也是一项困难的工作。这些给农业保险的展业、承保和理赔工作增加了难度。

农业保险技术难度大、经营风险高的特点，要求开展农业保险必须有一定的资金投入，并且必须有一支专业的经营队伍。总之，需要投入较高的监督成本，同时要量力而行。如不具备必要的资金、技术、人才力量，则不能办理农业保险。

【拓展阅读】世界各国农业保险的种类

世界各国农业保险的种类具体如表11-1所示。

表11-1　世界各国农业保险的种类

农业保险种类	覆盖的风险	国家和地区
单风险保险（Single-risk insurance）	冰雹；冰雹+火灾；或者牲畜养殖中面临的某一风险	多数国家和地区普遍存在
多风险保险（Combined insurance）	多种风险，冰雹+火灾、暴雨、暴风等其他一些风险，通常不包括干旱	多数国家和地区普遍存在
产量保险（Yield insurance）	多种风险，囊括了所有影响产量的主要风险，包括干旱	美国、加拿大、欧洲多数国家（波兰没有）
收入保险（Revenue insurance）	某一产品的产量和价格风险	美国
整个农庄保险（Whole-farm insurance）	对一个农场所有农作物发生的所有天气灾害都给予保障	日本和美国
指数保险（Index insurance）	赔偿并非建立在单个农民基础上，而是基于一个外部的参数或指数	美国、加拿大、巴西、印度；欧洲部分地区

三、农业保险的作用

（1）及时充分的保险赔款能够使遭受灾损的农业得以迅速恢复生产，不致因灾损而中断生产或缩小生产规模，可以减少农民因灾导致的收入波动，安定农民生活，从而促进和保持农业的稳定发展。

（2）可以保障农业投资安全，促进农业新技术的推广和应用。农业的出路在于科技，在“九五”期间，农业科技对农业产出增长的贡献达35%以上，近年来的贡献率则达到50%左右。而科技成果的应用不是无偿的，必须付出一定代价。在很多情况下，农民会为回避农业风险而放弃使用新的科学技术。

（3）可以促进农业资源的合理配置和利用。日本1947年开始实行法定农业保险的目的之一，就是不使自然条件较差地区的农民因为回避风险而减少或放弃粮食生产，充分利用宝贵的土地资源生产市场上极缺的粮食。

（4）可以改善农民信贷地位，促进农村金融的发展。农业的高风险往往成为农民获得必需的农业贷款的障碍，也是农村金融发展的障碍。因此，有的发展中国家在举办农业保险时，就直接将其与农业信贷连接起来。

（5）保险人为自身财务安全和经营稳定所采取的防灾防损措施，客观上起到了减灾作用，降低和减少了农业的风险损失。以农产品实物形态形成的农业保险总准备金，增加了农产品的社会储备，有利于稳定农产品的供给和农产品的价格。

（6）对农业保险区别对待的补贴政策，提高了贫困地区农户的风险保障程度，有助于其脱贫致富，也可以减轻政府在灾后筹措救灾资金的负担。

（7）在世界贸易组织的框架下，政府支持和保护本国农业的政策空间缩小了，而举办由政府财政补贴的政策性农业保险是世界贸易组织允许的所谓“绿箱政策”，因而成为政府支持和保护本国农业发展的最可行有效的途径之一。

四、农业保险的政策性

鉴于农业保险上述的特点及现实困难，大部分开办保障范围较广泛的农业保险（特别是农作物一切险保险）的国家，都是由政府提供直接保险和再保险，这种保险和再保险都是政策性的，或者政府通过财政补贴保险费和管理费的手段支持商业保险公司和其他合作或相互保险组织举办农业保险。这种由政府财政和税收政策支持的保险和再保险，就是我们所说的政策性保险。但并非所有的农业保险项目都必须实行政策性经营，政策性农业保险和商业性农业保险是有区别的。

政策性农业保险是为了实现政府的农业和农村经济发展的政策目标而实施的农业保险或建立的农业保险制度。如同出口信用保险体现的是支持出口贸易的政策导向一样，这种农业保险制度体现的是农业和农村经济政策，保险人的主观目的和客观目的完全一致，那就是保障农业生产和经营的稳定和增长，保障农产品供给的安全，保障农民生活的安定。

农业保险的政策性，一方面体现在农业保险的非营利性，即国家开办农业保险的目的是为农业提供保障，而不是盈利，相反，国家还必须拨付一定的财政资金用以扶持农业保险的开展；另一方面，农业保险的政策性体现在农业保险对政府推动力的依赖性，即农业保险作为国家的农业保护政策，是一定的政府行为，其实施必须依靠政府强制力加以推动。

无论是发达国家还是发展中国家，开展农业保险都是为了解决自愿投保条件下的参与率不高的问题，往往通过有关法律法规强制农户参加，或将参与农业保险与其他农业优惠政策相联系。如果符合投保条件的农户不按规定投保，就不能得到信贷资金，出灾后不能享受政府救济，不享受政府价格补贴，也不能从政府的生产结构调整中得到优惠等。诸如此类的规定提供了利益诱导机制，从而使政策性农业保险制度具有了某种强制性。如果缺少必要的法律、经济及必要的行政上的支持，农业保险将难以开展，也难以达到保护农业的目的。

另外，农业保险通常也包含着只有通过政府的响应行为才能协调开展的工作，如政策性农业保险与农户信贷资金发放、农产品出口价格补贴、农业救灾、农业生产调整等农业保护措施紧紧地联系在一起。鉴于农业保险的上述特点，如果要为农业提供较全面的风险保障，就必须建立现代农业保险制度和农业保险体系。

五、农业保险的分类

（一）按农业生产的对象划分

1. 种植业保险

承保植物性生产的保险标的保险，即为种植业保险，如农作物保险、林木保险等。

2. 养殖业保险

养殖业保险承保动物性生产的保险标的保险，如牲畜保险、家禽保险、水产养殖保险等。

（二）按保险保障程度划分

1. 成本保险

成本保险以生产投入作为确定保障程度的基础，根据生产成本确定保险金额的保险。农业生产成本是随生长期而渐进投入的，因此，成本保险一般采用变动保额、按生育期定额保险的方式进行。

2. 产量保险或产值保险

产量保险或产值保险是以生产产出作为确定保障程度的基础，根据产品产出量确定保险金额的保险。以实物量计，称为产量保险；以价值量计，称为产值保险。由于农产品产量是生产过程结束时最终形成的，因此，产量或产值保险一般采用定额保险的方式进行，即按正常产量的一定成数承保。不足额承保的目的主要是控制道德风险。

（三）按交费方式划分

1. 短期农业险

短期农业险保险期限一般不超过1年，投保人若连续投保，需在每次投保时按条款规定直接交费。

2. 长效储金型农业险

长效储金型农业险保险期限一般3年以上，投保人投保时缴纳一定数额的储金，以储金的利息作为保费，在保险期限内不需要年年交费，如小麦储金保险、林木储金保险等。

（四）按保险标的所处生长阶段划分

1. 生长期农作物保险

生长期农作物保险是针对农作物在生长过程中因保险灾害事故造成的减产损失的一种保险，如各种作物种植保险。

2. 收获期农作物保险

收获期农作物保险是针对农作物成熟收割及其之后脱粒、碾打、晾晒、烘烤期间所受灾害损失的一种保险。收获期农作物保险不同于普通的财产保险，农产品在临时加工场地进行初步加工完毕入仓后，才属于财产保险范围。

（五）按保险责任范围划分

1. 单一风险保险

单一风险保险只承保一种责任的保险，如小麦雹灾保险、林木火灾保险等。

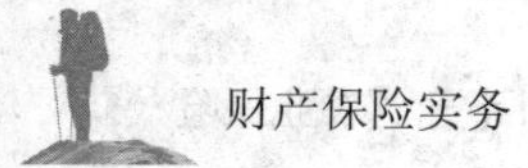

2．综合风险保险

综合风险保险承保一种以上可列明责任的保险，如果树保险可以承保风灾、雹灾、冻害等。

3．一切险保险

一切险保险除了不保的风险以外，其他风险都予以承保。如美国等国开办的农作物一切险保险，就承保了几乎农作物所有灾害事故损失责任。

（六）按保单形式划分

1．单险种保险

单险种保险是一张保单只包含一个险种的保险。

2．组合式保险

组合式保险是几个相关险种组合在一起形成一张保单，如塑料大棚保险包括棚体保险和棚内作物保险，农村综合保险包括农作物保险、农业生产资料保险等。

【拓展阅读】　我国《农业保险条例》颁布并实施

近几年来，我国农业保险发展迅速，承保品种已覆盖农、林、牧、渔业各方面，开办区域已覆盖所有省（区、市）。农业保险已成为国家支农惠农政策的重要组成部分，受到广大农户的普遍欢迎。为了规范农业保险活动，保护农业保险活动当事人的合法权益，促进农业保险事业健康发展，《农业保险条例》已于2012年10月24日在国务院第222次常务会议通过，并于2013年3月1日起施行。

一、条例对农业保险的政策支持作了规定

一是国家支持发展多种形式的农业保险，健全政策性农业保险制度。二是对符合规定的农业保险由财政部门给予保险费补贴，并建立财政支持的农业保险大灾风险分散机制，具体办法由国务院财政部门会同国务院有关部门制定。三是鼓励地方政府采取由地方财政给予保险费补贴、建立地方财政支持的农业保险大灾风险分散机制等措施，支持发展农业保险。四是对农业保险经营依法给予税收优惠，鼓励金融机构加大对投保农业保险的农民和农业生产经营组织的信贷支持力度。

二、为了防范农业保险经营风险条例规定

一是规定保险机构应当有完善的农业保险内控制度，有稳健的农业再保险和大灾风险安排及风险应对预案，其偿付能力以及农业保险业务的准备金评估、偿付能力报告编制应符合国务院保险监督管理机构的规定。二是为切实保证财政给予的保险费补贴依法使用，规定禁止以虚构或者虚增保险标的、虚假理赔、虚列费用等任何方式骗取财政给予的保险费补贴。三是对违反条例规定行为的法律责任作了明确规定。

教学活动2　区别农业保险的种类

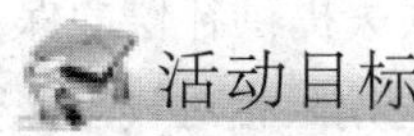

通过本部分的教学活动，熟练掌握不同险种险别的农业保险，理解其真正含义，并可以在保险实务中加以区别应用。

知识准备

一、农业保险的险种险别

（一）种植业保险

在农业保险实践中，种植业保险是一个很宽泛的险别，它是以国有或集体的农牧场、林场和农户为被保险人，以其生产经营的生长期、收获期、初加工期、储藏期的作物、林木、水果及果树为保险标的，以各种自然灾害和意外事故为保险风险的所有农作物（包括林木）保险的总称。种植业保险因其生产时期的不同，还有生长期农作物保险与收获期农作物保险之分。

1．粮食作物保险

粮食作物保险是对粮食作物在从出苗到成熟收获期间因各种自然灾害和意外事故所造成的损失，由保险人依约提供经济补偿的保险。它保的是保险标的预期收获量的价值，而不是该种作物的产品。

我国的这类保险险种有生长期水稻保险，生长期小麦保险，生长期玉米保险，生长期大豆保险，收获期小麦、水稻火灾保险等。

2．经济作物保险

经济作物是主要为农民换取货币的作为工业原料的作物，如纤维作物（棉、麻等）、油料作物（油菜、花生、籽麻等）、糖料作物（甘蔗、甜菜等）、其他经济作物（烟草、茶树、咖啡、啤酒花等）。经济作物保险就是为经济作物生产和初加工提供的灾害、事故损失的保险。这类保险险种有棉花种植保险、烟草保险、油菜保险、甜菜种植保险、甘蔗种植保险、烤烟保险等。

3．其他作物保险

其他作物是除粮食作物和经济作物以外的蔬菜作物、园林作物（供观赏的各种花草树木）、饲料作物和特种作物（中草药、桑树等）等。为这些作物的生产提供的灾害事故损失的保险就是特种作物保险。这类保险险种有露天种植蔬菜保险、塑料大棚种植蔬菜保险等。

4．林木保险

林木保险是以具有经济价值的天然原始林和各类人工营造林为标的，对其在生长过程中，因约定的人力不可抗拒的自然灾害和意外事故造成的经济损失，保险人按照保险合同规定向被保险人提供经济补偿的一种保险。目前办理的这类保险险种主要是森林火灾保险。

5. 水果和果树保险

水果和果树保险是对水果生产过程中由于受自然灾害和意外事故招致损失提供补偿的保险。在实务中，这类保险又分两类，即水果保险和果树保险。水果保险的保险期限相对较短，只是从每年水果生产季节的定果开始至水果成熟收获离枝止。而果树保险一般保险期限有1年或1年以上。

（二）养殖业保险

养殖业保险是由保险人对生产者（被保险人）在养殖业生产过程中因灾害事故或疾病造成保险标的的损失承担赔偿责任的一类保险。在我国保险实践中，养殖业保险通常被分为以下四类。

1. 家畜养殖保险

以家畜为保险标的的保险就是家畜养殖保险。主要有大家畜（马、牛、驴、骡等）和小家畜（猪、羊、兔等）之分，因此保险业务中也分为大家畜养殖保险和小家畜养殖保险。

2. 家禽养殖保险

以家禽（鸡、鸭、鹅等）为保险标的的一类保险就是家禽养殖保险。

3. 水产养殖保险

水产养殖是利用海洋水域、滩涂和内陆水域中的可养面积，对鱼、虾、蟹、贝、藻类及其他水生经济动植物进行人工放养的生产经营活动。水产养殖保险就是对水产养殖过程中因自然灾害和意外事故造成经济损失（死亡或流失）提供补偿的一种养殖保险。具体还分为淡水养殖保险和海水养殖保险。水产养殖保险险种有：池塘养鱼保险、鳗鱼养殖保险、池塘养虾保险、网箱养鱼保险、海水养虾流失保险、贝类养殖保险、蛤蜊养殖保险、海带养殖保险、珍珠养殖保险等。

4. 特种养殖保险

特种养殖是近些年在市场经济发展中兴起的经济动物饲养业。特种养殖的动物很多，如鹿、水貂、肉狗、果子狸、肉鸽、鸵鸟、蛇、鳖、牛蛙、蚯蚓等。为这些饲养动物生产提供的保险服务就属于特种养殖保险。这类保险险种有养鹿保险、鸵鸟养殖保险、养鳖保险、牛蛙养殖保险、肉鸽养殖保险等。

二、农业保险的保险标的

（一）生长期农作物保险的保险标的

生长期农作物包括粮食作物、经济作物、其他作物、林木、水果、果树，且一般是出土的苗或移栽成活的苗才可作为保险标的。

（1）大田种植的粮食作物作为保险标的：水稻、小麦、大麦、玉米、高粱；大豆、蚕豆、豌豆、小豆、绿豆、菜豆；红薯、马铃薯、山药、芋头等。

（2）大田种植的经济作物作为保险标的：棉花、竺麻、亚麻；油菜、花生、芝麻、蓖麻、向日葵；甜菜、甘蔗；烟草、茶叶、咖啡。

（3）露天栽培或保护地栽培的蔬菜作物作为保险标的：黄瓜、西葫芦、冬瓜、苦瓜；茄子、西红柿、辣椒；菜豆、毛豆、刀豆、蚕豆；大蒜、大葱、洋葱、韭菜；芹菜、菠菜、胡萝卜、萝卜；平菇、香菇、猴头菇等。

（二）收获期农作物保险的保险标的

收获期农作物保险主要涉及粮食作物和经济作物。凡成熟后进入收割、脱粒、晾晒、碾打、烘烤等初加工的夏秋粮食作物和经济作物均可作为保险标的。例如，收割的水稻、小麦在脱粒、晾晒、碾打过程中，可作为收获期水稻、小麦火灾保险的保险标的。采摘下来的烟叶可作为烤烟保险的保险标的。

（三）林果保险的保险标的

（1）原始或次生林保险的保险标的：防护林、用材林、经济林、薪炭林等。

（2）盛果期果园的水果保险的保险标的：柑橘、苹果、梨、桃、葡萄、香蕉、荔枝、芒果等。

（3）栽植的果树保险的保险标的：柑橘树、苹果树、梨树、桃树、葡萄树、香蕉树、荔枝树、芒果树等。

（四）家禽保险的保险标的

家禽保险的保险标的是鸡、鸭、鹅、火鸡等家禽。投保人主要是符合卫生、防疫、科学饲养管理设施和技术条件的规模化饲养场。家禽保险对承保的家禽也有年龄限制，特别是种禽，如种鸡使用年限为1～2年，种鸭使用年限为2年，种鹅使用年限为1～4年。农户家庭散养的规模太小的家禽不宜作为保险标的。

（五）大家畜保险的保险标的

保险人承保的大家畜主要是符合承保条件的牛（奶牛、肉牛和耕牛）、马、骡、驴、骆驼等。按畜群分，大家畜可分为幼畜、青年畜和成年畜（例如，牛分为犊牛、青年牛、成年牛）。

（六）小家畜保险的保险标的

小家畜保险标的是符合承保条件的是猪、羊、兔等。

（七）水产养殖保险的保险标的

水产养殖一般分为淡水养殖和海水养殖，其养殖的水产品有五大类，即鱼类、虾类、蟹类、贝类和藻类。每类又有许多不同品种。例如，鱼类有传统的四大家鱼鲤鱼、草鱼、鲢鱼和鲫鱼，还有新兴名贵品种罗非鱼、鳗鱼等。实践中的保险标的不多，主要是符合承保条件的鱼、虾、蚌、珍珠、贻贝、扇贝等。淡水养殖保险的承保要求有一定的养殖面积，水源充足、无污染且周围无污染源，投保人具备一定的饲养技术和条件等；海水养殖的养殖区要有良好无污染的水质，最近2～3年无赤潮发生，避风条件好，具有一定的养殖经验等。

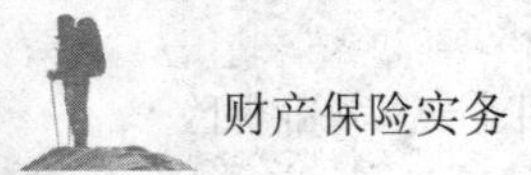

（八）特种养殖保险的保险标的

特种养殖保险涉及的动物门类很多，有兽类（鹿、肉狗等）、禽类（鸵鸟、鹌鹑等）、爬行类（蛇、鳖等）、两栖类（牛蛙、蟾蜍等）、节肢动物（蝇蛆等），每种动物都可以作为保险标的，但各自都须具备一定条件，如养殖规模、养殖经验、技术条件等。

三、农业保险的保险责任

农业保险责任范围的确定因地区、险种、标的而异，但主要依据在于农业保险的性质、目标和保险人的供给能力、被保险人的需求状况及社会环境而定。农业保险的保险责任在农作物保险、畜禽保险和水产养殖保险中各不相同。

（一）生长期和收获期农作物保险的保险责任

生长期和收获期农作物保险主要涉及粮食作物、经济作物和其他作物，根据保险人承担保险风险责任的多寡，有单一风险责任、综合风险责任和一切风险责任之分。

1．单一风险责任

单一风险责任简称“农作物单一险”，就是保险人只承保一种风险责任的保险，如小麦雹灾保险、棉花雹灾保险，保险人只对冰雹灾害引起的生长期小麦和棉花产量损失负责赔偿。又如，水稻、小麦火灾保险，保险人只承担水稻、小麦在收割、运输、脱粒、碾打、晾晒过程中由于火灾原因造成保险标的损失负赔偿责任。烤烟保险则承担烟叶烘烤加工过程中因火灾原因造成保险标的的损失的赔偿责任。

2．综合风险责任

保险人承担两种或两种以上风险责任，这种保险简称“农作物综合险”。如棉花保险，承保的风险责任有冰雹、洪水、渍涝、暴风、龙卷风等。

3．一切风险责任

一切风险责任简称为“农作物一切险”。这种保险的保险人承担几乎所有的自然灾害和病虫灾害造成的损失赔偿责任。在农业保险比较发达的国家，如美国、加拿大，政府的农作物保险公司主要出售这种保险单。其承保的责任包括地震、干旱、洪水、冰雹、大风、霜冻、雷电、火灾、雨涝、大雪、飓风、龙卷风、病害、虫害等。

（二）林木保险的保险责任

林业生产中的风险很多，有自然风险，例如，火灾、洪灾、风灾、雪灾、冻害、雹灾、野兽危害、病虫害等；有社会风险，例如，盗伐、哄抢等。林木保险的保险责任可以有多种选择。但目前一般情况下，保险人只出售森林火灾保险单，承担单一火灾风险的损失补偿责任。

（三）畜禽保险的保险责任

畜禽保险责任主要有以下三类。

（1）自然灾害，如火灾、洪水、地震、地陷、崖崩、暴风、暴雨、台风、龙卷风、冰雹、冻灾、雷击、疾病、难产、阉割感染等。

（2）意外事故，如火灾、爆炸、摔跌、碰撞、互斗、窒息、野兽伤害、触电、建筑物或其他物体倒塌等。

（3）社会风险，为防止传染病蔓延，执行当地政府命令捕杀并掩埋或焚烧等。

一个具体的畜禽保险险种可以将以上风险（或其中一部分）所致畜禽死亡或残废损失综合起来作为保险责任，也可以单独承保其中某一种风险责任。例如，奶牛保险的保险责任就包括了上述风险的大部分。

（四）水产养殖保险的保险责任

一般包括死亡责任和流失责任两大类。

（1）水生养殖的动植物自身疾病引起的死亡、缺氧死亡及他人投毒、养殖池干涸、污染、冰冻等引起的死亡，均构成死亡责任。

（2）台风、龙卷风、暴风雨、洪水、地震、海啸等风险造成堤坝溃决或海潮漫坝引起的养殖动植物流失损失，则可构成流失责任。

保险人既可以一张保单同时承保死亡责任和流失责任，也可以将死亡责任作为基本责任，流失责任作为附加责任承保，还可以将流失责任单独承保。

四、农业保险的除外责任

农业保险的除外责任因险种而异，但是各险种共同的除外责任有：

（1）被保险人及其关系人故意行为、欺骗行为所致的损失。

（2）被保险人管理不善，或者违反经实践证明是合理的栽培和饲养技术造成的损失。

（3）战争，军事行为，偷盗，被野兽、牲畜、禽类猎食造成的损失。

（4）市场价格的跌落造成的损失。

（5）其他不属于保险责任范围的损失。

五、农业保险的保险期限

（一）种植业保险的保险期限

农作物保险的保险期限与农作物的生产特点联系在一起。

（1）生长期农作物保险一般从作物出土定苗后起保，到成熟收割时截止。如小麦保险可以从麦苗出齐苗后开始，水稻保险从插秧结束起保，到小麦、水稻成熟收割时止。

（2）分期收获期的农作物（如棉花、烟草），保险期限应到收完最后一批棉花和烟叶为止。

（3）收获期农作物保险，一般从农作物收割（采摘）进入场院或烘房后起保，到完成脱粒、晾晒等初加工离场入库前，或完成烘制离开烘房为止。有的收获期保险的保险条款将保险期限提前到收割（采摘）进入场院前10天，包括了收割、运输途中的时间，向后推迟到交售入库为止，从而扩大了保险责任和保障程度。

（4）林木保险，因其生长期较长，保险期限也可长可短，但起保一定是在林木栽植成活后。目前实行1年期的短期保险，少数也有签订3年、5年乃至更长的合同的。

（二）养殖业保险的保险期限

养殖业保险的保险期限一般与动植物养殖的生产周期相一致。由于养殖对象种类很多，其生活习性、生长规律等方面各有特点，养殖业保险的责任期限不可能按自然年度或其他时间区间确定一个统一的期限，而需要根据标的养殖周期或风险特点来确定。保险责任期限长短因标的而异，即使同一标的，还可能因地域和气候的不同、险种不同而在时间先后和长短方面有一定差别。例如，生猪死亡保险和生猪屠宰保险，前者承保生猪饲养期间的死亡责任，一般有几个月甚至1年；而后者承保的是屠宰场收购的生猪在候宰期间的疾病和死亡责任，对于分批投保的保险标的，保验期限只有几小时，最多不超过24小时。当然，按当年屠宰计划投保的，保险期限为1年，但其中每一屠宰批次的保险期限仍不超过24小时。

六、农业保险的保险金额

鉴于农业保险的特殊性，农业保险的保险金额主要采取以下几种方式确定。

（一）按产量确定保险金额

（1）生长期农作物保险和水产养殖保险的保险金额一般根据各地同一风险区同类标的一定时期（如5年）的平均产量确定保险保障的产量水平，再根据事先选定的价格确定保险金额。

（2）粮食作物、经济作物、其他作物和水果保险一般以平均产量作为保险标的的预期收获量，并以其作为保险价值，保险金额则按该保险价值的一定成数确定。

（3）森林保险的保险金额是按单位面积的林木蓄积量和预先选定的木材价格来确定的。

（4）水产养殖保险的保险金额可以按平均单位水面的水产品产量的一定成数来确定。

（二）按成本确定保险金额

由于获得准确的农作物或水产品产量资料并不是一件容易的事，保险人便以各地同类保险标的生产的平均成本作为确定保险金额的依据。这里的成本有时是完全成本，有时只是费用成本，但使用费用成本的较多，主要目的在于控制道德风险。

（三）按市场价或协商价确定保险金额

在牲畜保险等业务中，有时以一个时期的平均市场价格确定保额。例如，一头3岁成年奶牛当地市场价约为5 000元，保险人可以以5 000元作为保险金额。大家畜、小家畜和家禽保险，水果和果树保险也可根据标的的具体情况，协商确定保险金额。如果树保险，果树死亡损失的保险金额就是根据果树年龄、果园管理、水果产量等情况来协商确定的。大牲畜保险也可以根据大牲畜的品种、年龄、用途、健康状况、饲养管理状况等协商确定保额。小家畜和家禽保险还可以根据标的品种、用途、年龄、经济价值和不同生长阶段、季节价格差别等情况实行变动保额。

七、农业保险的保险费率

同其他财产保险一样，农业保险的保险费率也是以保险标的损失率为基础的。不同的是农业保险的保险标的损失率比其他财产的损失率高得多。

由于农业生产极大地受制于自然地理条件，即使在很小的范围内也会有很大差别，农业保险的保险费率厘定比较复杂，一般事先要进行风险区划和费率分区，尽可能使保费负担与其风险损失相一致。

如种植业保险的费率厘定应考虑以下几方面的因素。

1. 合理确定测算范围

目前，以县的范围为单位来测算保险损失率和费率比较实际。根据各县农作物种植的实际和不同的损失情况，实行区域性档次费率，较为准确，投保人和被保险人也比较容易接受，同时也便于承保工作的开展。若在全国、一个省或较大范围的地区实行一个费率，就会导致投保人的逆选择。

2. 参照农作物种植区划

一般情况下，平原地区农作物种植区划较为单一；而在山区、平原、丘陵相互交叉的地区，农作物种植区划就比较复杂。尽管农作物种植区划和农业保险区划不同，但在同一个种植区划内的农作物种类和生产水平大体相当。所以，测算损失率时可参照农作物的种植区划。

3. 合理选择资料年限

应该在调查研究的基础上，对确定测算范围的生产水平、种植面积、灾害损失情况进行逐年分析，看正常年景是否保持相近水平。若长时期变化不大，所选择测算资料的年限应长些，一般来说，最好有25年以上的连续数据资料。

4. 考虑保障程度（即保额大小）因素

保障程度大，费率水平高；保障程度小，费率水平低。费率水平与保额大小成正相关。

八、农业保险的赔偿处理

（一）种植业保险的理赔处理

1. 查勘定损

（1）确定定损单位。这是确定农业保险损失程度的基础，特别对于大灾查勘定损，由于受灾范围大，受损程度轻重不一，如果定损单位定得过大会造成损失程度不准确；如果定损单位定得过小又会使工作量加大。目前，采取大灾以村为单位，小灾以组或户为定损单位较为可行。

（2）确定损失面积。损失面积的确定可采用目测法、实地丈量法和调查询问法三种。

（3）确定损失程度。一般采取随机抽样或等距抽样方式抽样，尽可能使各样本段在总体

中均匀分布，以提高样本的代表性。对于出险面积较大、同一地块不同部位损失程度差异较大的情况，抽样时还应考虑不同损失程度在总体中所占的比例。例如，某作物遭灾，经目测，2/3面积遭灾程度较轻，1/3面积遭灾程度较重，抽样时，在轻、重地段的抽样数量应是2:10。

2．赔偿方式

（1）按损失程度比例赔偿方式。这种赔偿方式适用于经济作物保险。根据种植业生长进程逐渐投入的特点，将作物生长期分为几个阶段，如苗期、营养生长期、生殖生长期等不同生长期实行不同的赔偿标准。无论发生绝产或部分损失，均按当时的赔偿标准和损失程度比例赔偿。一般通用的赔款计算公式为：

赔款额 ＝ 受灾当期单位面积赔偿标准 ×（损失程度－免赔率）× 受损面积

（2）按收获产量与保险产量的差额赔偿方式。这种赔偿方式适用于农作物产量保险。发生绝产损失时，按不同阶段确定的最高赔偿标准赔偿。苗期发生全部损失时，可重播的，按重播的种子秧苗费计算赔偿金额，经一次赔付后保险责任并不终止；不可重播的，经一次赔付后保险责任即行终止。生长后期和成熟收获期发生绝产损失，经一次性赔付后保险责任即行终止。

发生部分损失时，按实际收获产量与保险产量的差额赔偿。多次发生保险责任范围内的损失，按发生最终一次保险灾害后的实际收获产量与保险产量的差额赔偿。一般通用的赔款计算公式为：

赔款金额 ＝ 保险价格×（保险产量－收获产量）×受损面积×(1－免赔率)

（二）林木保险的理赔处理

被保险森林遭受保险责任范围内的灾害损失后，由于各地承保的方式不同，其赔款计算方法也不一样。

（1）按蓄积量的成数投保的赔款计算：

赔付金额 ＝ 每立方米价格×（每亩蓄积量×承保成数－每亩材积损失量）×受损面积×(1－免赔率)

（2）按成本保险的赔款计算：

赔付金额 ＝ 每亩保额×（灾前标的估价×受灾面积－灾后残值）×受灾面积 / 灾前标的估价×(1－免赔率)

（3）残值处理方法。把尚能作为用材的木材折价给被保险人处理，或把木材烧毁的地方锯出来，对尚能作为用材的锯成方料或板料折价给被保险人，在赔款中扣除。

（三）养殖保险的理赔处理

查勘定损与赔付的主要步骤如下：

（1）保险人接到报案后，要立即查看保单和花名册，搞清保险标的、承保金额、保险期限等承保内容，做到心中有数。

（2）调查、取证。查勘必须两人出现场。到现场后，首先询问被保险人或养殖人员，要弄清事故是否属保险责任。同时做好询问记录，并要求被询问人在记录上签字盖章。

（3）死亡检查包括死亡时间和原因的鉴定。查勘的目的是解决事故是否属保险责任，是否应该赔付，当保险责任确定后就应根据保险合同进行赔付。

如大牲畜保险赔付标准为一般责任的死亡按承保全额扣除可利用的畜肉和畜皮价值后进行赔付，在理赔实践中一般把残值定为30%左右。若是传染病，则畜肉、畜皮不准利用（如政府行政命令扑杀、焚烧或深埋者），将不扣残值，但应扣除有关部门补助金的全额。

【知识链接】　某地区政策性农业保险试点险种

一、肉蛋鸡保险

试点范围和对象：肉蛋鸡保险选择辖区内饲养规模在2 000只以上的饲养场（户）、企业所养殖的满10日龄以上、管理正常、有规定的免疫接种记录的肉鸡和蛋鸡，总计规模在5 000万只肉鸡和1 000万只蛋鸡。

保障程度：保险责任包括洪水、雷击、台风、龙卷风、泥石流、山体滑坡等自然灾害，火灾、爆炸、建筑物倒塌、空中运行物体坠落以及新城疫、传染性法氏囊病、传染性支气管炎、副伤寒、大肠杆菌病、葡萄球菌病、禽霍乱、马立克氏病、传染性喉气管炎。肉鸡每只保额为10元，保费为0.2元，保险期限为50天；蛋鸡每只保额为20元，保费为1.0元，保险期限为17个月。

赔偿标准：保险人根据保险鸡只饲养天数，按照相应保险金额的一定比例计算最高赔偿限额，每次事故保险鸡只死亡数低于或等于实际存栏数的5%时，保险人不负赔偿责任；每次事故保险鸡只死亡数高于实际存栏数的5%时，在扣除100只的绝对免赔额后，保险人按核定损失的90%承担赔偿责任。

二、苹果树灾害保险

试点范围和对象：苹果树灾害保险是对所管辖区内农场和农户种植、符合技术管理要求、生长期内管理正常的苹果树实施的保险，总计在该地区内选择10万亩优质苹果生产区域进行试点。

保障程度：保险责任包括苹果树生长期内，因遭受雹灾或八级以上大风所造成的保险果树减产，保险公司按照约定的保险金额给予赔偿。保险金额以最近三年的平均产量和同期平均收购价确定，保险费率为3%，保险期限为苹果树从开花到果实成熟期采摘为止。

赔偿标准：由于遭受保险责任范围内的灾害，每亩产量低于前二年的平均每亩产量的10%时，由保险公司按不同生长期及实际损失程度计算赔款，以不超过每亩1500公斤为限。但是由于管理不善，偷窃，非因雹灾、风灾造成的减产，保险公司不予赔偿。因保险责任内灾害造成全部损失，处于生长期的，按保险金额的60%赔偿；处于成熟期的，按保险金额的80%赔偿。因保险责任内灾害造成部分损失，损失程度在20%以下不予赔偿。损失程度超过20%时，处于成长期的，按实际损失乘以保险金额的60%赔付；处于成熟期的，按实际损失乘以保险金额的80%赔付。

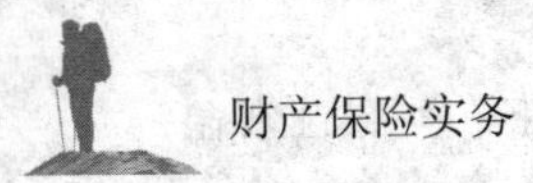

学习任务二 借鉴各国农业保险制度

【学生任务】

- 要求每个学生课前预习相关内容，结合已经学习过的财产保险和政策性保险业务来理解各国农业保险制度的相关内容，能够用自己的语言来简单描述世界各国农业保险操作模式和特点。
- 要求每个学生提高课外阅读量，掌握行业发展的前沿趋势，结合本部分内容，说明我国农业保险试点的内容、方向和初步成就，根据自身的理解，结合案例在课堂提问中口头表达。
- 将学生随机分组，按小组选出典型回答在课堂上进行点评，学生间相互评出每一口头表达情况的优劣，教师进行综合评价。

【教师任务】

- 提示学生完成口头表达所需要关注的主要知识点，如政府补贴、政策倾斜等的概念、内容，农业保险相关制度的国际现状等。
- 指导学生分组，在小组内对学生进行不同的分工，对学生口头表达作业完成情况及时进行跟进。
- 对各小组进行的课堂点评适时指导，对于选出的作业予以及时、客观、公正的评价，准备回答学生有可能提出的异议等。

教学活动1 了解各国农业保险制度

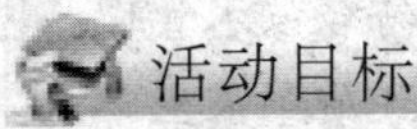

活动目标

通过本部分的教学活动，了解与熟悉世界各国农业保险业务的经营现状，掌握其关键特点和操作模式，并能够使用自己的语言简单描述。

知识准备

一、农业保险的历史发展

农业保险在欧美国家有较长的发展历史。德国从18世纪开始就有农村互保协会承保农作物雹灾保险，后来股份保险公司也加入了农作物雹灾保险的行列。18世纪末、19世纪初法国的农作物雹灾保险也发展起来。19世纪，德国、法国、瑞典、瑞士、美国也出现了由小型相互或合作保险组织举办的牲畜保险。但是直到20世纪30年代，世界上还没有一个国家举办对于农业和经济发展有广泛意义的一切险（或综合险）农作物保险。

实际上，20世纪初在美国和加拿大就有商业性保险公司尝试开办农作物保险一切险，但他们的尝试均遭惨败，甚至破产。20世纪30年代，日本也曾通过有关农业保险的立法，希望通过商业性农业保险促进其农业经济的发展，但贫穷的农民反应冷淡，这一计划实际上也不成功。

如果说畜禽保险自其诞生之日起至今，并没有引人注目的变革的话，农作物保险则从20世纪40年代起，开辟了一个新纪元。1939年，美国通过了第一部《联邦农作物保险法》，开始试验由政府举办的政策性农作物一切险保险，以挽救其受到严重经济危机摧残和破坏的农业经济，保护与合理配置其农业资源。1947年，战败后的日本通过《农业灾害补偿法》开始实施政策性的一切险农业保险，对主要农作物水稻、旱稻、小麦、大麦和牛、马、猪等牲畜及养蚕均实行强制投保，从而将农业保险作为其鼓励农民增产当时市场上奇缺的农畜产品，和巩固其土地改革的成果的重要政策。到了20世纪50年代末以后，加拿大、瑞典等国陆续建立政策性的一切险农作物保险的时候，这种保险制度除了农业发展的政策意义之外，还具有社会福利政策的意义。在这些大规模举办农业，特别是农作物保险的国家，商业性农业保险只是这种制度的补充。

二、农业保险的美加模式

美国和加拿大是主要采用这种模式的代表国家，其主要特点是实行政策性农业保险，其农业保险的标的主要是农作物。对于该农业政策性保险均颁布了专门法律，并依法组建了官方的政策性农作物保险公司并由政府财政拨付资本金。该公司主要提供农作物（包括水中养殖的植物）一切险保险和再保险，也承保饲养动物的保险。农民投保是自愿的，但投保农民只支付投保农作物纯保费的一部分（美国约为1/3，加拿大约为1/2），其余部分的纯保费和经营管理费用均由政府补贴。政府对其资本、存款、收入和财产免征一切税负。

在上述体制下，政府也允许并鼓励私营、联合股份保险公司和保险相互会社、合作社经营农作物一切险保险和其他特定灾害的农作物保险。美国对于承保农作物一切险保险的私营保险公司同样给予保费补贴，经批准的保险公司和再保险公司也可以经营农作物再保险。在加拿大，这种政策性农作物保险的举办与否由各省自主决策，因此，它们的10个省并不是同时开始举办这种政策性农作物保险。除美国、加拿大外，瑞典、智利、墨西哥等国也基本上采用的是这种模式。但瑞典自1968年以后改自愿投保为依法强制投保。

三、农业保险的日本模式

这种模式采用在政府支持下的相互会社进行投保、理赔，因此，也可称为政府支持下的相互会社模式。根据《农业灾害补偿法》，日本的农业保险组织形式采用“三级”制村民共济制度，即市、町、村直接承办各种农业保险业务的农业共济组合、承担农业共济组合分险业务的都道府县共济联合会，承担各共济联合会再保险的全国农业保险协会。三重风险保障机制将农业风险在全国范围内分散。1952年，日本还建立了以各府农业相互救济协会联合会为成员的“农业相互救济基金会”，以通过联合会筹集资金，保持各种农业保险业务收入和支出在一个较长时期内的平衡。

农业保险日本模式的特点其一是政策性强，国家通过立法对主要的关乎国计民生和对农民收入影响较大的农作物（水稻、旱稻、小麦、大麦）和饲养动物（牛、马、猪、蚕）实行法定保险。其他作物和饲养动物实行自愿保险。其二是经营农业保险的组织不是政府建立的政策性保险机构，也不是商业性保险公司，而是民间的、不以营利为目的的保险合作机构——市、町、村农业共济组合与都、道、府、县农业共济组合联合会。其三，中央政府的主要责任有：①通过农林生对农业保险进行监督和指导，②通过官方（中央政府农业再保险特别会计）和非官方（国家保险协会）的机构，为农业共济组合联合会提供再保险，③通过大藏省一般会给农业保险的法定项目提供保险费和管理费补贴。这种以合作组织为直接保险经营主体的政策性农业保险，主要是日本采用。

四、农业保险的西欧模式

这种模式由相互竞争的互助保险社和商业性保险公司承办农业保险，政府不直接参与农业保险的经营，但对农业保险给予税收等政策优惠，有时也称为民办公助模式。一些欧盟国家，如德国、法国、西班牙、荷兰等，主要采用这种模式，大洋洲的澳大利亚也采用这种模式。欧洲农业互助合作保险组织依附的基础是各种农业生产者合作组织，其中以德法农业互助保险的做法比较典型。但由于这种模式存在很大的弊端，目前欧盟许多国家正在考虑改变这种制度模式，建立类似美加模式的农业保险制度。

这种模式的主要特点是：农业保险基本上是商业性的，无论一切险保险（很少）还是特定灾害保险都由商业性保险公司自由经营，也有保险相互会社和合作社经营的，当然它们一般主要经营的是雹灾、火灾保险。因此，这些国家没有全国性统一的农业保险组织机构。农民投保完全是自愿的，保费多由农民自己支付，有的国家的政府也支持私营公司和合作社、相互会社举办农业保险，同时也有一些对农业保险的优惠政策。例如，政府可以免除经营农业保险业务的税负，甚至允许其经营的农村财产业务也不纳税，使其可用财产保险的盈余补贴农业保险业务。

【拓展阅读】 成熟的西班牙农业保险

西班牙的农业保险不仅险种齐全，而且管理机制完善，政府支持有力，保险公司健康发展，农民受益，在世界范围内是一个成功的范例。

西班牙国土面积有50.5万平方公里，人口约4 000万，其中农业人口约1 000万人。西班牙农业产值占国内生产总值的3.7%，50%以上来自于种植业。1978年以前，西班牙农业保险完全由私人公司经营，政府没有参与，旱灾、霜冻等自然灾害还不在保险范围之内。由于农业灾害多，理赔金额大，公司运营成本高，农民遭灾后不能及时、足额得到保险公司的赔付。因此，政府实行了特殊的援助制度，即对灾民给予救济补助。

1978年，西班牙颁布了《农业保险法》，提出由农民自愿参加保险，政府对私人保险公司提供再保险，并对农民的保费给予补贴；不参加农业保险的农民，遭灾后政府不给予任何援助。同时提出农业保险的目标就是要逐步将所有的农业领域都纳入农业保险的范围。《农业保险法》颁布后，农民的参保意识明显增强了。农业保险业务的具体操作由38家私人农业保险公司负责。政府颁布《农业保险法》，对私人保险公司提供再保险，并对农民的保费给予补贴，不参加农业保险的农民，遭灾后政府不给予任何援助。农民可以个人投保，也可以联合起来集体投保。

五、农业保险的亚洲模式

该模式主要以亚洲一些发展中国家为代表，如斯里兰卡、菲律宾、泰国、印度、巴基斯坦、孟加拉国等国，也包括中南美洲一些发展中国家，如巴拿马、巴西等。这种国家重点选择性扶持模式主要以亚洲发展中国家为代表，所以又可以称为亚洲发展中国家模式。

这种模式的特点可以概括如下：第一，农业保险都处于试验阶段，试验地区和保险风险都有限，这种试验主要由政府所属专门农业保险机构举办；第二，保险的标的只选择本国最重要的粮食作物——水稻和小麦（泰国和印度的保险标的也有棉花），其目的就是确保粮棉生产的稳定；第三，为了尽可能扩大承保面，便于分散风险，对农业保险大都实行强制投保，并且这种强制往往与农业贷款相联系，只是建立这种联系的方式有区别。如斯里兰卡对凡栽培的被保险粮食作物都要依法投保，泰国、菲律宾、印度等只对那些栽培被保险农作物并且申请到这种农作物生产贷款的农户实行强制投保。第四，农业保险的再保险机制不健全，只有少数国家同时提供或向国外再保险。

教学活动2　我国的农业保险制度

活动目标

通过本部分的教学活动，了解与熟悉我国农业保险试点与改革，掌握其发展模式关键因素，并能够使用自己的语言简单描述。

知识准备

一、我国农业保险的试验与改革

我国从1982年起，由中国人民保险公司的各地分公司开始试办种植业和养殖业保险。1986年以后，新疆生产建设兵团农牧业保险公司（现改名为中华联合财产保险公司）成立后，在兵团范围内举办农业保险。1987年民政部也开始试验，打算将传统救灾制度改为农村救灾保险制度，举办了包括主要农作物、大牲畜和农村劳动力人身意外保险在内的“一揽子”农村保险，有的地区还兴起了举办农业互助保险的热潮。

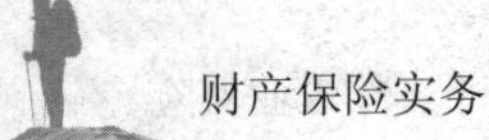

但这种商业性或准商业性的农业保险遇到了市场经济的挑战，随着1994年中国人民保险公司向市场化体制转轨的进程，农业保险的高风险、高赔付与农民有限支付能力又希望获得高保障水平的矛盾，以及农业保险的政策性质与保险公司的商业性经营的矛盾日益尖锐，致使农业保险试验从20世纪90年代初的高潮跌入世纪末的低谷。农业互助保险也因一系列技术和管理问题而逐渐自生自灭了。因此，我国农业保险面临着根本的改革。

新一轮农业保险试验和改革始于2004年。中国保监会先后批准建立了上海安信农业保险公司、吉林安华农业保险公司、黑龙江阳光相互农业保险公司3家专业性农业保险公司。此前，还批准了具有经营农业保险一百多年经验的法国安盟财产保险公司，在成都设立分公司。2007年，财政部将农业保险的保费补贴列入财政预算，并列支10亿元支持在四川、江苏、湖南、新疆、内蒙古、吉林六个省区进行试点，支持的保险标的主要是小麦、水稻、玉米、大豆、棉花等作物和奶牛、能繁母猪等家畜，当年中央财政实际支出的财政补贴是20.5亿元。

2008年，中央加大财政支持力度，列入财政预算的补贴农业保险费的资金是60.5亿元，实验区域扩大到16个省区，作物也进一步扩大到油菜、花生等油料作物。与此同时，上海、浙江、北京等省市也在省市政府支持下，设计和开始了本地的政策性农业保险试验。尽管这些试验还存在一些困难和问题，但总的来说取得了可喜的成就。

【拓展阅读】　我国农业现状

多年来，中央和地方财政大力支持发展农业保险。2007—2011年，中央财政累计给予农业保险费补贴达264亿元。各级财政对主要农作物的保险费补贴合计占应收保险费的比例达80%。继保监会于2013年7月1日、2日两天接连批准了五家险企在全国9个省份的农业保险经营资质后，17日保监会再批准太平财险在湖北等8个地区经营农险业务。至此，保监会已批准14家险企在全国不同省份经营农业保险的资质。其中，人保财险获批在北京、天津市、河北、山西等31个省（自治区、直辖市）经营农业保险业务。据了解，在2008年政策性农险试点推行以来，这几年仅人保财险、中华保险、中航安盟保险3家保险公司以及安华农业、阳光农业等4家农险公司来承保。“人保财险在整个市场的份额大概在55%，而目前农业保险的补贴模式主要是政府补贴约80%的比例，有些省份还达到90%的比例。目前政策性农业保险主要分为三大类，即种植业保险、养殖业保险、森林保险”。

保监会数据显示，2007—2012年，保险业承保农作物从2.3亿亩增加到9.7亿亩，占我国主要农作物播种面积的40%。农业保险提供的风险保障从1 126亿元增长到9 006亿元，共计向1.13亿户次的农户支付赔款551亿元。目前，农业保险参保农户1.83亿户次，农业保险保费收入从51.8亿元增长到240.1亿元，年均增速36%。自2008年起，我国农业保险业务规模超过日本，仅次于美国，居世界第二。

二、我国农业保险的发展模式

纵观国外的农业保险一般都是在政府补贴下开展，并实行自愿保险与强制保险相结合，属于政策性保险。农业保险区别于其他财产保险的经营模式，这取决于农业生产的国民经济基础地位、农业生产过程中农业所面临的风险具有特殊性、农业保险涉及的范围大、受多重风险制约、保险经营投入大、赔付率高、农民保险意识相对淡薄、经济承受能力较弱等因素，因此农业保险的商业化模式展业难度大，政府不得不通过相关政策法规的扶持来直接推动农业保险的发展。

中国保险监督管理委员会借鉴国外的经营，根据我国的具体国情，提出我国农业保险发展的五种模式，力争通过一到两年的时间逐步形成符合我国国情的农业保险制度。这五种主要模式是：一是与地方政府签订协议，由商业保险公司代办农业险。二是在经营农业险基础较好的地区设立专业性农业保险公司。三是设立农业相互保险公司。四是在地方财力允许的情况下，尝试设立由地方财政兜底的政策性农业保险公司。五是继续引进像法国安盟保险等具有农业险经营的先进技术及管理经验的外资或合资保险公司。

综合实训

【实训目标】

通过本部分实训，使得学生能够在理论上和实务中掌握农业保险的重点专业名词和基本操作模式，区分不同的农业保险险种险别，能够按照不同方式进行承包和理赔。

【实训任务】

一、重要名词

农业保险　　种植业保险　　养殖业保险　　林木保险　　家畜养殖保险
家禽养殖保险　　水产养殖保险　　经济作物保险　　粮食作物保险

二、思考讨论

1．试述农业保险的特点和分类。
2．简述种植业保险的保额确定方法和相应的赔偿方式。
3．收获期农作物保险的赔偿处理要点是什么？
4．收获期农作物保险的责任免除是什么？
5．试比较不同国家农业保险制度的异同。

三、情景模拟

农业保险中经济作物棉花保险的理赔处理

部分损失：将棉花生长期分为六个阶段，即苗期、蕾期、初花期、盛花期、花铃期、吐絮期。各生长期确定不同的最高赔偿标准，按损失程度比例赔偿方式。参见表11-2棉花不同生长期最高赔偿标准。由于全国各地生长期差异较大，各地宜根据当地实际情况制定日最高赔付表。

表11-2 棉花不同生长期最高赔偿标准

生长期	最高赔偿标准/（元/亩）
苗 期	保险金额×50%
蕾 期	保险金额×60%
初花期	保险金额×70%
盛花期	保险金额×80%
花铃期	保险金额×90%
吐絮期	保险金额×100%

绝产损失：保险棉花损失程度在90%（含）以上的为绝产损失。保险人按阶段最高赔付表或日最高赔付表所列标准确定赔偿金额。苗期发生保险责任范围内的损失时，可重播的，按当时已投入成本的实际损失计算赔偿金额，经一次赔付后保险责任并不终止。多次发生保险责任范围内的损失的，发生最新一次保险责任范围内灾害时的有效保险金额，为苗期最高赔偿标准扣除以前各次赔偿金额后的余额。每次赔付后由保险人出具批单注明尚余的有效保险金额。若累计赔偿金额达到苗期最高赔偿后保险责任即行终止。

某户农民在种植1 000亩棉花后投保，每亩的保险金额为1 500元，在盛花期遭受冰雹灾害，损失程度达到35%，免赔率为10%，试求这位农民可以从保险人处获得多少赔偿？

情景分析

根据题中数据计算：

赔付金额 =1 000亩×1 500元/亩×80%×35%×（1−10%）=378 000（元）

由上述计算结果可知，在投保了种植业保险，农作物遭受自然灾害后，根据农作物所处的生长阶段和免赔规定，受灾农户可以获得相应的补偿。

参考文献

[1] 吴定富.保险基础知识[M].北京：中国财政经济出版社，2006.

[2] 许瑾良.财产保险原理和实务[M].上海：上海财经大学出版社，2010.

[3] 施建祥.财产保险[M].杭州：浙江大学出版社，2010.

[4] 郑功成，许飞琼.财产保险[M].第四版.北京：中国金融出版社，2011.

[5] 卓志.商业财产保险完全手册[M].成都：西南财经大学出版社，2005.

[6] 孙迎春.保险实务[M].大连：东北财经大学出版社，2009.

教学项目十二

责任和信用保证保险

【知识目标】

- 责任保险的基本概念和特征
- 责任保险的险种险别
- 信用保证保险的分类
- 信用保证保险的险种险别

【技能目标】

- 能够准确描述责任保险的特征
- 能够识别信用与保证保险的异同
- 能够掌握责任保险和信用保证保险的险种险别
- 能够了解责任保险和信用保证保险的发展前景

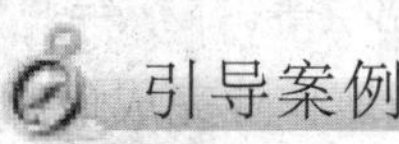

引导案例

全球最贵的一颗果冻居然价值5 000万美元

2002年2月某天，美国波士顿一名两岁的华裔男童杰佛瑞在吃果冻时，被卡在喉咙里的果冻噎住，导致昏迷，虽然父母立刻将他送医急救，但他仍变成了植物人。杰佛瑞的父母在医师认定无法救治的情况下，九天后决定拔除杰佛瑞的呼吸器，让他自然死亡，结束了这一年轻的生命。

随后，家属愤怒地向台湾盛香珍果冻公司经销商所在地的加州旧金山高等法院提出控告，要求给予合理的赔偿和对该公司进行巨额的惩罚性罚款。由于这已经是一连串果冻噎死儿童事件中，盛香珍公司第二次被法院判决赔偿的案件，上次蒟蒻果冻噎死美国一名九岁女童案，法院就已经判决盛香珍公司需赔偿1 670万美金！所以，鉴于同样的案件因为相同的原因再次复发，美国旧金山高等法院于2003年判决台湾盛香珍食品公司由于食品本身质量问题导致食用者死亡，必须赔偿死者家属5 000万美元，相当于17.2亿台币。故此，这颗果冻也因此成为全世界至今为止最贵的一颗果冻！

本案表明，消费者若因产品质量问题对生产厂商或经销商提出诉讼，而生产商或经销商无法证明自己的产品对消费者没有造成伤害，则生产厂商或经销商就必须作出赔偿。在美国的司法体系中，由于对产品责任实行的是严格责任制，同时因为美国惩罚性赔偿以及高额律师费的存在，企业的出口产品风险巨大。因此责任保险已经成为企业转嫁责任风险的重要手段。

学习任务一 掌握责任保险

【学生任务】

- 要求每个学生课前预习相关内容，结合已经学过的企业财产保险知识来理解责任保险的相关内容，能够描述责任保险的特征和责任保险的险别险种。
- 每个学生要提高课外阅读量，结合本部分具体内容，说明各类责任保险的保险责任和区别要点，根据自身理解，结合具体案例或具体责任保险险种写出不少于3分钟的口头表达作业。
- 将学生随机分组，按小组选出若干份作业在课堂上进行点评，学生间相互评出每一份口头作业的优劣；学生对作业修改后再次演示，以便教师进行评价。

【教师任务】

- 指导学生在相关专业网站上查找所需资料，启发学生理解责任保险业务存在的意义和作用。
- 提示学生完成口头表达作业所需要关注的主要知识点，如责任保险的含义、作用，各类责任保险赔偿限额的确定、保险责任与除外责任、保险赔偿等。
- 指导学生分组，在小组内对学生进行不同的分工，对学生口头表达作业完成情况及时进行跟进，督促其按时完成。
- 对各小组进行的课堂点评适时指导，对于演示的口头作业予以及时、客观、公正的评价，准备回答学生可能提出的各种异议等。

教学活动1 认识责任保险

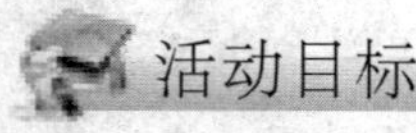

活动目标

通过本部分的教学活动，熟练掌握责任保险的概念及其相关的专业名词，理解责任保险的特征，并可以在保险实务中加以正确应用。

知识准备

责任保险属于广义财产保险的范畴，是从传统的火灾保险中分离出来的一种业务，是一种无形的、没有实体的财产保险。它是以被保险人对第三者依法承担的民事损害赔偿责任作为保险标的的广义财产保险范畴。

一、责任保险的概念

责任保险是一种以被保险人对第三者依法承担的民事损害赔偿责任作为保险标的的一种保险。即投保人向保险公司缴纳一定数量的保险费后，如果因其过失、疏忽造成他人的人身伤害及财产损失依法应承担赔偿责任时，由保险公司予以赔偿的一种保险。如汽车、轮船肇事造成他人的人身伤亡或财产损失，医生误诊造成病人人身伤亡或身体损害，产品缺陷造成用户或消费者或公众的财产损失或人身伤亡等，致害人均必须依照有关法律或合同的规定对受害人承担经济赔偿责任。如果致害人投保了责任保险，就将这一风险转嫁给了保险人；一旦责任事故发生，就由保险人承担致害人（即被保险人）应向受害人负责的经济利益损失。

二、责任保险的特征

责任保险与一般财产保险都是赔偿性质的保险，但又有不同之处。责任保险的特征主要表现在以下几个方面。

（一）责任保险的产生基础是法制的健全与完善

责任保险的产生和发展与法律的健全与完善密不可分。正是由于人们在社会中的行为受到种种法律法规的制约，才会发生因为触犯法律造成他人的身体及财产受损，并因此承担相应的损害赔偿。而其他财产损失险产生基础是自然灾害和意外事故。

（二）责任保险补偿对象的替代性与保障性

责任保险直接补偿对象是与保险人签订保险合同的被保险人（致害人），间接补偿对象是受害人。保险金最终归受害人所有。所以责任保险既替代了被保险人（致害人）的赔偿责任，又保障了受害人应有的合法权利，但受害人不能直接向保险人索赔。而一般财产保险中，保险人是对因保险事故而导致被保险人的经济损失进行直接补偿。

（三）只有赔偿限额的规定

责任保险的标的是被保险人依法应对第三者承担的民事损害赔偿责任，是一种无形物。投保时该赔偿责任没有现实存在，且可能受损的第三者不确定，损害的后果亦无法事先预知，未来赔偿额度不确定，所以没有保险金额的规定。为控制保险人承担的风险，一般以赔偿限额作为最高限度来赔偿。一般财产保险的标的可事先用货币来衡量其价值，所以规定保险金额是保险人赔偿的最高限额。且保险金额的确定以保险价值为基础。

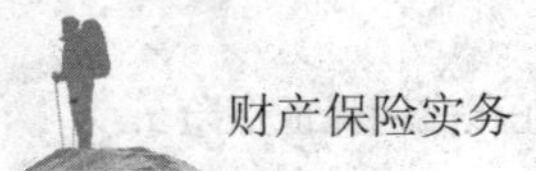

（四）承保方式特殊

责任保险的承保方式主要有两种：一种是以单独的责任保险方式签发专门的保险单来承保。另一种是将责任保险作为各种损失赔偿保险的组成部分或将其作为附加险来承保，不签发专门的责任保险单。

（五）赔偿处理的特殊决定方式

一般财产保险中，保险人赔偿金额是由保险价值、保险金额、损失金额等因素确定。而在责任保险中，由于被保险人的赔偿责任通过保险关系的建立转移到了保险人身上，被保险人对于第三者就其责任的承认、和解或否定以及赔偿金额的大小均与保险人的利益密切相关，因此，大多数国家的法律均规定保险人拥有处理责任事故的参与权。

另外，责任保险的赔偿条件不仅要看事故是否属于保险责任范围，而且取决于被保险人是否受到第三者的赔偿请求。如果责任事故已经发生，第三者也受到了损害，但第三者不向被保险人请求赔偿，被保险人就无利益损失发生，保险人也不必对被保险人负责。只有在损害事故发生后，被保险人受到第三者的赔偿请求，且保险人得到被保险人的出险通知和索赔请求，保险人才为被保险人承担对受害人的经济赔偿责任，或承担对被保险人的经济损失补偿责任。所以，如果被保险人不承担对受害人的经济赔偿责任，则保险人也不承担对被保险人的经济补偿责任。如果被保险人不通知保险人并请求赔偿，受害人不得直接向保险人有所主张或索赔；同样，如果被保险人没有受到第三者的赔偿请求，也就不具备向保险人索赔的基础。

【知识链接】　责任保险与百姓生活密切相关

责任保险是以被保险人对第三者依法应负的赔偿责任为保险标的的险种。按承保范围不同，责任保险三要分为公众责任保险、产品责任保险、雇主责任保险、职业责任保险等类型。

责任保险的最终目的是保护受到被保险人行为损害的第三者的利益，使受害的第三者得到及时有效的经济补偿。因此，责任保险具有很强的社会公益性，与老百姓的生活密切相关。尽管责任保险的投保人多为企业，一旦发生保险责任事故，则由保险公司向受害者提供赔偿。

例如公众责任保险，一旦商场、娱乐场所发生火灾，给在场的消费者造成了人身伤亡和财产损失，将由保险公司向受害者进行赔偿；又如产品责任保险，如果产品的生产者或销售者因生产或销售有缺陷产品造成了产品使用者的人身伤害或财产损失，相应的损害赔偿责任由保险公司承担；职业责任保险转嫁的则是专业人员，像医生、律师、会计师、建筑师、公司董事等，因职业上的过失行为造成第三者利益受损害而应承担的赔偿责任。可以说，责任保险的发展最终将使老百姓受益，也为经济的健康持续发展保驾护航。

教学活动2　掌握责任保险的险种内容

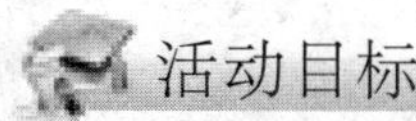

活动目标

通过本部分的教学活动，熟练掌握责任保险的险种内容，包括公众责任险、产品责任险、雇主责任险和职业责任险，并可以在保险实务中加以正确应用。

知识准备

一、公众责任保险

（一）公众责任保险的概念

公众责任保险，又称普通责任保险或综合责任保险，它以被保险人的公众责任为承保对象，是责任保险中独立的、适用范围最为广泛的保险类别。

所谓公众责任，是指致害人在公众活动场所的过错行为致使他人的人身或财产遭受损害，依法应由致害人承担的对受害人的经济赔偿责任。公众责任的形成以在法律上负有经济赔偿责任为前提，其法律依据是各国的民法及各种有关的单行法规制度。

（二）公众责任保险的适用范围

公众责任保险的适用范围非常广泛，其业务复杂，种类很多，主要包括场所责任保险、承包人责任保险和个人责任保险。其中，场所责任保险主要承保所有人或经营管理人在营业过程中所产生的损害赔偿责任，是公众责任保险的主要业务来源；承包人责任保险承保的是各种建筑工程、安装工程、装卸作业和各类加工的承包人在进行承包合同项下的工程或其他作业时所造成的损害赔偿责任；个人责任保险主要承保私人住宅及个人在日常生活中所造成的损害赔偿责任。任何个人或家庭都可以将自己或自己的所有物可能造成损害他人利益的责任风险通过投保个人责任险而转嫁给保险人。

（三）公众责任保险的责任范围

1. 保险责任

公众责任保险的保险责任包括被保险人在保险期内、在保险地点发生的依法应承担的经济赔偿责任和有关的法律诉讼费用等。

2. 除外责任

公众责任保险的除外责任则包括：①被保险人故意行为引起的损害事故；②战争、内战、叛乱、暴动、骚乱、罢工或封闭工厂引起的任何损害事故；③人力不可抗拒的原因引起的损害事故；④核事故引起的损害事故；⑤有缺陷的卫生装置及除一般食物中毒以外的任何中毒；

⑥由于震动、移动或减弱支撑引起的任何土地、财产或房屋的损坏责任；⑦被保险人的雇员或正在为被保险人服务的任何人所受到的伤害或其财产损失，他们通常在其他保险单下获得保险；⑧各种运输工具的第三者或公众责任事故，由专门的第三者责任保险或其他责任保险险种承保；⑨公众责任保险单上列明的其他除外责任等。

对于有些除外责任，经过保险双方的约定，可以作为特别条款予以承保。

（四）公众责任保险的赔偿限额

赔偿限额是公众责任保险人承担经济赔偿责任的最高限额，也是厘定费率、计算保险费的重要因素。确定公众责任保险赔偿限额通常有以下几种方法：①规定每次事故赔偿限额，但不规定累计限额；②规定每次事故赔偿限额，并规定保险期限内的累计限额。

（五）公众责任保险保险费率的厘定和保险费的计算

按照国际保险界的习惯作法，保险人一般按每次事故的赔偿限额和免赔额订立保险费率。保险人在经营公众责任保险业务时，一般不像其他保险业务那样有固定的保险费率表，而是通常视每一位被保险人的风险情况逐笔议订费率，以便确保保险人承担的风险责任与所收取的保险费相适应。

公众责任保险费的计算方式包括如下两种情况：一是以赔偿限额（累计或每次事故赔偿限额）为计算依据，即保险人的应收保险费＝累计赔偿限额×适用费率；二是对某些业务按场所面积大小计算保险费，即保险人的应收保险费＝保险场所占用面积（平方米）×每平方米保险费。

无论何种方式计算保险费，保险人原则上均应在签发保险单时一次收清。

（六）公众责任保险的赔偿

公众责任保险的赔偿限额的确定，通常采用规定每次事故赔偿限额的方式，既无分项限额又无累计限额，仅规定每次公众责任事故的混合赔偿限额。它只能制约每次事故的赔偿责任，对整个保险期内的总的赔偿责任不起作用。

当发生公众责任保险事故时，保险人的理赔应当以受害人向被保险人提出有效索赔并为法律认可为前提，以赔偿限额为保险人承担责任的最高限额，并根据规范化的程序对赔案进行处理。

【拓展阅读】　安全事故频发凸显公众责任保险“缺位”

最近几年，“电梯伤人”“高铁故障”“动车相撞”等公共设施安全事故接连发生，再次引发公众对公共安全的关注。

对于公众责任险的作用，较早开展此项保险经纪服务的江泰保险经纪股份有限公司有着深刻的体会。“大型活动公共安全责任保险”是由江泰公司从市场角度出发，针对大型活动类型多样、活动时间长短、活动场地类型多样等特点与保险公司合作设计的险种。上述负责人介绍说，2005年推出至今，江泰公司累计参与评估的186项大型活动，其公众责任险投保率由原来的5%提高至近70%，成功处理了2008年地坛庙会游人烧伤案、摔伤案，2008年地坛服装节两起游人摔伤案，2009年地坛庙会游人摔伤案，2009年莲花池庙会游人摔伤案，2010年草莓音乐节游人摔伤案，2011年迷笛音乐节游人摔伤案等，有效地减轻了主办方的负担，避免了矛盾激化。此外，在游泳场馆、公共交通、商业会展、工程建设项目、银行、超市等易发生公共安全事故的场所，江泰公司的公众安全责任险服务也为客户提供了有力的保障。

在欧美等发达工业化地区，公众责任险已作为具备社会管理功能的险种普遍被公众接受和使用。在美国，责任险占整个非寿险业务的50%左右，在英、法、德、日等亚欧保险业较发达的国家和地区，此比例也维持在35%～45%左右。然而，我国的公众责任险在财产险中的占比只有4%左右。实际上，不仅仅在地铁，工厂、办公楼、旅馆、住宅、商店、医院、学校、影剧院、展览馆等各种公众活动场所都蕴含了公众责任保险的巨大需求。

二、产品责任保险

（一）产品责任保险的概念

产品责任保险是指以产品的制造商和销售商因生产和销售的产品造成产品使用者人身伤害或财产损失而应当承担的损害赔偿责任为标的的责任保险。产品责任保险的目的，在于保护产品的制造商或销售商免受因其产品的使用而造成他人人身或财产损害而承担赔偿责任的损失。

（二）产品责任保险的投保人和被保险人

制造商、销售商、修理商等一切可能对产品事故造成损害负有赔偿责任的人，都具有可保利益，都可以投保产品责任保险。根据情况的需要，可由他们中间的任何一个人投保，也可以由他们中间的几个人或全体联名投保。

产品责任保险的被保险人除投保人之外，经投保人申请，保险公司同意后，可以将其他有关方作为被保险人，必要时须加保费，并规定对各被保险人的责任互不追偿。但在各关系方中，制造商应承担最大风险。除非其他有关各方已将产品重新装配、改装、修理、改换包装或使用说明书，并因此引起产品事故，应由有关各方负责外，凡产品原有缺陷引起的问题，最后都要追溯至制造商负责。

（三）产品责任保险的责任范围

1．保险责任

保险人承保的产品责任风险，是承保产品造成的对消费者或用户及其他任何人的财产损失、人身伤亡所导致的经济赔偿责任，以及由此而导致的有关法律费用等。

2．除外责任

产品责任保险的除外责任，一般包括如下几项：①根据合同或协议应由被保险人承担的其

他人的责任；②根据劳工法律制度或雇佣合同等应由被保险人承担的对其雇员及有关人员的损害赔偿责任；③被保险人所有、照管或控制的财产的损失；④产品仍在制造或销售场所，其所有权仍未转移至用户或消费者手中时的责任事故；⑤被保险人故意违法生产、出售或分配的产品造成的损害事故；⑥被保险产品本身的损失；⑦不按照被保险产品说明去安装、使用或在非正常状态下使用时造成的损害事故等。

（四）产品责任保险的费率和保险费

产品责任保险的费率的拟订，主要考虑如下因素：①产品的特点和可能对人体或财产造成损害的风险大小，如药品、烟花、爆竹等产品的责任事故风险就比农副产品的责任事故风险要大得多；②产品数量和产品的价格，它与保险费呈正相关关系，与保险费率呈负相关关系。对于同类产品的投保数量大、价格高、销售额高，保险费收入的绝对数额就大，费率可能相对降低，反之亦然；③承保的区域范围，如出口产品的责任事故风险就较国内销售的产品的责任事故风险要大；④产品制造者的技术水平和质量管理情况；⑤赔偿限额的高低。综合上述因素，即可以比较全面把握承保产品的责任事故风险。

产品责任保险费的计算与赔偿限额和产品销售额密切相关，销售额是计算保险费的基础，赔偿限额是参考依据。其保费计算公式为：

产品责任保险费＝产品销售额×费率

产品责任保险实行预收保费制。

（五）产品责任保险的赔偿限额

产品责任保险通常规定两项赔偿限额：每次事故的赔偿限额和保险单累计赔偿限额，即保险人对每次产品事故规定一个最高赔偿金额，同时对保险期限内的累计赔偿规定一个最高限额。另外每项限额分为人身伤害和财产损失两类，因产品导致消费者人身伤害或财产损失时，分别适用各自的限额。由保险人负责的诉讼抗辩费用在赔偿限额以外赔付，但不得超过赔偿限额。

（六）产品责任保险的赔偿

在产品责任保险的理赔过程中，保险人的责任通常以产品在保险期限内发生事故为基础，而不论产品是否在保险期内生产或销售。如在保险生效前生产或销售的产品，只要在保险有效期内发生保险责任事故并导致用户、消费者或其他任何人的财产损失和人身伤亡，保险人均予负责；反之，即使是保险有效期内生产或销售的产品，如果不是在保险有效期内发生的责任事故，保险人则不会承担责任。对于赔偿标准的掌握，仍然以保险双方在签订保险合同时确定的赔偿限额为最高额度，它既可以每次事故赔偿限额为标准，也可以累计的赔偿限额为标准。在此，生产、销售、分配的同批产品由于同样原因造成多人的人身伤害、疾病、死亡或多人的财产损失均被视为一次事故造成的损失，并且适用于每次事故的赔偿限额。

【知识链接】　专家谈手机爆炸与产品责任险

面对目前手机电池安全问题频发，消费者应该如何保护自己的利益呢？

在2007年美亚保险公司“电池行业产品责任风险”主题研讨会上，来自30多家知名电池企业对此进行了交流。会上，美国保险商协会安检实验所（UL）来自中国台湾的资深工程师翁文俊先生就与会者所关心的UL认证问题讲述了具体认证要求、产品安全标准和常见问题，同时，与会者就电池产品本身的质量和安全问题进行了热烈探讨。

与会者认为，在目前要控制电池行业产品风险，除了进行专业认证以获得消费者认同以外，一个行之有效的手段就是购买产品责任险。该产品可以保障被保险人因所生产、出售或分配的产品的缺陷造成使用、消费或操作该产品的第三者人身伤害或财产损失而依法应负的民事赔偿责任，并承担与之相应的调查和诉讼费用。

据业内人士介绍，一般引起电池爆炸主要是电芯。电池电芯的正负两极需要用一层隔热膜包住，并且有辅助的保护电路来提高安全性，但是如果电池设计不合理或者是生产厂“偷工减料”，比如采用的隔热膜耐热性能不过关或者根本就没有设置保护电路，电池在过度充放电或是受到外部高温的影响，就容易发生短路，从而引起爆炸。另外，消费者将手机放在高温或易燃物品旁，也有可能引起爆炸。

三、雇主责任保险

（一）雇主责任保险的概念

雇主责任保险，是以被保险人（雇主）的雇员在受雇期间从事业务时，因遭受意外导致伤、残、死亡或患有与职业有关的职业性疾病，依法或根据雇佣合同应由被保险人承担的经济赔偿责任为承保风险的一种责任保险。

（二）雇主责任保险的责任范围

1. 保险责任

雇主责任保险的保险责任，包括在责任事故中雇主对雇员依法应负的经济赔偿责任和有关法律费用等，导致这种赔偿的原因主要是各种意外的工伤事故和职业病。

2. 除外责任

下列原因导致的责任事故通常除外不保：一是战争、暴动、罢工、核风险等引起雇员的人身伤害；二是被保险人的故意行为或重大过失；三是被保险人对其承包人的雇员所负的经济赔偿责任；四是被保险人的合同项下的责任；五是被保险人的雇员因自己的故意行为导致的伤害；六是被保险人的雇员由于疾病、传染病、分娩、流产以及由此而施行的内、外科手术所致的伤害等。

（三）雇主责任保险的费率

雇主责任保险的保险费率，一般根据一定的风险归类确定不同行业或不同工种的不同费率标准，同一行业基本上采用同一费率，但对于某些工作性质比较复杂、工种较多的行业，则还

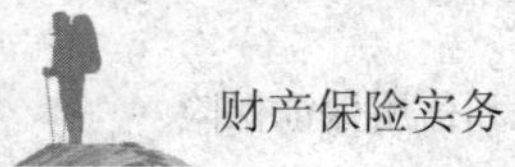

须规定每一工种的适用费率。所以，雇主责任保险的费率制定必须以工种与行业为依据，同时还应当参考赔偿限额。

雇主责任保险费的计算公式如下：

应收保险费＝A工种保险费（年工资总额×适用费率）＋B工种保险费（年工资总额×适用费率）＋ … ＋N工种保险费（年工资总额×适用费率）

其中，年工资总额＝该工种人数×月平均工资收入×12。

如果有扩展责任，还应另行计算收取附加责任的保险费，它与基本保险责任的保险费相加，即构成该笔业务的全额保险费收入。

（四）雇主责任保险的赔偿

在处理雇主责任保险索赔时，保险人必须首先确立受害人与致害人之间是否存在雇用关系。雇主责任保险的赔偿限额，通常是规定若干个月的工资收入，即以每一雇员若干个月的工资收入作为其发生雇主责任保险时的保险赔偿额度，每一雇员只适用于自己的赔偿额度。

如果保险责任事故是第三者造成的，保险人在赔偿时仍然适用权益转让原则，即在赔偿后可以代位追偿。

【案例分析】　雇员出险，雇主赚钱

2014年年底，某企业为其全体员工投保了雇主责任保险。时隔不久，该企业职工郭某由于操作升降机不当，造成脚部压伤，共花去医药费、误工费等2万余元。2015年5月5日，保险公司作出了赔款19 200元的理赔决定。事后，郭某得知保险公司赔款19 200元，而他所在企业只付给他8 000元时，心里极不平衡，与厂方大闹了一场。那么厂方应该全额还是部分赔款付给郭某呢？

本案分析：本案应该是全额赔付。因为厂房投保的雇主责任保险就是把应由厂方承担的责任风险转嫁给保险公司。假如雇佣合同中标明发生的工作事故由厂方负全责，那么厂方就应付给郭某19 200元全额赔款；假如雇佣合同表明发生事故后厂方与事故责任着各负50%的责任，那么厂方就应付给郭某1万元，另1万元由郭某自负，保险公司付给厂方的也将不再是19 200元，而应是9 600元。

四、职业责任保险

（一）职业责任保险的概念

职业责任保险，是以各种专业技术人员在从事职业技术工作时，因疏忽或过失造成合同对方或他人的人身伤害或财产损失所导致的经济赔偿责任为承保风险的责任保险。

由于职业责任保险与特定的职业及其技术性工作密切相关，国外又称之职业赔偿保险或业务过失责任保险，是由提供各种专业技术服务单位（如医院、会计师事务所等）投保的团体业务，个体职业技术工作的职业责任保险通常由专门的个人责任保险来承保。

在当代社会，医生、会计师、律师、设计师、经纪人、代理人、工程师等技术工作者均存在着职业责任风险，从而均应当通过职业责任保险的方式来转嫁其风险。

（二）职业责任保险的承保方式

1. 以索赔为基础的承保方式

所谓以索赔为基础的承保方式，是保险人仅对在保险期内受害人向被保险人提出的有效索赔负赔偿责任，而不论导致该索赔案的事故是否发生在保险有效期内。这种承保方式实质上是使保险时间前置了，从而使职业责任保险的风险较其他责任保险的风险更大。为了控制保险人承担的风险责任无限地前置，各国保险人在经营实践中又通常规定一个责任追溯日期作为限制性条款，保险人仅对于追溯日以后、保险期满日前发生的职业责任事故且在保险有效期内提出索赔的法律赔偿责任负责。

2. 以事故发生为基础的承保方式

该承保方式是保险人仅对在保险有效期内发生的职业责任事故引起的索赔负责，而不论受害方是否在保险有效期内提出索赔，它实质上是将保险责任期限延长了。它的优点在于保险人支付的赔款与其保险期内实际承担的风险责任相适应，缺点是保险人在该保险单项下承担的赔偿责任往往要经过很长时间才能确定，而且因为货币贬值等因素，受害方最终索赔的金额可能大大超过职业责任保险事故发生当时的水平或标准。在这种情况下，保险人通常规定赔偿责任限额，同时明确一个后延截止日期。

需要指出的是，职业责任承保的对象不仅包括被保险人及其雇员，而且包括被保险人的前任与雇员的前任。这是其他责任保险所不具备的特色，它表明了职业技术服务的连续性和保险服务的连续性。

（三）职业责任保险的费率

职业责任保险费率的确定，是职业责任保险中较为复杂且关键的问题。各种职业均有其自身特定的风险，从而也需要有不同的保险费率。

从总体而言，制定职业责任保险的费率时，需要着重考虑下列因素：①投保人的职业种类；②投保人的工作场所；③投保人工作单位的性质；④该笔投保业务的数量；⑤被保险人及其雇员的专业技术水平与工作责任心；⑥赔偿限额、免赔额和其他承保条件；⑦被保险人职业责任事故的历史损失资料以及同类业务的职业责任事故情况。根据上述因素，综合考察各具体的投保对象，能够较为合理地确定投保业务的保险费率。

（四）职业责任保险的赔偿

当职业责任事故发生并由此导致被保险人的索赔后，保险人应当严格按照承保方式的不同基础进行审查，确属保险人应当承担的职业责任赔偿应按保险合同规定进行赔偿。

在赔偿方面，保险人承担的仍然是赔偿金与有关费用两项，其中保险人对赔偿金通常规定一个累计的赔偿限额；法律诉讼费用则在赔偿金之外另行计算，但如果保险人的赔偿金仅为被保险人应付给受害方的总赔偿金的一部分，则该项费用应当根据各自所占的比例进行分摊。

学习任务二 掌握信用保证保险

【学生任务】

- 要求每个学生课前预习相关内容，结合已经学过的企业财产保险知识来理解信用、保证保险的相关内容，能够描述信用保险和保证保险的区别和信用保证保险的险别险种。
- 每个学生要提高课外阅读量，结合本部分具体内容，说明各类信用保证保险的保险责任和区别要点，根据自身理解，结合具体案例或具体信用保证保险险种完成不少于3分钟的口头表达作业。
- 将学生随机分组，按小组选出若干份作业在课堂上进行点评，学生间相互评出每一份口头作业的优劣；学生对作业修改后再次演示，以便教师进行评价。

【教师任务】

- 指导学生在相关专业网站上查找所需资料，启发学生理解信用保证保险业务存在的意义和作用。
- 提示学生完成口头表达作业所需要关注的主要知识点，如信用保证保险的含义、作用；各类信用保证保险赔偿限额的确定、保险责任与除外责任、保险赔偿等。
- 指导学生分组，在小组内对学生进行不同的分工，对学生口头表达作业完成情况及时进行跟进，督促其按时完成。
- 对各小组进行的课堂点评适时指导，对于演示的口头作业予以及时、客观、公正的评价，准备回答学生可能提出的各种异议等。

教学活动1 认识信用保证保险

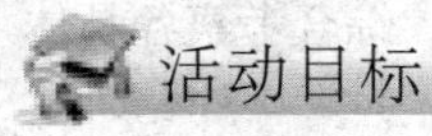

活动目标

通过本部分的教学活动，熟练掌握信用保证保险的概念及信用保险和保证保险的区别，理解信用保证保险的作用，并可以在保险实务中加以正确应用。

知识准备

信用保证保险也属于广义财产保险的范畴，它是以信用风险为保险标的的广义的财产保险。信用保证保险是伴随着商业信用的发展而产生的一类保险业务。它产生于美国，随后西欧各国和日本等经济国家也纷纷开办此项业务。我国信用保险的发展始于20世纪80年代初期。1988年，国务院正式决定由当时的中国人民保险公司试办出口信用保险业务，并在该公司设立了信用保险部。2001年12月正式成立了专门经营我国出口信用保险业务的中国出口信用保险公司。保证保险的发展是同信用保险的发展相联系的，为了适应经济发展的需要，我国目前开办了一些保证保险业务，主要有国内工程履约险，对外承包工程的投标、履约和供货保证保险，产品质量保证保险，住房贷款保证保险，汽车贷款保险，雇员忠诚保险等。

一、信用保证保险的概念和特点

（一）信用保证保险的概念

信用保证保险是以信用风险为保险标的的保险，它实际上是由保险人（保证人）为信用关系的义务人（被保证人）提供信用担保的一类保险业务。当义务人不履约而使权利人遭受损失时，由保险人提供经济赔偿。

（二）信用保证保险的特点

与其他财产保险业务相比，信用与保证保险具有以下特点。

1．承保风险的特殊性

信用保证保险承保的是信用风险，补偿因信用风险给权利人造成的经济损失，而不承保物质风险。信用风险包括财务信用风险、商业信用风险、预付款信用风险、保证信用风险和诚实信用风险等。与其他财产保险业务相比，其风险预测的难度较大，其经营具有一定的不稳定性和经营技术的复杂性。因此，保险人在经营信用与保证保险业务时要采取一些特殊的业务处理方式，主要包括资信调查和反担保。

2．保险合同涉及三方的利益关系

一般财产保险合同只涉及被保险人与保险人的利益关系，通常不涉及第三方，因约定的保险事故发生所造成的损失，无论被保险人有无补偿能力，保险公司都得予以赔偿。在信用保证保险中，实际涉及三方的保险利益，即保险人（保证人）、权利人和义务人（被保证人）。当保险合同约定的保险事故发生致使权利人遭受损失，只有在义务人（被保证人）不能补偿损失时，才由保险人代其向权利人赔偿，从而表明这只是对权利人经济利益的担保。

3．保险费的性质

保险人经营信用保证业务收取的保险费，实际上是一种担保服务费或手续费。因为信用保证保险均由直接责任者承担责任，保险人不是从抵押财务中得到补偿，就是行使追偿权追回赔款。

二、信用保证保险的两种形式

（一）信用保险和保证保险的概念

在业务习惯上，因投保人在信用关系中的身份不同，而将其分为信用保险和保证保险两类。通常权利人向保险人投保义务人信用的保险业务称做信用保险。信用保险业务中，投保人是权利人。例如，货物出口方担心进口方拖欠货款而要求保险人为其提供保险，保证其在遇到上述情况时遭受经济损失时，由保险人赔偿。将义务人投保自己信用的保险业务称做保证保险。保证保险业务中，投保人是义务人。例如，某工程承包合同规定，承包人（义务人）应在签订合同后一年半内交工，业主（权利人）为能按时接收工程，要求承包人购买履约保证保险，假如在约定条件下承包人不能按时交付工程项目，给权利人造成经济损失，由保险人负责赔偿。

（二）信用保险和保证保险的区别

1．概念不同

信用保险的投保人（被保险人）是权利人，保证保险的投保人（被保险人）是义务人（被保证人）；信用保险的履约前提条件是权利人（被保险人）遭受合同规定的实际损失，保证业务的履约前提条件是义务人（被保证人）不能正常赔偿权利人遭受合同规定的损失。

2．性质不同

信用保险的性质属于保险，在信用保险业务中被保险人所付出的费用是一种保险费，是被保险人将义务人（被保证人）的信用风险转移给保险人所支付的价金；保证业务的性质属于担保行为，在保证业务中义务人（被保证人）所交付的费用是一种担保手续费，是义务人（被保证人）使用保证公司的名义所付出的一种报酬。

3．追偿方式不同

在信用保险中，保险人赔偿被保险人的损失后，只能获得代位向义务人（被保证人）追偿的权利，不能向被保险人索赔或追偿；在保证业务中，一旦发生保险人（保证人）对于权利人的赔偿，保险人（保证人）可以直接向义务人（被保证人）或其提供的反担保人进行追偿。

4．风险程度不同

在信用保险中，保险人承担的风险来自保险人和被保险人都不能控制的交易对方的信用风险，保险人实际承担的风险相对较大；在保证保险中，保险人（保证人）承担的风险来自义务人（被保证人）自身的信用风险，但由于义务人（被保证人）往往提供反担保，保险人（保证人）实际上承担的风险相对较小。

5．承保形式不同

信用保险是填写保险单来承保的，其保险单同其他财产保险单并无大的差别，同样规定了责任范围、除外责任、保险金额（责任限额）、保险费、损失赔偿等条款；保证保险是出立保证书来承保的，该保证书的内容通常很简单，只规定担保事宜。

三、信用保证保险的分类

（一）信用保险

1. 一般商业信用保险

一般商业信用保险又称国内信用保险。它是指在商业活动中，作为权利人的一方当事人要求保险人将另一方当事人作为被保证人，并承担由于被保证人的信用风险而使权利人遭受商业利益损失的保险。其险种主要有赊销信用保险、贷款信用保险和个人贷款信用保险。

2. 出口信用保险

出口信用保险是承保出口商在经营出口业务的过程中，因进口商的商业风险或进口国的政治风险而遭受损失的一种信用保险。常见的出口信用保险主要有短期出口信用保险和中长期出口信用保险。

3. 投资保险

投资保险又称政治风险保险，它是承保被保险人因投资引进国政治局势动荡或指政府法令变动所引起的投资损失的保险，其承保对象一般是海外。

（二）保证保险

1. 忠诚保证保险

忠诚保证保险是指因雇员的不诚实行为，如盗窃、贪污、侵占、非法挪用、故意误用、伪造、欺骗等，而使雇主遭受经济损失时由保险人承担赔偿责任的一种保证保险。这种保险一般由雇主投保，以其雇员的诚实信用为保险标的。

2. 合同保证保险

合同保证保险又称为契约保证保险。它是指因义务人（被保证人）不履行合同义务而造成权利人经济损失时，由保险人代义务人（被保证人）进行赔偿的一种保证保险。合同保证保险主要用于建筑工程的承包合同。

3. 产品质量保证保险

产品质量保证保险又称为产品保证保险。它是指因被保险人制造或销售丧失或不能达到合同规定效能的产品给使用者造成经济损失时，由保险人对有缺陷的产品本身以及由此引起的有关损失和费用承担赔偿责任的一种保证保险。

【知识链接】　银行应用中的信用保证保险

在银行应用中信用保险就是指贷款人以借款人的信用向保险人投保，当借款人不为清偿或不能清偿债务时（如借款人失信不履行义务），由保险人代为补偿。其保险标的是投保人的合法权利因第三者不履行法定或约定的义务而受到的损失。

在银行应用中保证保险是借款人以自己的信用向保险人投保（借款人既是投保人又是被保险人），因非自己主观意愿的原因（如失业）而不能如期偿还贷款时，由保险人代为偿还。这种保险在功能上类似于目前的住房或汽车消费贷款担保（或保险）。

教学活动2　掌握信用保险的险种内容

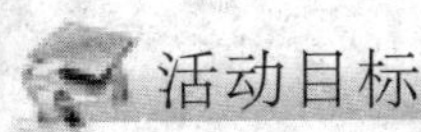

活动目标

通过本部分的教学活动，熟练掌握信用保险的险种内容，包括一般商业信用保险、出口信用保险、投资保险，并可以在保险实务中加以正确应用。

知识准备

一、一般商业信用保险

（一）赊销信用保险

赊销信用保险是为国内商业贸易的延期付款或分期付款行为提供信用担保的一种信用保险业务。在这种业务中，投保人是制造商或供应商，保险人承保的是买方（即义务人）的信用风险，目的在于保证被保险人（即权利人）能按期收回赊销货款，保障商业贸易的顺利进行。从国外的实践来看，赊销信月保险适用于一些以分期付款方式销售的耐用商品，如汽车、船舶、住宅及大批量商品等，这类商业贸易往往金额较大，一旦买方无力偿付分期支付的货款，就会造成制造商或供应商的经济损失。因此，需要保险人提供买方信用风险保险服务。赊销信用保险的特点是赊账期往往较长，风险比较分散，承保业务手续也比较复杂，保险人必须在仔细考察买方资信情况的条件下才能决定是否承保。在我国，中国平安保险公司率先于1995年开办了这种业务。随着商业体制的改革和商业结算制度的进一步完善，这种信用保险将会得到较快的发展。

（二）贷款信用保险

贷款信用保险是保险人对银行或其他金融机构与企业之间的借贷合同进行担保其信用风险的保险。在市场经济的条件下，贷款风险是客观存在的，究其原因既有企业经营管理不善或决策失误的因素，又有自然灾害和意外事故的冲击等。这些因素都可能造成贷款不能安全回流，对此必然要建立起相应的贷款信用保险制度来予以保证。在国外，贷款信用保险是比较常见的信用保险业务，它是银行转嫁贷款中的信用风险的必要手段。在我国，一些保险公司正在拟订贷款信用保险条款，准备开拓贷款信用保险市场。

贷款信用保险中，放款方既是投保人又是被保险人。放款方投保贷款信用保险后，当借款人无力归还贷款时，可以从保险人那里获得补偿。贷款信用保险是保证银行信贷资金正常周转的重要手段之一。

贷款信用保险的保险责任一般应包括决策失误、政府部门干预、市场竞争等风险，通常只要不是投保人（或被保险人）的故意行为和违法犯罪行为所致的贷款无法收回，保险人就承担赔偿责任。贷款信用保险的保险金额确定应以银行贷出的款项为依据。贷款信用保险的保险费率厘定应与银行利率相联系，并着重考虑下列4个因素：企业的资信情况、企业的经营管理水平与市场竞争力、贷款项目的期限和用途以及所属经济区域。

（三）个人贷款信用保险

个人贷款信用保险是指以金融机构对自然人进行贷款时，由于债务人不履行贷款合同致使金融机构遭受经济损失而成为保险对象的信用保险。它是国外保险人面向个人承保的较特别的业务。由于个人的情况千差万别，且居住分散、风险不一，保险人要开办这种业务，必须对贷款人贷款的用途、经营情况、日常信誉、私有财产物资等作全面的调查了解，必要时还要求贷款人提供反担保，否则，不能轻率承保。随着社会经济的发展和商业信用制度的改革深化，我国国内信用保险市场潜力巨大，保险公司应尽早研究，争取早日开拓这一新的保险业务领域。

二、出口信用保险

（一）出口信用保险的主要险种

1. 短期出口信用保险

短期出口信用保险一般是指保险期限不超过180天的出口信用保险，通常适用于初级产品和消费品的出口。短期出口信用保险是出口信用保险最为广泛的险种，许多国家均开办综合短期出口信用保险。

2. 中长期出口信用保险

中长期出口信用保险则是以金额巨大、付款期长的信用保险为保险标的的出口信用保险，其中中期出口信用保险承保的信用期一般在半年～3年之间，而长期出口信用保险承保的信用期一般在3年以上。中长期信用保险通常适用于电站、大型生产线等成套设备项目或船舶、飞机等资本性或半资本性货物的出口，具有政策性强、保险合同无统一格式、保险机构早期介入、需要提供担保、需要一次性支付保险费等特点。

（二）出口信用保险的责任范围

1. 保险责任

（1）商业风险。商业风险是指买方付款信用方面的风险，又称买方风险。它包括：买方破产或实际已资不抵债而无力偿还货款；买方逾期不付款；买方违约拒收货物并拒绝付款，致使货物被运回、降价转卖或放弃。其中，买方逾期不付款是指买方在放账期满时仍不支付货款，经买方要求，被保险人同意，买方在付汇期限上可增加付汇展延期，展延期仍属放账期的范围；买方拒收货物与拒付货款行为并非因被保险人的过错所致，而是因为购买方丧失信用或有其他不道德意图而拒收。例如，货物运抵目的地后，买方国家市场情况变化，货已不再适销，买方担心货物滞销而违约拒收。如果是由于被保险人不及时交货或货物数量、技术规格不符合合同规定而引起买方拒收、拒付，则属于被保险人未履行合同行为，不属于出口信用保险的责任范围。

（2）政治风险。政治风险是指与被保险人进行贸易的买方所在国或第三国发生政治、经济状况的变化而导致买卖双方都无法控制的收汇风险，又称国家风险。它包括：买方所在国实

行外汇管制，禁止或限制汇兑；买方所在国实行进口管制，禁止贸易；买方的进口许可证被撤销；买方所在国或货物经过的第三国颁布延期付款令；买方所在国发生战争、动乱、骚乱、暴动等；买方所在国或任何有关第三国发生非常事件。

2．除外责任

在出口信用保险中，保险人不负赔偿责任的项目通常有：①被保险人违约或违法导致买方拒付货款所致的损失；②汇率变动的损失；③在货物交付时，已经或通常能够由货物运输保险或其他保险承保的损失；④发货前，买方未能获得进口许可证或其他有关的许可而导致不能收货付款的损失；⑤买方违约在先的情况下被保险人坚持发货所致的损失；⑥买卖合同规定的付款币制违反国家外汇规定的损失。

（三）出口信用保险的责任限额

由于出口信用保险承担的风险大、范围广，保险责任限额也与其他险种不同。一般而言，出口信用保险单规定如下三种限额。

1．保单的最高赔偿限额

短期出口信用保险的保单以1年为限，保单的最高赔偿限额是指保险人对被保险人在保单订立的12个月内所累计承担的总赔偿限额。保险人在承保业务之前，要求被保险人填写投保单，出口商将其前12个月的出口累计金额通知保险人，保险人综合出口企业的经营情况、产品销售情况、出运目的地的分布情况以及出口金额的大小，制定出保单的最高赔偿限额。

2．买方信用限额

买方信用限额是指保险单对被保险人向某特定买方出口货物所承担的最高赔偿限额。保险人与被保险人对与被保险人进行贸易的每一买家有一个“买方信用限额申请/审批”的过程。保险人要求被保险人就保单范围内的买家逐一申请其适用的信用放账额度，其额度经保险人批准后可循环使用。被保险人在申请买方信用限额时，需向保险人提供买方有关的信用资料，以供保险人确定一个适当的买方限额。买方信用限额一旦确立，保险人将在规定限额内负赔偿责任。若出口商超限额出口，则由其自行承担超出限额部分的损失。

3．保险人自行掌握的信用限额

在实际工作中，对于有丰富经验并拥有广大市场的被保险人，保险人无需对其每一买者的资信进行仔细调查，而是在一定范围内给予其灵活处理正常业务的权力。此类业务对每一保单通常都会规定一个小数额作为被保险人自行掌握的信用限额，以鼓励出口商同买方进行更多的交易，而无需事先征得保险人同意，若发生损失，则出口商可在此信用限额内向保险人索赔。

（四）出口信用保险的费率厘定

出口信用保险的费率，因可能发生的收汇风险程度不同而有所不同，制定费率时一般应考虑下列因素：买方所在国的政治、经济及外汇收支状况；出口商的资信、经营规模和出口贸易的历史记录；出口商以往的赔付记录；贸易合同规定的付款条件；投保的出口贸易额大小及货物的种类；国际市场的经济发展趋势。

对短期出口信用的保险费率，则通常应考虑买方所在国或地区所属类别、付款方式、信用期限。一般而言，出口信用保险机构通常将世界各国或地区按其经济情况、外汇储备情况及外汇政策、政治形势的不同划分成五类。第一类国家或地区的经济形势、国际支付能力、政治形势均较好，因而收汇风险小；第二类国家或地区则次之；依此类推，到第五类国家或地区的收汇风险则非常明显，大部分保险人不承保此类国家或地区出口信用保险业务。对第一类别到第四类别国家或地区的出口，因其风险大小不同，支付方式不同，即付款交单和承兑交单及信用证方式付款所带来的收汇风险各不相同，因而收取保险费的费率也不相同。放账期长的费率高，放账期短的费率低。保险费计算公式为：

保险费＝发票总额×费率表决定的费率×调整系数

其中，调整系数的大小是根据出口方经营管理情况的好坏和对该出口方赔付率的高低决定的。

（五）出口信用保险的承保要求

承保出口信用保险的要求主要有以下三项。

第一，出口公司在投保短期出口信用险前，需向保险公司提供一份反映其出口及收汇情况和投保要求的申请书，保险机构根据其提供的资料及通过调查掌握的情况，决定是否承保。中长期保险则应对每一出口合同进行严格的审查。

第二，短期出口信用险一般实行全部投保的原则，即出口企业必须将所有以商业信用方式的出口按其销售额全部投保，不能只选择风险大的国家和买方投保。这项原则对保险公司分散风险和保持业务经营的稳定性至关重要。

第三，责任限额是出口信用保单中的一项重要规定。一般的保单中都规定两种限额：一是对买方的信用限额，即对每一买方所造成卖方的损失，保险人所承担的最高赔偿限额；二是对出口方保单的累计责任限额，即保险人对被保险人（出口方）在每12个月内保单累计的最高赔偿限额。买方信用限额应由出口方根据不同买方的资信情况及买方在一定时期内预计以信用方式成交的金额，逐个向保险人提出申请，经保险人审查批准后生效。出口方要想获得信用保险的充分保险保障，并扩大出口，对每一个买方都应申请信用限额，这样，保单的累计最高赔偿限额必然增加。

（六）出口信用保险的赔偿处理

1．索赔手续

当发生保险责任范围内的损失时，被保险人应立即通知保险公司，并采取一切措施减少损失。被保险人索赔时应填写索赔申请书，并提供出口贸易合同、发票、银行证明和其他必要的单证。对被保险人的索赔，除了买方破产或无力偿付贷款原因外，对其他原因引起的损失在等待期满后再定损核赔。被保险人获得赔偿后，仍应协助保险公司向债务人追偿欠款。

2．最高赔偿限额与免赔额

为了控制风险责任，保险人承保信用保险时，通常规定每一保单的最高赔偿限额和免赔

额。短期出口信用保险项下发生的定损核赔金额可能会受最高赔偿限额与免赔额的影响而发生变化，许多出口信用保险公司，如英国的出口信用担保局签发的出口信用保险单，都对此有详细规定。他们常在其保单上为被保险人规定一个绝对免赔额。若被保险人的一笔出口损失金额不超过此规定的数额，则保险人可免予赔偿。赔偿时按每笔损失扣除该免赔额。同时，当全部损失赔偿累计数超过保险单规定的最高责任限额时，保险公司对超出部分也不承担赔偿责任。

3．出口信用保险赔偿等待期

由于出口信用保险所承保的范围不一，因而确定标的是否实际损失的时间也各异。除条款规定买方被宣告破产或丧失偿付能力后，或因买方拒收货物所致损失、货物处理完即可定损核赔外，对其他原因引起的标的损失，保险人还要视不同情况规定有一段“观察期”，待观察期满，保险人才予以定损核赔。这一观察期在出口信用险中称为赔偿等待期，即自保险事故发生到保险人赔付的时间。该赔偿等待期由保险双方依照惯例确定，从1个月到6个月不等。

4．损失控制

出口信用保险人在接到损失可能发生的报告后，应立即要求并配合被保险人采取措施避免或减少损失；同时，对已经支付赔款的，应及时采取追偿措施。商业性的保险公司或民间保险公司很少经营此种业务。

三、投资保险

（一）投资保险的责任范围

1．保险责任

投资保险的保险责任主要包括以下三种。

（1）战争风险。又称战争、革命、暴乱风险，包括战争、类似战争行为、叛乱、罢工及暴动所造成的有形财产的直接损失的风险，现金、证券等不属于保险财产。

（2）征用风险。又称国有化风险，是投资者在国外的投资资产被东道国政府有关部门征用或没收的风险。《日本输出保险法》将其称为“被夺取”风险，即剥夺投资者所有权的风险。美国的《海外私人投资公司保险手册》明确表明，由投资项目所在国政府所“授权、许可或纵容”的任何行动，若对美国海外企业的财产和经营产生了特定的影响，或者对投资者的各种权利和经济利益产生了特定的影响，就被认为是“征用行动”。

（3）汇兑风险。即外汇风险，是投资者因东道国的突发事件而导致其在投资国与投资国有关的款项无法兑换货币转移的风险。我国投资保险承保的这一风险是：“由于政府有关部门汇兑限制，使被保险人不能按投资契约规定将应属被保险人所有并可汇出的汇款汇出”，因此引起投资者的损失，由保险公司负责赔偿。

2．除外责任

我国投资保险条款规定对下列风险造成的损失，保险人不予赔偿：①由于原子弹、氢弹等核武器造成的损失；②被保险人投资项目受损后造成被保险人的一切商业损失；③被保险人及其代表违背或不履行投资合同或故意违法行为导致政府有关部门征用或没收造成的损失；④被保险人没有按照政府有关部门所规定的汇款期限汇出汇款所造成的损失；⑤投资合同范围之外的任何其他财产的征用、没收所造成的损失。

（二）投资保险的保险期限

投资保险的保险期限有短期和长期两种。短期为1年；长期的最短为3年，最长为15年。对长期的投资保险来讲，投保3年以后，被保险人有权要求注销保单，但如未到3年提前注销保单，被保险人须缴足3年的保险费。保单到期后可以续保，但条件仍需要双方另行商议。保险人不能中途修正保险合同，除非被保险人违约。

（三）投资保险的保险金额与保险费

投资保险的保险金额以被保险人在海外的投资金额为依据确定，一般是投资金额与双方约定比例的乘积。例如，保险金额规定为投资金额的90%。但长期和短期投资项目有所不同。投资保险费率的确定，通常要考虑保险期间的长短、投资接受国的政治形势、投资者的能力、工程项目以及地区条件等因素。该费率一般分为长期费率和短期费率，我国投资保险的短期年费率规定为8‰，长期年度基础费率曾规定为6‰。投资保险的保险费通常在当年开始时预收，每年结算一次。

（四）投资保险的赔偿处理

1．期限的规定

由于各种政治风险造成的投资损失有可能在不久后通过不同途径予以挽救，损失发生与否需经过一段时间才能确定。因此，投资保险通常有赔偿期限的规定：战争、类似战争行为、叛乱、罢工及暴动造成投资项目的损失，在提出财产损失证明后或被保险人投资项目终止6个月后赔偿；政府有关部门的征用或没收引起的投资损失，在征用、没收发生满6个月后赔偿；政府有关部门汇兑限制造成的投资损失，自被保险人提出申请汇款3个月后赔偿。

2．金额的规定

在赔偿金额方面通常规定：当被保险人在保单所列投资合同项下的投资发生保险责任范围内的损失时，保险人根据损失金额按投资金额与保险金额的比例赔付；被保险人所受损失若将来追回，应由被保险人和保险人按各自承担损失的比例分享。

【拓展阅读】　保险是外贸企业规避风险的有力武器

我国“2007·大型企业风险管理高层论坛”于2007年3月30日召开。在这次论坛上各外贸企业达成共识，即对于外贸企业来说，借助出口信用保险来抵御风险的效果是明显的。有资料显示，近3年来，我国出口信用保险共为426亿美元的出口和投资提供了收汇保障，为217个企业中长期外贸及投资项目提供了保险支持。如江苏苏美达集团自1992年以来投保出口信用险累计保额达8.2亿美元，自2002年以来投保产品责任险和产品召回险累计保额达6 500万美元。该集团公司负责人告诉记者，“事实说明，积极利用保险资源是发展国际贸易的助推器，善于使用好保险产品是构筑规避风险的防火墙”。

教学活动3　掌握保证保险的险种内容

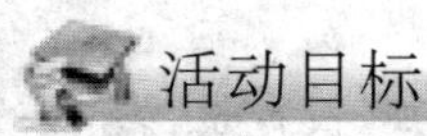

活动目标

通过本部分的教学活动，熟练掌握保证保险的险种内容，包括忠诚保证保险、合同保证保险和产品质量保证保险，并可以在保险实务中加以正确应用。

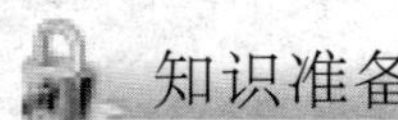

知识准备

一、忠诚保证保险

忠诚保证保险又称为诚实保证保险、雇员忠诚保险。按其承保的方式可以分为指名保证、职位保证和总括保证保险。

（一）忠诚保证保险的种类

1. 指名保证保险

指名保证保险是以特定的雇员为被保证人，在雇主遭受被保证人的不诚实而造成的损失时，由保证人承担赔偿责任的保险。指名保证保险常分为个人保证保险和表定保证保险两种：①个人保证保险。它是指以某一个特定的雇员为被保证人，当该保证人单独或与他人合谋造成雇主损失时，由保证人承担赔偿责任的保险；②表定保证保险。它是指同一保证合同中承保两个以上的雇员，每个人都有自己的保证金额的保证保险。实际上该种保证保险只是将若干个个人保证合同合并为一个保证合同而已。该种保证保险可随机增减，只是必须在规定的表内列出被保证人的姓名及其各自的保证金额。

2. 职位保证保险

职位保证保险是在保证合同中不列举各被保证人的姓名及保险金额，只列举各级职位名称、保证金额及每一职位人数的保证保险。职位保证保险分为以下两种：①职位保证保险。它是指同一保证合同承保某一职位的若干被保证人，无论任何人担任此职位均有效。该险种适用于员工流动性较大的单位。担任同一职位的每一位被保证人，都按保单规定的保证金额投保。任何职位都可以投保这种保证保险，但若同一职位中有一个人获得投保，则其余人员也必须投保。②职位表定保证保险。它是指同一保险合同中承保几个不同的职位，每一职位都规定有各自的保证金额，同单一职位保证基本相同。

3. 总括保证保险

总括保证保险是以雇主所有的正式雇员为保险对象的保险。其特点是：合同不载明每一雇员的姓名、职位名称及保证金额，只要确认损失是雇员的不诚实行为所致，无须证明由何人或何种职位所致损，便可由保险人负责赔偿。总括保证保险已成为诚实保证保险中最为流行的一种形式。总括保证保险又可分为以下两种：①总括保证保险。它是指对单位全体雇员不指出姓名和职位的保证保险。只要认定损失是由雇员的不诚实行为所致，保证人均承担赔偿责任。②特别总括保证保险。它是指承保各种金融机构的雇员由于不诚实行为造成的损失而由保险人承担赔偿责任的保险。如各金融机构中的所有货币、有价证券、金银条块以及其他贵重物品，因其雇员的不诚实行为造成的损失，保险人均负赔偿责任。

（二）忠诚保证保险的责任范围

1. 保险责任

忠诚保证保险的保险责任包括：①被保险人（雇主）的货币和有价证券损失；②被保险人拥有的财产损失；③被保险人有权拥有的财产或对其负责任的财产损失；④保单指定区域的可移动财产损失。

2. 除外责任

忠诚保证保险的除外责任包括：①因雇主擅自减少雇员工资待遇或加重工作任务导致雇员不诚实行为所带来的损失；②雇主没有按照安全预防措施和尽职督促检查而造成的经济损失；③雇主及其代理人和雇员勾结而造成的损失；④超过了索赔期限仍未索赔的损失；⑤因核裂变、核聚变、核辐射等引起的损失；⑥由于武装力量、暴乱造成的损失；⑦因地震、火山爆发、风暴等自然灾害引起的损失。

（三）忠诚保证保险的保险期限

忠诚保证保险的保险期限一般为1年，期满可以续保。忠诚保证保险通常规定有发现期。有些损失往往在很长一段时间内不易被发现，而保险人又不能一直无限期地承担责任。因此，在忠诚保证保险保单中通常由下列规定：发现期不是从损失发生时开始，而是从忠诚保证保险合同终止时开始；任何不诚实行为必须是发生在雇员连续无中断的工作期间；任何不诚实行为引起的损失必须是在雇员被辞退或退休或死亡之后3个月内或忠诚保证保险合同期满3个月内发现。

根据上述规定，如果雇主与保险人签订了不间断总括忠诚保证保险合同，在雇主能够证明自己的损失时，对已离开3个月的雇员，在10年前给他造成的损失，也可获得保险人的赔偿。

（四）忠诚保证保险的赔偿处理规定

第一，雇主及其代理人在发现雇员有不诚实行为并造成钱财损失时，应及时通知保险人，并自发现之日起，应在3个月内提交完整的索赔单证。

第二，雇主对保险人只能提出一次索赔请求，保险保证金额不累计计算。例如，某雇员连续工作5年，事后发现他每年非法占有雇主钱财约7 000元，如果该雇员的保证金额是10 000元，则仅以10 000元为最高补偿金额。

第三，雇主向保险人索赔时，应协助保险人向有不诚实行为的雇员进行追偿。

第四，自发现雇员有不诚实行为之日起，若雇主还有应付给雇员的薪金或佣金或其他钱财时，应在保险赔偿金额中扣除。

第五，忠诚保证保险可规定免赔额。保险人在处理赔偿时，应先扣除免赔额，然后对超出免赔额部分的损失负责赔偿。

二、合同保证保险

（一）合同保证保险的种类

1. 建筑保证保险

建筑保证保险承保因建设工程误期所致的各种损失。根据建设工程的不同阶段，它可分为以下四种：一是投标保证保险，承保工程所有人（权利人）因中标人不继续签订承包合同而遭受的损失；二是履约合同保证保险，承保工程所有人因承包人不能按时、按质、按量交付工程而遭受的损失；三是预付款保证保险，承保工程所有人因承包人不能履行合同而受到的预付款的损失；四是维修保证保险，承保工程所有人因承包人不履行合同所规定的维修义务而受到的损失。一般而言，被保险人既可按阶段投保上述险种，也可投保综合性的建筑保证保险。

2. 完工保证保险

完工保证保险承保借款建筑人因未按期完工和到期不归还借款而造成有关权利人的损失。在投保完保证保险的情况下，可由保险人负赔偿责任。

3. 供给保证保险

供给保证保险承保供给方因违反合同规定的供给义务而使需求方遭受损失时，由保险人承担赔偿责任。如制造厂商与某加工厂商订立合同，由制造厂商按期提供一定数量的半成品给加工厂商，一旦制造厂商违反供给义务而使加工厂商遭受损失，若投保了供给保证保险，则由保险人负赔偿责任。

（二）合同保证保险的责任范围

1. 保险责任

合同保证保险根据工程承包合同内容来确定保险责任。合同保证保险承保被保证人因违约行为所造成的经济损失。违约是指被保证人因自己的过错致使其与权利人签订的合同不能履行或不能完全履行。被保证人因违约而依法承担的经济赔偿责任由保险人负责赔偿。

2. 除外责任

合同保证保险的除外责任主要有：第一，因人力不可抗拒的自然灾害造成的权利人的损失；第二，工程所有人提供的设备、材料不能如期运抵工地，延误工期而造成的损失。

（三）合同保证保险的承保规定

由于合同保证保险风险较大，保险人在承保该类业务时，一般要求具备下列条件。

第一，投资项目已经核实，工程施工力量、设备材料等已落实。

第二，严格审查承包人的信誉、经营承包能力和财务状况，并要求提供投保工程的合同副本、往来银行名称及账号等情况资料。

第三，要求承包工程的人提供反担保或签订“偿还协议书”。

第四，工程项目本身已投了工程保险。

在承保前，保险人应对工程各方面情况进行调查研究，在可靠的前提下才能承保。在工程施工期间，保险人一般要经常了解工程进度及存在的问题，并在可能的情况下提出建议，督促有关当事人采取措施，确保工程如期完工.

（四）合同保证保险的赔偿处理

在合同保证保险中，保险人的赔偿责任仅以工程合同规定的承包人对工程所有人承担的经济责任为限。如果承包合同中规定了承包人若不能按期保质完工就要向工程所有人支付罚款，那么，保险人的赔偿金额就以该罚款数额为限。

三、产品质量保证保险

（一）产品质量保证保险的责任范围

1. 保险责任

产品质量保证保险又称产品保证保险，其保险责任如下：①使用者更换或修理有质量缺陷的产品所蒙受的损失和费用；②使用者因产品质量不符合使用标准而丧失使用价值的损失和由此引起的额外费用，如运输公司因汽车销售商提供的汽车质量不合格所引起的停业损失和为继续营业而临时租用他人汽车所支付的租金等；③被保险人根据法院的判决或有关政府当局的命令，收回、更换或修理已投放市场的存有缺陷的产品所承受的损失和费用。

2. 除外责任

产品质量保证保险的除外责任有：①产品购买者故意行为或过失引起的损失；②不按产品说明书安装、调试和使用引起的损失；③产品在运输途中因外来原因造成的损失或费用等。

（二）产品质量保证保险的保险金额和保险费率

产品质量保证保险的保险金额一般按投保产品的购货发票金额或修理费用收据金额来确定，如产品的出厂价、批发价、零售价等都可以作为确定保险金额的依据。

确定产品质量保证保险的保险费率应考虑的因素有：产品制造者、销售者的技术水平和质量管理情况；产品的性能和用途；产品的数量和价格；产品的销售区域；保险人承保的该类产品以往的损失记录。

对一些家用电器产品投保产品质量保证保险时，其保险费是按件（个、台）数收取的固定保险费。

（三）产品质量保证保险的赔偿处理

第一，对保险产品因内在质量缺陷，在使用过程中发生产品本身损坏时，保险人在保险单规定的保险金额内按实际损失赔付。

第二，对属于可修理范围内的产品，保险人按更换的零配件材料费和人工费予以赔偿，其中零配件按成本价计算，人工费按定额计算。

第三，由于产品质量风险不易估算和控制，保险人通常在保险合同中订有共保条款，要求

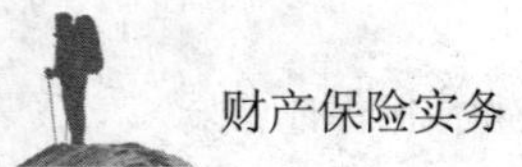

被保险人共同承担损失，分担赔偿责任。

（四）产品质量保证保险与产品责任保险的区别

产品质量保证保险与产品责任保险都与产品有关，而且都与产品的质量有关，但却是两个不同的险种。二者的区别主要表现在以下几个方面。

1．标的不同

产品责任保险的保险标的是产品在使用过程中因缺陷而造成用户、消费者或公众的人身伤害或财产损失时，依法应由产品制造商、销售商或修理商等承担的民事损害赔偿责任，简言之，产品责任保险的保险标的是产品责任。产品质量保证保险的保险标的是被保险人因提供的产品质量不合格，依法应承担的产品本身损失的经济赔偿责任，简言之，产品质量保证保险的保险标的是产品质量违约责任。

2．性质不同

产品责任保险是保险人针对产品责任提供的替代责任方承担因产品事故造成对受害方经济赔偿责任的责任保险；产品质量保证保险是保险人针对产品质量违约责任提供的带有担保性质的保证保险。

3．责任范围不同

产品责任保险承保的是因产品质量问题导致用户财产损失或人身伤亡依法应负的经济赔偿责任，产品本身的损失则不予赔偿；产品质量保证保险则承保投保人因其制造或销售的产品质量有缺陷而产生的对产品本身的赔偿责任，也就是承保因产品质量问题所应负责的修理、更换产品的赔偿责任。

由于产品质量保证保险和产品责任保险的赔偿责任是紧密联系在一起的，所以，我国现行的产品质量保证保险可与产品责任保险一起承保。

【案例分析】　借款保证保险借款合同案例分析

2013年5月15日，某农行与某保险公司、购车人王某三方签订《分期还款消费贷款履约保险合同》（以下简称保证保险合同），合同约定：某农行向购车人王某发放14万元汽车消费贷款（某农行与购车人王某签订借款合同），王某向某保险公司购买“分期还款履约保险、机动车辆保险”等险种，购车人（投保人）如不能依借款合同约定按期偿还贷款本息，保险公司承担连带还款责任。机动车辆消费贷款保险实行10%的绝对免赔率。保险金额为154 000元，保险费3 080元，保险费由王某一次足额缴纳。保险期限为自2013年5月15日0时起至2015年11月15日0时止。另约定某保险公司所承担的分期还款履约保险责任为不可撤销的连带责任。

合同签订后，某农行依约发放了贷款，王某于同日向某农行出具了借款凭证，向某保险公司缴纳了保险费。此后，王某依借款合同约定按期偿还贷款本息但从2014年2月起未履行还本付息的义务，某保险公司亦未履行保险责任，截止到2015年3月31日，王某尚欠本金106 682.42元及利息5 879.32元未付。2015年3月24日，某农行诉至法院。处理结果是：王某一次性偿还某农行借款本金106 682.42元及利息5 879.32元；某保险公司对上述款项的90%承担连带清偿责任。案件受理费3 758元，由王某和某保险公司共同负担。

本案分析：王某违反《借款合同》的约定，应按合同约定偿还全部贷款外，还应支付合同期内利息及逾期利息；《保险合同》的性质为保证保险，王某按期还本付息的义务即为该保险合同的标的，由于王某已连续六个月以上未履行还款义务，保证保险的保险事故发生，某保险公司应负相应的保险责任，应向某农行赔付王某所欠的所有未清偿贷款本息及逾期利息，又由于机动车辆消费贷款保险实行10%的绝对免赔率，故某保险公司对王某所欠贷款本息的90%承担赔偿责任。

综合实训

【实训目标】

通过本部分实训，使得学生能够在理论上和实务中掌握责任和信用保证保险的重点专业名词和基本理论，区分不同的责任保险和信用保证保险的险种险别，能够按照不同的责任和信用风险状况和风险类别安排适当的保险保障。

【实训任务】

根据学校所在城市或家乡的实际情况，对责任和信用保证保险的开展情况进行实地考察，结合某家财产保险公司责任保险和信用保证保险的具体险种，应用所学的理论知识，制定两份保险计划书，要求责任险和信用保证保险各一份。

一、重要名词

责任保险	公众责任保险	产品责任险	雇主责任险
职业责任险	信用保险	保证保险	商业信用保险
出口信用保险	投资保险	忠诚保证保险	合同保证保险
产品质量保证保险			

二、思考讨论

1. 什么是责任保险？它有什么特征？
2. 责任保险的主要产品有哪些？
3. 信用保证保险的作用有哪些？信用保险和保证保险有哪些区别？
4. 信用保险和保证保险的主要产品有哪些？
5. 产品质量保证保险与产品责任保险的区别有哪些？

三、情景模拟

受害方是否有权索赔产品责任险

江苏某生产升降机设备的A公司就其生产产品向保险公司投保产品责任险。期间，河北某家公司工作人员B在使用A公司出产的升降机从事作业时，由于升降机侧翻，不幸从15米多高处摔下，致使颅骨骨折、脑部损伤，花费治疗费用及各项费用30万余元。A公司据此向保险公司索赔。保险公司接到报案后即派人对现场进行了查勘，对机器及现场均认真勘验，最后发现事故发生是属于明显的操作不当，给予拒赔。B向A公司索赔，A公司认为在保险公司同意赔偿之前，自己不会赔偿。B于是委托律师为其代理。

承办律师在听取了当事人B对现场发生情况口述后，又向A公司及保险公司进行了解。承办律师认为依据《保险法》规定，保险公司可以直接向第三者支付保险赔偿金。既然法律规定保险人有直接向第三者赔偿保险金的义务，那么，原告就有权起诉保险公司并享有向保险公司请求直接赔偿的权利。于是，向当事人提出法律意见，随后B向法院直接起诉保险公司，要求赔偿30万元。

保险公司辩称，第一，原告混淆了两种不同的法律关系，即损害赔偿关系和保险赔偿关系。原告和A公司之间属民事侵权法律关系，而A公司与保险公司之间则是保险合同法律关系。保险公司既非侵权责任人，原告也非合同当事人，保险公司与原告之间无任何法律关系。将保险公司列为被告没有任何法律依据。第二，保险公司提出本起事故是原告操作不当引起的，不属于产品责任问题，保险公司不应承担赔偿责任。第三，《保险法》只是规定了保险人可以直接向第三人赔偿，而非规定第三人有权直接向保险人索赔，只有在法律规定或者合同约定的前提下，第三者才可以对保险人直接提出索赔。本案原告与A公司之间的《产品责任险保险条款》中没有约定第三人可以向保险人直接索赔。

一审法院审理后认为，根据《保险法》第五十条的规定，原告有权向保险公司索赔，保险公司主张事故属于原告违规操作所致证据不足，不予采信。一审法院判决被告（保险人）承担原告（第三人）损失30万元。

情景分析

本案中保险事故发生在保险期间内，保险公司没有充足的证据证明受害人因违规操作致害，因此属于产品责任保险责任范围内的保险事故，保险公司理应理赔。虽然责任保险第三者不受合同的直接保障，可以间接享受合同约定的利益。责任保险发展的潮流是以保护第三者受害方的利益为目的，责任保险的公益性也日渐突出。

参考文献

[1] 郝演苏. 财产保险[M]. 北京：中国金融出版社，2002.

[2] 刘金章. 财产与人身保险实务[M]. 北京：中国财政经济出版社，2005.

[3] 曾明. 财产保险及案例分析[M]. 北京：清华大学出版社，2007.

[4] 李国义. 保险概论[M]. 北京：高等教育出版社，2002.

[5] 施建祥. 财产保险[M]. 杭州：浙江大学出版社，2010.

[6] 张代军. 保险实务教程[M]. 北京：经济科学出版社，2002.

[7] 吴定富.保险基础知识[M]. 北京：中国财政经济出版社，2006.